Verena Moritz
Hannes Leidinger

OBERST REDL

Verena Moritz
Hannes Leidinger

Oberst Redl

DER SPIONAGEFALL
DER SKANDAL
DIE FAKTEN

RESIDENZ VERLAG

Bibliografische Information der Deutschen Bibliothek
Die Deutsche Bibliothek verzeichnet diese Publikation in der Deutschen Nationalbibliografie; detaillierte bibliografische Daten sind im Internet über http://dnb.d-nb.de abrufbar.

www.residenzverlag.at

Umschlaggestaltung, Grafische Gestaltung/Satz: Gabi Adebisi-Schuster
Umschlagbild: bildarchivaustria.at
Gesetzt aus der Minion Pro
Gesamtherstellung: CPI Moravia Books

ISBN 978-3-7017-3169-5

INHALT

Vorwort

Von Ronge zu Redl

»Oberst Redl, der höchste Spionagechef der österreichischen Armee, war gleichzeitig gekaufter Spion des russischen Generalstabs. Er hatte nicht nur die Geheimnisse und Aufmarschpläne verkauft, sondern nun wurde schlagartig verständlich, wieso im letzten Jahr alle von ihm gesandten österreichischen Spione in Russland regelmäßig verhaftet und verurteilt worden waren.«[1] Stefan Zweig, dessen Schilderung der Affäre Redl diese Zeilen entnommen sind, kannte den Obersten nur flüchtig. Man grüßte sich, mehr nicht. Im Mai 1913 aber, als Alfred Redl als Agent »feindlicher Mächte« entlarvt wurde, erschien der Mann, der wie ein »guter österreichischer Durchschnittsoffizier« aussah, in einem völlig neuen Licht. Zweig berichtet in seinen Erinnerungen an die »Welt von Gestern«, dass der Oberst aufgrund seiner homosexuellen Veranlagung erpresst worden war und so zum Verräter wurde. »Ein Schauer des Entsetzens ging durch die Armee. Alle wussten«, behauptet der Schriftsteller, »dass im Kriegsfall dieser eine Mensch das Leben von Hunderttausenden gekostet hätte und die Monarchie durch ihn an den Rand des Abgrunds geraten wäre; erst in dieser Stunde begriffen wir in Österreich, wie atemnahe wir im vergangenen Jahr dem Weltkrieg schon gewesen.«[2]

Damit verwies Stefan Zweig auf die Krisensituation 1912/13, als ein Eingreifen der k.u.k. Armee in den damaligen kriegerischen Konflikt am Balkan zur Disposition stand. Zweigs Darstellung ist im Übrigen symptomatisch für die Art und Weise, wie der Fall Redl gemeinhin abgehandelt wurde: Fakten und Fiktionen fließen ineinander, und die suggerierten Folgen des Verrats sind so ungeheuerlich, dass sie Zweifel hervorrufen müssen. Das Mythenpotenzial dieses Spionageskandals ist enorm.

Als wir uns vor einigen Jahren mit der Biografie von Maximilian Ronge, dem letzten Geheimdienstchef der k.u.k. Monarchie, beschäftigten, streiften wir auch die Affäre rund um den Verrat des

Obersten Alfred Redl. Ronge kannte den später als »Jahrhundertspion« zu fragwürdiger Berühmtheit geratenen Generalstabsoffizier anders als Stefan Zweig aus nächster Nähe. Er hatte ihn als Leiter der Kundschaftsstelle im Evidenzbüro, dem militärischen Nachrichtendienst der österreichisch-ungarischen Armee, beerbt. Redl war Ronges »Lehrer« gewesen, eine Art Mentor, der den jungen Kollegen in das Metier der Spionage beziehungsweise der Spionageabwehr einführte. Mit umso größerer Erschütterung nahm der »Schüler« die Vergehen des Obersten zur Kenntnis. In der Nacht vom 24. auf den 25. Mai 1913 begegneten sich die beiden Männer ein letztes Mal. Jetzt überreichte Major Ronge seinem früheren Vorbild eine Schusswaffe. Kurz darauf nahm sich Alfred Redl das Leben. An dessen Todestag malte Max Ronge in sein Tagebuch hinter den Namen des Obersten ein dickes Kreuz. Er hatte es wohl mit Bedacht gezeichnet.

Selbstverständlich durfte in der Biografie des Geheimdienstchefs ein Kapitel über seine Rolle im Fall Redl nicht fehlen. Immerhin war Ronge an der damals von der Armeeführung versuchten Vertuschung des Skandals beteiligt gewesen. Die Affäre allzu ausführlich darzustellen, hielten wir aber für überflüssig. Jeder, so unsere Überzeugung, wusste zumindest in Grundzügen über diese Geschichte Bescheid. Wer die einschlägige Literatur über den »Meisterspion« nicht kannte, der hatte zumindest einen der Redl-Filme gesehen. Indessen stellten wir fest, dass seit den 1980er Jahren, als der aufsehenerregende Skandal aus dem Jahr 1913 in Buch und Film von einem breiten Publikum wahrgenommen wurde, die Erinnerung an den Fall wieder verblasst ist. Jüngere Generationen kennen den Namen Redl am ehesten aus Kreuzworträtseln, in denen nach einem »berühmten österreichischen Spion« gesucht wird. Details und Hintergründe der Affäre sind hingegen kaum geläufig. Darüber hinaus stolperten wir selbst bereits 2007, als Maximilian Ronges Biografie unter dem Titel *Im Zentrum der Macht* erschien, über etliche Ungereimtheiten, welche alle verfügbaren Darstellungen des Falls Redl kennzeichneten. Wir beließen es mit dem Hinweis auf unser diesbezügliches Unbehagen bei einer Darstellung der Affäre, die sich auf ausgewählte archivalische Quellen sowie verschiedene Memoiren stützte. Da wir aber auch in den folgenden Monaten im Zuge unserer Arbeiten über die Vorgeschichte des Ersten Weltkrieges immer wieder auf den Spionageskandal aus dem Jahr 1913 stießen, entwickelte sich schon sehr bald die Idee für das vorliegende Buch.

Rekonstruktion

Historiker reagieren auf die Frage »Wie ist es wirklich gewesen?« für gewöhnlich abweisend. Seit vielen Jahrzehnten bemüht sich die Geschichtswissenschaft mit wechselndem Erfolg zu vermitteln, dass die Historie zu komplex beschaffen ist, um einfachen Fragen ebensolche Antworten folgen zu lassen. Wer versucht, den Fall Redl anhand der dazu vorhandenen unterschiedlichen Darstellungen zu rekonstruieren, erkennt schon bald, dass die Vielstimmigkeit und Widersprüchlichkeit der Materialien keine »geradlinige« Erzählung zulässt. Mehr Klarheit, meinten wir, kann offenbar nur durch die Heranziehung weiterer Dokumente oder neuer »Zeugenaussagen« erreicht werden. Eine umfassende Quellenrecherche, die uns nicht nur ins Kriegsarchiv in Wien, sondern auch in verschiedene ausländische Archive führte, sollte es ermöglichen, den Fall neu aufzurollen. Wir ermittelten daher in viele unterschiedliche Richtungen, verfolgten unzählige Spuren, bissen uns an Details fest und erlebten all die Hochs und Tiefs, die einem Forscher bei seinen Recherchen für gewöhnlich widerfahren. Das Material, das wir fanden, drängte uns dann von selbst eine Erzählung auf, die sich grundlegend von den bisherigen Darstellungen unterscheidet. Die Frage »Was ist neu an diesem Buch über die Spionageaffäre rund um den Obersten Redl?« lässt sich so gesehen einfach beantworten: alles.

Schon im Mai und Juni 1913, als die Presse im In- und Ausland über den Verrat des Generalstabsoffiziers berichtete und dabei den Lebenswandel des Spions unter die Lupe nahm, entstanden Mythen und Legenden, welche bis in unsere Tage nachwirken. Im ersten Teil des Buches, welcher unter dem Motto »Ermittlungen und Erzählungen« steht, sollen auf Basis nachvollziehbarer Quellenangaben erstmals fiktive und authentische Elemente der »Redl-Geschichte« sichtbar gemacht werden. Gleichzeitig wird der Versuch unternommen, den Fall möglichst präzise darzulegen. Dabei geht es auch darum – ganz im Stil eines Ermittlers –, Aussagen von Zeitzeugen zu überprüfen oder die Stichhaltigkeit von Behauptungen zu hinterfragen. Dass der Historiker dabei wiederholt auf schwankendem Boden steht und angesichts vielfach widersprüchlicher Zeugnisse auf abschließende Urteile verzichten muss, bleibt kein Geheimnis. Diese Transparenz der Arbeitsweise an die Leserinnen und Leser weiterzugeben, ist die einzig mögliche und sinnvolle Herangehensweise an die Darstellung einer rätselhaften Affäre. Bei alldem bleibt erstaunlich, wie abgründig, spannend und schier unglaublich der Fall Redl ist – auch ohne fantasievolle Finalsätze, die im Grunde höchst zweifelhafte »Gewissheiten« anbieten.

Rahmenbedingungen

Redl war einige Jahre hindurch Vize-Chef des österreichisch-ungarischen Nachrichtendienstes gewesen und bekleidete, als er des Verrats überführt wurde, den Posten des Generalstabschefs des 8. Korps in Prag. Schon deshalb machte der Fall weltweit Schlagzeilen. Hier spionierte nicht ein kleiner Leutnant, sondern ein hoher Generalstäbler mit den besten Verbindungen zu den Spitzen der k.u.k. Armee.

Der zweite Teil des Buches, der mit »Kontext und Konsequenzen« betitelt ist, verortet vor diesem Hintergrund die Affäre in einem größeren Zusammenhang und nimmt sich des Weiteren der unzähligen Folgewirkungen des Skandals an. Nur so ist die Tragweite des Verbrechens, das Zeitgenossen als Katastrophe für die Donaumonarchie wahrnahmen, zu begreifen. Gesellschaftliche und politische Hintergründe, aber auch militärisch-strategisch relevante Zusammenhänge werden dabei aus oft divergierenden Perspektiven betrachtet. Der Blick ins Ausland, wo man sich intensiv mit dem Fall Redl beschäftigte, erwies sich hierbei als überaus bedeutsam. Die mentale Verfasstheit der Armee in den Jahren vor dem Ersten Weltkrieg oder die damaligen Bündnissysteme mit ihren Auswirkungen auf die internationalen Beziehungen spielen in diesem Abschnitt des Buches ebenso eine Rolle wie viele weitere außenpolitische, aber auch interne Krisen, welche die Streitkräfte der Habsburgerarmee vor neue Herausforderungen stellten. Nicht zu kurz kommen des Weiteren die spezifischen Folgen einer geradezu in Hysterie ausartenden Furcht vor Spionen, die sich im Vorkriegseuropa breitmachte. Zu berücksichtigen galt es freilich auch die damaligen Diskurse zum Thema »Homosexualität«. Der Fall Redl präsentiert sich in diesem Kontext als ein geradezu idealtypisches Beispiel für ein von Brüchen und Widersprüchen geprägtes Zeitalter. Davon abgesehen wurde der »Meisterspion« zur Projektionsfläche aller nur erdenklichen Feindbilder. Die Dämonisierung des Verräters korrespondierte in gewisser Weise mit der desillusionierten Darstellung von einer anscheinend in Skandalen versinkenden Elite des Habsburgerreiches. Wer die Zeitungen vom Frühjahr und Sommer 1913 eingehender studiert, wird wenig von Stefan Zweigs teilweise stark idealisierter »Welt von Gestern« wiederfinden. So kamen angesichts des Redl'schen Verrates und zahlreicher anderer Affären einige Kommentatoren zu der Überzeugung, dass »der verfluchte Goldhunger unserer dreckigen Zeit« mitverantwortlich sei für derartige Vorkommnisse.[3]

Der zweite Teil des Buches widmet sich außerdem der Frage, welchen wechselnden Interpretationen sich die Mythen- und Legendenproduktion rund um den Fall Redl in den Jahrzehnten nach 1913 zuwandte. Das »Scheusal Redl« mutierte bisweilen zum Opfer und der »homosexuelle Verräter« zum Zielobjekt verführerischer Frauen. Romanschriftsteller und Filmregisseure bedienten sich gerne gängiger Klischees über die Donaumonarchie und zeichneten den spionierenden Oberst mitunter als eine Art »Gentleman-Betrüger« oder als tragische Figur mitten in einer zugrunde gehenden Welt.

Als wir mit dem Sondieren der gesammelten Materialien zum Buch begannen, vorbereitende Auswertungen der Dokumente vorgenommen wurden und die ersten Texte entstanden, hatte sich bereits eines deutlich abgezeichnet: Die Bedeutung der Affäre war größer, als wir ursprünglich angenommen hatten.

I. ERMITTLUNGEN UND ERZÄHLUNGEN

SCHATTENWELTEN

»... entspricht nahezu bis ins Detail den Tatsachen ...«

In der Nacht vom 24. auf den 25. Mai 1913 erschoss sich in einem Hotelzimmer in Wien der Generalstabschef des 8. Korpskommandos in Prag, Alfred Redl. Die anfängliche Bestürzung über den Tod des allseits geschätzten Offiziers wich bald purem Entsetzen: Die Öffentlichkeit erfuhr von der Spionagetätigkeit Redls. Dass dieser über Jahre hindurch, vom Oktober 1907 bis zum April 1911, als stellvertretender Leiter des Evidenzbüros und damit des militärischen Geheimdienstes der k.u.k. Monarchie gewirkt hatte, machte die Angelegenheit für die Armeeführung noch monströser, als sie ohnehin schon war. Da außerdem Redls homosexueller Verkehr mit einem jungen Leutnant publik wurde, stellte sich die ganze Causa als alle Dimensionen sprengender Skandal dar. Erregte Diskussionen lösten die Umstände von Redls Selbstmord aus, der vielfach als ein gleichsam »von oben« befohlener bezeichnet wurde. Immerhin hatte den Spion vor seinem Suizid eine hochrangige vierköpfige militärische Kommission aufgesucht. Damit nicht genug, füllten Spekulationen über das mehr oder weniger unbekannt gebliebene Ausmaß des Verrates und seine Folgen für das Habsburgerreich, das sich 1912/13 am Rande eines kriegerischen Konfliktes befand, die Gazetten. So entwickelte sich der Fall in Anbetracht seiner schieren Ungeheuerlichkeit und nicht zuletzt angesichts der alle Details des Verrates ausleuchtenden Presseberichterstattung zu einer Affäre größtmöglichen Ausmaßes. Tag um Tag wurden neue »sensationelle« Enthüllungen präsentiert. Nicht nur die *Arbeiter-Zeitung*, welche sich oft und oft kritisch bis ablehnend über »die Feudalherren der bewaffneten Macht und ihre bürgerlichen Snobs« äußerte, machte den Fall Redl zur »causa prima«. Dass der Verräter aus den Reihen des Generalstabs kam, löste überall Entrüstung aus. Selbst eine Zeitung wie die *Neue Freie Presse*, die sich zunächst dagegen verwehrte, die »Fäulnisstoffe« der Affäre »von unten nach oben zu kehren«, und den Skandal lieber dem Boulevard überlassen wollte, schilderte ihrer Leserschaft in aller Ausführlichkeit das »unfassbare Verbrechen«.[4] Der »gemeine Verrat« des »*Un*redl« war bald in aller Munde.[5] Daran vermochten auch jene Stimmen nichts zu ändern, die in Anbetracht der ausufernden Zeitungsnachrichten das »Ansehen der Monarchie« beschädigt sahen.[6] Vor diesem Hintergrund bezichtigten sich die Organe verschiedenster politischer Strömungen einer unlauteren Vorgehensweise. Das *Deutsche Volksblatt* etwa sah sich einmal mehr in seinem Antisemitismus bestätigt, indem sie der *Arbeiter-Zeitung* »jüdische Sensationsgier« zum Vorwurf machte. Im Besonderen wurde die »Durchschnüffelung des Privatlebens Redls bis in die schmutzigsten Details« angeprangert, im Allgemeinen die »unpatriotische«, hemmungslose »Ausschrotung dieser Affäre«.[7]

Vergeblich hatte die Armee versucht, Informationen über den Fall zu unterdrücken. In der Folge ergoss sich eine Flut an abenteuerlichen Erfindungen, Verzerrungen und Halbwahrheiten, aber auch eine Vielzahl erstaunlich präzis recherchierter Meldungen über eine ob der Ausmaße des Skandals zutiefst schockierte Öffentlichkeit.

Als bereits alle Superlative ausgeschöpft schienen, begannen sich die Journalisten auch für die Frage zu interessieren, wie es gelingen konnte, den als »Generalspion« oder »Erzverräter« bezeichneten Redl zu überführen. Ungeachtet der diesbezüglich seitens der k.u.k. Militärbehörden vermeldeten Darstellung, welche die Leistungen der eigenen Spionageabwehr betonte und gleichzeitig auf die tatkräftige Hilfe von Kollegen aus dem verbündeten Deutschland verwies, stellte *Die Zeit* ihren Lesern am 5. Juni 1913 eine andere Version vor. Dieser zufolge war es keineswegs ein im russisch-deutschen Grenzort Eydtkunen aufgegebener Brief, der – weil er bei den betreffenden deutschen Stellen Verdacht erregte – am Ende dem Adressaten, also Redl, zum Verhängnis wurde. Immerhin ging der Oberst just in dem Moment in die Falle, als er die ominöse Sendung unter falschem

Namen am Wiener Hauptpostamt behob, wo er bereits von Detektiven der Polizei beobachtet wurde. Im Umschlag, den Redl alias Nikon Nizetas an sich nahm, befanden sich mehrere tausend Kronen.[8] Dass das Kuvert eine solch hohe Summe enthielt, war von den deutschen als auch den österreichischen Offizieren des Abwehrdienstes als Hinweis auf eine Korrespondenz zwischen einem Spion und seinem Auftraggeber gedeutet worden. Außerdem wurde der vermeintliche Absender als Kopf einer von der Schweiz aus operierenden Spionagezentrale identifiziert, die ihre Fäden in enger Fühlung mit russischen Interessenten, aber auch mit »Kunden« aus anderen Staaten zog. Einem zweiten Schreiben an Herrn Nizetas, das ebenfalls abgefangen worden war, lagen abermals einige Geldscheine bei. So hatten also die Briefe – insgesamt dürften es drei gewesen sein –, die offenbar den Lohn für Redls brisante Informationen enthielten, zur Ergreifung des Verräters geführt.[9]

Wenn man den diesbezüglichen Notizen von Maximilian Ronge folgt, der zum Zeitpunkt von Redls Ergreifung als Leiter der Kundschaftsgruppe im Evidenzbüro arbeitete, dann war die österreichische Seite das erste Mal Anfang April 1913 von den Berliner Kollegen mit dem Namen Nikon Nizetas konfrontiert worden.[10] Die ersten Spuren des Verrates waren aber nach den Informationen der *Zeit* nicht in den April 1913 zu datieren und auch nicht im als russische Spionagezentrale geltenden Eydtkunen zu suchen, sondern in Agram (heute: Zagreb), und zwar schon vor »mehreren Wochen«.[11]

Im k.u.k. Kriegsministerium ebenso wie im Evidenzbüro dokumentierte man nach Aufdeckung des Redl'schen Verrates die diesbezügliche Presseberichterstattung. Der Großteil der solcherart gesammelten Artikel blieb unkommentiert, einige aber wurden mit Randnotizen versehen oder aber durch gesonderte schriftliche Bemerkungen ergänzt. Dem Bericht der *Zeit* vom 5. Juni 1913 attestierte man ganz offenbar hohe Authentizität, meinte der zuständige Bearbeiter des Aktes doch, dass deren Darstellungen »über die ersten Spuren des Verrates Redl [...] nahezu bis ins Detail den Tatsachen [...] entspricht«.[12]

Von Agram via Budapest nach Prag

Die Zeit brachte die Affäre Redl mit zwei weiteren Spionagefällen in Verbindung, von denen jener, der in Agram entdeckt wurde, in den Februar 1913 zurückreichte. Damals wurde ein aus Finnland stammender Agent einer Versicherungsgesellschaft namens Jan Kopp-Köpp verhaftet. Anderen Berichten zufolge hatte er als Vertreter »für ein chemisches Präparat« den Bereich des 13. Korps zwecks »Ausspähung« bereist.[13] Der russische Staatsangehörige, der in der *Zeit* Kopp-Kepp hieß und in diversen Akten des Kriegsministeriums und des Evidenzbüros auch als Kypp-Koop, Koop-Köpf oder Kopp-Kypp bezeichnet wurde, ging der Polizei infolge einer Anzeige ins Netz. Der Finne, der sein Honorar von Petr Assanovič, russischer Militärattaché in Stockholm, und von einem im Dienste des Zarenreiches stehenden Konsul in Kopenhagen namens Hampen bezog, verwendete eine Reihe von Deckadressen und erhielt unter anderem als vermeintlicher »Trödler Abraham« oder »Schneider Herschek« die Postsendungen seiner Auftraggeber.[14] Die in der Wohnung Kopp-Köpps gefundenen belastenden Materialien versetzten, so *Die Zeit*, den Hauptmann Dr. Kresnik, der die Untersuchung leitete, in die Lage, einen weiteren Spion ausfindig zu machen. Dieses Mal führte die Spur nach Budapest. Dort wanderte ein Nikolaj Bravura ins Gefängnis. Der Russe, der in der *Zeit* als »Brabura« firmierte und in Ungarn als »englischer Sprachlehrer« tätig gewesen war, konnte jedoch erst Wochen nach dem Aufkommen des ersten Verdachts festgesetzt werden. Doch rief noch eine weitere Panne den Unmut des Evidenzbüros hervor: So misslang es der Post in Budapest, die Korrespondenz des Spions abzufangen. Als diese trotz entsprechender Weisungen aus Wien an das Konsulat des Zarenreiches in der ungarischen Hauptstadt weiterbefördert wurde, reagierte das Kriegsministerium verärgert.[15] Außerdem folgte ein erregter Briefverkehr zwischen dem k.u.k. Ministerium des Äußern und den Militärbehörden, die vergeblich um eine scharfe Intervention bei den Russen ansuchten. Die Diplomaten wollten im Verhalten des russischen Konsulats, welche Bravuras Korrespondenz erst nach entsprechender Durchsicht an die österreichischen Behörden aushändigte, keinen Anlass für einen Protest erblicken.[16] Dass außerdem die ungarische Presse Einzelheiten über die Spionageaffäre an die Öffentlichkeit brachte, versetzte noch Jahrzehnte danach Maximilian Ronge in Rage. In seinem 1930 erschienen Buch *Kriegs- und Industriespionage* echauffierte er sich immer noch über die damaligen »Indiskretionen«.[17]

Bravura jedenfalls hatte sich seine Spionagedienste mit monatlich 500 Kronen vergüten lassen. Diesen Betrag erhielt er, ebenso wie Kopp-Köpp, regelmäßig aus Stockholm und Kopenhagen. Obwohl *Die Zeit* nichts über die Höhe der Bezahlung zu berichten wusste, ließ sie mit einer anderen Meldung aufhorchen: Als Kopp-Köpp sich endlich dazu entschloss, ein Geständnis abzulegen, nannte er einen bestimmten Namen, den Hauptmann Kresnik offenbar bereits aus den Verhören anderer Spione kannte. Auf diese Weise, behauptete nun *Die Zeit*, sei man auf eine Spur gestoßen, die nach Prag wies. Und dort saß bekanntlich niemand anderer als Alfred Redl.

Was genau aber hatte Kopp-Köpp dem Militär-Auditor Kresnik erzählt? Wirklich etwas, das Redl schon damals verdächtig gemacht hatte? Oder ließ sich aufgrund der Aussagen des Finnen zumindest erahnen, dass ein unbekannter Spion in Prag saß?

Schuld und Sühne

Die Versuche, bald hundert Jahre später mehr über Jan Kopp-Köpp und Nikolaj Bravura herauszubekommen, um solcherart womöglich ein von Alfred Redl gesteuertes Spionagenetz aufzudecken, misslangen zunächst. Die Recherchen im Kriegsarchiv führten zwar immer wieder zu den Signaturen von Akten über die beiden Spione. Diese enthielten aber vernachlässigbare Informationen oder aber waren gar nicht auffindbar. Ergebnislos blieben auch Bemühungen, Dokumente des Garnisonsgerichts Agram zu beschaffen. Allerdings ließen sich anhand einer Kartei von Spionen und einzelnen Unterlagen des Kriegsministeriums Hinweise auf das weitere Schicksal Jan Kopp-Köpps und Nikolaj Bravuras finden. Auch im Haus-, Hof- und Staatsarchiv in Wien konnten ein paar ergänzende Details zusammengetragen werden. Diesen Erkenntnissen zufolge wurde Kopp-Köpp zum Tode durch den Strang verurteilt. Kurze Zeit später folgte eine »Begnadigung« durch den Obersten Militärgerichtshof, der das Strafausmaß auf 16 Jahre schweren und verschärften Kerkers reduzierte. Das ungewöhnlich harte Urteil, das die Familie des Verurteilten ergebnislos beeinspruchte, wurde mit dem Verweis auf die angespannte internationale Lage begründet, die sich vor dem Hintergrund des Balkankrieges auch und insbesondere für Österreich-Ungarn ergeben hatte. Kopp-Köpp, der in der Militärstrafanstalt im rumänischen Arad einsaß, starb, noch keine 40 Jahre alt, bereits im März 1915 an Lungentuberkulose.[18] Er teilte damit das Schicksal etlicher anderer Gefangener, die aufgrund der herrschenden Haftbedingungen das Ende ihrer Strafe nicht erlebten.

Vergleichsweise glimpflich kam Nikolaj Bravura davon, der seinen Auftraggebern vor allem über die Einberufung und Einrückung von Reservisten in den Garnisonsorten in Ungarn Bericht erstattet hatte. Im Unterschied zu Kopp-Köpp, der – obwohl Zivilist – von einem Militärgericht abgeurteilt wurde[19], fällte im Fall Bravuras der königliche Gerichtshof in Budapest ein milderes Urteil: Der russische Spion fasste drei Jahre Gefängnis aus und musste obendrein eine Geldstrafe in der Höhe von 1000 Kronen zahlen.[20]

Zeitgleich mit Nikolaj Bravura verurteilt wurde am 8. November 1913 auch ein Ungar namens Edmund Velössy.[21] Während Ronge später behauptete, dieser sei von Bravura angeworben worden, dürfte Velössy sich den Russen ursprünglich selbst angetragen haben. Nicht ganz geklärt ist die tatsächliche Identität dieses ungarischen Agenten. Obwohl der damalige Chef des Kundschaftsbüros in seinen Notizen die Verhaftung eines ungarischen Offiziers mit dem Namen Eduard Velöczy festhielt, wird es sich hier um zwei verschiedene Personen gehandelt haben.[22] Velössys Verbindungen zu Bravura verweisen in jedem Fall auf eine zentrale Frage in der Presseberichterstattung zum Fall Redl: Hatte der »Generalspion« Komplizen?

Dass die Spionagefälle in Agram und Budapest tatsächlich eine erste Spur zu Redl oder zumindest nach Prag legten, dürfte eher unwahrscheinlich sein. Möglich aber ist, dass der k.u.k. Geheimdienst aufgrund der bei dem Finnen und dem Russen gefundenen Korrespondenz auf Deckadressen stieß, die auch in der Causa Redl eine Rolle spielten. So konnte beispielsweise festgestellt werden, dass Velössy mit seinen Auftraggebern unter Zuhilfenahme solcher Adressen verkehrte. Die Empfänger saßen in diesem Fall in Genf. Da auch Oberst Redl zumindest einen Teil seines klandestinen Briefverkehrs über die Schweiz abwickelte, handelte es sich hier zweifellos um eine vielversprechende Entdeckung. Gemacht wurde sie allerdings erst im Oktober 1913.[23]

Die Wertung des Sachbearbeiters im Kriegsministerium, der die Authentizität des *Zeit*-Artikels hervorhob, dürfte sich jedenfalls auf die Darstellung der beschriebenen Spionagefälle bezogen haben. Die unmittelbare Vorgeschichte der Ergreifung des Obersten hatte *Die Zeit* aber nicht offengelegt.

Netzwerke

Etliche in- wie ausländische Blätter berichteten damals über ein Agentennetz, als dessen Haupt einige den sogenannten »Generalspion« sehen wollten. Andere wiederum suggerierten, dass zumindest eine lose Verbindung zwischen Redl und weiteren Spionen bestanden hatte. Tatsächlich nährte der Umstand, dass sowohl kurz vor als auch unmittelbar nach der Redl-Affäre Dutzende Personen verhaftet wurden, Vermutungen, wonach der »Jahrhundertspion« Gehilfen gehabt hatte. Dass Agenten nicht notwendigerweise alleine, sondern durchaus auch »partnerschaftlich« arbeiteten, ließ sich tatsächlich nicht von der Hand weisen. Bis Ende Mai 1913 wurden einige Spitzel, die im Dienste des Zarenreiches standen, gewissermaßen paarweise verhaftet, darunter der pensionierte Polizeibedienstete Julius Petrić und der Bahnbeamte Florian Lindner oder der Werkmeister Josef Haschek und ein gewisser Josef Beran.[24] Letztgenannter, ein ehemaliger Bediensteter des »mährischen Landesausschusses«, hatte gemäß Auftrag des russischen Generalstabes »speziell den Bereich des VIII. Korps [in] Prag auszuspähen«.[25] Damit betreute er jenes Territorium, wo seit 1912 Alfred Redl als Korpsgeneralstabschef fungierte.

Dass auch die Offiziere des Evidenzbüros nach Zusammenhängen zwischen den einzelnen Spionagefällen suchten, beweisen unter anderem Maximilian Ronges dürre Notizen zu den Akten-Ein- und Ausgängen im Jahr 1913.[26] So war man etwa zeitgleich mit der Redl-Affäre auch mit den Aktivitäten einer aus mehreren Personen bestehenden Agentengruppe befasst, die offenbar im Auftrage der in Kiew ansässigen Militärspionageabteilung ihre Geschäfte machte. Das besondere Interesse galt dabei einem Mann, der von 1894 bis 1904 im Dienste des damaligen russischen Botschafters in Wien gestanden war und unter den Namen Pitschkur beziehungsweise Pischkur oder Petrov auftrat.[27] Da für ihn ein Rechtsanwalt intervenierte, der mit Redl befreundet gewesen war, erschien die Causa im Nachhinein in einem besonderen Licht. Der Jurist hatte offenbar vor, die Strafmündigkeit Pitschkurs anhand eines Gutachtens über dessen Geisteszustand prüfen zu lassen.[28]

Mit jedem Agenten, der überführt werden konnte, schien das vermeintliche Spionagenetz immer dichter und umfassender zu werden. Für den russischen Geheimdienst arbeiteten schließlich ebenfalls der pensionierte Bezirksfeldwebel Artur Itzkusch und der aus einer angesehenen Offiziersfamilie stammende Oberleutnant des Husarenregiments Nr. 4 Artur Jacob.[29] Auch sie konnten noch vor dem 25. Mai 1913, als Oberst Redl in die Falle ging, dingfest gemacht werden.[30] Allerdings enthalten beispielsweise die umfangreichen Gerichtsakten zu den Prozessen gegen Julius Petrić, Florian Lindner und Artur Itzkusch keinerlei Hinweise auf einen etwaigen Kontakt mit dem Obersten.[31] Während Maximilian Ronge, der die betreffenden Verfahren als Sachverständiger begleitete, die Gefährlichkeit dieser drei Männer hervorhob, beschränkte sich deren Tätigkeit im Wesentlichen auf das Beobachten militärisch bedeutsamer Objekte oder Zonen. Zu Materialien von der Qualität, wie sie Oberst Redl seiner Kundschaft liefern konnte, hatten weder Petrić und Lindner noch Itzkusch, Beran oder Haschek Zugang gehabt.

Die Verhörprotokolle offenbaren über weite Strecken vielmehr die Lebenstristesse von Gestrauchelten und die mitunter abenteuerlichen Auswüchse kleinkrimineller Energien. Ungeachtet ihrer im Großen und Ganzen armseligen »Agentenkarrieren«, die sich zudem in den meist bescheidenen Honoraren für ihre sogenannten »Ausspähungen« widerspiegelten, wurden die zivilen Delinquenten zu einer Kerkerstrafe zwischen 18 Monaten und viereinhalb Jahren verurteilt. Artur Jacob, der als Offizier der Militärgerichtsbarkeit unterlag, musste hingegen im März 1914 einen ungleich härteren Richterspruch hinnehmen: 17 Jahre schwerer und durch regelmäßige Fasttage verschärfter Kerker.[32]

Doch Jacob blieb nicht der einzige Offizier, der den Russen geheime Informationen über die k.u.k. Armee beschaffte, und auch im verbündeten Deutschland war man keineswegs vor Verrätern in den eigenen Reihen sicher.

Ein weiterer Redl

Anfang 1913 wurde der deutsche Sergeant Gustav Wölkerling der Spionage zugunsten des Zarenreiches überführt. Nicht nur nach Meinung Maximilian Ronges, sondern auch der Einschätzung von Historikern zufolge handelte es sich hier um einen Agenten, dessen Bedeutung für die Russen jene von Alfred Redl womöglich übertraf.[33] Obwohl als Unteroffizier in einem weit niedrigeren Range als der k.u.k. Oberst stehend, schaffte es der Schreiber, der aufgrund seiner Tätigkeit mit einer Reihe wichtiger Dokumente sowie mit aufschlussreichem Kartenmaterial in Berührung kam, sich gewissermaßen als Topspion zu etablieren. Wölkerlings Aktivitäten, die im Unterschied zur Redl-Affäre damals nicht an die Öffentlichkeit drangen, hat der Historiker und Spionageexperte Jürgen W. Schmidt mittlerweile genauestens ausgeleuchtet.[34]

Nach dem Krieg soll, so Max Ronge, ein ehemaliger russischer Kundschaftsoffizier Gustav Wölkerling als den wertvollsten Konfidenten des Zarenreichs vor dem Ersten Weltkrieg bezeichnet haben.[35] Es kann davon ausgegangen werden, dass diese Einschätzung von einem der gefährlichsten und umtriebigsten Widersacher des k.u.k. Nachrichtendienstes stammte: von Nikolaj Stepanovič Batjušin, Leiter der *Razvedka*, d.h. der Spionageabteilung im Warschauer Militärkreis. Ihn und den ehemaligen deutschen Spionagechef Walter Nicolai traf Ronge im Jänner 1926 in Wien.[36] Dass die drei Ex-Geheimdienstmänner bei dieser Zusammenkunft nicht nur über das Wetter sprachen, sondern aller Wahrscheinlichkeit nach auch Begebenheiten aus der Vergangenheit Revue passieren ließen, liegt auf der Hand. In jedem Fall interessierten sich noch nach dem Zweiten Weltkrieg sowjetische Geheimdienstoffiziere für die Zusammenkünfte des Trios. 1946 wurde nämlich der von der Roten Armee in die UdSSR verschleppte Walter Nicolai zu einem Treffen mit Ronge und Batjušin befragt, das offenbar 1924 stattgefunden hatte. Laut Verhörprotokoll gab sich der Russe damals bedeckt und erzählte nichts über die Interna des ehemaligen zarischen Geheimdienstes, was Nicolai neue Erkenntnisse beschert hätte.[37]

Ungeachtet des Fehlens weitergehender Informationen über Gustav Wölkerling von berufener russischer Seite, erscheinen gewisse Schlussfolgerungen zulässig. Da er fast doppelt so viel für seine Dienste kassiert haben soll wie Alfred Redl, vermuten Historiker, dass der deutsche Unteroffizier den Russen womöglich wertvolleres Material als der legendäre Oberst aus dem Habsburgerreich geliefert hat.[38] Dieses Urteil lässt sich allerdings nur dann aufrechterhalten, wenn man davon ausgeht, dass Redls diesbezügliche Einnahmen sich tatsächlich anhand seiner damals von den Militärbehörden rekonstruierten Spareinlagen ablesen lassen. Die ausschweifende Lebensführung des Obersten legt im Gegensatz dazu nahe, dass womöglich ein Großteil seines Honorars gar nicht erst zur Bank getragen, sondern gleich wieder ausgegeben wurde.

Verhängnisvolle Bekanntschaften

Um die deutschen Kollegen bei der Untersuchung des Falls Wölkerling zu unterstützen, hatte das Evidenzbüro den in Fachkreisen bis heute bekannten Leopold Figl nach Berlin geschickt, um die chiffrierte Korrespondenz des Spions zu entschlüsseln.[39] In Wien wiederum machte sich ebenfalls jemand erbötig, um dem hiesigen Geheimdienst behilflich zu sein. Offenbar trug sich der bereits 1910 verurteilte »Giftmörder« Adolf Hofrichter an, Aussagen über einen Generalstabsoffizier zu machen, der Spionage für Italien betrieb.[40] Maximilian Ronges Aufzeichnungen ist freilich zu entnehmen, dass er nicht viel auf derlei Zurufe gab. Auch die Wortmeldungen verurteilter Spione, die im Nachhinein und von der Gefängniszelle aus Informationen über Redl preisgeben wollten, hielt Ronge für nicht vertrauenswürdig und daher entbehrlich.[41] Außerdem beschäftigte ihn im März/April 1913 nicht die plötzliche Mitteilsamkeit des früheren Kriegsschülers Hofrichter, sondern vielmehr die Tätigkeit eines aktuellen »Frequentanten« der Kriegsschule. Allem Anschein nach war auch in der Kaderschmiede der Armee, wo in der Regel der Grundstein für eine Karriere im Generalstab gelegt wurde, ein Verräter am Werk.

Die häufigen Visiten des russischen Militärattachés in Wien, Oberst Michail Ippolitovič Zankevič, wurden zwei Brüdern, von denen einer die Kriegsschule besuchte, schließlich zum Verhängnis. Im April wanderten Čedomil und Alexander Jandrić hinter Gitter. Ersten Ermittlungen zufolge bestand die Verbindung zum russischen Militärattaché seit dem Herbst 1912 und hatte den beiden immerhin ein Zusatzeinkommen von ca. 20.000 Kronen eingebracht.

Dem russischen Militärattaché war der Kontakt zu Alexander Jandrić augenscheinlich besonders wichtig gewesen – ein Umstand, der offensichtlich auf Gegenseitigkeit beruhte. Denn Alexander wurde sogar in der Wohnung des Obersten vorstellig, obwohl dieser ihn gewarnt hatte. Dem Russen, der seit Oktober 1910 als Militärattaché in Amt und Würden war und in anderer Funktion bereits zwischen 1903 und 1905 in Wien gearbeitet hatte, war nämlich nicht entgangen, dass er beschattet wurde.[42] Nichtsdestoweniger wollte Zankevič seine »dunklen Geschäfte« weiterführen. Das größere Risiko trugen immerhin die Spione, mit denen er sich abgab.

Auch die Verhaftung von Artur Itzkusch und Artur Jacob erfolgte schließlich aufgrund ihres Kontaktes mit dem russischen Obersten.

(1) Oberst Michail Ippolitovič Zankevič. Der russische Militärattaché stand an der Spitze eines regelrechten Agentennetzwerkes.

Letzterer hatte das Ehepaar Itzkusch des Öfteren in dessen Wohnung aufgesucht. Ebenfalls in den eigenen vier Wänden empfing Artur Jacob seinen Auftraggeber. Die Brüder Jandrić waren also nicht die Einzigen geblieben, die aufgrund der von Polizeidetektiven beobachteten Besuche des zarischen Offiziers Verdacht erregten. Florian Lindner hingegen geriet erst infolge der Aussagen einer rachsüchtigen Ex-Geliebten ins Visier der Polizei. Die »postenlose Dienstmagd« zeigte ihn nach einem Streit an und plauderte dann offenbar auch Lindners Beziehungen zum Militärattaché aus dem Zarenreich aus.[43] Andere Agenten, die sich im Solde des Russen befanden, blieben vorläufig unbehelligt. So konnte die Polizei Josef Haschek und Josef Beran erst dingfest machen, als Zankevič angesichts der Zerschlagung seines Netzwerkes und der Gewissheit, in Wien unerwünscht zu sein, die k.k. Hauptstadt bereits verlassen hatte.[44] Die beiden hatten ihre Geschäfte im Übrigen nicht nur mit Zankevič besprochen, sondern auch mit dem russischen Vizekonsul in Wien, Evgenij Protopopov.[45] In jedem Fall waren Haschek und Beran nach dem Weggang des Militärattachés dazu gezwungen gewesen, die säumigen Zahlungen der Russen via Stockholm anzufordern.[46] Vermutlich hatte dieses Unterfangen ihre Ergreifung zur Folge. Immerhin galten spätestens seit der Verhaftung von Kopp-Köpp und Bravura Geldanweisungen aus Skandinavien als verdächtig. Laut Maximilian Ronge konnte festgestellt werden, dass tatsächlich der Militärattaché des Zarenreichs in Schweden, Oberst Petr Assanovič, gleichsam als »big spender« auftrat.[47] Allem Anschein nach fungierten die skandinavischen Hauptstädte als »Poststationen« für konspirative Korrespondenzen der Russen. Allerdings funktionierte die Kommunikation zwischen Auftraggeber und Spion nicht immer reibungslos. So sah sich etwa Assanovič Ende 1912 gezwungen, einem Agenten mit Decknamen »Lupus« mittels harmlos erscheinender, aber chiffrierter Annoncen in einer Berliner Zeitung Mitteilung über den Erhalt eines Schreibens zu machen.[48]

Obwohl indessen Josef Beran bis zuletzt seine Unschuld beteuerte, wurde er zu viereinhalb Jahren Kerker verurteilt.[49] Im Zuge des Prozesses behauptete er interessanterweise, nur deshalb mit Zankevič verkehrt zu haben, weil er dachte, »der Russe suche aus unzüchtigen Gründen die Vermittlung der Bekanntschaft mit einem Offizier«.[50] Was Ronge später als »merkwürdige Ausrede« bezeichnete, dürfte viel eher eine sarkastische Anspielung auf die Affäre Redl gewesen sein. Obwohl bis heute obskure Deutungen von Berans Aussage auf eine etwaige homosexuelle Neigung des russischen Militärattachés hinauslaufen, war sich Ronge sicher, dass dem spionierenden Russen zumindest in dieser Hinsicht eine – wie er meinte – »Ehrenrettung« zukam.[51]

Mit der Arretierung des Kriegsschülers Čedomil und des ehemaligen Offiziers Alexander Jandrić schien der vorläufige Höhepunkt in Sachen russische Spionage in der Donaumonarchie erreicht worden zu sein. Doch es folgten weitere Verhaftungen. Im Vergleich zu den Brüdern Jandrić handelte es sich dabei um »kleine Fische«, um Handlanger, die beim »großen Geschäft« der aus Kroatien stammenden Geschwister gewissermaßen mitnaschten. So sehr sich aber die Militärbehörden bemühten, den Fall intern abzuhandeln, und auch der ungarische Ministerpräsident ersucht wurde, im Unterschied zu den Affären Bravura und Velössy die heimische Presse in Zaum zu halten, so wenig glückte dieses Vorhaben.[52]

Schon in den vorangegangenen Jahren hatte die Presse immer wieder Mittel und Wege gefunden, an Informationen aus dem Kriegsministerium heranzukommen, die nicht für die Öffentlichkeit bestimmt waren. Etwa konnte man rund sieben Jahre zuvor Meldungen über einen jungen Leutnant namens Waldemar Firbas in den Zeitungen finden, der für Italien Spionage betrieben hatte. Da das Nachbarland auf diese Weise in den Besitz durchaus wertvoller Informationen über Mobilisierungsinstruktionen der k.u.k. Armee gekommen war und das Verhältnis zu dem Bündnispartner als keineswegs unkompliziert zu gelten hatte, zeigte sich das Kriegsministerium alles andere als erfreut über diesbezügliche Enthüllungen. Zudem besaß der Fall sämtliche Zutaten eines Dramas: Schulden, verbotene Liebe und Wahnsinn, gefolgt von einem Selbstmordversuch des verhafteten Leutnants.[53]

Wenngleich die Militärbehörden im April 1913 alle Hebel in Bewegung setzten, um die Causa Jandrić unter Verschluss zu halten, ließen sich auch dieses Mal die Journalisten nicht austricksen. Das *Prager Tagblatt* berichtete bereits am 12. April auf der Titelseite vom »Verrat militärischer Geheimnisse«, und auch die *Arbeiter-Zeitung* in Wien stürzte sich auf den Skandal.[54] Alle Maßnahmen, um den Jandrić-Fall geheim zu halten, scheiterten. Wie sich bald herausstellte, verdienten sich diverse Amtsgehilfen im Kriegsministerium ein paar Kronen dazu, indem sie Interna an Journalisten weitergaben. Die Militärbehörden sahen sich hierauf genötigt, auch im Falle der Weitergabe unwesentlicher Informationen die betreffenden Armee-, Aushilfs- oder Hausdiener zu entlassen. Außerdem wurden die Offiziere angewiesen, keine Konzepte mit Bezug auf »reservate Angelegenheiten« in den Papierkorb zu werfen und keine Unterhaltungen geheimen Inhalts in Anwesenheit von Subalternen zu führen. Mehr Achtsamkeit sollte überdies beim Wegsperren wichtiger Dokumente vor Verlassen der Amtsräume an den Tag gelegt werden.[55]

Obwohl man jene Nummer der *Arbeiter-Zeitung* vom 13. April 1913, in der über die Spionageaffäre Jandrić berichtet wurde, auf Wunsch des Kriegsministeriums konfiszieren ließ, kam die Causa an die Öffentlichkeit und schlug hohe Wellen – nicht zuletzt deshalb, weil ein Sohn des amtierenden Generalstabschefs der k.u.k. Armee, Franz Conrad von Hötzendorf, ein Jahrgangskamerad von Čedomil Jandrić in der Kriegsschule gewesen war. Da wenige Tage später als Reaktion auf die Konfiskation der *Arbeiter-Zeitung* im niederösterreichischen Landtag eine Interpellation eingebracht wurde, die auf die Umtriebe der spionierenden Geschwister Bezug nahm, fand die Affäre noch größere Beachtung.[56] Die *Arbeiter-Zeitung* druckte schließlich in ihrer Ausgabe vom 18. April 1913 genau jenen Artikel über die Jandrić-Brüder ab, aufgrund dessen am 13. die Einziehung des Blattes verfügt worden war. Dort konnte man nun nicht nur Andeutungen über eine Nahebeziehung zwischen Čedomil Jandrić und Kurt Conrad von Hötzendorf finden, die angeblich den Karriereverlauf des verhafteten Oberleutnants begünstigt hatte, sondern auch

Spekulationen betreffend einen Zusammenhang der Affäre mit dem »Spionagefall Bravura«.[57] Andere Blätter suggerierten, dass der Kriegsschüler Čedomil Jandrić infolge der Bekanntschaft mit dem Generalstabssohn mit »besonders geheimen Arbeiten« betraut worden sei.[58] Überall kursierten die unterschiedlichsten Gerüchte im Zusammenhang mit der Causa. Nicht wenige davon betrafen den Gesundheitszustand des Generalstabschefs. Sie legten nahe, Conrad sei in Anbetracht des Skandals und einer etwaigen Kompromittierung seines Sohnes schwer erkrankt.[59] Nachmalige Behauptungen, wonach Kurt Conrad eine engere Freundschaft mit Čedomil Jandrić verband, die unter anderem im gemeinsamen Feiern von Sexorgien mit »Damen der Unterschicht« ihren Ausdruck fand, gründen sich auf Vermutungen.[60]

Aufsehen erregte die Angelegenheit zudem im Zarenreich. In den russischen Zeitungen wurde Zankevič exkulpiert und seine Beteiligung an dem Skandal in Abrede gestellt, während in internen Papieren der zuständigen Abteilung des Generalstabs in St. Petersburg von den wertvollen Diensten eines gewissen Jandrić die Rede war. Da im Zuge der Ermittlungen in Wien festgestellt wurde, dass Alexander als die treibende Kraft des brüderlichen Spionageunternehmens zu gelten hatte, dürfte man in St. Petersburg ihn und nicht Čedomil als Partner wahrgenommen haben. In jedem Fall wusste man dort einiges mit den Lehrbehelfen der Kriegsschule anzufangen, die Čedomil nach Hause brachte, um dann vom Bruder in stundenlanger »Heimarbeit« auszugsweise kopiert und an Zankevič weitergegeben zu werden. Besonders schätzten die russischen *Razvedka*-Offiziere aber Alexanders Dienste während der Balkankriege, als er unter anderem wertvolle Angaben über Truppenverlegungen der k.u.k. Armee machte.[61] Im Generalstab der Zarenarmee interessierte man sich aber auch noch nach der Verhaftung der Jandrić-Brüder für den Fall und ließ sich von einem in Wien tätigen Spion über eine angeblich im k.u.k. Kriegsministerium stattgefundene geheime Konferenz berichten, die im Juli 1913 einberufen worden war. Dieser Mitteilung zufolge ging der österreichisch-ungarische Generalstabschef durchaus von einer Mitschuld seines Sohnes an der Spionageaffäre aus, brach angesichts dieses Umstandes vor den ebenfalls erschütterten Konferenzteilnehmern zusammen und bot seinen Rücktritt an.[62] Da aber selbst *Razvedka*-Offiziere die Berichte dieses Agenten aus Österreich als nicht immer vertrauenswürdig einstuften, sind Zweifel an dessen Angaben durchaus berechtigt.[63] Andererseits aber hielten wichtige Exponenten des russischen Nachrichtenwesens den Spion, dem die Code-Nummer »112« zugeordnet worden war, für einen topinformierten Zuträger.[64]

Motive

Viele Jahre nach dem Skandal um die Brüder Jandrić und den Enthüllungen in der Causa Redl beschäftigte sich der ehemalige Chef des Evidenzbüros, August Urbański von Ostrymiecz, mit der Frage, aus welchen Motiven Spionage betrieben wurde. Der Befund, wonach nationale Beweggründe hierbei tendenziell eine geringere Rolle gespielt haben dürften als rein pekuniäre Interessen, deckt sich mit den Ergebnissen, die die Recherchen zu diesem Buch erbracht haben. Im Militärhistorischen Archiv in Moskau sind zahlreiche Spionagekorrespondenzen erhalten geblieben, die keinen Zweifel an den vorrangig finanziellen Motiven der Agenten lassen. Viele mussten gar nicht erst extra angeworben werden, sondern trugen dem russischen Geheimdienst von sich aus ihre Dienste an. Einige dieser sogenannten »Selbstanbieter« schilderten ihre Misere mitunter in drastischen Worten und drohten gar mit Selbstmord, sollte der erwartete Lohn nicht bald gezahlt werden. In anderen Briefen, die zum Teil mit Geheimtinte geschrieben worden waren, kündigten die Verfasser bei weiterem Ausbleiben von Zahlungen die sofortige Einstellung ihrer Tätigkeit an, oder aber sie forderten höhere Beträge als die vorab vereinbarten Summen. Dem von uns eingesehenen russischen Aktenmaterial ist zu entnehmen, dass neben diversen Zivilpersonen etliche Angehörige der k.u.k. Armee, wenngleich eher den unteren Chargen angehörend, verbotene Geschäfte mit Russland machten. Soweit sich die Namen beziehungsweise die Herkunft dieser Männer feststellen ließen, konnten daraus keine Rückschlüsse auf die besondere Illoyalität einer speziellen nationalen Gruppe gezogen werden.

Im Falle des spionierenden Alfred Redl hatten verschiedene politische Kräfte Interesse daran, dem Obersten nationalistische oder zumindest »anti-deutsche« Motive zu unterstellen. Aus seinem näheren Umfeld wollte aber kaum jemand daran glauben, dass der in Lemberg geborene k.u.k. Offizier sich vor diesem Hintergrund zum Vaterlandsverrat entschlossen hatte. Der offenbar mehrsprachig aufgewachsene Redl, der fließend Deutsch, Polnisch und Ruthenisch sprach, hatte, so ein zeitweiliger Weggefährte, niemals den Eindruck erweckt, »eine Persönlichkeit von nichtösterreichischer Einstellung« zu sein. Der frühere Offizier der Habsburgerarmee Karl Bornemann, der 1964 in einem Brief über seine Bekanntschaft mit Redl Auskunft gab, hegte 1912, als beide beim Infanterieregiment Nr. 99 ihren Dienst versahen, keinerlei Zweifel, dass der Oberst »innerlich in der Monarchie verwurzelt« gewesen war.[65]

Anders als Max Ronge, der in seinen Publikationen Zusammenhänge zwischen nationalen Begehrlichkeiten, Spionageaktivitäten und schließlich sogar dem Untergang der Donaumonarchie hervorhob, führt auch die Lektüre der in österreichischen Archiven verwahrten Verhörprotokolle zahlreicher Spione oder Spionageverdächtiger zu der banalen Erkenntnis, dass die Triebfeder für den Verrat hauptsächlich in Verschuldung und/oder Geldgier zu suchen ist.

Gleichzeitig gerät dabei speziell das Wien um die Jahrhundertwende in ein schiefes Licht: Zwischen dem Glanz der Paläste und dem Gestank der Gosse tummelt sich eine zukunfts- und orientierungslose Masse, die Ablenkung im Vergnügen sucht und moralische Grundsätze zum eigentlichen Luxus erklärt. Die Beichten der von Gerichts wegen befragten Agenten und Agentinnen führen in eine Welt, die von unüberbrückbaren Gegensätzen zwischen Arm und Reich, Oben und Unten geprägt ist, die Menschen in vorgezeichnete Lebensläufe zwingt und keinerlei Fehltritte verzeiht. Die

»Gefallenen« sind Opfer ihrer Leidenschaften, gehetzte, vom Schicksal verkrümmte, im Grund gepeinigte Existenzen. Bilder aus den Stücken und Romanen Arthur Schnitzlers drängen sich auf, wenn von »Ehrenaffären« die Rede ist, von orgiastischen Gelagen im Wiener Nachtleben, von Spielschulden und Pfandleihern, von den Beziehungen fremdgehender Ehefrauen mit jungen Leutnants, von Prostituierten mit Namen Mizzi und Fifi oder von Abtreibungen, die nicht bezahlt werden können. Zu bestätigen scheinen sich überdies sämtliche Klischees, die das an Ausschmückungen und Verzerrungen ohnehin reiche Metier der Spionage mit sich bringt: Man tituliert sich in fingierten Liebesbriefen als »Schatzi« oder »Mauserl«, um auf diese Weise geheime Treffen zu vereinbaren, in finsteren Kaschemmen werden geheimnisvolle Pakete übergeben, X verabredet sich mit Y im Prater und bekommt wenig später mit Geldscheinen gefüllte Kuverts von einem finsteren Popen ausgehändigt.

Gleich ob man die Gerichtsakten zur Jandrić-Affäre studiert, in den Erhebungsakten zum Spionagefall Waldemar Firbas blättert oder sich durch das Dickicht an Berichten und Geschichten über den Redl-Skandal kämpft – was belegt werden kann, ist abenteuerlich genug, um ohne zusätzliches Dekor auszukommen.

Der Wert des Materials

August Urbański war der Ansicht, Čedomil Jandrić habe sich an der Spionage seines jüngeren Bruders beteiligt, um auf diese Weise Rache für dessen Ausschluss aus der Armee zu üben.[66] Alexander, der tatsächlich aufgrund »unehrenhaften Verhaltens« seiner Leutnantscharge verlustig gegangen war, entschied sich hingegen in Ermangelung anderer Einkunftsmöglichkeiten für die »Agentenkarriere«. Außerdem liebte er die Zerstreuung und ließ sein Geld gerne bei Damen »vom Gewerbe«. Auch die Gründe für die Komplizenschaft seines Bruders dürften indes nicht nur emotioneller, sondern durchaus auch finanzieller Natur gewesen sein. Immerhin profitierte Čedomil von den Honoraren des Bruders, lebte mit ihm in einer relativ komfortablen Wohnung und konnte sich auch sonst verschie-

(2) **Čedomil Jandrić bei der Urteilsverlesung. Der Kriegsschüler büßte nicht zuletzt für die »Sünden« seines Bruders Alexander.**

dene Annehmlichkeiten leisten. Kameraden beschrieben ihn später als »vergnügungssüchtig«.[67]

Im Zuge der Ermittlungen gab Alexander Jandrić übrigens zu, nicht nur mit Oberst Zankevič Kontakt unterhalten zu haben, sondern bereits 1912 persönlich nach Petersburg gereist zu sein, um das Geschäft mit dem Verkauf von Informationen in Gang zu bringen. Auch den russischen Militärattaché in Paris hatte Alexander zu diesem Zweck aufgesucht.

Die Qualität der Informationen, die Alexander an die Russen weitergab, variierte stark. Als das Unterrichtsmaterial, das Čedomil von der Kriegsschule mitbrachte, ausdünnte, musste die Fantasie einspringen. Nun beschaffte sich Alexander sogenannte »Aviatikerkarten«, zeichnete darin willkürlich Landungsplätze ein und überreichte sie anschließend Zankevič. Auch der an den Militärattaché ausgehändigte Plan der Festung Przemyśl, die überragende strategische Bedeutung im Falle einer kriegerischen Auseinandersetzung besaß, war gemäß den Aussagen Alexanders im Wesentlichen eine Fälschung. Trotzdem kassierte er hierfür die unglaubliche Summe von 12.000 Kronen. Heute entspricht dieses Honorar immerhin ungefähr 70.000 Euro.[68] Anscheinend schöpfte der russische Oberst keinen Verdacht und beauftragte Alexander in weiterer Folge sogar, ihm den Aufmarschplan der k.u.k. Truppen in Galizien zu besorgen. Obwohl ihn die Elaborate Alexanders anfangs nicht überzeugten, erhielt dieser bei anderer Gelegenheit für einen neu angefertigten Plan, den er, um die Echtheit des Materials vorzuspiegeln, mit Zahnpasta versiegelt hatte, umgehend 2500 Kronen. Alexander hatte gegenüber Zankevič behauptet, er habe einen Generalstabsoffizier bestochen, um an das brisante Material heranzukommen. Als der Attaché dann den angeblichen Verbindungsmann kennenlernen wollte, suchte Alexander nach Ausflüchten. Den gegenüber Zankevič genannten Generalstabsoffizier, welcher keine Ahnung von seiner indirekten Verwicklung in eine Spionageaffäre hatte, kannte er nämlich nur vom Sehen.

Max Ronge, der zum Sachverständigen im Prozess gegen Čedomil Jandrić berufen wurde, vertrat die Ansicht, dass durchaus authentisches Material verraten worden war. Vor allem die aus der Kriegsschule stammenden Behelfe und Aufzeichnungen, die Alexander durch den Bruder zugänglich gemacht worden waren, zählte Ronge zu dieser Kategorie. Auch der Plan von Przemyśl enthielt seiner Einschätzung zufolge den Tatsachen entsprechende Informationen. Er räumte überdies ein, dass die russische Seite gewiss in der Lage gewesen sei, eine plumpe Fälschung zu erkennen. Andernfalls hätte man nicht 12.000 Kronen lockergemacht. Dass Zankevič aber auch Erfundenes geschluckt habe, sei in Geheimdienstkreisen üblich. Man nehme Fantasieprodukte in Kauf, um bei nächster Gelegenheit vom selben Spion Authentisches zu bekommen.[69] Außerdem war es üblich, verschiedene Agenten auf ein- und dieselbe Aufgabe anzusetzen. So konnte beispielsweise Nikolaj Batjušin in etwa zeitgleich mit Jandrićs Lieferung der Przemyśl-Materialien seine Kollegen in St. Petersburg auf das Eintreffen von zusätzlichen Dokumenten über die österreichische Festung aufmerksam machen, die aus einer weiteren »erprobten« Quelle stammten.[70] Der Warschauer Geheimdienstchef verfügte über eine Reihe zuverlässiger »Lieferanten«, darunter einen aus der Donaumonarchie stammenden Leutnant der Reserve namens Boleslaw Roja, der auch als Doppelspion auftrat.[71]

Obwohl indessen Čedomil Jandrić dem russischen Militärattaché nie begegnet war und angeblich geglaubt hatte, sein Bruder habe Zankevič ausschließlich mit Spielmaterial versorgt, wurde der junge Oberleutnant »zum schweren Kerker in der Dauer von neunzehn Jahren, verschärft durch monatlich einmal Fasten, hartes Lager an den Fasttagen und Anhaltung in Einzelhaft während des ganzen ersten und sechsten Monates eines jeden Strafjahres verurteilt«. Der Richter führte überdies als erschwerend an, dass Čedomil seinem Bruder just in jener Phase Zugang zu seinen Kriegsschulmaterialien gewährt hatte, »als es schon offenkundig und dem Untersuchten auch bekannt war, dass in Österreich-Ungarn militärische Maßregeln und Rüstungen zu einem Kriege mit mehreren Nachbarstaaten getroffen wurden«.[72]

Alexander Jandrić, welcher der Zivilgerichtsbarkeit unterlag, musste für nicht ganz fünf Jahre ins Gefängnis.[73] Beim Prozess im Februar 1914 schien der damals 26-Jährige übrigens alles andere als gebrochen. Im Gegenteil. Seine »Aufgeräumtheit« wirkte auf einige Beobachter des Prozesses offenbar geradezu irritierend.[74] Nach Abbüßung der Strafe sollte Alexander Jandrić des Landes verwiesen werden. In einem Brief, den er im März 1914 an den Bruder richtete, bat Alexander diesen um Verzeihung dafür, dass er ihn ins Verderben gestürzt habe. Gleichzeitig verlieh er seiner Zuversicht Ausdruck, dass Čedomil die lange Haft überleben werde, und versprach, ihm nach der Entlassung gleichsam als Wiedergutmachung ein sorgenloses Leben zu ermöglichen.[75]

Gerüchte über eine seitens russischer Handlanger geplante Befreiung der Geschwister aus dem Gefängnis nahmen die Behörden durchaus ernst. Zumindest Alexander Jandrić wurde im April 1914 kurzfristig in eine andere Zelle verlegt. Den Häftling legte man zur Sicherheit sogar »in Eisen«.[76]

Redl und Zankevič

Obwohl sich nach Ansicht der Offiziere im Evidenzbüro das Außenministerium immer zierte, wenn klare Worte gegenüber einer »fremden Macht« gefragt waren, zögerten die k.u.k. Diplomaten diesmal nicht, in St. Petersburg die Abberufung des russischen Militärattachés zu fordern. Dessen Tätigkeit in Wien endete offiziell am 8. Juli 1913.[77] Es lag auf der Hand, dass Oberst Michail Zankevič die Fäden in jenem Spionagenetz gezogen hatte, über das in- wie ausländische Zeitungen schrieben. Während zum Leidwesen des österreichisch-ungarischen Geheimdienstes die eigenen Militärattachés im Ausland größtmögliche Zurückhaltung in Sachen Spionage üben sollten, wurden ihre russischen Kollegen geradezu aufgefordert, gewissermaßen erlaubte wie auch unerlaubte Wege in der Informationsbeschaffung zu gehen. Akribisch ausgearbeitete Instruktionen der *Razvedka*-Abteilung im russischen Generalstab hielten eine Reihe von Richtlinien im Umgang mit Spionen bereit und offerierten auch praktische Anleitungen für das reibungslose Funktionieren eines Agentennetzwerkes. Zankevič zeigte sich in diesem Zusammenhang ganz besonders engagiert, da er von der Gefährlichkeit des »Krieges im Untergrund«, den Russlands Feinde führten, überzeugt war. Wie viele andere auch glaubte er fest an die Unausweichlichkeit eines alles entscheidenden Kampfes zwischen »Germanen und Slawen«. Dass dieser nur von Russland, und zwar »mit Blut und Eisen« entschieden werden könne, hielt Zankevič für gewissermaßen selbstverständlich.[78]

Als Ende Mai 1913 der Redl-Skandal die Monarchie erschütterte, argwöhnten viele, dass auch in diesem Fall Oberst Zankevič eine Rolle gespielt hatte. Dem umtriebigen Russen, der nach Aussagen von Alexander Jandrić sogar seine Ehefrau für die Spionagearbeit in Wien einspannte, konnte durchaus zugetraut werden, mit dem »Verräter aus den k.u.k. Generalstabskreisen« in Verbindung gestanden zu sein. Doch Alfred Redl, der infolge seiner langjährigen Dienstzeit im Evidenzbüro alle Kniffe kannte, um seine Tarnung zu perfektionieren, war wohl zu schlau, um sich solcherart zu kompromittieren. Er nützte andere Kanäle, um den Kontakt mit seinen Auftraggebern aufrecht zu erhalten.

Entgegen den Vermutungen der Presse, die nach Redls Entlarvung einen Zusammenhang mit Zankevičs Machenschaften und dadurch auch mit den »dunklen Geschäften« der Brüder Jandrić konstruierten, lieferten die Erhebungen der Militärbehörden keine Anhaltspunkte für eine derartige Darstellung. Ein kleines Detail im »Fall Jandrić« spielte dann aber auch im Fall Redl eine Rolle. Jahrzehnte später schilderte Hermann Zerzawy, 1913 Oberleutnant im Evidenzbüro, dass er bei der Verhaftung von Čedomil Jandrić zugegen gewesen war und auf Anraten Max Ronges einen Browningrevolver mitgenommen hatte. Laut Zerzawy fürchtete Ronge offenbar, dass Jandrić sich zur Wehr setzen würde. Wenngleich Zerzawys Schilderungen vom Verhör des Kriegsschülers sich nicht mit dessen späteren Aussagen vor dem Garnisonsgericht decken, steht fest: Jandrić leistete keinen Widerstand, die Waffe blieb unbenützt und Ronge brachte sie ins Kriegsministerium zurück. Dort verwahrte er sie in seinem Büro. Niemand konnte ahnen, dass sich nur wenige Wochen später Alfred Redl mit diesem Revolver das Leben nehmen würde.[79] Für Behauptungen, wonach Čedomil Jandrić ebenso wie später dem Obersten Gelegenheit gegeben wurde, sich selbst zu richten, fehlen die Belege.[80]

WEGE ZUM HOCHVERRAT

Karrieren

Michail Ippolitovič Zankevič war keineswegs der erste russische Militärattaché gewesen, der seinen Aufenthalt in Wien dazu nutzte, auch auf inoffiziellem Wege Informationen über die k.u.k. Armee zu beschaffen. Nicht anders verhielt sich sein Vorgänger Mitrofan Konstantinovič Marčenko, der 1905 seinen Posten in der Donaumonarchie angetreten hatte.

Als der neue Mann aus dem russländischen Imperium unter dem Szepter der Romanovdynastie nach Wien kam, saß Alfred Redl als Hauptmann und angehender Major des Generalstabs im Evidenzbüro, dem militärischen Geheim- beziehungsweise Nachrichtendienst der k.u.k. Armee. In den kleinen winkeligen Räumen des Kriegsministeriums Am Hof, wo eine überschaubare Anzahl österreichisch-ungarischer Nachrichtendienstler ihrer Arbeit nachging, hatte die Karriere des aus Galizien stammenden Offiziers, der es 1912 bis zum Generalstabschef des 8. Korps in Prag brachte, ihren Anfang genommen. Nachdem er 1894 die Kriegsschule mit »sehr gutem Erfolg« absolviert hatte, kletterte der Sohn eines Lemberger Eisenbahnbeamten rasch die Erfolgsleiter empor. Noch im selben Jahr wurde er vorübergehend dem Eisenbahnbüro zugeteilt, um dann nach einigen Jahren bei der Truppe mit anspruchsvolleren Aufgaben betraut zu werden. Gewiss als vorteilhaft für die Laufbahn des jungen Offiziers erwies sich wohl sein Sprachentalent. Redl verbrachte ab seiner Ernennung zum Generalstabshauptmann im Mai 1899 ein Jahr im Zarenreich, wo er im Rahmen eines speziellen »Austauschprogramms« Russisch erlernte. Nach einer anschließenden kurzen Dienstzeit in Lemberg fand er in der »Russischen Gruppe« des Evidenzbüros Aufnahme und widmete sich dort vor allem der Auswertung von Informationen über die Armee des Romanovimperiums. Etwa ein halbes Jahr später wechselte er dann in die »Kundschaftsgruppe«, wo er von 1901 bis 1905 tätig war.[81] Dort verlief der Arbeitsalltag weit weniger spektakulär, als es das Metier der Spionage beziehungsweise des Nachrichtendienstes nahelegt. Doch Redl machte sich in dieser Zeit in seiner Rolle als Sachverständiger in Spionageprozessen einen Namen. So erwies sich die Zuteilung zum Evidenzbüro als Sprungbrett für noch »höhere Weihen«. Der ehrgeizige Offizier erhielt im Zuge seiner Dienstzeit mehrere Orden und wurde von seinen Vorgesetzten als »intelligenter, fleißiger und sehr bescheidener Offizier« beschrieben, »der zu besten Hoffnungen berechtigt ist«. Man nahm ihn als »festen, männlich offenen Charakter« wahr und schätzte ihn als »beliebten Kamerad[en]«, der sich besonders »fürsorglich« gegenüber seinen Untergebenen verhielt, einen »guten Einfluss« auf jüngere Offiziere ausübte und nur »feine Gesellschaft« suchte, eine, die »seiner schönen Denkungsart entspricht«.[82]

In den sogenannten »Qualifikationslisten«, wo neben diesen Einschätzungen zur Person Alfred Redls noch viele weitere Lobreden auf dessen Fähigkeiten nachzulesen sind, wurde sein Geburtsdatum einige Male mit 14. März 1866 angegeben, um dann auf 1864 ausgebessert zu werden. Seine »Privatverhältnisse« hatte man mit den Worten »ledig, ohne Vermögen, finanziell geordnet« umschrieben.[83]

»Finanziell geordnet« waren die »Privatverhältnisse« vieler k.u.k. Offiziere freilich nicht. Hierbei erging es ihnen nicht viel anders als der Armee insgesamt. Dem Evidenzbüro, das zwischen 1898 und 1903 von Oberst Artur Freiherr Giesl von Gieslingen geleitet wurde, fehlte es aber nicht nur in Anbetracht eines bescheidenen Budgets an entsprechenden Entfaltungsmöglichkeiten. Zusätzlich zu diesen elementaren Problemen musste es vor dem Hintergrund diplomatischer Interessen seine Kundschaftstätigkeit gegenüber Russland zwischen 1903 und 1905 mehr oder weniger einstellen. Nachrichtendienstler wie Maximilian Ronge wurden nach dem Ersten Weltkrieg nicht müde zu betonen, wie sehr hingegen die für die militärische

Spionage im Zarenreich zuständige *Razvedka* diese Phase dazu nutzte, ihre Tätigkeit gegenüber Österreich-Ungarn zu intensivieren. Wenngleich die Vorstellungen in der Donaumonarchie von den finanziellen Mitteln des russischen Geheimdienstes überzogen waren, hatte das Zarenreich im »offensiven Kundschaftswesen« wirklich bald die Nase vorn. Der Stellenwert eines professionalisierten militärischen Nachrichtendienstes im Generalstab war spätestens anlässlich der Armeereformen nach Ende des russisch-japanischen Krieges 1905 gestiegen. Damit einher gingen Verbesserungen für die Rahmenbedingungen der »militärischen Auslandsaufklärung«. Wie kläglich es andererseits um die Finanzen des Evidenzbüros bestellt gewesen war, lässt sich mit Blick auf seine Dotation für das Jahr 1912 unschwer belegen. Damals musste man mit 150.000 Kronen auskommen und verfügte demnach über eine Summe, die »kaum an das Gehalt eines mittleren Bankdirektors« heranreichte.[84] Bedenkt man, wie viel allein Alexander Jandrić vom russischen Militärattaché bezahlt bekam, dann erscheint eine annähernd gleichwertige Entlohnung von Spionen im Dienste der k.u.k. Armee nahezu ausgeschlossen. Doch trotz chronischen Geldmangels und regelmäßiger Bettelbriefe an das Außenministerium konnte das Evidenzbüro im Bedarfsfall anscheinend doch entsprechende Summen offerieren. Die Beschaffung des russischen Aufmarschplanes hätte sich der k.u.k. Generalstabschef offenbar durchaus etwas kosten lassen: Angeblich sollen hierfür bis zu 100.000 Kronen zur Verfügung gestanden haben.[85] Andere Quellen zeugen nicht unbedingt von Freigiebigkeit. Für die Mobilisierungsinstruktionen, insbesondere der russischen Armee, war man laut Protokoll einer Besprechung des Evidenzbüros vom Februar 1913 keineswegs bereit, mehr als 5000 Kronen zu zahlen.[86] Angesichts der Tatsache, dass der Informationsstand über den russischen Aufmarschplan in den Jahren vor dem Ersten Weltkrieg zu wünschen übrig ließ, erstaunt der »Geiz« der verantwortlichen Stellen im Habsburgerreich doch einigermaßen.[87]

Gemischte Gefühle

Eine der Routineaufgaben der Militärattachés bestand darin, Charakteristiken hoher Offiziere des Gastlandes anzufertigen. Da Redl 1907 zum stellvertretenden Leiter des Evidenzbüros aufstieg, war es nur logisch, dass Marčenko den »Neuen« beschrieb. Er schickte einen Bericht nach St. Petersburg, in dem er den k.u.k. Major, der nach etwa zweijähriger Dienstzeit als Generalstabschef der 13. Landwehrinfanteriedivision ins Evidenzbüro zurückgekehrt war, als schlau, leistungsfähig und konzentriert, aber auch als »verschlagen«, »falsch« und »süßlich« bezeichnete. Redl sei überdies ein »Zyniker« und obendrein ein »Schürzenjäger« mit einer Schwäche für Vergnügungen.[88] Mit ähnlichen Worten charakterisierte ihn im April 1908 die für Österreich-Ungarn zuständige Unterabteilung im russischen Generalstab in einem Rapport an die Spionageoffiziere des Warschauer Militärkreises. Interessanterweise wurde dort hinzugefügt, dass Redl auch Spanisch beherrsche.[89] Diese Bemerkung ist wohl in Zusammenhang mit einem Orden zu sehen, den der damalige Major 1906 von Spanien erhalten hatte.[90]

Auch in anderen Akten des Militärhistorischen Archivs in Moskau sind allgemeine Charakteristika der Geheimdienstoffiziere der Habsburgermonarchie zu finden. Aus ihnen lässt sich – entgegen einigen populären Darstellungen – keineswegs schließen, dass Redl den Militärattachés Marčenko und Zankevič oder aber dem gewissermaßen berühmt-berüchtigten Nikolaj Stepanovič Batjušin anders als ein Offizier einer »feindlichen Macht« bekannt gewesen wäre. Batjušin erwähnt im Übrigen in seinen viele Jahre nach Ende der Zarenherrschaft erschienenen Aufzeichnungen die Redl-Affäre nur beiläufig. Der Russe, den einige Autoren einschlägiger Publikationen über den »verräterischen Generalstabsobersten« als jenen Mann bezeichnen, auf dessen Betreiben hin Redl zur Spionage erpresst wurde, bringt den Fall vor allem als Beispiel dafür, dass selbst erfahrene Agenten irgendwann über Kleinigkeiten stolpern und demgemäß enttarnt werden.[91] Dass man Redl in den russischen Geheimdienstunterlagen überdies als »Frauenheld« beziehungsweise

»Schürzenjäger« beschrieb, steht Behauptungen entgegen, denen zufolge der Oberst von den Russen ob seiner homosexuellen Neigungen erpresst worden ist. Bemerkenswert ist freilich, dass den Offizieren aus dem Zarenreich im Unterschied zu manchen österreichischen Kollegen Redls Hang zur Zerstreuung als durchaus unvorteilhaft aufgefallen war.

Insgesamt stellen die negativen Äußerungen Marčenkos über Redls Persönlichkeit aber nichts Ungewöhnliches dar. Wenig Schmeichelhaftes berichtete nämlich auch der damalige Leiter der russischen Militärspionage, Oberst Nikolaj Avgustovič Monkevic, im September 1907 über Redls Chef, Eugen Hordliczka. Die beiden Nachrichtendienstler hatten sich bei einem Manöver in der Schweiz kennengelernt. Hordliczka war Monkevic als eher steif aufgefallen. Die Zunge des k.u.k. Offiziers löste sich aber, so der Russe, sobald das erste Glas Wein serviert wurde. Mit jedem Schluck wurde Hordliczka dann auch gesprächiger und gab Dinge von sich, die nach Ansicht Monkevics ein Mann von seiner Stellung lieber für sich behalten sollte. Nachdem er sich bei seinem Gesprächspartner über die russische Spionage in Galizien beschwert hatte, erwähnte Hordliczka nämlich, dass drei seiner Brüder in Polen lebten. Tatsächlich wäre es besser gewesen, der Evidenzbürochef hätte solche Informationen unterdrückt, denn die Spionageabteilung im russischen Generalstab ordnete umgehend eine Überwachung sämtlicher auf dem Territorium des Zarenreichs befindlichen Mitglieder der Hordliczka-Familie an.[92]

Einen nicht gerade angenehmen Eindruck bei seinen österreichischen Kollegen hinterließ umgekehrt aber gleichfalls Mitrofan Marčenko. Er fiel August Urbański, seit 1909 Nachfolger von Eugen Hordliczka im Chefsessel des Evidenzbüros, als ganz besonders neugierig auf. Anlässlich der großen Manöver der k.u.k. Armee, bei denen ausländische Militärattachés als Beobachter zugelassen waren, musste Urbański den Russen deswegen regelrecht bändigen. Dennoch war dem Militärattaché aus dem Zarenreich offenbar daran gelegen, die nicht gerade friktionsfreien Beziehungen zwischen der

Habsburgermonarchie und seinem Herkunftsland zu verbessern. Wohlwollend stand diesem Unterfangen nicht zuletzt der österreichisch-ungarische Thronfolger Franz Ferdinand gegenüber. Im Belvedere, wo der Erzherzog residierte, galt Marčenko als »Persona grata«.[93] Der Militärattaché berichtete selbstverständlich über seine Kontakte zu Franz Ferdinand nach St. Petersburg und hob darin unter anderem die oftmaligen Differenzen zwischen dem Kaiser und dem Thronfolger hervor.[94]

Marčenkos Bemühungen um ein harmonischeres Miteinander zwischen seinem Gast- und seinem Herkunftsland hinderten ihn aber nicht am Spionieren. Aufgrund eines anonymen Schreibens aus Italien kam das Evidenzbüro einem Beamten namens Alfred Kretschmar von Kienbusch auf die Spur, der als »Kalkulant« im Arsenal in Wien arbeitete und vertrauliche Armeeakten an Marčenko weitergab. In einem Protokoll, das die Polizei im Jänner 1910 aufsetzte, gab der verhaftete Kretschmar an, 162 Kronen pro Monat zu verdienen. Er habe in Anbetracht dieses bescheidenen Lohns und in dem Gefühl, entgegen seinen Qualifikationen ohne entsprechende Position im Heeresdienst geblieben zu sein, »einen schweren Groll gegen den Staat« entwickelt. Darum sei er an Marčenko herangetreten, um diesem Informationen über das »Artilleriewesen« der k.u.k. Armee zukommen zu lassen. Der Russe speiste den »Kalkulanten« mit eher bescheidenen Summen ab. Kretschmar behauptete, nie mehr als 50 Kronen pro Auftrag bekommen zu haben.

Im Zuge der weiteren Untersuchungen gegen den Arsenalbediensteten kamen schließlich zusätzliche Details ans Tageslicht. Im Juli 1910 wusste das k.u.k. Garnisonsgericht Wien zu vermelden, dass Kretschmar von Kienbusch in Wirklichkeit schon seit vielen Jahren Spionage betrieb und bereits mit drei Vorgängern Marčenkos kooperiert hatte. Der arretierte Beamte erzählte, dass er bei jedem Wechsel der Militärattachés in Wien vom scheidenden an den jeweils neuen Mann aus Russland »wie ein Inventarstück übergeben« worden war. Außerdem erhielt er von Marčenko erheblich mehr, als er anfangs zugegeben hatte – zuletzt 200 Kronen monatlich, und zwar unabhängig von seiner »Leistung«. Innerhalb von etwa 20 Jahren hatte der »Langzeitagent« mehr als 30.000 Kronen »erspioniert«.[95] Erwähnung verdient der Umstand, dass Kretschmar folglich auch mit dem zwischen Mai 1900 und Mai 1905 in Wien amtierenden russischen Militärattaché Vladimir Christoforovič Roop kooperierte.[96] Letzterer war wahrscheinlich eine Schlüsselfigur im Fall Redl. Hinweise russischer Provenienz sind dahingehend zu interpretieren, dass Roop Redl seinerzeit angeworben hat.[97]

Als militärischer Sachverständiger im Prozess gegen den nicht nur gegenüber Russen, sondern auch Franzosen und Italienern auskunftsfreudigen österreichischen Beamten wurde jedenfalls Redl herangezogen.[98] Der Evidenzbürovizechef und Leiter der Kundschaftsstelle, dem bei seinen Auftritten vor Gericht stets eine bestechende Kompetenz attestiert wurde, bekam es im Fall Kretschmar mit weiteren Verdächtigen zu tun. Strenge Strafen drohten etwa fünf Offizieren des Artilleriezeugdepots. Unter Anklage standen außerdem ein Freund des Spions sowie der Schwiegervater Kretschmars.[99]

Unangenehm endete die ganze Angelegenheit auch für Oberst Marčenko. Obwohl – sehr zum Ärger des k.u.k. Geheimdienstes – das Außenministerium der Doppelmonarchie eine gegenüber St. Petersburg einzufordernde Entfernung Marčenkos aus Wien zunächst nicht guthieß, musste der russische Oberst am Ende doch seinen Hut nehmen. Als Franz Joseph, den man über die Causa informiert hatte, den zarischen Militärattaché und dessen Frau beim nächsten Hofball ostentativ mied, erregte dies durchaus Aufsehen. Kurze Zeit später verließen Marčenko und seine Gattin, die ob ihrer ausgeprägten Vorliebe für violetten Puder hinter vorgehaltener Hand »Vera Violetta« hieß, die k.k. Hauptstadt.[100]

Ungeachtet der zweifellos als Erfolg zu betrachtenden Festnahme Kretschmars hinterließ die Affäre im Evidenzbüro einen bitteren Nachgeschmack. Die gesamte Aktion hatte dem ohnehin an chronischem Geldmangel leidenden k.u.k. Geheimdienst 8000 Kronen gekostet. Weiterhin ungelöst blieb obendrein das Problem des eklatanten Informationsdefizits bezüglich der militärischen Planungen der russischen Armee. Diese waren dem österreichisch-ungarischen Generalstab 1910 nicht einmal noch »in den allgemeinen Grundzügen« bekannt. Solche Mängel mussten angesichts der im Romanovimperium vor sich gehenden, groß angelegten Umstrukturierungen im militärischen Sektor umso schwerer ins Gewicht fallen.[101]

So unrühmlich indessen der Abgang des zarischen Militärdiplomaten aus Wien aus Sicht seiner Gastgeber gewesen sein mag, so wenig schadete die Affäre Marčenkos Karriere in der Heimat. Bis zum Frühjahr 1917, als ihn die nach der Februarrevolution amtierende Provisorische Regierung all seiner Ämter enthob, brachte er es immerhin zum Leiter einer elitären militärischen Lehranstalt.[102]

Zweifel, Irritationen, Beschuldigungen

Als der Fall Redl drei Jahre später militärintern untersucht wurde, fand man offenbar einen speziellen Umstand für erwähnungswürdig: Der Oberst hatte seine Auftraggeber »in den gleichen Belangen« bedient wie Alfred Kretschmar von Kienbusch. Außerdem erinnerte man sich daran, dass Redl damals als militärischer Sachverständiger ein Gutachten im Prozess gegen den verräterischen Arsenalbeamten abgegeben hatte. Allerdings gab es auch 1913 keine Anhaltspunkte dafür, dass »ein Einverständnis zwischen den beiden« vorhanden gewesen war.[103] Die Annahme, Redl könnte gewissermaßen in die Fußstapfen des 1910 verurteilten Spions getreten sein und dessen Arbeitsweise kopiert haben, hat etwas für sich: Sie korrespondiert mit Redls eigenen Aussagen von seiner eher kurzzeitigen Spionagetätigkeit, mit Erklärungen, die er angeblich nach seiner Entlarvung abgegeben hat. Andererseits sind weitere Indizien ins Treffen zu führen, die solche Behauptungen keineswegs stützen.

Obwohl die Militärbehörden im Juni 1913 eine aufgebrachte Öffentlichkeit mit Aussagen zu beruhigen versuchten, wonach Redl erst »in jüngster Zeit« Verrat geübt habe, schenkte derlei Angaben kaum jemand Glauben. Mit Sicherheit bezweifelt wurden solche Darstellungen von Lelio Graf Spannocchi, der 1907 bis 1911 als k.u.k. Militärattaché in St. Petersburg gewirkt hatte. Nach eigenen Schilderungen war Spannocchi dem spionierenden Alfred Redl 1909 beinahe auf die Schliche gekommen. Im Februar dieses Jahres hatte ihn nämlich der britische Militärattaché im Zarenreich, Oberst Guy Wyndham, mit einer alarmierenden Nachricht konfrontiert. Als Spannocchi in einem Gespräch mit dem Kollegen aus dem »Empire« seine Abscheu darüber zum Ausdruck brachte, dass bei ihm ein russischer Gardeoffizier aufgetaucht war, um sich als Spion erbötig zu machen, meinte Wyndham: »Lieber Spannocchi, seien Sie nicht stolz. Ich weiß, dass in Wien ein höherer Generalstabsoffizier ist, der den Russen alles gibt, was sie wünschen.«[104] Spannocchi war angesichts solch einer Bemerkung beunruhigt – umso mehr, als der Engländer nähere Auskünfte in dieser Sache verweigerte. Schon wenige Tage später fuhr der k.u.k. Attaché nach Wien und erzählte dem Evidenzbürochef von Wyndhams Aussagen. Hordliczka reagierte verärgert und warf seinem Gegenüber vor, mit derlei »Tatarennachrichten« höchstens Unruhe zu stiften. Der Evidenzbürochef sah offenbar keine Veranlassung, Untersuchungen einzuleiten. Da sich Spannocchi aber entschlossen zeigte, auch den Kriegsminister zu informieren, lenkte Hordliczka ein. Er verwies den Militärattaché ausgerechnet an Alfred Redl, der als Souschef des Evidenzbüros den Meldungen Spannocchis nachgehen sollte. Redl bekam, als er die Schilderungen des Militärattachés vernahm, »einen roten Kopf«, fasste sich aber gleich und versprach, dass »alles geschehen werde, um Licht in diese Angelegenheit hineinzutragen«. Außerdem forderte er Spannocchi auf, Stillschweigen zu bewahren.[105]

Im darauffolgenden Jahr sah sich der österreichisch-ungarische Militärattaché in Russland in eine unangenehme Spionageaffäre verwickelt. Die Polizei in St. Petersburg hatte einen Mann verhaftet, der angeblich geheimes Material über die Zarenarmee an Spannocchi weitergegeben hatte. Bei dem Agenten handelte es sich um den Baron Eduard Ungern-Sternberg, einen Journalisten, der tatsächlich gegen geringfügige Honorare diverse Informationen im Auftrag der k.u.k. Botschaft beschaffte. Für Spannocchi hatte er Auszüge aus Regierungsvorlagen betreffend das Rekrutenkontingent besorgt. Was der russische Generalstab als geheimes Material einstufte, konnte man nach Aussagen Spannocchis ohne große Anstrengungen erwerben: Die Duma-Abgeordneten ließen die gedruckten Auszüge nach Sitzungsende auf ihren Plätzen im Parlament liegen, um anschließend von den Saaldienern für ein paar Rubel an Interessenten verkauft zu werden. Wenngleich Spannocchi bemüht war, die Bedeutung der Informationen herunterzuspielen, blieb der Skandal nicht aus. Die russischen Zeitungen berichteten ausführlich über die Affäre und die Abberufung des österreichisch-ungarischen Militärattachés schien nur mehr eine Frage weniger Wochen. Nichtsdestoweniger dauerte es dann noch mehrere Monate, bis ein Nachfolger gefunden war.

Spannocchi brachte im Nachhinein alles, was ihm an Unannehmlichkeiten während seiner Zeit in Russland widerfuhr, mit dem Besuch bei Alfred Redl im Februar 1909 in Verbindung. Damals, so gab er sich später überzeugt, hatte der »Jahrhundertspion« ihn als eine Art potenzielles Sicherheitsrisiko erkannt und begonnen, auf seine Entfernung aus Russland hinzuarbeiten. Auch den »Fall Ungern-Sternberg« betrachtete Spannocchi im Lichte einer Redl'schen Verschwörung gegen seine Person, obwohl er die Causa andererseits ganz so betrachtete, wie sie auch im k.u.k. Außenministerium gesehen wurde: Die Russen übten Rache für die erzwungene Abberufung des Militärattachés Marčenko aus Wien. Widersprüchlich erscheint Spannocchis Darstellung auch deshalb, weil er selbst durchaus an einem Weggang aus Russland interessiert gewesen war.[106] Als bar jeglicher Grundlage zu bezeichnen sind Annahmen, wonach Redl die Absetzung Marčenkos herbeigeführt habe, um über diesen Umweg auch Spannocchi loszuwerden.[107] Obwohl bereits im Mai 1913, kurz nach dem Tod des Obersten, das *Berliner Tageblatt* Nachrichten aus St. Petersburg kolportierte, denen zufolge Ungern-Sternberg im Dienste Redls gestanden sei und Spannocchi auf dessen Befehl zu Fall gebracht habe, müssen solche Meldungen als spekulativ eingestuft werden.[108] Realiter verfügten die russischen Zeitungen kaum über verlässliche Informationen. Anhaltspunkte fehlen außerdem für die Behauptung Spannocchis, der in seinem Gespräch mit dem englischen Kollegen Wyndham erwähnte russische Gardeoffizier, der ihm seine Dienste angetragen habe, sei von Alfred Redl verraten, dann im Zarenreich verhaftet und anschließend gehenkt worden. Dass Redl hierfür »eine namhafte Prämie« kassierte, bleibt nicht mehr als eine gewagte Schlussfolgerung.[109] Im Übrigen erwartete entgegen der in zahlreichen Redl-Büchern geäußerten Behauptung Spione in Russland keineswegs die Todesstrafe. Erst 1912 wurde die Höchststrafe für »Ausspähung« von acht auf 15 Jahre Kerker beziehungsweise Zwangsarbeit erhöht.[110]

Eine Korrektur ist auch in anderer Hinsicht angebracht: Während Lelio Graf Spannocchi Alfred Redl für die »Affäre Ungern-Sternberg« verantwortlich machte, verweisen russische Historiker vielmehr auf die diesbezüglichen Anstrengungen eines russischen Geheimdienstmannes. Demnach war es der Spionageexperte und Generalstabsoffizier Vladimir Nikolaevič Lavrov, der auf diese Weise den k.u.k. Militärattaché in St. Petersburg zur Strecke brachte. Dem findigen Agenten, der anfangs für die sogenannte *Ochrana*, die hauptsächlich gegen Oppositionelle unter den eigenen Staatsbürgern vorgehende Geheimpolizei des Zarenreiches, tätig gewesen war und ab 1903 zum Leiter einer speziellen »Spionageabteilung« im Rahmen des russischen Generalstabs aufstieg, heftete der Zar für diese Aktion angeblich sogar einen Orden an die Brust.[111]

Rätselhaft bleiben Hinweise, wonach auch Albert Freiherr von Margutti, der Flügeladjutant Franz Josephs, von einem fremden Militärattaché vor Redl gewarnt worden sei. Ins Vertrauen gezogen wurden seinerzeit möglicherweise auch Eduard Graf Paar, Generaladjutant des Kaisers, Artur von Bolfras, Chef der Militärkanzlei »Seiner Majestät«, Franz Conrad von Hötzendorf und wiederum Eugen Hordliczka. Weitere Erhebungen unterblieben, weil der Evidenzbürochef »die Anklage für unmöglich« hielt.[112] Ausgangspunkt der Verdächtigungen war offenbar eine entsprechende Mitteilung des chilenischen Militärattachés gewesen, die er entsprechend den Ausführungen des Historikers Diether Degreif 1908 oder 1909 an die österreichischen Kollegen herantrug. Der Südamerikaner bezog sich dabei auf die Andeutungen eines russischen Botschaftsrats.[113] Letzterer hatte Zweifel an der »Rechtschaffenheit Redls« ausgedrückt.[114] Von Spionage war offenbar nicht die Rede. Die Aussagen des Diplomaten aus dem Zarenreich über Charakter beziehungsweise Lebenswandel des k.u.k. Geheimdienstoffiziers sind in jedem Fall in verschiedene Richtungen zu interpretieren. Eine konkrete Warnung in Hinblick auf die »Verrätereien« des Generalstabsoffiziers ist daraus aber schwerlich abzuleiten. Nichtsdestoweniger behauptete Margutti in seinen Erinnerungen über den »alten Kaiser«, dass man Franz Joseph im Mai 1913 die Geschichte von der versäumten Gelegenheit, den Verräter schon eher zur Strecke zu bringen, nicht vorenthalten hatte.[115] Den Umstand, dass er gemeinsam mit Redl die Kriegsschule besucht hatte, hing Margutti später – salopp ausgedrückt – nicht an die große Glocke.[116]

Maximilian Ronge wurden Informationen über eine womöglich zweite ungenützte Chance zur frühzeitigen Entlarvung Alfred Redls erst im Jahr 1930 zugetragen. Erzählt hatte sie ihm Feldmarschallleutnant Alexander Kuchinka.[117] Ob Ronge dessen Angaben für zuverlässig hielt oder nicht, ist seinen diesbezüglichen Notizen nicht zu entnehmen.

Davon abgesehen darf man aufgrund der Dokumente zum Fall Redl, die von uns in den relevanten Archiven in Moskau, Paris und London eingesehen wurden, annehmen, dass die Auftraggeber des »Meisterspions« die Identität ihres wertvollen Zulieferers nicht kannten. Wenn also vor einem Spion im Generalstab der Habsburgerarmee gewarnt wurde, dann dürften sich die solcherart geäußerten Verdächtigungen kaum auf konkrete Personen bezogen haben.

»Entdeckungen« im Rückblick

Schon geraume Zeit vor Redls Entlarvung wollte im Übrigen auch Hans Seeliger dunkle Seiten des Generalstabsoffiziers erkannt haben. 1933, 20 Jahre nach dem Selbstmord des »Jahrhundertspions«, erschien im *Neuen Wiener Journal* ein Artikel des ehemaligen k.u.k.

Offiziers, der 1904 mit Redl im Rahmen eines Spionageprozesses als Auditor, d. h. Militärjustizbeamter, zusammengearbeitet hatte. Damals standen zwei Komplizen eines Oberstleutnant Sigmund Hekajlo, vormals Justizreferent in Lemberg, vor Gericht. Hekajlo hatte geheime Armeeakten an die Russen geliefert – unter anderem Mobilisierungsinstruktionen für die k.k Landwehr. Dem Offizier, der zunächst nach Brasilien geflohen war, konnte erst nach seiner Auslieferung an die k.u.k. Behörden der Prozess gemacht werden.[118] Seine Komplizen zog man schon früher zur Verantwortung, wobei einer von ihnen, Major Ferdinand Ritter von Więckowski, erst nach einer Hausdurchsuchung mit Sicherheit als Mitschuldiger feststand. Das Verdienst, die belastenden Dokumente entdeckt zu haben, kam Alfred Redl zu. Allerdings fand Seeliger die Art, wie Redl dies bewerkstelligte, »widerwärtig«: Der damalige Hauptmann stieß auf ein Geheimfach im Schreibtisch Więckowskis nämlich erst nach einem Hinweis von dessen ahnungsloser kleiner Tochter, die er zuvor auf geschickte Art und Weise zum Verrat am Vater gedrängt hatte. Im Film *Oberst Redl*, der 1925 in den österreichischen Kinos lief, sind jene Szenen, in denen ein süßlicher Redl als vermeintlich »guter Onkel« das Mädchen dazu bringt, das Versteck preiszugeben, besonders einprägsam.

Zweifel an der Redlichkeit des Spionagesachverständigen aus dem Evidenzbüro befielen Hans Seeliger überdies auch, als er im Zuge der Verhöre mit Więckowski und dem zweiten Hekajlo-Komplizen, Alexander Acht, eine merkwürdige Veränderung in Redls Verhalten beobachtete. Plötzlich schien Hauptmann Redl von der Unschuld Więckowskis überzeugt zu sein. Dabei hatte er zuvor von einem ominösen Agenten in Warschau, der für die Donaumonarchie arbeitete, gesprochen und sich erbötig gemacht, gleichsam über diese Verbindung Beweise betreffend die Schuld Więckowskis herbeizuschaffen. Bedenklich stimmte Redls Strategie im Umgang mit dem Angeklagten nun auch den Chef Seeligers, Major-Auditor Wilhelm Haberditz. Als der aber bei Eugen Hordliczka vorsprach, um einigermaßen besorgt auf Redls unerklärlichen Sinneswandel hinzuweisen, blitzte er ab. Der Evidenzbürochef sah keine Veranlassung, Redl von dem Fall abzuziehen, und betonte vielmehr dessen Verdienste. Immerhin war es der Hauptmann selbst gewesen, der den spionierenden Justizreferenten überführt hatte.[119]

Die Vermutungen Hans Seeligers, Redls Verhalten in der Causa Hekajlo sei womöglich bereits als Indiz für dessen frühe Spionagetätigkeit zu werten, verfestigen sich in den Darstellungen seines Bruders, Emil, zur Gewissheit: Redl benützte den Fall, um den eigenen Verrat militärischer Geheimnisse den damals Angeklagten in die Schuhe zu schieben. In seinem 1939 erschienenen Buch *Hotel Sacher. Weltgeschichte beim Souper* ging Emil Seeliger freilich nur kurz auf die Hekajlo-Affäre ein.[120] Jahre zuvor hatte er sich bereits ausführlicher mit Redls Rolle in diesem Fall auseinandergesetzt. Emil Seeliger verfasste um 1920 gemeinsam mit Hans Otto Löwenstein die Schrift *Oberst Redl – der Spion.*[121] Das Buch ist in Sachen Redl-Mythen eines der vielen Beispiele für die Vermischung von Augenzeugenberichten mit authentischem Aktenmaterial, verschiedenen Zeitungsberichten und Fantasiekonstrukten aus eigener Produktion. Dasselbe gilt wiederum für den Film *Oberst Redl* aus dem Jahr 1925, für den interessanterweise Hans Seeliger selbst das Drehbuch beisteuerte.[122]

Auch der »rasende Reporter«, Egon Erwin Kisch, griff in seinen Darlegungen zum Fall Redl den Prozess »Hekajlo-Więckowski-Acht« auf. Dass der »Meisterspion« damals in der Causa einen überraschenden Schwenk vollzog und Więckowski auf einmal für unschuldig hielt, erklärte sich Kisch folgendermaßen: Redls russische Auftraggeber waren der Ansicht, Więckowski sei als k.u.k. Offizier auch weiterhin als Informant zu nützlich, um verurteilt zu werden. Sie beauftragten Redl daher, alles für dessen Freilassung zu tun.[123]

In den erhalten gebliebenen Akten des Evidenzbüros findet sich nichts, was auf eine Redl'sche Verschwörung im Fall Hekajlo hindeutet. Auch in ihren nach dem Weltkrieg entstandenen Schriften messen August Urbański oder Maximilian Ronge dieser Affäre keinerlei Bedeutung im Zusammenhang mit der Redl-Affäre bei. Keine

Anhaltspunkte für eine Verbindung zwischen Acht und Redl ergeben sich außerdem aus der Lektüre der Erhebungsakten zum Selbstmord des »Meisterspions« im Mai 1913. Auch die Urteilsschrift betreffend den Fall Hekajlo-Więckowski, die im Juni 1905 aufgesetzt wurde, erscheint schlüssig. Tatsache ist aber, dass Major Ferdinand Ritter von Więckowski, der unter anderem wegen Missbrauch der »Amts- oder Dienstgewalt« angeklagt worden war, sich nur teilweise geständig zeigte, während Hauptmann Alexander Acht in dieser Hinsicht auf Einschränkungen verzichtete. Sowohl Więckowski als auch Acht arbeiteten offenbar in erster Linie als Zuträger für Sigmund Hekajlo, wobei jedoch fraglich erschien, ob sie sich der »dunklen Geschäfte« des Oberstleutnants in vollem Umfang bewusst gewesen waren. In jedem Fall verurteilte man Więckowski, der Vater von vier »unversorgten« Kindern war, zu sieben Jahren Kerker, »verschärft durch Einzelhaft im 1., 5. und 9. Monate eines jeden Strafjahrs«. Alexander Acht wanderte zu denselben Haftbedingungen für vier Jahre hinter Gitter. Das Haupt der »Bande«, Sigmund Hekajlo, musste acht Jahre absitzen, kam aber gegen die Bedenken des Generalstabschefs »mit allerhöchster Entschliessung gnadenhalber« zwei Jahre früher frei. Interessanterweise war der Major-Auditor Haberditz 1905, als der Richterspruch gegen Alexander Acht und Ferdinand Ritter von Więckowski erfolgte, davon überzeugt gewesen, dass Letzterer Acht verführt habe. Der Hauptmann sei ein »kränklicher und willensschwacher Mann«, ohne dessen Geständnis man weder ihn noch seinen Vorgesetzten, den Major Więckowski, überführen hätte können.[124]

Ähnlich abenteuerlich aufbereitet wie im Redl-Film aus dem Jahr 1925 ist der Fall Hekajlo-Więckowski-Acht in einem Bericht des Oberleutnants der Feldgendarmerie a. D., Ferdinand Szüch, der im Magazin *Moment* erschien. Dieser undatierte Artikel fand sich im Nachlass von Maximilian Ronge, und zwar in seiner Sammlung von Zeitungsausschnitten. Den Ausführungen Szüchs zufolge war Acht ein Komplize Alfred Redls gewesen. Damit nicht genug, hatte Letzterer dem unschuldigen Więckowski das belastende Material untergeschoben, worauf sich dieser – so die weitere Darstellung – in seiner Zelle das Leben nahm. Als schließlich Hans Seeliger Verdacht geschöpft und anhand der Aussagen von Więckowskis Dienstmädchen und Tochter den Versuch unternommen habe, Redls Machenschaften auffliegen zu lassen, seien sämtliche Kronzeugen spurlos verschwunden. Der Autor des Artikels gibt seinen Leserinnen und Lesern abschließend zu verstehen, dass angesichts der Skrupellosigkeit der Spione Redl und Acht das Schlimmste, insbesondere für Leib und Leben des kleinen Mädchens, zu befürchten sei.[125]

Bereits kurz nach Redls Enttarnung konnte man in diversen Zeitungen verschiedenste Versionen über den Beginn der Spionagetätigkeit des Obersten nachlesen. Die Leserschaft von *Danzer's Armee-Zeitung* erfuhr überdies, dass schon zehn Jahre zuvor Zweifel an der Integrität des hohen Offiziers berechtigt gewesen wären. Infolge der »Blindheit« des militärischen Systems, das in erster Linie rücksichtslose »Ehrgeizlinge« produziere, habe man es aber verabsäumt, genauer hinzusehen: »Der Mensch im Offizier wird nicht selten zur Nebensache. Wäre der Mensch Redl, über dessen charakterelle Krummheit schon im Prozeß Bartmann allerlei aufschwirrte, schärfer unter die Lupe genommen worden, der Spion Redl hätte unbedingt früher sein Ende gefunden als heute.«[126]

Auch 1957 wurde in einem Artikel in der *Neuen Illustrierten Wochenschau* der Fall Bartmann zum Anlass genommen, um auf das angeblich bereits 1903 auffällige Verhalten Redls hinzuweisen.[127] Genauere Auskünfte in dieser Sache blieb der Autor des Artikels aber schuldig – nicht anders als schon *Danzer's Armee-Zeitung* 1913. In jedem Fall handelte es sich bei Paul Bartmann um einen ehemaligen Offizier, der bereits 1897 wegen seiner Spionagetätigkeit für die in Wien residierenden russischen Militärattachés Zuev und Voronin verhaftet worden war. Nachdem er eine fünfjährige Haftstrafe abgesessen hatte, widmete er sich auch hinkünftig der Weitergabe militärischer Informationen an Russland.[128] Wieder wurde Bartmann verurteilt und bekam es während eines Gerichtsverfahrens im Jahr 1903 mit dem militärischen Sachverständigen Alfred Redl zu tun.[129]

Gemäß den Meldungen des *Neuen Wiener Tagblatts* vom 31. Mai 1913 soll Bartmann damals seinen Anwalt auf die Charakterdeformationen Redls aufmerksam gemacht haben. Der »Berufsspion«, wie Max Ronge ihn später bezeichnete, behauptete sinngemäß, die Verderbtheit des Offiziers frühzeitig erkannt zu haben.[130]

In Anbetracht der Gewissheit, dass der Oberst zum Spion geworden war, rollte die Presse im Mai und Juni 1913 alle Gerichtsprozesse, bei denen Redl Sachverständiger gewesen war, noch einmal auf. Egal, ob der Fall Bartmann aus dem Jahr 1903, die Verhandlung gegen den ehemaligen Offizier Alexander von Carina 1902 oder die 1905 durchgeführten Untersuchungen gegen Pietro Contin zur Sprache kamen – im Nachhinein erschien die Rolle Redls in jedem dieser Spionageverfahren verdächtig und seine Gutachten galten mit einem Mal samt und sonders als höchst zweifelhaft.[131]

Russische Konkurrenten

Zusätzliche Hinweise darauf, dass Alfred Redl schon viele Jahre vor seiner Entlarvung im Mai 1913 zum Verräter geworden war, scheint die Spionageaffäre Grimm zu liefern.

Obwohl mittlerweile viele divergierende Versionen über die Causa vorliegen, sind immerhin die Beziehungen, die dieser russische Offizier zum damaligen österreichisch-ungarischen Militärattaché in St. Petersburg, Erwin Müller, unterhielt, aktenkundig.[132] Nachweisbar ist demnach, dass Müller, einer von Spannocchis Vorgängern, nach der 1902 erfolgten Entlarvung Grimms durch den russischen Geheimdienst schwerstens kompromittiert war und sein Gastland verlassen musste. Darüber hinaus hatte der Fall Grimm enorme Bedeutung für die Entwicklung einer bei der russischen Armeeführung fix verankerten Spionageabteilung. Der in seiner Tragweite als durchaus schwerwiegend einzustufende Verrat des russischen Offiziers bewog den damaligen Kriegsminister Aleksej Nikolaevič Kuropatkin, dem Zaren Nikolaj II. die Notwendigkeit der Schaffung einer »besonderen Spionageabteilung« zu unterbreiten.[133]

Obwohl Max Ronge in seinem Buch *Kriegs- und Industriespionage* lediglich die Kontakte zwischen dem Oberstleutnant Grimm und dem deutschen Geheimdienst erwähnte, bestanden solche ohne Zweifel auch zum Evidenzbüro.[134] Anatolij Nikolaevič Grimm, der seinen Dienst in der Inspektionsabteilung des Warschauer Militärkreises versah und im Zuge seiner Agententätigkeit den Österreichern auch den russischen Mobilisierungsplan verkaufte, kam offenbar mindestens zweimal persönlich nach Wien. Dort dürfte er vor allem mit dem altgedienten Evidenzbüro-Offizier Julian Dzikovskij zu tun gehabt haben, den Max Ronge als seinen »verehrten Instrukteur« schätzte.[135] Außerdem setzte Grimm seine Geliebte, Serafima Bergstrem, als Botin ein. Auch sie reiste eigens in die k.k. Hauptstadt, um das brisante Material aus Russland an die Nachrichtendienstoffiziere des Evidenzbüros zu übergeben. Diese fertigten Fotografien von den gelieferten Dokumenten an und händigten die Originale anschließend wieder der Russin aus. Irrtümlich verblieb in diesen Originalakten ein Foto Bergstrems, das die Geheimdienstoffiziere auf ihren Wunsch hin angefertigt hatten. Anderen Darstellungen zufolge handelte es sich um ein Bild, das ursprünglich zur Identifizierung der Botin gedient hatte. Da nun Grimm, als er nach Serafimas Rückkehr die »entliehenen« Akten zurückreihte, das Foto nicht auffiel, blieb es bei den betreffenden Dokumenten liegen und brachte den Geheimdienst in weiterer Folge auf die Spur des Verräters.

Eine weitere Variante besagt allerdings, dass es dem damaligen russischen Militärattaché in Österreich-Ungarn, Vladimir Christoforovič Roop, gelang, Grimm das Handwerk zu legen. Demnach war er in den Besitz des Fotos gekommen und hatte so der *Razvedka* in Russland die entscheidenden Hinweise zur Entlarvung des Spions und seiner Komplizin liefern können. Andere behaupten, er wäre bereits aufgrund seiner Erkundungen in Wien auf den Namen der beiden Verräter gestoßen. Wie aber der Militärattaché zu dem Foto Serafima Bergstrems und zu den geheimen Informationen aus dem Evidenzbüro kam, bleibt offen. Einige russische Historiker, Geheimdienstexperten beziehungsweise Autoren einschlägiger Bücher vermuten nun, dass nur einer Roop die betreffenden Dokumente zugespielt haben kann: Alfred Redl.[136] Dafür gibt es allerdings keine Belege. Es gibt sie aber in Zusammenhang mit einer anderen möglichen Quelle, die Roop zu einer Reihe streng geheimer Informationen verholfen hatte. So deutete der Militärattaché in seinen Berichten nach St. Petersburg an, dass er in Wien immer wieder Zugang zu höchst brisanten Materialien aus dem Kriegsministerium und dem Generalstab bekomme, diese aber nur für ganz kurze Zeit benützen respektive auswerten könne.[137] Aller Wahrscheinlichkeit nach war es nicht Redl, der Roop zuarbeitete, sondern ein anderer Informant der Russen.

Folgt man den Aufzeichnungen Urbańskis, dann war Roop ein überaus einfallsreicher Zeitgenosse. Als nämlich das Kriegsministerium in Wien aus Platzmangel weitere Kanzleiräume außerhalb des Hauptgebäudes anmietete, kam der russische Militärattaché auf eine Idee. Da in jenem Haus, in dem die Abteilung für Befestigungsbauten untergebracht wurde, noch Räumlichkeiten frei waren, mietete er dort unter falschem Namen ein Zimmer. Darüber hinaus gelang es ihm, einen Kanzleidiener zu bestechen, der »reservate« Akten, also geheime beziehungsweise nur für den Amtsgebrauch vorgesehene Dokumente, zwischen den einzelnen Abteilungen hin- und hertrug. Freilich blieb Roop, der in seinem Zimmer auf die ungewöhnlichen »Lieferungen« wartete, nur wenig Zeit, die betreffenden Materialien einzusehen, da sie ja der Diener möglichst rasch weitertransportieren musste, um nicht aufzufallen. Laut Urbański dauerte es Monate, bis man durch Zufall bemerkte, was der Amtsdiener im Zuge seiner Rundgänge so alles trieb. In seinen späteren Aufzeichnungen brachte er Roops Weggang aus Wien im Jahr 1905 überdies mit dieser Geschichte in Verbindung.[138] Da aber die russischen Akten auf ein sehr viel früheres Arrangement zwischen dem russischen Militärattaché und dem Armeediener verweisen, könnte die diesbezügliche Zusammenarbeit der beiden über mehrere Jahre gelaufen sein.[139]

Obwohl man annehmen kann, dass Roop mit Hilfe des bestochenen Amtsdieners in den Besitz des Fotos von Serafima Bergstrem beziehungsweise diverser Mitteilungen über den Fall Grimm kam, gibt es auch eine Verbindung zwischen Redl und dem russischen Offizier. In den Akten des Militärhistorischen Archivs in Moskau fanden sich nämlich handschriftliche Notizen, wonach Redl in Kontakt mit Grimm gestanden war und über eine Mittelsperson geheime Dokumente und Pläne entgegengenommen hatte.[140] Außerdem war der sprachkundige Offizier des Evidenzbüros angeblich auch für die Übersetzung der Grimm'schen Materialien herangezogen worden.[141] Diese Behauptung lässt sich freilich nicht eindeutig mit den diesbezüglichen Äußerungen von Maximilian Csicserics von Bacsány belegen. Csicserics, der selbst Geheimdienstoffizier gewesen war, berichtete lediglich davon, dass für das Kopieren und Übersetzen der Grimm'schen Dokumente »alle in Wien anwesenden, russisch sprechenden Offiziere« rekrutiert wurden.[142] Ob Redl dazu gehörte, muss offenbleiben. Wie auch immer: Die Grimm'schen Materialien entgegengenommen, übersetzt oder »weiterverwertet« zu haben, setzt ihn jedenfalls nicht dem Verdacht aus, damals bereits ein russischer Spion gewesen zu sein.

Eine ähnlich vage Verbindung wie zwischen Redl und Grimm, der für die »Lieferung« von Informationen über russische Festungsbauten und Mobilisierungsmaßnahmen 40.000 Kronen kassierte[143], gibt es überdies zwischen Roop und Redl. Letzterer ermittelte 1902, also zur selben Zeit, als Anatolij Nikolaevič Grimm in Russland verhaftet wurde, im Spionagefall Umberto Diminich. Der Italiener hatte Schiffspläne der österreichisch-ungarischen Marinesektion an den russischen Militärattaché in Wien verkauft. Redl wurde damals eigens nach Triest geschickt, um Ermittlungen anzustellen. Roops Name jedenfalls sollte infolge diplomatischer Erwägungen auf Ersuchen des k.u.k. Außenministeriums nicht in Zusammenhang mit dem Fall Diminich erwähnt werden.[144]

FAKTEN UND FIKTIONEN

»... Was daran wahr oder romanhaft ausgesponnen ist, ist uns nicht bekannt ...«

»1902! Das Geburtsjahr meiner militärischen Verbrecherlaufbahn, die mich allmählich zum größten Vaterlandsverräter aller Zeiten gemacht hat! Mich zum Schänder der Ehre jener Armee, die ich über alles geliebt habe, die mein Stolz, meine Liebe, mein Heiligtum gewesen, für das ich in meinem Herzen Altäre gebaut hatte und dem jeder meiner Gedanken gehörte.«[145]

Oberst Redl hatte, seinen Untergang ahnend, die Geschichte seines Verrates niedergeschrieben und in einem Safe der Länderbank hinterlegt. Ein nicht näher bezeichneter Freund wurde beauftragt, diese Aufzeichnungen im Falle von Redls Ableben zu veröffentlichen.[146] Der solcherart Instruierte zögerte nicht lange, nahm die Schrift an sich und fand in Deutschland einen Verlag, der den Text unter dem Titel *Die Beichte des Spions* wenige Wochen nach Redls Selbstmord druckte. Die Ausführungen des Obersten lassen keine Fragen mehr offen. Der Beginn von Redls Verrat ist demnach geklärt. Dasselbe gilt für seine Motive sowie für alle anderen Rätsel, die sich im Zusammenhang mit den Verfehlungen des hohen k.u.k. Offiziers aufgetan hatten.

Während dieser weitgehend unbekannte Roman über die Affäre Redl, der tatsächlich nur kurze Zeit nach dem Selbstmord des Obersten erschien, die Legendenproduktion rund um die Figur des »Meisterspions« kaum beeinflussen konnte, haben andere Bücher mehr Wirkung erzielt.[147] Die diesbezüglichen Schriften Egon Erwin Kischs sind hier ebenso zu nennen wie Robert Aspreys Roman *The Panther's Feast* oder Egor Ivanovs erstes Buch einer dreiteiligen »Roman-Chronik« mit dem Titel *Ein leiser Schuss*.[148] Selbiges gilt freilich auch für das von Georg Markus verfasste Sachbuch *Der Fall Redl*, das 1984 erschien, und für die Bücher von Arthur Schütz alias Tristan Busch. Im Unterschied zu den vielen anderen Stücken, Romanen oder Filmen, die sich bis heute mit der Causa auseinandersetzen, enthalten die Texte der genannten Autoren – beabsichtigt oder nicht – Schilderungen, die zumindest teilweise den Anspruch auf Authentizität erheben.

Egon Erwin Kisch, der gewissermaßen als »der Aufdecker« des »Jahrhundertskandals« gilt und 1913 als Journalist der Zeitung *Bohemia* in Prag tätig gewesen war, handelte die »Story« später in verschiedenen Textversionen ab. Zentrale Bedeutung kommt in allen diesen Publikationen den Umständen zu, die Kisch dazu verhalfen, die Geschichte an die Öffentlichkeit zu bringen. Gerade diese aber sind es, die bei genauerer Betrachtung leise Zweifel an der Glaubwürdigkeit des »rasenden Reporters« nähren. Fraglich ist überdies, ob tatsächlich die *Bohemia* zuerst den Verdacht äußerte, Oberst Redl habe infolge seiner Überführung als Spion Hand an sich gelegt. Obwohl eine solche Meldung ob der Reputation und Stellung Redls geradezu abenteuerlich wirken musste und ein Einschreiten der Behörden zu befürchten war, beschloss damals die Redaktion der *Bohemia* die Konfiskation zu riskieren und im Einvernehmen mit Kisch die schier unglaubliche Nachricht in Form eines Dementis zu drucken. Wann genau das geschah, ließ Kisch offen. Seinen Darstellungen aber ist zu entnehmen, dass die Meldung noch am Montag, dem 26. Mai, veröffentlicht wurde.[149] In »Fettdruck an der Spitze des Blattes« war demnach zu lesen, dass von »hoher Stelle« kursierenden Gerüchten über die Verwicklung des verstorbenen Oberst Redl in eine Spionageaffäre widersprochen werde.[150] In einer anderen Version der »Redl-Geschichte«, die Kisch später publizierte, ist der diesbezügliche Text etwas anders wiedergegeben.[151] So oder so, jetzt wussten also alle: Der Generalstabschef des 8. Korps in Prag hatte sich womöglich der Spionage schuldig gemacht. Die Bemühungen der Militärs waren umsonst gewesen, die Affäre ließ sich nun nicht mehr vollständig vertuschen.

Wer die Ausgaben der *Bohemia* vom Mai 1913 durchblättert, wird bemerken, dass die erste Meldung über Redls Spionagetätigkeit in der Abendnummer des 27. erschien – nicht »an der Spitze des Blattes« und »in Fettdruck«, sondern auf Seite 2.[152] Der entsprechende Text, den Kisch in seinen späteren Veröffentlichungen zitierte, stimmt im Übrigen nicht mit dem überein, was tatsächlich in der *Bohemia* stand. Am selben Tag, also ebenfalls am 27. Mai, platzierte überdies *Die Zeit* in Wien, die im Rufe stand, eine »Offizierszeitung« zu sein, eine ähnliche Nachricht wie die *Bohemia*. Auf Seite 5 erfuhren demnach auch die Leserinnen und Leser dieses Blattes von einem möglichen Zusammenhang zwischen dem Selbstmord Redls und einer Spionageaffäre, wobei auf die Haltung der Militärbehörden folgendermaßen hingewiesen wurde: »An offizieller Stelle beobachtet man große Reserve und gibt keine nähere Auskunft über die Richtigkeit dieser Gerüchte.«[153]

Dass in der k.k. Hauptstadt bereits am 26. Mai allerlei Vermutungen über die Hintergründe von Redls »Freitod« angestellt wurden, legt darüber hinaus die Berichterstattung des *Neuen Wiener Tagblatts* nahe. Die Todesnachricht wurde gemäß den offiziellen Verlautbarungen bekannt gegeben. Da Suizidfälle in der Regel als Folge von psychischer Verwirrtheit dargestellt wurden, hieß es auch hier, dass einer »der tüchtigsten und verwendbarsten Offiziere des Generalstabes« in einem »Anfalle von Geistesstörung« Hand an sich gelegt hatte. Die Gründe hierfür seien in seinem Arbeitseifer zu suchen, der zu Überanstrengung und schließlich zu nervlicher Zerrüttung geführt habe. Dann aber verrät ein Nachsatz zu dieser Meldung, dass das Blatt bereits Nachforschungen angestellt hatte, die auf eventuelle andere Motive für Redls Selbstmord verwiesen. So ließ man die Leserinnen und Leser wissen, dass bei Redl 3000 Kronen Bargeld gefunden worden waren.[154] Diese Bemerkung konnte man als Ausdruck von Zweifel an der offiziellen Darstellung über das Ableben des Generalstabsobersten deuten.[155]

Ungeachtet dessen verbuchte Kisch in den erwähnten verschiedenen Publikationen zum Fall Redl die Aufdeckung des Skandals

(3) Egon Erwin Kisch. Der »rasende Reporter« würzte seine Version der Redl-Affäre mit fantasievollen Ausschmückungen.

offensichtlich als alleiniges Verdienst. Die nachfolgenden Ausführungen geben dann über weite Strecken den Informationsstand der Presse im Mai beziehungsweise Juni 1913 wieder. Damals aber wurden in Anbetracht des anfänglichen Unwillens der Militärbehörden, mit brauchbaren Informationen aufzuwarten, Unstimmigkeiten in der Berichterstattung mitunter zurechtgebogen oder fehlende Rechercheergebnisse durch vage Vermutungen ersetzt. Immerhin gestand damals beispielsweise das *Neue Wiener Tagblatt* in Anbetracht der Fülle widersprüchlicher Meldungen zum Fall Redl ein: »Was daran wahr oder romanhaft ausgesponnen ist, ist uns nicht bekannt.«[156]

Für seine erstmals 1924 in Buchform erschienenen Darstellungen des Spionagefalls interviewte Kisch jedenfalls einige Personen, die 1913 in die Untersuchung des Falls involviert gewesen waren – unter anderen den damaligen Chef des Evidenzbüros August Urbański. Dieser allerdings zeigte sich wenig erfreut über Kischs Veröffentlichungen und sprach von groben Verzerrungen dessen, was er dem »rasenden Reporter« tatsächlich erzählt hatte.[157] Von anderen, die Kisch Auskünfte erteilt haben, wie etwa Wenzel Vorliček, der als Militär-Auditor maßgeblich in die Untersuchung des Falles Redl involviert gewesen war, wissen wir nicht, wie sie zu Kischs Publikationen über die Spionageaffäre gestanden sind. Ohne Zweifel aber hatte der »rasende Reporter« Zugang zu authentischem Material, das ihm ehemals »Eingeweihte« zur Verfügung gestellt haben müssen. Nicht zu leugnen ist jedoch, dass er diese Informationen einigermaßen »kreativ« aufbereitete.

Alles in allem stellen sich Kischs Enthüllungen als eine Quelle dar, der keinesfalls vorbehaltlos vertraut werden kann. Mehrfach belegten Schilderungen und offenbar akribisch recherchierten Informationen, die mit den Ergebnissen der militärinternen Untersuchungen weitgehend übereinstimmen, folgen romanhafte Szenen, Ungenauigkeiten oder zweifelhafte Interpretationen. Nichtsdestoweniger erwiesen sich Kischs Schriften als prägend für die spätere Wahrnehmung des Skandals rund um den »Jahrhundertspion«. Seine Version des Falls floss als unhinterfragte »Wahrheit« in unzählige populäre, aber auch anspruchsvollere Publikationen über den Fall Redl ein.

Während beispielsweise Maximilian Ronge mit seinen nach dem Ersten Weltkrieg erschienenen Büchern eher ein Fachpublikum ansprach, rief der Erfolg vermeintlich authentischer Erzählungen tatsächlicher oder selbst ernannter Spione sowie diverser Agentenromane Kopfschütteln bei vielen ehemaligen Geheimdienstexperten hervor. Deren um »Faktizität« bemühte Aufzeichnungen wiederum dienten vielen Schriftstellern als Inspiration. Der amerikanische Schriftsteller Robert Asprey, der in den 1950er Jahren nach Wien kam, um Recherchen für seinen geplanten Redl-Roman anzustellen, begnügte sich allerdings nicht mit der Durchsicht entsprechender Veröffentlichungen. In diesen wurde der Spionageskandal überdies meist nur kurz erwähnt. So sind etwa Maximilian Ronges diesbezügliche Ausführungen in seinem Buch *Kriegs- und Industriespionage* erstaunlich knapp gehalten. Asprey aber ließ sich davon nicht irritieren. Er folgte nun, wie er im Nachwort zu seinem 1959 erschienenen Roman *The Panther's Feast* schreibt, Dutzenden falschen Spuren.[158] Trotzdem gelang es dem ehemaligen Geheimdienstoffizier der US-Armee, eine bemerkenswerte Menge an Informationen über Alfred Redl zusammenzutragen. Seine Recherchen führten ihn unter anderem ins Wiener Kriegsarchiv, wo er verschiedene Akten betreffend den Werdegang Redls sowie den Skandal 1913 einsehen konnte. Er listete die entsprechenden Dokumente im Anhang seines Buches auf, um auf diese Weise die Gewissenhaftigkeit seiner »Ermittlungen« unter Beweis zu stellen. Außerdem trat er mit einer Vielzahl von Personen in Kontakt, die etwas zur Affäre rund um den Generalstabsobersten Redl zu sagen hatten.

Dass einige Geld für ihre Informationen verlangten, passt zu einem Fall, in dem nicht nur die Käuflichkeit des Verräters Erstaunen hervorrief. Freilich dürften Asprey mehr »Unberufene« als »Berufene« Auskunft gegeben haben. Nichtsdestoweniger ist dessen Rechercheaufwand insgesamt Respekt zu zollen. Als bedauerlich muss aus dem Blickwinkel des Historikers allerdings der Umstand erachtet werden, dass die Art der Aufbereitung seiner Nachforschungen der Belletristik zuzuordnen ist. Sperrige Dialoge trüben überdies das Lesevergnügen, und Figuren namens Arthur Schnitzel wirken unfreiwillig komisch. Wieder vermischten sich Fakten mit Fiktion, Authentisches mit Fragwürdigem, belegbare Zitate mit dubiosen Aussagen und schließlich mit den »künstlerischen Freiheiten« des Romanschriftstellers.

Auch andere Autoren empfanden den Fall Redl als Faszinosum und als Stoff, der sich geradezu als ideale Vorlage für einen Roman eignete. Als schließlich der russische Autor Egor Ivanov in den 1970er Jahren daranging, den ersten Teil einer Trilogie über das zarische Russland am Vorabend des Ersten Weltkrieges zu Papier zu bringen, tat er dies anhand der Figur Alfred Redl und dessen Spionagetätigkeit für das Zarenreich. Den russischen Helden des Romans *Ein leiser Schuss*, Oberst Aleksej Sokolov, kreierte Ivanov auf Grundlage der Memoiren von zwei ehemaligen Spionagegrößen im untergegangenen Zarenreich: Aleksej Alekseevič Ignat'ev, der vor dem Ersten Weltkrieg als Militärattaché in Skandinavien und Paris gewirkt hatte, sowie Aleksandr Aleksandrovič Samojlo, ein General der sowjetischen Armee, der zum Zeitpunkt des Redl-Skandals das für Österreich-Ungarn zuständige Ressort im russischen Generalstab geleitet und zuvor in der Spionageabteilung des Kiewer Militärkreises gearbeitet hatte. Ivanov, der den Leserinnen und Lesern im Nachwort zu *Ein leiser Schuss* seine Arbeitsweise erklärte und auf die Vielzahl von Dokumenten, Zeitschriftenartikeln, Memoiren und anderen Materialien hinwies, die er für sein Buch herangezogen hatte, benutzte außerdem mit Sicherheit Maximilian Ronges Werk *Kriegs- und Industriespionage*. Das Buch des ehemaligen Leiters der Kundschaftsstelle im k.u.k. Evidenzbüro, der 1917 zum Chef des gesamten militärischen Geheimdienstes der k.u.k. Armee bestellt wurde, war bereits in den 1930er Jahren ins Russische übersetzt worden. Anleihe für seine Version des Redl-Falls nahm Ivanov schließlich auch bei den einschlägigen Publikationen aus der Feder Egon Erwin Kischs sowie bei Robert Aspreys Roman.

Auch Sachbuchautoren und Historiker haben die Darstellungen der genannten Autoren aufgegriffen. Die Frage nach der Authentizität und Zuverlässigkeit der verwendeten Quellen kam dabei mitunter zu kurz.[159] Georg Markus, der Egor Ivanovs Roman und somit fiktionale Verarbeitung des »Redl-Stoffs« als faktengeleitete historische Quelle heranzog, kann zweifellos für sich das Verdienst beanspruchen, den Fall Redl einer breiteren Öffentlichkeit in Erinnerung gerufen zu haben. Außerdem begab sich der Autor auf eine gewiss aufwendige Spurensuche vor allem im Wiener Kriegsarchiv. Freilich haben etliche Fachleute bedauert, dass die aufsehenerregenden und auf breiter Basis recherchierten Informationen, die in dem 1984 erschienenen Buch dargelegt wurden, ohne nachvollziehbare Belege blieben.

Ähnliches gilt auch für die Ausführungen von Arthur Schütz alias Tristan Busch, wenngleich hier der Versuch einer seriösen Quellenrecherche grundsätzlich unterblieb. Dieser Autor, der selbst im österreichisch-ungarischen Nachrichtendienst tätig gewesen war, ließ in seinen erst nach dem Zweiten Weltkrieg erschienenen Büchern kein gutes Haar an der k.u.k. Spionage beziehungsweise am Geheimdienst insgesamt. Schütz, eine schillernde Figur mit abenteuerlicher Vita, machte bereits früh als Publizist auf sich aufmerksam.[160] Seine Darstellungen der Redl-Causa, in welchen er den Obersten als Ausgeburt moralischer Abgründigkeit skizziert, wurden von Asprey und Ivanov ebenso wie von Markus aufgegriffen. So beschreibt Schütz in seinem Buch *Major Kwaplitschka* genau, wie Redl von den Russen rekrutiert wurde. Ein Balte namens Pratt sei von einem »Oberstleutnant Pawlow«, welcher der »Warschauer Spionagezentrale« angehörte, auf Redl angesetzt worden. Pratt habe in weiterer Folge Redl aufgrund dessen Homosexualität erpresst und ihn auf diese Weise zu Russlands wertvollstem Agenten gemacht. Außerdem sei Oberst Batjušin, der Leiter der Spionageabteilung in Warschau, gleichsam zu Redls Komplizen geworden, indem die beiden insbesondere den Austausch karriereförderlicher Informationen vereinbarten. Sobald also Redl dem Russen beispielsweise eine Namensliste österreichischer Spione in Russland übermittelte, bekam er postwendend von Batjušin eine gleichwertige Auskunft über russische Agenten in der Donaumonarchie. Bei »Champagner und Kaviar« hätten die zwei somit »das schurkischste Spionagegeschäft« vereinbart, »das jemals abgeschlossen wurde«.[161] Mit anderen Worten: Redl und sein russischer Kollege gingen über Leichen.

Die Frage, ob der k.u.k. Generalstabsoberst aber tatsächlich die Namen von Konfidenten, die im Auftrag des österreichisch-ungarischen Geheimdienstes im Zarenreich tätig gewesen waren, verraten hat, zog unterschiedliche Antworten nach sich. Während Max Ronge sehr wohl dazu tendierte, eine Weitergabe von Namen durch Redl für wahrscheinlich zu halten, schloss August Urbański dies aus.[162] Obwohl sich unter den Dokumenten, die infolge der Ermittlungen seitens der Militärbehörden in Redls Wohnung beziehungsweise Arbeitszimmer sichergestellt wurden, auch Listen mit Angaben über diverse Konfidenten fanden, betrachtete dies der damalige Evidenzbürochef offenbar nicht als schlagenden Beweis für solche Behauptungen.[163] Aber selbst wenn Redl – was in Anbetracht bestimmter Hinweise im Militärhistorischen Archiv in Moskau wahrscheinlich ist – die »eigenen Leute« an den Feind auslieferte, erscheint eine diesbezügliche Zusammenarbeit zwischen dem Obersten und Nikolaj Batjušin einigermaßen erstaunlich. Hinweise darauf konnten im Zuge der Recherchen für das vorliegende Buch jedenfalls nicht ausgemacht werden.

Arthur Schütz hingegen ließ keinen Zweifel an den grausigen Absprachen zwischen Redl und dem *Razvedka*-Mann. Die Belege für die geradezu diabolische Kooperation dieses Duos will Schütz selbst in den Akten der russischen Spionagezentrale in Warschau entdeckt haben, nachdem die Stadt im Sommer 1915 von den Deutschen eingenommen worden war. Das jedenfalls behauptete er gegenüber Robert Asprey, der Schütz Ende der 1950er Jahre in Wien traf.[164] Aber hatte der frühere Evidenzbürooffizier dem Amerikaner tatsächlich die Hintergründe der Redl-Affäre offengelegt? So erwähnt etwa Max Ronge in seinen Büchern sehr wohl »Beuteakten« aus Warschau, nicht aber die ominöse Redl-Batjušin-Korrespondenz.[165] Es erscheint überdies unwahrscheinlich, dass der Warschauer Spionagechef Beweise für eine selbstentlarvende Zusammenarbeit mit Redl schriftlich niederlegte und den amtlichen Dokumenten seines Ressorts zuordnete. Da aber die Warschauer Akten, die womöglich auch die Korrespondenz der russischen Spionageabteilung vor 1914 betrafen, entweder im Zuge des Ersten Weltkrieges nach Deutschland als »Trophäen« geschafft wurden oder aber in Polens Hauptstadt verblieben, bestehen kaum Chancen, dass sie erhalten geblieben sind. Sie dürften spätestens im Zuge der Kampfhandlungen des Zweiten Weltkrieges vernichtet worden sein – ein Umstand, der eine Überprüfung von Schütz' Angaben unmöglich macht. Schon Asprey biss sich bei seinen Versuchen, die Aussagen seines Informanten zu überprüfen, die Zähne aus.[166] Nicht belegbar ist überdies die Geschichte über Redls Anwerbung durch den Balten Pratt, die Arthur Schütz angeblich von einem deutschen Offizier namens Schröder nach dem Ersten Weltkrieg gehört hatte.[167]

Vielstimmigkeit

Der Wunsch nach Gewissheit verleitete viele, die sich der Affäre rund um den »Meisterspion« annahmen, zu allerlei Behauptungen. Zeitgenossen ebenso wie Nachgeborene machten aus Redl ein bemitleidenswertes Opfer oder aber ein monströses Scheusal, berichteten freihändig über die Komplizenschaft verschiedener Personen, kannten die Namen all seiner männlichen ebenso wie weiblichen Geliebten und wussten genau, wann seine Spionagetätigkeit ihren Anfang genommen hatte. Groß ist die Zahl jener, die gleichsam aus zweiter oder dritter Reihe zu Augenzeugen wurden und später ihre Wahrnehmungen zu Papier brachten. Und noch unüberschaubarer ist die Anzahl der Versionen über Redls Motive, seine »Karriere« als Spion oder den Ablauf der Ereignisse an jenem Tag, als der Oberst am Wiener Hauptpostamt erschien und damit als der Spion Nikon Nizetas entlarvt wurde. Selbst jene, die zu Redls Weggefährten zu zählen sind, die in den verschiedenen Etappen des Falls zu Zeugen aus nächster Nähe wurden oder am Geschehen unmittelbar beteiligt waren, trugen mit ihren Schilderungen nicht immer zu einem klare-

(4) **Nikolaj Batjušin. Seine Rolle im Fall Redl hielten viele für entscheidend. Russische Akten vermitteln ein anderes Bild.**

ren Bild der Affäre bei. Davon betroffen sind nicht zuletzt die Darstellungen jener vier Offiziere, die im Rahmen einer hastig zusammengestellten militärischen Kommission den überführten Oberst in seinem Wiener Hotelzimmer in der Nacht vom 24. auf den 25. Mai aufsuchten. Einige Fragen in diesen Berichten bleiben unbeantwortet. Die Lückenhaftigkeit dieser Texte ist womöglich auf den Druck Franz Ferdinands zurückzuführen, welcher die Stellungnahmen einforderte. Die betreffenden Offiziere wollten aber offensichtlich nicht alle Details preisgeben – umso mehr, als sie ebenso wie ihr Chef, Conrad von Hötzendorf, dem Thronfolger tendenziell reserviert gegenüberstanden.

In ihrem Urteil weit auseinander gehen vor allem die Aussagen über Redls Lebensführung und seinen Charakter. Da die Presse 1913 immer wieder die Frage aufwarf, warum die moralische Verderbtheit des Obersten nicht schon früher bemerkt worden war, erschien Redl einerseits als Meister der Verstellung und andererseits als Profiteur eines Umfelds, das seine Augen vor dem vermeintlich Offensichtlichen verschloss. Die *Arbeiter-Zeitung* gab sich empört darüber, dass der aus einer »dürftigen Beamtenfamilie« stammende Oberst über Jahre hindurch »das Leben eines Grandseigneurs« führen konnte, ohne den Argwohn seiner Vorgesetzten zu erregen.[168] Nicht wenige machten den Generalstabschef Conrad und dessen mangelnde Menschenkenntnis für den im Prinzip »aufhaltsamen Aufstieg« Redls verantwortlich. Der »krankhafte Corpsgeist« der Generalstäbler, von dem auch Conrad befallen gewesen sei, habe deren Urteilskraft zerstört.[169]

Nach Bekanntwerden der Affäre zeichnete die Presse das Bild eines Mannes, der nie jemandem direkt ins Auge blickte. Seine Verschlagenheit sei aufmerksamen Beobachtern ebenso aufgefallen wie etliche andere Unstimmigkeiten. Viele äußerten sich nun dahingehend, dass Redls Verschwendungssucht durchaus Verdacht erweckt habe und seine gleichgeschlechtliche Orientierung ohnehin allgemein bekannt gewesen sei. So behauptete der streitbare Reichsratsabgeordnete Adalbert Graf von Sternberg, dass »jeder Kellner« über

Redls Homosexualität Bescheid gewusst habe.[170] Von offizieller Seite hieß es hingegen, dass »normal veranlagte Menschen nicht den Blick für die Welt der Homosexuellen« hätten.[171]

Die nachmalige Kenntnis von seinen Vergehen und den homosexuellen Neigungen, die damals im Allgemeinen als »Perversion« betrachtet wurden, ließ kaum positive Beschreibungen zu. Bezeichnend sind die diesbezüglichen Äußerungen eines Offiziers gegenüber der *Illustrierten Kronen-Zeitung* vom Juni 1913. Der anonym gebliebene Mann, der Redl angeblich gut gekannt hatte, beschrieb ihn als verschlossenen Kameraden, dessen Selbstbewusstsein sich gleichzeitig zu einer unerträglichen Überheblichkeit steigern konnte. Der Oberst sei sich seiner Macht bewusst gewesen, so sehr, dass er sich möglicherweise sogar unangreifbar gefühlt habe.[172] Redl dürfte jedoch nicht ganz frei von Ängsten gewesen sein, eines Tages doch noch entdeckt zu werden – als Verräter des eigenen Landes. In dieses Bild passen nämlich Berichte, wonach Russlands »Superagent« Kollegen im österreichisch-ungarischen Generalstab mit Spionagevorwürfen konfrontierte, um auf diese Weise von seinen eigenen Machenschaften abzulenken – oder aber auch, um »karrieretechnisch« unliebsame Konkurrenten auszuschalten. Zumindest Oberst Adolf von Boog erklärte später, ungerechtfertigten Verdächtigungen seitens des Evidenzbüros ausgesetzt gewesen zu sein.[173]

In jedem Fall stellte die Position des Generalstabsobersten eine perfekte Möglichkeit dar, um sich gegen Personen zu schützen, die womöglich den wunden Punkt des »Meisterspions« kannten oder zumindest erahnten: sein Privatleben. So gab beispielsweise der anonym gebliebene »Freund« Redls gegenüber der Presse an, dass seine Veranlagung, seine Verschwendungssucht sowie sein Hang zum Luxus »mehr oder weniger bekannt« gewesen seien und Vermutungen über seine Homosexualität dort und da die Runde gemacht hätten.[174]

Tatsächlich liefen im Zuge der Erhebungen nach Redls Selbstmord verschiedene Meldungen ein, die auf die gleichgeschlechtlichen Beziehungen des Verräters Bezug nahmen und somit die Behauptungen des »Anonymus« stützten. Im Juni 1913 wurde etwa in einer nicht gezeichneten Zuschrift an das Evidenzbüro behauptet, Redl habe intime Beziehungen zu einem Rechtsanwalt namens Heinrich Mittler unterhalten. Die beiden Männer, gab der unbekannte Verfasser an, hätten sich »wie ein verliebtes Paar« geküsst. Mittler sei überdies ein Millionär, obwohl er noch vor zehn Jahren als »Bettler« gegolten habe.[175] Die Ermittlungen der Polizei ergaben, dass Redl einige Zeit hindurch tatsächlich bei Herrn Mittler verkehrt hatte und als Verwandter des Rechtsanwalts aufgetreten war. Letzterer lebte allerdings mit einer Frau zusammen und soll sein Vermögen auf legalem Wege erworben haben. Dass sich Redls etwaige homosexuelle Beziehungen zu Herrn Mittler nicht nachweisen ließen, überrascht wenig.[176] Doch es folgten noch weitere Zuschriften, in denen das Evidenzbüro oder aber andere militärische Stellen über in der Vergangenheit gemachte Beobachtungen bezüglich des »Liebeslebens« des »Meisterspions« informiert wurden. Berichtet wurde unter anderem von einem verdächtigen Stelldichein zwischen Redl und einem Oberleutnant Oskar Feigl. Die vermutete »Unzucht« soll von den »Dienstleuten« in der damals von den beiden Männern in Anspruch genommenen Unterkunft bemerkt worden sein. Redl und Feigl hatten angeblich gemeinsam in einem Bett geschlafen.[177]

Alles in allem ergab sich anhand solcher Mitteilungen an die Behörden der Eindruck, dass Redls prestigeträchtige und mit großer Machtfülle verbundene Position ihm einerseits die ideale Grundlage für seine Spionagetätigkeit schuf und andererseits wohl auch so manchen davon abhielt, Vermutungen über seine Homosexualität tatsächlich zu äußern. Der Oberst saß – salopp formuliert – am längeren Ast. Aus diesem Grund verbleiben die Gerüchte um Redls Sexualleben wohl auf der Ebene des Tratschs.

Ihre Abneigung gegenüber dem Vorgesetzten kundtun konnten nun, nach dessen Tod, auch Redls ehemalige Untergebene. Ein besonders negatives Zeugnis stellte dem früheren Vorgesetzten ein in Berlin lebender Österreicher namens Poldi Schmidl aus, der unter Redl als Rechnungsunteroffizier gedient hatte. Gemäß den Darstellungen Schmidls war der Oberst ein Sadist gewesen, einer, der daran

Gefallen fand, strenge Strafen für geringfügige Vergehen zu verhängen. Während der Exilösterreicher aber das Bild eines erbarmungslosen Pedanten zeichnete, präsentierte ihn ein anderer, der einstmals von Redl befehligt worden war, als das genaue Gegenteil. Die Art Redls, eine Kompanie zu führen, sei »schlampert« gewesen.[178]

Nicht alle gaben sich im Nachhinein als jene zu erkennen, die im Grunde immer schon gewusst hatten, dass sich hinter dem für seinen Fleiß und seine Fähigkeiten geschätzten Oberst womöglich ein »mieser Charakter«, »liederlicher Bonvivant« und »skrupelloser Verbrecher« verbarg. Dass er Redl geschätzt, ihn für einen interessanten Gesprächspartner gehalten und hinsichtlich seiner intellektuellen Kapazität als geradezu »genial« empfunden hatte, stritt General Theodor Körner, sozialdemokratischer Bundespräsident in der Zweiten Republik, auch Jahrzehnte später nicht ab. Obgleich ihm diese Ehrlichkeit insofern schadete, als sie ihn schließlich mit dem Verdacht einer intimen, d.h. homoerotischen Beziehung zu dem Verräter belastete, betonte Körner stets sein freundschaftliches Verhältnis gegenüber dem früheren Kollegen. Auf diese Weise ließ sich, dachte Körner wohl, sein Erstaunen über die Spionagetätigkeit des Obersten am besten vermitteln.[179]

Es verwundert nicht, dass nach Redls Tod viele Offiziere, die mit ihm in Kontakt gewesen waren, etwaige Chancen einer frühzeitigen Entlarvung negierten. Sie sahen sich vielmehr als Opfer einer perfekten Täuschung und betonten, die Abgründe der Person Alfred Redl, die sich am 24. Mai 1913 und in den Folgetagen offenbarten, niemals auch nur in Ansätzen erahnt zu haben. So beschrieb August Urbański den Obersten als »gefälligen, stets hilfsbereiten, heiteren Kameraden«, dem »niemand seine widernatürliche sexuelle Veranlagung zugemutet hätte«.[180] Noch weniger hatte man ihm die Spionage für »eine fremde Macht« zugetraut. Viele Generalstäbler erachteten die Preisgabe militärischer Geheimnisse durch einen Mann in seiner Stellung als denkunmöglich: »Arme deklassierte Schufte, Taglöhner des Vaterlandsverrates sind unvermeidlich. Der Oberst Redl durfte es nicht sein.«[181]

Brisante Akten

Die Vielstimmigkeit der Quellen verunmöglicht es, wie es scheint, das eine, tatsächliche Bild von Alfred Redl zu zeichnen oder die eine, tatsächliche Darstellung des Falls zu präsentieren. Überdies kann die Flut an Berichten über die Affäre das Fehlen wichtiger Details nicht wettmachen. Naiv wäre es zu glauben, dass Archivdokumente all jenes Wissen beinhalten, welches andere Materialien nicht liefern können. Dennoch bieten die dort enthaltenen Informationen – so lückenhaft sie sein mögen und so sehr sie vielleicht »nur« die amtlich wahrgenommene oder verordnete »Realität« widerspiegeln – natürlich verlässlichere Anhaltspunkte als die vielen »second hand«-Geschichten, die im Fall Redl kolportiert wurden. Immerhin lässt sich anhand der vorhandenen archivalischen Quellen der Wissensstand der zuständigen Behörden rekonstruieren oder können wenigstens die damals intern kursierenden Informationen zur Causa nachvollzogen werden. Allen, die nach letztgültigen »Wahrheiten« suchen und den Konjunktiv nicht schätzen, denen sei an dieser Stelle dringend empfohlen, die Lektüre abzubrechen und zu den weiter oben vorgestellten Büchern zu wechseln.

Wer sich aus historischer Perspektive mit Geheimdienstthemen beschäftigt, trifft im Regelfall auf eine spezifische Quellenlage. Manches wurde gar nicht erst schriftlich festgehalten, Anderes später bewusst vernichtet. So wanderten gemäß den Aufzeichnungen Maximilian Ronges in Anbetracht des Zusammenbruchs der Habsburgermonarchie viele Geheimdienstakten im Oktober beziehungsweise November 1918 in den Ofen.[182] Auf diese Weise sollte verhindert werden, dass als brisant eingestuftes Material in die Hände der »Feinde« gelangte.[183] Außerdem gingen viele Archivbestände im Zuge des Zweiten Weltkrieges beziehungsweise als Folge von Kampfhandlungen verloren oder wurden zerstört. Betroffen davon sind unter anderem Dokumente des österreichischen Militärgerichtsarchivs. Hinzu kam, dass speziell im Wiener Kriegsarchiv, wo nach 1918 vor allem ehemalige k.u.k. Offiziere die Verwaltung des Schriftguts vergangener Zeiten innehatten, Stellungnahmen zur Redl-Affäre noch viele

Jahre später an offene Wunden rührten. Dieser Umstand dürfte auch dazu beigetragen haben, dass zumindest ein Teil der Erhebungsakten zum Fall Redl Jahrzehnte hindurch verschollen blieb. So war zwar anhand der Materialien im Wiener Kriegsarchiv nachzuvollziehen, dass 1923 der damalige Leiter des Militärliquidierungsamtes die Redl-Akten vom Militärgericht Wien angefordert hatte. Es ließ sich aber nicht mehr eruieren, wo die Unterlagen dann hinterlegt wurden. In jedem Fall hatte man 1923 darauf aufmerksam gemacht, dass im Februar 1914 das Garnisonsgericht Wien die Redl-Akten vom Kriegsministerium angefordert und hierauf nicht mehr retourniert hatte. Nun sollten sie offenbar wieder dort eingereiht werden, wo sie sich ursprünglich befanden.[184] 1954 aber stellte man im Kriegsarchiv fest, dass die Unterlagen dort nicht auffindbar waren.[185]

Erst der deutsche Historiker Günther Kronenbitter, der im Kriegsarchiv Recherchen zu seiner 2003 veröffentlichten Habilitationsschrift über die Führung der k.u.k. Armee in den Jahren vor dem Ersten Weltkrieg anstellte, stieß im Rahmen seiner diesbezüglichen Arbeiten 1994 auf die bis dato unauffindbaren Dokumente.[186] Sie waren, versehen mit einer neuen Signatur, einem Bestand über das Kundschaftswesen 1914 zugeordnet worden. Kronenbitter hält Vermutungen, wonach die Unterlagen in der NS-Zeit vom damaligen Kriegsarchivsdirektor Rudolf Kiszling bewusst verlegt wurden, um gleichsam das Ansehen der »alten Armee« zu bewahren, für plausibel. Außerdem könnte dabei der Umstand, dass man deutschen Forschern damals keine allzu tiefen Einblicke in die Affäre geben wollte, eine Rolle spielen.[187] Immerhin war 1913 die österreichische Seite bemüht gewesen, in jenen Mitteilungen über den Umfang des Redl'schen Verrates, die dem verbündeten Kaiserreich unter der Herrschaft der Hohenzollern weitergeleitet wurden, die Tragweite des Skandals herunterzuspielen.

Es befinden sich sehr wohl auch andere Akten zum Fall Redl, die das Jahr 1914 betreffen, unter den erhalten gebliebenen Unterlagen zur Tätigkeit des Evidenzbüros. Als die ganze Causa damals neuerlich aufgerollt wurde, weil ein Unberufener zufällig in den Besitz verschiedener von Redl fotografierter Geheimdokumente kam, könnten die vorhandenen Materialien einfach in die Zuständigkeit des österreichisch-ungarischen Nachrichtendienstes übernommen worden sein. Dann wäre ihre Transferierung vom Bestand des Kriegsministeriums in jenen des Evidenzbüros womöglich ohne irgendwelche Hintergedanken erfolgt. Darüber hinaus hatten die Redl-Akten 1915, also mitten im Krieg, eine Reise zum Armeeoberkommando nach Teschen angetreten. Wenngleich sich Maximilian Ronge später nicht mehr an den Grund für die Anforderung der Redl-Materialien aus Wien erinnerte, dürfte offenbar das »Operative Oberkommando« Interesse an den Materialien angemeldet haben, die daraufhin per Kurier herangeschafft wurden.[188] Es ist nicht auszuschließen, dass Teile dieser Dokumente nicht mehr retourniert beziehungsweise zurückgereiht wurden. Das Verschwinden von Akten ist überdies nicht zwingend Folge einer bewusst gesetzten Handlung. Dass Materialien über Čedomil Jandrić sowie einen im Zuge der Redl-Affäre kompromittierten Offizier nicht mehr in den Beständen der 1. Abteilung des Kriegsministeriums auffindbar sind, muss keineswegs Indiz für eine zielgerichtete Beseitigung brisanter Unterlagen sein.[189] Nichtsdestoweniger ist zu konstatieren, dass bereits nach Ende der Erhebungen zum »sensationellen Spionageskandal« verschiedene Materialien, die etwa in Redls Wohnung in Prag gefunden worden waren, vernichtet wurden. So existiert ein aus dem Jahr 1914 stammendes »Verbrennungsprotokoll«, in dem verschiedene Unterlagen zur Causa angeführt wurden.[190] Dem Feuer überließ man demzufolge auch eine »Fotografie des Obersten Redl, die er dem Major Körner 1913 zum Geschenk gemacht hat«.[191] Wenn dieses Bild beim Obersten gefunden wurde, dann wäre es logischer, dass es sich umgekehrt um eine Fotografie von Körner für Redl gehandelt hat. Auf dieses Porträtbild jedenfalls stießen die Autoren vorliegenden Buches 2006 im Privatnachlass Max Ronges.[192] Obwohl die Ermittlungen nach dem Tod Alfred Redls nichts Nachteiliges für den späteren österreichischen Bundespräsidenten ergeben hatten, schrieb Max Ronge 1930 von einer »intimen« Freundschaft zwischen Körner und Redl. Der

General beteuerte hingegen – wie bereits erwähnt –, tief erschüttert über die für ihn völlig überraschende Affäre gewesen zu sein. Gerüchte über eine etwaige homosexuelle Veranlagung Körners überlebten den prominenten Sozialdemokraten und konnten erst vor wenigen Jahren von seiner Biografin einigermaßen entkräftet werden.[193] Davon abgesehen stellt sich eine nicht unbedeutende Frage: Hatte Max Ronge 1913 und 1914 kompromittierendes Material beiseitegeschafft, um es bei Bedarf wieder hervorzuholen? Man kann in jedem Fall nur darüber spekulieren, ob auch alle anderen im seinerzeitigen Verbrennungsprotokoll vermerkten Dokumente tatsächlich vernichtet worden sind.

Für die Rekonstruktion einiger Details aufschlussreich sind indes neben den Akten im Wiener Kriegsarchiv zweifelsohne auch die im Prager Militärarchiv aufbewahrten Dokumente zum Fall Redl. Ähnliches gilt für die im Haus-, Hof- und Staatsarchiv in Wien befindlichen Materialien, die einiges über die Empfänger der Briefe von Nikon Nizetas enthüllen konnten. Entsprechende Nachforschungen angestellt wurden freilich auch bezüglich der »Kundschaft« des spionierenden Obersten. Hier kamen demnach Archive in Russland, Italien und Frankreich in Betracht. Während Anzahl und Umfang der in Rom befindlichen Materialien zum italienischen Geheimdienst äußerst gering sind und zum überwiegenden Teil die Kriegsjahre 1915 bis 1918 betreffen, können die Akten über das »Kundschaftswesen« der Zarenarmee vor dem Ersten Weltkrieg als durchaus ergiebig und relevant bezeichnet werden. Die betreffenden Dokumente des Moskauer Militärhistorischen Archivs wurden erst im Zuge der 1990er Jahre freigegeben. Die Heranziehung dieser Bestände ebenso wie die Einsichtnahme in Akten der französischen und britischen Militärbehörden trugen auch dazu bei, den Fall Redl in seiner internationalen Bedeutung besser verorten zu können. Darüber hinaus schließen sie so manche Lücken, die sich in Anbetracht des Fehlens wichtiger österreichischer Dokumente zur Tätigkeit des Evidenzbüros speziell bis 1914 auftaten.

INFORMATIONSBEDÜRFNIS

Berichterstattung

Alfred Redl wurde bereits lange vor seiner Enttarnung verdächtigt, im Dienste der Russen zu stehen. Gewisse Vorgänge hatten den kommandierenden General in Prag, Artur Giesl von Gieslingen, veranlasst, nach einem Spion in den eigenen Reihen zu fahnden. »Es fiel auf, dass gewisse militärische Maßnahmen, die lediglich geplant waren, stets schon vor ihrer Ausführung in den militärischen Maßnahmen der betreffenden Nachbarmacht ihre Antwort fanden.«[194] Aufgrund einer anonymen Anzeige geriet schließlich Redl in Verdacht. Allein im Winter 1912/13 hatte der Generalstabschef des 8. Korps in Prag 100.000 Kronen für den Verrat militärischer Geheimnisse kassiert. Insgesamt belief sich das Vermögen des Generalstabsoffiziers, der nicht nur Informationen über die k.u.k. Armee, sondern auch über die Aufmarschpläne des deutschen Heeres preisgab, auf etwa eine Million Kronen.

Redl, der zwischen April 1911 und Oktober 1912 Bataillonskommandant beim Infanterieregiment Nr. 99 gewesen war, hatte erst im Herbst 1912 seinen neuen Posten in Böhmen angetreten. Seine Kontakte in Wien blieben nichtsdestoweniger aufrecht. Der Oberst fuhr regelmäßig in die k.k. Hauptstadt. Im Nachhinein suspekt erwies sich schließlich auch eine Reise nach Warschau, die vermutlich zur Übergabe geheimer Informationen an russische Stellen genützt wurde. Ähnliches ist über Fahrten nach Paris und London zu sagen, die wohl ebenfalls konspirativen Zwecken dienten.

Mit den Geldern, die ihm die Russen zahlten, hatte Redl zum einen Teil seine horrenden Schulden beglichen und zum anderen mehrere Reitpferde und zwei Automobile angeschafft. Eines davon war in knalligem Rot lackiert. Dem Obersten standen zwei Chauffeure zur Verfügung und drei Diener. Redl, der seinen Vorgesetzten gegenüber eine Erbschaft als Quelle seines Reichtums vorgaukelte, verprasste Unsummen bei Champagnergelagen und anderen Vergnügungen. Die Überwachung Redls ergab überdies, dass er wiederholt Beträge an Männer übersandte, »die dem Sittenamt als Erpresser und als sonst übelbeleumundet« bekannt waren.[195]

Um Redl zu überführen, kam man auf die Idee, ihn mittels eines fingierten Briefes zu einem Rendezvous mit einem Agenten zu bitten. Von Letzterem, einem Spion im Dienste des Zarenreiches, wurde lediglich vermutet, dass er in Kontakt mit dem Obersten stand. In jedem Fall biss Redl an und fuhr gemeinsam mit einem seiner Diener am 24. Mai nach Wien, wo er in den frühen Nachmittagsstunden ankam und hierauf im Hotel Klomser abstieg. Zum Treffpunkt mit dem Agenten, der freilich nicht erschien, begab er sich in Zivil. Für die Fahrt dorthin nahm Redl außerdem nicht den eigenen Wagen, sondern ein »Taxameterautomobil«. In der Zwischenzeit fanden Detektive, die Redl die ganze Zeit über auf den Fersen blieben, im Privatauto des Obersten Papierschnitzel, eine Browningpistole und das Etui eines Taschenmessers. Da der Agent die Verabredung nicht eingehalten hatte, wurde der Oberst nervös und kehrte zurück ins Hotel. Ein Unbekannter empfing ihn dort mit den Worten »Herr Oberst Redl, Sie haben das in Ihrem Automobil vergessen!« und überreichte ihm das Messerfutteral. Nun wusste der »Meisterspion«, dass er enttarnt worden war.

In seinem Hotelzimmer erwartete ihn bereits eine dreiköpfige militärische Kommission, die ihn seiner Charge verlustig erklärte und ihn mit Beweisen für seine Schuld konfrontierte: Akten, die in Redls Abwesenheit im Zuge einer Hausdurchsuchung in Prag sichergestellt wurden und über deren Inhalt der Generalstab in Wien telefonisch informiert worden war. Außerdem waren inzwischen die Papierschnitzel aus Redls Automobil zusammengesetzt worden. Rekonstruiert werden konnten Notizen mit den Adressen verschiedener Spione, die sich als Kontaktmänner des Obersten herausstellten. Außerdem wurde festgestellt, dass der Oberst bereits 14 Jahre zuvor vom damaligen russischen Konsul in Lemberg namens Pustoškin zur Spionage »verführt« worden war. Auch zum russischen Konsul in Prag, Žukovskij, hatte Redl Kontakte unterhalten. Über die Motive für Redls Verrat herrschte Klarheit: »Sittliche Verfehlungen, deren er sich als etwa 30jähriger Mann schuldig machte, wurden zu seinem Verhängnis. Die Personen, die um seine Sünden wussten, drohten ihm fortwährend mit der Anzeige, und er konnte ihren Erpressungen nicht anders begegnen, als dass er stets aufs neue Geld herbeischaffte, um ihren maßlosen Ansprüchen zu genügen.«[196] Erpresst worden war Redl auch von einem Offiziersdiener, der vor einiger Zeit unter mysteriösen Umständen Selbstmord begangen hatte. Der »Bursche«, dem intime Beziehungen zum Obersten nachgesagt wurden, hatte sich ins Wasser gestürzt und war ertrunken. Auch diese Affäre nützten verschiedene Kriminelle, um Redl unter Druck zu setzen. In jedem Fall musste der solcherart in Schwierigkeiten geratene Offizier zu einer idealen Zielperson der feindlichen Spionage werden. »Redls Verhältnisse blieben natürlich auch den Agenten der fremden Mächte nicht unbekannt, die sich ja mit Persönlichkeiten in derartigen Stellungen im besonderen Maße beschäftigen.«[197] Auch den hiesigen militärischen Behörden war Redls »krankhafte Veranlagung« indessen nicht entgangen. Seine Versetzung nach Prag diente nicht zuletzt dem Versuch, ihn dem einschlägigen Wiener Milieu zu entziehen.

Am 24. Mai hatte der »Meisterspion« ausgespielt. Nach der Unterredung mit den Mitgliedern der militärischen Kommission, der auch ein hoher Justizbeamter, der Generaladvokat Viktor Pollak angehörte, durfte Redl, bewacht von Detektiven, das Hotel noch einmal kurz verlassen, um ins Café Central zu gehen. Dort wurde er beobachtet, wie er nach Briefpapier verlangte und dann hastig zu schreiben begann. Als er wieder ins Hotel zurückkam, fand er in seinem Zimmer einen Browningrevolver samt Bedienungsanleitung vor. Nun verfasste er noch mehrere Abschiedsbriefe. An einen seiner Brüder schrieb er: »Leichtsinn und Leidenschaft haben mich vernichtet. Betet für mich. Ich büße mein Irren mit dem Tode. Alfred.«[198]

Gegen 4 Uhr früh ersuchten die Mitglieder der militärischen Kommission Redls Diener, den Obersten zu wecken. Sie gaben vor, ihn dringend in einer dienstlichen Angelegenheit sprechen zu müssen. Hierauf fand der Offiziersbursche seinen Herrn in einem Lehnstuhl vor dem Spiegel sitzend. Redl war tot. Er hatte sich in den Mund geschossen. Neben seiner Leiche fand sich ein Zettel mit folgenden Worten: »Ich bitte um Nachsicht und Schonung!«[199]

Wer am 29., 30. und 31. Mai das als »offiziös« geltende *Fremden-Blatt*, die nicht zuletzt in Offizierskreisen gern gelesene *Zeit*, das *Neue Wiener Abendblatt*, die unter anderem aufgrund ihrer Bebilderung beliebte *Illustrierte Kronen-Zeitung*, das *Neuigkeits-Welt-Blatt*, die Prager *Bohemia*, die besonders militärkritische sozialdemokratische *Arbeiter-Zeitung*, die christlichsoziale *Reichspost* oder irgendeine andere in der Monarchie erhältliche Zeitung zur Hand nahm, bekam – mehr oder weniger ausführlich beziehungsweise mehr oder weniger ausgeschmückt – diese Version von der Affäre Redl serviert. Die vorhergehenden Absätze sind gewissermaßen eine Melange der Berichte aus diesen Zeitungen.

»Öffentlichkeitsarbeit«

Es bedurfte keiner besonderen journalistischen Qualitäten, um hinter den offiziellen Verlautbarungen über den Selbstmord Alfred Redls, denen zufolge der Oberst »einer der tüchtigsten und verwendbarsten Offiziere des Generalstabes«[200] gewesen war, Mysteriöses zu vermuten. Spätestens am 28. Mai, als die Beisetzung Redls am Wiener Zentralfriedhof stattfand, war offensichtlich, dass hier irgendetwas nicht stimmte. Der Zeitpunkt des »Leichenbegängnisses« war laut *Illustrierter Kronen-Zeitung* geheim gehalten worden. Der Beerdigung, die am frühen Nachmittag bei hochsommerlichen Temperaturen erfolgte, wohnten nur Familienangehörige bei. Dem Begräbnis ebenso wie der vorangegangenen Einsegnung in der Kapelle des Garnisonsspitals waren »offizielle Persönlichkeiten« ferngeblieben. »Ein militärischer Kondukt«, berichtete die *Illustrierte Kronen-Zeitung* weiter, »war nicht beigestellt worden.«[201] Auch das *Neue*

Wiener Tagblatt betonte, dass die Beisetzung »ohne jeden militärischen Charakter« stattgefunden hatte.[202]

Einige Tage später, als die Presse bereits über verschiedene Details der Affäre rund um den Generalstabsoffizier Bescheid wusste, wurde das merkwürdige Begräbnis als eine der Ursachen für die misslungene Vertuschung bezeichnet. *Die Zeit* behauptete, dass von hohen Militärs ursprünglich in Erwägung gezogen worden war, ein »Leichenbegängnis« in den üblichen Formen und mit Beteiligung militärischer Würdenträger zu inszenieren, um kein Aufsehen zu erregen. Doch weigerte sich angeblich »eine maßgebende Persönlichkeit«, die Scharade allzu weit zu treiben, indem sie erklärte: »Hinter dem Sarg eines Verräters gehe ich nicht!«[203]

In jedem Fall hatte Generalstabschef Franz Conrad von Hötzendorf am 26. Mai verfügt, dass die Beerdigung des Obersten »ohne Kondukt und ohne jedwede militärische Beteiligung in aller Stille vor sich gehen« müsse.[204] Der Umstand, dass sich unter den Kränzen, die am Grab Redls niedergelegt worden waren, neben jenen von der Familie des Obersten auch zwei militärischer Provenienz befanden, machte dem Evidenzbüro keine Freude. Eines der Gebinde stammte von jenem Infanterieregiment, dem vermutlich einer von Redls Brüdern angehörte[205], und trug offenbar keine spezielle Aufschrift. Auf der Schleife des zweiten von einem Major Friedrich Novak aber war zu lesen: »Der Freund dem Freunde!« Die beiden Kränze bzw. deren Schleifen wurden über Intervention des Platzkommandos in Wien durch die Friedhofsleitung entfernt.[206]

Das rätselhafte Begräbnis des Obersten erweckte zweifelsohne den Eindruck, dass den offiziellen Mitteilungen über Redls Tod nicht zu trauen war. Außerdem stellten etliche Journalisten eigene Recherchen an und befragten den Portier des Hotels Klomser sowie Redls Zimmernachbarn, was genau sich in der Nacht vom 24. auf den 25. Mai ereignet hatte. Wie sich später herausstellte, hatte keiner einen Schuss gehört.[207] Nichtsdestoweniger verdichteten sich die Hinweise in Richtung eines sensationsträchtigen Skandals. Freilich erschienen jene Gerüchte, wonach der Generalstabschef des 8. Korps zum Verräter geworden war, immer noch als Ausfluss lebhafter Fantasie. Das *Prager Tagblatt* beispielsweise, dessen Bericht vom 28. Mai über den Selbstmord des Obersten konfisziert worden war, kolportierte nämlich zwei Tage später in seiner Morgenausgabe eine höchst interessante Version der Umstände von Redls Selbstmord: Die Mobilisierungspläne des 8. Korps waren verschwunden. Der Schuldige ließ sich nicht feststellen. Dies habe sich der Oberst »derart zu Herzen genommen«, dass er freiwillig in den Tod ging.[208]

Die *Arbeiter-Zeitung* hingegen versah zwar in ihrer Ausgabe vom 29. Mai den Artikel »Der Generalstabsoberst als Spion« mit einem Fragezeichen, ließ aber kaum mehr Zweifel an der Stichhaltigkeit der Gerüchte über Redls Verrat bestehen: »Wer den Brauch kennt, dass man Offiziere, die eine schwere Ehrlosigkeit begangen haben, ›höflichst einlädt‹, sich zu erschießen, damit sie dem Gerichtsverfahren und der Verurteilung ausweichen«, der müsse darauf schließen, dass auch der verstorbene Oberst nach diesem Muster gehandelt habe.[209] Da in- und ausländische Zeitungen weiterhin allerlei Spekulationen über die Motive anstellten, welche Redl zum Selbstmord getrieben hatten, mussten die Militärbehörden handeln.

In seinen Memoiren beteuerte Conrad, er habe sich dafür ausgesprochen, »nichts zu verheimlichen und den ganzen Sachverhalt der Öffentlichkeit darzulegen«.[210] Ein Beleg hierfür findet sich in den Akten des Kriegsarchivs. Demnach war es das Kriegsministerium gewesen, das erst zu dem Zeitpunkt, als die Vertuschung der Affäre nicht mehr aufrecht erhalten werden konnte, einem offiziellen Kommuniqué zustimmte.[211] Allerdings entschied sich auch Conrad erst zu jenem Zeitpunkt für eine Offenlegung des Skandals, als ihm gar nichts anderes mehr übrig blieb. Das auf Geheiß der Militärbehörden verfasste Kommuniqué wurde am 29. Mai publiziert und von einigen Zeitungen am darauffolgenden Tag wortwörtlich wiedergegeben. Redl, hieß es, habe Selbstmord begangen, als man ihm schwerwiegende »Verfehlungen« nachweisen konnte: »1. Homosexueller Verkehr, der ihn in finanzielle Schwierigkeiten brachte. 2. Verkauf reservater dienstlicher Behelfe an Agenten einer fremden Macht.«[212]

Offizielles und Inoffizielles

Den Aufzeichnungen von August Urbański zufolge, der Mitglied jener vierköpfigen Kommission gewesen war, die Redl im Hotel Klomser aufsuchte, konfrontierten die Offiziere den Obersten in jener Nacht zwar mit seinen Spionageaktivitäten, aber keineswegs mit seiner Homosexualität. Redl selbst hatte sich dazu offenbar gar nicht geäußert. Erst im Zuge der in Prag durchgeführten Untersuchungen stieß Urbański auf homoerotische bzw. pornografische Fotos sowie andere Materialien, welche die sexuelle Orientierung des Obersten offenlegten. Bis dahin hatte der damalige Evidenzbürochef angenommen, dass sich Redls Aussagen gegenüber der Militärkommission, wonach er »Opfer seiner unheilvollen Leidenschaft« geworden sei, auf den hypertrophen und in weiterer Folge kostspieligen Verkehr mit diversen Damen bezogen.[213]

Immerhin hatte Redl sich oft in Begleitung von Vertreterinnen des weiblichen Geschlechts sehen lassen. So war es nur folgerichtig, dass die Zeitungen über diverse Frauenbekanntschaften des Obersten schrieben. In den Vordergrund wurde dabei die angebliche Beziehung zu einer Wiener Kabarettsängerin gestellt.[214] Allerdings erschienen in einigen Blättern auch Meldungen über eine Geliebte Redls in Prag.[215] Und es fehlte nicht an Berichten, wonach der frühere Vizechef des Evidenzbüros zumindest mit einer Russin, wenn nicht gar mit mehreren Damen aus dem Zarenreich, in regelmäßigem Kontakt gestanden war. Die *Reichspost* behauptete beispielsweise, der gestrauchelte Generalstabsoffizier sei einer Agentin aus dem Romanovimperium ins Netz gegangen, die sich durch »ungewöhnliche Schönheit« und »auffallende Eleganz« ausgezeichnet habe. Diese Frau sei die eigentliche Verführerin des Obersten gewesen.[216]

Mit dieser Version wiederum redete man jenen das Wort, die im Zweifelsfall immer den »Dämon Weib« in Verdacht hatten, männliche Tugenden zu »verunreinigen« und im Grunde anständige Männer zu verderben. Diesbezüglich war es gar nicht vonnöten, nur auf religiös motivierte Anschauungen zu verweisen. Schließlich hatten verschiedene Wissenschaften, neben ihren »Beweisen« für die intellektuelle Minderwertigkeit von Frauen, auch Belege für deren defizitäre charakterliche Verfasstheit anzubieten. Dass Redl vom »rechten Weg« abgekommen war, führten klerikale Blätter überdies auf die Verderbtheit »liberaler Weltanschauungen« und den damit einhergehenden Einfluss »neuer Ideen« auf den Charakter zurück.[217]

Die Enthüllungen der Militärbehörden setzten keineswegs einen Schlussstrich unter die vielen Spekulationen und Mutmaßungen, die bisher in der Presse über den Fall Redl angestellt worden waren. Im Gegenteil. Die *Militärische Rundschau* als offizielles Organ des Kriegsministeriums vermochte mit ihren Berichten über die Affäre keineswegs den Erwartungen der Öffentlichkeit zu entsprechen. *Die Zeit* bekannte schließlich offen, dass deren Erklärungen in der Causa Redl »niemand mehr ernst« nehme.[218] Und die *Arbeiter-Zeitung*, die am 31. Mai den »Zusammenbruch des Vertuschungssystems« verkündete und »die Komödie von der ritterlichen Sühne durch den Selbstmord« für beendet erklärte, zweifelte an der Vollständigkeit der bisher bekannten Umstände von Redls Suizid.[219] Doch auch militärintern wurde das Geheimnis rund um die Ereignisse des 24. und 25. Mai nur langsam gelüftet. Wie sich später zeigte, setzten Maximilian Ronge und August Urbański ihre Kollegen vom Evidenzbüro erst am dritten Tag nach dem Redl'schen Selbstmord von den betreffenden Abläufen in Kenntnis.[220]

Gleichfalls unzufrieden reagierten angesichts der mageren Informationen, die von offizieller Seite preisgegeben wurden, indessen einige Volksvertreter. Beginnend mit dem 29. Mai brachten Abgeordnete des Reichsrats, des Parlaments der »cisleithanischen«, also der westlichen Reichshälfte Österreich-Ungarns, mehrere Anfragen beziehungsweise Interpellationen betreffend die »Causa Redl« im Parlament ein und verlangten darin vom Landesverteidigungsminister Aufklärung über die »mysteriösen Vorfälle« rund um den »Selbstmord des Generalstabschefs des 8. Korps in Prag«.[221]

Am 5. Juni erstattete der k.k. Minister für Landesverteidigung, der General der Infanterie Friedrich Robert Freiherr von Georgi, dem

Parlament Bericht über das Ergebnis der Untersuchungen im Fall Redl. Er gestand ein, »am liebsten einen dichten, undurchdringlichen Schleier« über die schändliche Angelegenheit breiten zu wollen, versicherte die Anwesenden aber seiner »rückhaltlosen Offenheit«. Über die Hintergründe, die zur Aufdeckung des Skandals führten, sagte er Folgendes: »Durch eine vertrauliche Mitteilung wurde das mit der Führung der Spionageangelegenheiten betraute Bureau des Generalstabes auf gewisse Vorgänge aufmerksam gemacht, welche auf Spionage schließen ließen. Diese militärische Stelle veranlasste nun durch längere Zeit alles, um die Schuldtragenden zu eruieren, erhielt aber erst am 24. Mai, ungefähr 6 Uhr nachmittags die überraschende Mitteilung und den Beweis, dass Oberst Redl der gesuchte Übeltäter war.«[222]

Genauere Informationen darüber, was sich am Samstag, dem 24. Mai 1913, ereignete, lieferte nun die *Militärische Rundschau.* Sie berichtete von postlagernden Briefen und mysteriösen Geldsendungen, welche vor mehreren Wochen die Aufmerksamkeit des Geheimdienstes hervorgerufen hatten. In einem Zimmer im Wiener Hauptpostamt bezogen Polizeidetektive Stellung, um den unbekannten Empfänger dingfest zu machen. Mittels einer elektrischen Klingel, die am Postschalter angebracht worden war, erhielten sie am 24. Mai um 18 Uhr das Zeichen, dass der Gesuchte erschienen sei. Die Detektive nahmen den Mann in Zivil nicht fest, weil davon auszugehen war, dass es sich möglicherweise nur um einen Mittelsmann handelte. Da aber der Unbekannte nach Verlassen der Postfiliale in ein Taxi stieg, konnte dessen Verfolgung nicht fortgesetzt werden. Immerhin gelang es den Polizisten, die Nummer des Autos zu notieren.[223]

SAMSTAG, 24. MAI 1913

Herrn Nizetas' Verräter

Am 31. Mai 1913 meldete das *Illustrierte Wiener Extrablatt*, dass Alfred Redl als Folge einer anonymen Anzeige in die Falle tappte. Allerdings wusste die Zeitung sogar, wer der Unbekannte gewesen war: ein russischer Spion, der aus »Konkurrenzneid« den so erfolgreichen »Kollegen« aus der Habsburgermonarchie ans Messer geliefert hatte.[224] Einer anderen Meldung zufolge war Redl aufgrund eines Hinweises der vorerst anonym gebliebenen russischen Studentin Anna Rodziewicz das Handwerk gelegt worden. Das todkranke Mädchen habe in Anbetracht der Mitteilung ihres Arztes, wonach sie nur mehr wenige Tage zu leben hätte, eine Beichte über ihre Spionagetätigkeit sowie ihre offenbar geschäftlichen wie auch intimen Beziehungen zu Alfred Redl abgelegt. Dass sie zur Denunziantin geworden war, hing demnach unter anderem mit dem vom Obersten herbeigeführten Ende des Verhältnisses zusammen.[225]

In der später entstandenen Literatur über den Fall Redl wurde die Enttarnung des »Meisterspions« mitunter gleichfalls auf anonyme beziehungsweise »vertrauliche« Anzeigen zurückgeführt. Sie seien ausschlaggebend gewesen, um dem Obersten am Wiener Hauptpostamt eine Falle zu stellen. In diesem Zusammenhang genannt wird der Name Rudolf Meterling.[226] Es handelte sich dabei um einen »österreichischen Stabshauptmann«, der im April 1929 in Warschau als Leiter eines »Homosexuellenklubs« verhaftet wurde. Meterling hatte sich in diesem Zusammenhang auch für den organisierten Missbrauch schulpflichtiger Knaben zu verantworten. Die Polizei fand bei dem Delinquenten überdies Briefe, die ihn als Verräter Redls zu erkennen gaben. Meterling, der vom Doppelspiel seines »Liebhabers« wusste, habe seinerzeit dessen Namen an die Behörden weitergegeben. Das *Neue Wiener Journal*, das seine Leserschaft über den Skandal informierte, lieferte auch gleich das Motiv mit: Meterling übte Rache, weil Redl sich eines Tages einem jungen Leutnant zuwandte. Außerdem sei der ehemalige k.u.k. Offizier mit dem Ende der Liaison einer einträglichen Geldquelle verlustig gegangen.[227]

Bei näherer Betrachtung müssen diese sensationellen Meldungen des *Neuen Wiener Journals*, die im Übrigen von keinem anderen Blatt aufgegriffen wurden, Zweifel hervorrufen. Zum einen, weil der Name Meterling in keinem einzigen Dokument zur Affäre Redl aufscheint, und zum anderen, weil sich in den einschlägigen Unterlagen des Kriegsarchivs keine Hinweise auf die Existenz eines »Stabshauptmanns« Meterling finden ließen. Hingegen gibt es Grund zur Annahme, dass die sowohl von Maximilian Ronge und Hermann Zerzawy als auch August Urbański stammenden Darstellungen über die verdächtigen Postsendungen, die zunächst dem deutschen Geheimdienst in die Hände gefallen waren, im Großen und Ganzen stimmen. Maximilian Ronge notierte jedenfalls in seinen Aufzeichnungen über den »Aktenverlauf des Evidenzbüros 1913« Anfang April dieses Jahres das Einlangen eines Briefes für einen Nikon Nizetas aus dem nördlichen Nachbarland.[228] Ganz offensichtlich hatte der Nachrichtendienst in Berlin das Evidenzbüro auf diese Weise »vertraulich« von der Existenz eines womöglich in Wien beheimateten Spions in Kenntnis gesetzt. Mit großem Interesse verfolgten die Kollegen aus dem Hohenzollernreich die weiteren Ermittlungen des k.u.k. Geheimdiensts aber offenbar nicht. Nur so lässt sich erklären, warum die diesbezüglichen Mitteilungen vom damaligen Leiter der für Spionage zuständigen IIIb-Abteilung im Großen Preußischen Generalstab, Walter Nicolai, in seinem 1923 publizierten Buch *Geheime Mächte* durch eine Reihe von Ungenauigkeiten gekennzeichnet sind.[229] Es darf vermutet werden, dass Nicolai nur wenig über die genaueren Abläufe der »Operation Nizetas« in Wien wusste.

Der Brief an Herrn Nizetas, den die deutschen Geheimdienstler abgefangen und dann nach Wien geschickt hatten, erfuhr dort eine eingehende Untersuchung durch Maximilian Ronge. Er konnte Folgendes festhalten: Die postlagernde Sendung war in Wien liegen geblieben, der Adressat nicht erschienen. Nach Ablauf einer gewissen Frist ging das unbehobene Schreiben dann wieder zurück zum Aufgabeort. Dieser konnte als Eydtkunen identifiziert werden. Es handelte sich dabei um einen Ort an der deutsch-russischen Grenze, der bereits in den Ruf eines »Spionagenests« gekommen war. Aus diesem Grund hatte der Geheimdienst des Hohenzollernreichs seine Aufmerksamkeit bewusst auf Postsendungen gerichtet, die aus Eydtkunen abgingen oder dorthin geschickt wurden. Als die retournierten Briefe an Herrn Nizetas Verdacht erweckten, daraufhin geöffnet wurden und schließlich mehrere Geldscheine zum Vorschein kamen, war offensichtlich, dass es sich hier um eine konspirative Korrespondenz handelte. Nun wurde die Spionageabwehr eingeschaltet. Major Walter Nicolai informierte schließlich Anfang April 1913 das Evidenzbüro. Immerhin war der Brief für Herrn Nizetas ja ursprünglich am Hauptpostamt in Wien hinterlegt worden. Nun kam Maximilian Ronge auf die Idee, das Schreiben nach entsprechenden »Restaurierungsarbeiten« – es war durch das Öffnen beschädigt worden – am »Poste restante«-Schalter des Wiener Hauptpostamtes zu deponieren und auf den mysteriösen Nikon Nizetas zu warten. Das Polizeipräsidium stellte drei Detektive zur Verfügung, die auf ihrem geheimen Beobachtungsposten innerhalb des Hauptpostamtes mittels einer am Abholschalter angebrachten Klingel vom etwaigen Erscheinen des unbekannten Empfängers verständigt werden konnten. Die gesamte »Operation« blieb streng geheim. Da vor allem die »älteren hohen Herren« des Offizierskorps dazu neigten, bei passender Gelegenheit ein paar »nette Geschichten« aus den Akten des Evidenzbüros auszuplaudern, hatte der Leiter der Kundschaftsgruppe, Major Ronge, besonderen Wert auf den vertraulichen Umgang mit Informationen im internen Dienstbetrieb gelegt. In das »Unternehmen Nizetas« war daher nur ein ganz kleiner Kreis von Personen eingeweiht.[230]

Max Ronge nahm an, dass Nikon Nizetas entweder erkrankt war oder nicht in Wien wohnte und sich deshalb die Abholung der Post verzögerte. Als schließlich erneut zwei Sendungen für den Unbekannten eintrafen, konnte man laut Ronge das präparierte Schreiben zurückziehen.[231] Über die Summen, welche die Briefe enthielten, gibt es unterschiedliche Angaben. Einer, vom 7. Mai 1913, dürfte 6000 Kronen beinhaltet haben.[232] In einem zweiten, und zwar vom 9. Mai, der in Berlin aufgegeben worden war, steckten 7000 Kronen. Dieses Schreiben hatte ein J. Dietrich, der offenbar in der Schweiz lebte, verfasst. Er ging davon aus, dass Nizetas bereits seinen Brief vom 7. Mai erhalten hatte, in dem er sich »für die Verzögerung der Sendung« entschuldigte. Der Brief schloss mit den Worten: »Was Ihre Vorschläge anbetrifft, so sind selbere [!] alle annehmbar.« Im »Post Scriptum« bat er, ihm nach »Kristiana« in Norwegen unter der Adresse einer Elise Kjernlie zu antworten.[233]

Dass Redl die Briefe unter dem Pseudonym Nikon Nizetas erhalten hatte, war 1913 in keinem der Zeitungsberichte über die Ereignisse am Hauptpostamt zu lesen gewesen. Erst Jahre später tauchte der Name in diversen Schilderungen des Redl-Falles auf. Obgleich sich nach dem Selbstmord des Generalstabsobersten die Militärbehörden darüber grämten, wie viele Details über die Affäre an die Öffentlichkeit drangen, gelang es immerhin also doch, eine bedeutende Einzelheit, nämlich den Decknamen des Obersten, vorläufig geheim zu halten. Dass Redl die Briefe unter der Chiffre »Opernball 13« behob, ist eine Erfindung von Egon Erwin Kisch. Sie hielt sich nichtsdestoweniger hartnäckig. In jedem Fall erwies sich die Geheimhaltung von Redls Aliasnamen als überaus wichtig für die Ermittlungen, die das Evidenzbüro in weiterer Folge anstellte. Schließlich gab der Oberst laut eigenen Angaben seine Identität niemals preis. Demnach ahnte auch niemand, wer sich hinter dem Namen Nikon Nizetas verbarg. Die »Kaufstelle« wusste also nicht, wer sie mit Informationen versorgte. Das zumindest teilte Landesverteidigungsminister Georgi den Reichsratsabgeordneten am 5. Juni mit.[234] Freilich zweifelte die Presse, dass Redl die Wahrheit gesagt hatte.[235] Die Offiziere des Evidenzbüros hingegen ließen im Zuge ihrer Ermittlungen nach dem Tod des »Meisterspions« Herrn Nizetas weiterleben.

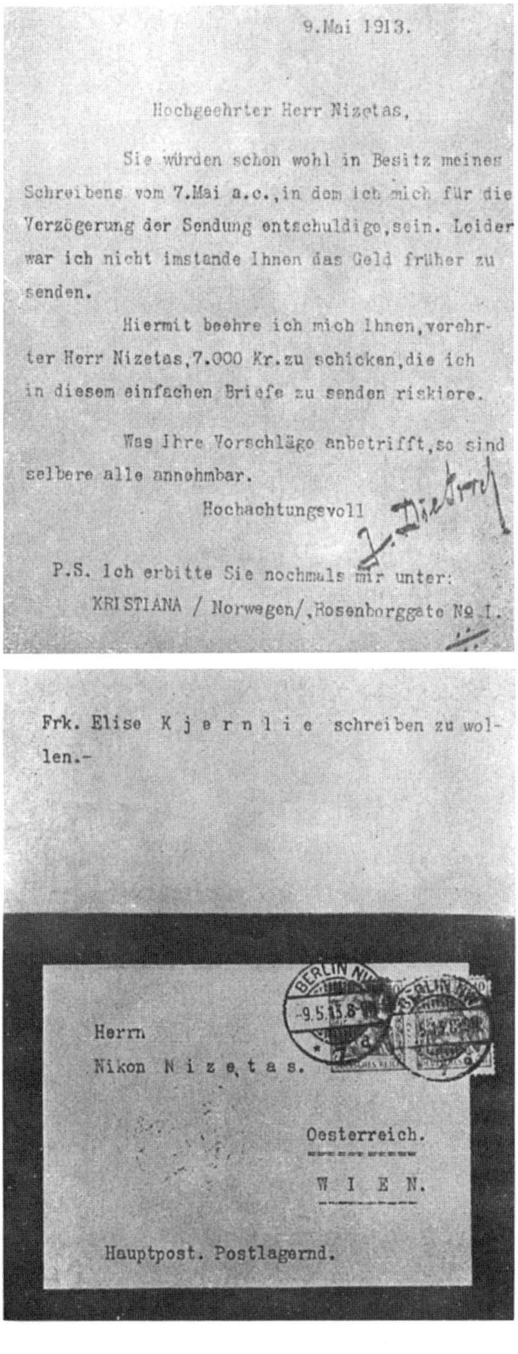

9.Mai 1913.

Hochgeehrter Herr Nizetas,

Sie würden schon wohl in Besitz meines Schreibens vom 7.Mai a.c.,in dem ich mich für die Verzögerung der Sendung entschuldige,sein. Leider war ich nicht imstande Ihnen das Geld früher zu senden.

Hiermit beehre ich mich Ihnen,verehrter Herr Nizetas,7.000 Kr.zu schicken,die ich in diesem einfachen Briefe zu senden riskiere.

Was Ihre Vorschläge anbetrifft,so sind selbere alle annehmbar.

Hochachtungsvoll

J. Dietrich

P.S. Ich erbitte Sie nochmals mir unter:
KRISTIANA / Norwegen/,Rosenborggate Nº 1.
Frk. Elise K j e r n l i e schreiben zu wollen.-

(5) **Das Schreiben des J. Dietrich wurde Alfred Redl alias Nikon Nizetas zum Verhängnis.**

Hätte Redls »Kundschaft« davon Abstand genommen, die Übersendung eines so hohen Honorars per Post zu riskieren, wäre wahrscheinlich niemand dem Obersten auf die Schliche gekommen. Tatsächlich erscheint es einigermaßen gewagt, einen Betrag von umgerechnet etwa 35.000 Euro in einen Umschlag zu stecken und noch dazu von einem Ort abzusenden, welcher der Geheimpolizei in Deutschland als »Umschlagplatz« verdächtiger Korrespondenzen bekannt war. Auch hätten die Verhaftungen der letzten Monate, die Jan Kopp-Köpp, Nikolaj Bravura und etliche andere hinter Gitter brachten, Redls »Zahlstelle« zu größerer Vorsicht mahnen müssen. Vor allem Geldflüsse aus Skandinavien hatten damals die Ermittler in Österreich-Ungarn interessiert. In Zusammenhang mit den Untersuchungen dieser Fälle galten ganz offensichtlich Adressen, die auf Mittelsmänner in Schweden, Norwegen und Dänemark verwiesen, als suspekt. Ähnliches traf auf die Schweiz zu, die gewissermaßen als »Drehscheibe der internationalen Spionage« fungierte. Viele Jahre nach der Affäre Redl bestätigte mit Dmitrij Gurko ein ehemaliger russischer Spionagefachmann, dass die Absender der Summe sich nicht gerade »professionell« verhalten hatten. Der ehemalige Militärattaché aus dem Zarenreich, der seinerzeit von Bern aus seine Geschäfte abwickelte, wusste, wovon er sprach. Den geheimnisvollen J. Dietrich, jenen Mann, der als Absender der Briefe an den Obersten aufschien, kannte er genau.[236]

Zufälle

Unterschiedliche beziehungsweise widersprüchliche Versionen kursieren über die Ereignisse, beginnend mit Redls Erscheinen am Hauptpostamt bis zu seiner Rückkehr ins Hotel Klomser. Dabei variieren vor allem die betreffenden Ortsangaben, die Darstellungen über die Abfolge der Taxifahrten, die Redl unternahm, und die Berichte in Bezug auf die Wege und Umwege seiner Verfolger. Auch die Rolle, die der Generaladvokat und Staatsanwalt Victor Pollak spielte, der sich am Abend des 24. Mai mit seinem »alten Freund« Redl traf, blieb umstritten. Im Großen und Ganzen aber entsprachen die offiziellen Berichte, die etwa die *Militärische Rundschau* oder *Die Zeit* brachten, den Schilderungen von Maximilian Ronge, August Urbański oder jener Frau, die Redl am Schalter den Brief aushändigte.

Vierzig Jahre später, just am 24. Mai, erinnerte sich in der *Neuen Illustrierten Wochenschau* die ehemalige Schalterbeamtin Betty Hanold an den Augenblick, in dem Nikon Nizetas im Hauptpostamt am Fleischmarkt erschien. Ihren Angaben zufolge war es 5 Uhr, als nach Wochen des Wartens der Unbekannte auftauchte und nach seiner Post verlangte. Obwohl sie nervös war, drückte sie sofort die Klingel, um die Polizisten zu alarmieren. Dann versuchte sie, Herrn Nizetas in ein Gespräch zu verwickeln. Doch der Fremde, der einen grauen Anzug trug, blockte ab. Als Betty Hanold sah, wie endlich einer der Polizisten in der Schalterhalle auftauchte, überreichte sie Nizetas insgeheim erleichtert »einen Brief«.[237] Jetzt lag es an den Detektiven, dem Mann auf den Fersen zu bleiben.[238]

Drei Männer dürften es gewesen sein, die Nikon Nizetas nun verfolgten: die Polizeiagenten Michael Macher, Ferdinand Watzek und Vinzenz Wolny.[239] Der Unbekannte machte es den Detektiven nicht leicht, seine Spur zu verfolgen. Betty Hanold war überzeugt, dass der Fremde seine Verfolger bemerkt hatte. Nun begann ein Verwirrspiel, bei dem die Detektive zunächst den Kürzeren zogen. Der Mann im grauen Anzug bestieg am Schwedenplatz ein Taxi und schaffte es schließlich, die Polizeiagenten abzuhängen. In einer Version war kein weiterer Wagen vorhanden, um die Verfolgungsjagd aufzunehmen. In einer anderen verloren die Detektive das Auto, in dem der Unbekannte saß, während einer Taxifahrt aus den Augen. In jedem Fall notierten sich die Polizisten die Nummer des Wagens und konnten diesen kurze Zeit später, und zwar am ursprünglichen Standplatz, ausfindig machen. Der Chauffeur erzählte, dass sein Fahrgast das Hotel Klomser in der Herrengasse als Zielort angegeben hatte, aber bereits früher ausgestiegen war. Die Detektive ließen sich zu jener Stelle am Tiefen Graben bringen und entdeckten während der Fahrt im Taxi das Futteral eines Taschenmessers, das offenbar von Herrn

Nizetas beim Verlassen des Wagens vergessen worden war. Vom Mann im grauen Anzug fehlte jedoch jede Spur.[240]

Anderen Schilderungen gemäß hatte Redl sogar ein zweites Taxi bestiegen – offenbar um sicherzugehen, dass ihn niemand verfolgte. Bei August Urbański heißt es beispielsweise, dass der Oberst das »Mietauto« in der Nähe eines Innenstadt-Cafés stoppte und dann in einen anderen Wagen umstieg. Ebenso wie die Zeitungsberichte aus dem Jahr 1913 betonte auch er, dass nur ein Zufall den Detektiven dazu verholfen hatte, das Taxi, in das der Oberst gestiegen war, wiederzufinden.[241] Während die Presse die polizeiliche Verfolgungsjagd mit Verweis auf diesen glücklichen Umstand als im Grunde stümperhaft brandmarkte, behauptete Max Ronge später, dass die Polizisten bewusst auf die Rückkehr des Autos zum Standplatz gewartet hatten.[242]

Wenngleich die Polizeiagenten die Spur des Fremden zunächst verloren glaubten, wussten sie dennoch, wo er logierte. So nahmen zumindest zwei Detektive vor dem Hotel Klomser Aufstellung, um auf den Unbekannten zu warten. Einer hingegen fragte beim Portier nach einem Herrn in grauem Anzug.

Die vorhandenen Schilderungen über die Abfolge der weiteren Ereignisse weisen – wie bereits erwähnt – wieder einige Unterschiede auf. Faktum ist aber, dass der Mann in Zivil den Detektiven erneut begegnete. Redl konnte offenbar dabei beobachtet werden, wie er auf dem Weg ins Hotel Klomser das »Durchhaus«, das Freyung und Herrengasse verband, durchquerte und dabei Papierschnitzel wegwarf. Diese wurden von den Detektiven aufgelesen und kurze Zeit darauf wieder zusammengesetzt. Sie lieferten laut Max Ronge den Beweis, dass Redl mit Spionagezentralen im Ausland korrespondierte.[243] Rekonstruiert wurden aber nicht nur die Aufgabescheine zweier Briefe, sondern auch die Reste einer Quittung betreffend die Überweisung eines höheren Geldbetrags an einen Leutnant in Stockerau.[244] Womöglich war Redl zumindest Teile seines am Postschalter abgeholten Honorars auf diese Weise gleich wieder losgeworden.

Wenigstens zwei mehr oder weniger als zuverlässig einzustufende Varianten existieren darüber, wann beziehungsweise wie Redl wieder an das Messeretui kam, das er durch puren Zufall im Taxi hatte liegen lassen und das die Detektive dann an sich nahmen. In einem Fall konfrontierte einer der Detektive, der sich im Hotel gerade vergebens nach dem gesuchten Mann in Zivil erkundigt hatte, einen Gast, der soeben die Treppen herabkam, mit dem Fund. Der Polizeiagent hatte Redl augenblicklich erkannt und fragte geistesgegenwärtig: »Haben Herr Oberst nicht dieses Futteral verloren?«[245] Als Redl bejahte, war alles klar. Gemäß der anderen Version hatte der »Meisterspion« das von den Polizeiagenten bei der Portierloge hinterlegte Etui gesehen und zunächst ohne Argwohn an sich genommen, sei dann aber erschrocken und habe sich erst beruhigt, als der Hotelbedienstete ihm versicherte, dass der Taxichauffeur der Überbringer des Futterals gewesen war. Diese Begebenheit erzählte der Portier dann dem Detektiv und nannte ihm den Namen jenes Mannes, dem das Futteral gehörte.[246] So oder so: Indem Redl das Etui als sein Eigentum deklarierte, gab er sich als Nikon Nizetas zu erkennen. Trotzdem wollte der Detektiv nicht so recht glauben, dass es sich beim Oberst, dem Generalstabschef des Prager Korps, um den gesuchten Spion handelte. Immerhin wäre es ja auch denkbar gewesen, Redl womöglich bei eigenen verdeckten Ermittlungen beobachtet zu haben.

Die *Arbeiter-Zeitung* jedenfalls interpretierte die »Szene« mit dem Messerfutteral keineswegs als Finte, um Redl zu überführen. Im Gegenteil. Sie unterstellte, dass der Oberst auf diese Weise gewarnt worden war und erst jetzt davon ausgehen musste, entlarvt worden zu sein. Die Detektive seien, so wurde behauptet, von jemandem im Generalstab dazu animiert worden, den Obersten zu verunsichern. Das ganze Theater habe lediglich dazu gedient, Redl die Ausweglosigkeit seiner Situation vor Augen zu führen und über diesen »Umweg« dessen Selbstmord zu »arrangieren«. Obwohl die diesbezügliche Titelgeschichte der *Arbeiter-Zeitung* am 6. Juni 1913 zensuriert wurde, wiederholte das Blatt seine Vorwürfe bereits am darauffolgenden Tag.[247]

Die von der *Neuen Freien Presse* ursprünglich behauptete Variante, wonach Redl im Speisesaal des Hotels Klomser von den Detektiven mit dem Vorwurf der Spionage konfrontiert wurde und darum bat, sich erst am darauffolgenden Tag dazu äußern zu dürfen, verfolgte kein einziges Blatt weiter.[248]

Geisteskrank

Tatsächlich könnte der »Meisterspion«, als er das verlorene Etui an sich nahm, das Ende seines Doppelspiels geahnt haben. Während Redl nun weiterhin unter Beobachtung blieb, begab sich einer der Detektive zu Polizeiregierungsrat Edmund von Gayer und erstattete Bericht. Letzterer quittierte die Nachricht, wonach Oberst Redl als Nikon Nizetas aufgetreten war, zunächst mit den Worten »Unmöglich! Sie müssen sich irren.«[249] Dann aber ließ er sich wohl überzeugen. Er verständigte daraufhin den Leiter der Kundschaftsstelle im Evidenzbüro und Organisator der »Operation Nizetas«, Major Maximilian Ronge. Der befand sich gerade »zum späten ›Mittagessen‹« zu Hause, als er den Anruf Gayers entgegennahm. Der Regierungsrat und Chef der staatspolizeilichen Abteilung begann seine Mitteilung mit folgenden Worten: »Bitte, kommen Sie in mein Büro, es ist etwas Schreckliches passiert.«[250] Ronge »stürzte« daraufhin »atemlos [...] in den nächsten Tramwaywagen«.[251]

Als Ronge die zusammengesetzten Aufgabescheine begutachtete, erkannte er in den darauf angegebenen Empfängern die Adressen von Spionen »fremder Mächte«. Auch der Major, der als bester »Schüler« des ehemaligen Vorgesetzten im Evidenzbüro galt, akzeptierte die Nachricht von Redls Verrat nur schwer. Nun hatte er die Pflicht, seinen Chef, August Urbański, zu informieren. Dieser ließ sich den Sachverhalt schildern, reagierte aber mit noch größerem Unglauben als Gayer und Ronge. Urbański, der niemals auch nur den leisesten Zweifel an der Rechtschaffenheit Redls gehegt hatte, wollte nicht wahrhaben, was man ihm nun eröffnete.[252] Da er nach eigenen Angaben keineswegs von der Schuld des Kameraden überzeugt war, machte er anhand der vom Obersten beim Postamt zurückgelassenen Notizen einen Schriftenvergleich. Das heißt also, dass der Geheimdienstchef sich nicht mit den erwähnten »Papierschnitzeln« zufriedengab, sondern offenbar eigens zur Post eilte. Dort hatte Redl auf Verlangen der Schalterbeamtin die Adresse, unter der er den Brief abholte, auf einen Zettel notiert. Als Urbański die ihm »wohlbekannte zierliche Handschrift« Redls wiedererkannte, schwanden auch bei ihm jegliche Zweifel.[253] Er war zutiefst erschüttert. Immerhin war der Oberst, der ihm über zwei Jahre hindurch als Stellvertreter im Evidenzbüro zur Seite gestanden war, sogar als sein Nachfolger im Gespräch gewesen.[254]

In der Zwischenzeit hatte Regierungsrat Gayer einen merkwürdigen Anruf erhalten. Generaladvokat Victor Pollak meldete sich aus dem Restaurant Riedhof in der Josefstadt, im 8. Wiener Gemeindebezirk, und gab an, sich im Auftrage seines Freundes Alfred Redl an Gayer zu wenden. Landesverteidigungsminister Friedrich Robert von Georgi, der im Zuge seines Auftritts im Parlament auch zu dieser seltsamen Begebenheit Stellung nahm, schilderte die Abläufe folgendermaßen: Redl habe Pollak von seiner Ankunft in Wien in Kenntnis gesetzt und ihn dann beim gemeinsamen Abendessen die »ganz überraschende Mitteilung gemacht, dass er sich gegen Moral und Standesehre vergangen habe und überwacht werde«.[255] Was genau er damit meinte, erklärte Redl nicht. Er bat den Generaladvokaten vielmehr, ihm eine Schusswaffe zu besorgen, um damit Selbstmord begehen zu können. Als Pollak ablehnte, ersuchte der Oberst den Freund darum, »ihm bei dem Polizeipräsidenten oder bei dem Leiter der staatspolizeilichen Abteilung, Regierungsrat Gayer, die Erlaubnis zur Rückkehr nach Prag zu erwirken«. Pollak, der Redl daraufhin für »geisteskrank« hielt, rief nun um 22 Uhr tatsächlich bei Gayer an und schlug diesem vor, den anscheinend verwirrten Freund in eine psychiatrische Abteilung einweisen zu lassen. Gayer aber riet Pollak dazu, Redl zu beruhigen und ihn zu überreden, das »Riedhof« in aller Gefasstheit zu verlassen und in sein Hotel zurückzukehren. Der Generaladvokat begleitete daraufhin den Freund zu seinem »Absteigequartier« und trennte sich »um ½ 11 Uhr« von diesem, ohne etwas »Bestimmtes über seine Angelegenheit weiter erfahren zu haben«.[256]

Viele Beobachter empfanden den angeblichen Hinweis Victor Pollaks auf eine psychische Verwirrtheit des Freundes als konstruiert. Auf solche Weise konnte das Verbrechen, so die Vermutung einiger Journalisten, als »Ausfluss einer Geisteskrankheit« erklärt werden und von der Verantwortung des Generalstabs ablenken. Darüber hinaus galt der Suizid ohnehin vielfach als »Wahnsinnstat«. Schließlich brachte auch die Untersuchung des Leichnams ein Ergebnis hervor, das ganz dieser Erwartungshaltung entsprach: War der Tote kurz nach dem Suizid vorerst nur »flüchtig obduziert« worden, ordnete Urbański wenig später in Anbetracht der Ausweitung des Skandals eine zweite Sektion an, »um auch in dieser Richtung nichts zu versäumen«.[257] Die Pathologen verwiesen auf eine Reihe schwerwiegender krankhafter »Veränderungen«, welche im Zuge der Obduktion entdeckt worden waren. Neben einer »chronischen Verdickung der harten und weichen Hirnhäute« machten sie Geschlechtsteile, Herz und Galle als »Krisenherde« der Redl'schen Physis aus. In jedem Fall kamen die Mediziner zu dem Schluss, dass der Gesundheitszustand des Obersten auf dessen eingeschränkte Zurechnungsfähigkeit schließen lasse. Redl sei sich demnach der Tragweite seiner Handlungen nicht bewusst gewesen.[258] Damit war, wie der damalige Geheimdienstchef zugab, auch die Grundlage für eine »Entlastung der Vorgesetzten Redls« gegeben.[259]

Indessen schufen die Erklärungen des k.k. Landesverteidigungsministers Georgi vor den Parlamentariern keineswegs Klarheit. Urbański schob die Schuld hierfür später auf Erzherzog Franz Ferdinand, der die ursprünglich vom Evidenzbürochef verfassten Konzepte für die Interpellationsbeantwortung zur Vorlage an den Minister mit »einschränkenden Korrekturen« versehen hätte.[260] So oder so fehlten in den offiziellen Darstellungen ein paar Details. Verschwiegen hatte der Minister jedenfalls den Umstand, dass Redl offenbar geplant hatte, den Polizeipräsidenten höchstpersönlich aufzusuchen.[261] Die Rolle, die Generaladvokat Victor Pollak in Zusammenhang mit der Affäre spielte, erachtete überdies eine Reihe von Zeitungen weiterhin für äußerst rätselhaft. Kaum jemand wollte glauben, dass Pollak, der in früheren Jahren bei diversen Spionageprozessen mit dem Obersten zusammengearbeitet hatte, nicht in Erfahrung bringen konnte, warum Redl sich angeblich mit Selbstmordgedanken trug. Einigermaßen kurios erschien auch der Umstand, wonach der Oberst angenommen hatte, die Staatspolizei würde ihn eventuell nach Prag reisen lassen. Das *Neuigkeits-Welt-Blatt* hielt diese Episode insofern für seltsam, als sie fragte, seit wann es denn der Staatspolizei obliege, »Irrsinnsverdächtigen Reisebewilligungen« auszustellen.[262] Nicht erwiesen, aber immerhin denkbar ist, dass ursprünglich in Erwägung gezogen worden war, Redl für geisteskrank zu erklären und ihn dadurch aus dem Verkehr zu ziehen. Solcherart wäre eine Befragung des Delinquenten ohne Aufsehen möglich gewesen. Dann allerdings hätte man Pollak in diese Richtung instruieren müssen.

Manche Zeitungen mutmaßten, der Generaladvokat sei womöglich ein Komplize Redls gewesen, und wieder andere unterstellten sogar eine intime Beziehung der beiden, die bei einem sentimentalen »Abschiedssouper« beendet worden sei. Für möglich gehalten wurde auch, dass militärische Stellen Pollak beauftragt hatten, Redl zu überwachen oder ihm den Suizid nahezulegen. Unverständnis rief hingegen hervor, dass der vom Landesverteidigungsminister als »Ausbund aller Schlechtigkeit« titulierte Redl überhaupt in die Lage gekommen war, mit Pollak ein Abendessen außerhalb des Hotels einzunehmen. Schließlich musste davon ausgegangen werden, dass Redl bei Gelegenheit die Flucht ergreifen würde. Es sei – so die *Arbeiter-Zeitung* – schlichtweg skandalös, wie »zuvorkommend« man den »uniformierten Halunken« behandelt habe.[263]

Im Zuge der Ermittlungen im Fall Redl schlossen die zuständigen Stellen tatsächlich nicht aus, dass der Oberst womöglich Vorsorge für eine »rasche Abreise« getroffen hatte. Gleich nach seiner Ankunft in Wien erteilte er nämlich den Auftrag, »die noch gut gebrauchsfähige Bereifung seines Automobils durch vollkommen neue Pneumatiks zu ersetzen« und »einige Reparaturen« am Fahrzeug »unbedingt bis 26. Mai neun Uhr vormittags zu bewirken«.[264]

Redls Wunsch nach einer neuen Bereifung seines Automobils stellt keinen zwingenden Hinweis auf ein eingeplantes Verschwinden dar. Vielmehr dürften Zeitungsmeldungen, denen zufolge der Oberst auf der Fahrt von Prag nach Wien durch eine Panne aufgehalten worden war, stimmen. Der Schaden hatte wohl das Aufsuchen einer Autowerkstätte notwendig gemacht.[265] Der Wagen war immerhin so in Mitleidenschaft gezogen worden, dass Redl nicht mit dem eigenen, sondern mit einem »Mietauto« zum Hotel Klomser fuhr.[266] Vor dem Hintergrund des erwähnten Gebrechens lässt sich demnach erklären, warum Redl beziehungsweise sein Chauffeur den »Wagen- und Karosseriebauer Johann Zednicek« am Brigittaplatz aufsuchte und neue Reifen bestellte.[267]

Besuch von Freunden

Selbst wenn der Verräter also aller Wahrscheinlichkeit nach nicht an eine Flucht gedacht hatte, erschien die Vorgehensweise der Polizei am 24. Mai alles andere als vorbildlich. Die scheinbare Sorglosigkeit der Detektive mochte Kopfschütteln hervorrufen. Sie ließen es offensichtlich zu, dass der Oberst selbst nach seiner Entlarvung verschiedene Örtlichkeiten aufsuchte. Der Presseberichterstattung konnte man entnehmen, dass Redl nach dem Besuch im »Riedhof« gemeinsam mit Pollak in ein Kaffeehaus wechselte. Nicht vom Restaurant, sondern vom Café Kaiserhof aus soll Pollak das Telefongespräch mit Gayer geführt haben, während ein nervöser Redl, sich den Schweiß von der Stirn wischend, angeblich draußen »patroullierte« und auf die Rückkehr seines Freundes wartete. Als Pollak dann kam und ihm etwas ins Ohr flüsterte, reagierte der Oberst angeblich entsetzt. Erst jetzt begleitete Pollak den Freund ins Hotel. Aber auch im Hotel Klomser blieb Redl gemäß verschiedenen Zeitungsberichten, die sich auf Augenzeugen beriefen, nicht lange, sondern begab sich abermals in ein Kaffeehaus – und zwar ins Café Central, das gleich gegenüber vom Hotel lag.[268] Dort – hieß es etwa

(6) **Hotel Klomser in Wien, Herrengasse/Ecke Bankgasse. Hier setzte der »Jahrhundertspion« seinem Leben ein Ende. Redls Leiche wurde in den Morgenstunden des 25. Mai 1913 im Zimmer Nr. 1 aufgefunden.**

im *Deutschen Volksblatt* – suchte sich der »Stammgast« einen »Fensterplatz«, bestellte eine Schale »Gold« und schrieb – »sichtlich erregt« – einen Brief beziehungsweise eine oder mehrere Ansichtskarten. Währenddessen »promenierte« ein »höherer Offizier vor dem Kaffeehause«. Nach einer Viertelstunde verließ Oberst Redl – entgegen »seiner sonstigen Gewohnheit« – »wortkarg und verschlossen« das Lokal.[269]

Warum der Oberst noch Stunden nach seinem Erscheinen in der Schalterhalle des Hauptpostamtes unbehelligt blieb, lässt sich allerdings einfach erklären: Die Zusammenstellung der militärischen Kommission, die ihn in seinem Hotel aufsuchen sollte, um die weitere Handhabung des Falls zu übernehmen, dauerte länger als vorgesehen. Den Polizeiagenten blieb offensichtlich nichts anderes übrig, als auf das Eintreffen der Militärs zu warten und bis dorthin die Beobachtung Redls fortzusetzen.

Sowohl Max Ronge als auch August Urbański schwiegen sich in ihren Darstellungen der Ereignisse vom 24. und 25. Mai 1913 über einen weiteren Besuch, den Redl empfing, aus. Aller Wahrscheinlichkeit nach traf der Oberst noch vor dem Abendessen am Samstag, den 24. Mai, mit einem anderen »Freund« zusammen. Es handelte sich dabei um jenen Offizier aus Stockerau, dem Redl am selben Tag einen »hohen Geldbetrag« überwiesen hatte. Dass der junge Mann der »Liebhaber« des Obersten gewesen war, konnte man bald in jeder Zeitung nachlesen. Obwohl kurzfristig ein Leutnant Richard Stosius in Verdacht geriet, der Besucher gewesen zu sein, stellte sich schon kurz darauf Leutnant Stefan Horinka als der betreffende Gast heraus. Horinka, den das *Neue Wiener Journal* als »Hodelka« vorstellte und den Egon Erwin Kisch später in »Hromadka« umtaufte, galt allgemein als Neffe des Obersten.[270] Das vorgespiegelte verwandtschaftliche Verhältnis diente ganz offenbar als Tarnung für die sexuelle Beziehung der beiden.[271]

Das *Neuigkeits-Welt-Blatt* wusste noch mehr. Seine Leserschaft erfuhr, dass der »Ulanenleutnant« am Samstagabend über eine Stunde bei Redl gewesen war und erst danach, gegen 20 Uhr,

Generaladvokat Pollak erschien, um den Obersten zum Abendessen abzuholen.[272] Auch die *Arbeiter-Zeitung* informierte am 7. Juni auf der ersten Seite über den Besuch des »Freundes«. Dass Redl bei seiner letzten »Liebesunterhaltung« weder von der Polizei noch von der Militärkommission gestört wurde, kommentierte sie mit Häme. »Und taktvoll, wie man schon ist«, schrieb das Parteiorgan der Sozialdemokraten über die scheinbare Zurückhaltung von offizieller Seite, »lässt man den ›Freund‹ von Samstag abend bis Mittwoch nachmittag unbehelligt.«[273] Tatsächlich erfolgte die Verhaftung des 24-jährigen Ulanenleutnants, dessen Garnison sich in Stockerau befand, erst einige Tage nach Redls Selbstmord.

Wie sich als Folge der Ermittlungen der Militärbehörden herausstellte, hatte das Treffen der beiden Männer vor dem Hintergrund eines ernstlichen Zerwürfnisses zwischen »Onkel« und »Neffen« stattgefunden. Alfred Redl kam demnach nicht nur nach Wien, um Post abzuholen, sondern auch zwecks einer persönlichen Aussprache mit Horinka. Bei seinem Vorgesetzten, dem Leiter des 8. Korps und kommandierenden General in Prag, Arthur Giesl von Gieslingen, hatte Redl am 23. Mai die Erlaubnis erwirkt, nach Wien reisen zu dürfen. Als Grund gab er an, »dass ihm sein angeblicher Neffe Leutnant Stefan Horinka des k.u.k. Ulanenregiments Nr. 7 in Stockerau durch seinen Leichtsinn Sorgen bereite«.[274] Tatsächlich bekümmerten den Obersten freilich die Drohungen des Leutnants, die delikate Beziehung zum »Onkel« endgültig aufkündigen zu wollen.

Allem Anschein nach hatte Horinka, der parallel zur Liaison mit Redl ein Verhältnis zu einer jungen Frau unterhielt, den Entschluss gefasst, sich von seinem »Gönner« zu trennen. Einige Zeitungen deuteten nun an, dass der »Neffe« zu vermuten begann, seinem »Onkel« das Motiv für den Selbstmord geliefert zu haben. Verschiedenen Berichten entsprechend hatte Horinka in größter Verzweiflung Heinrich Redl, einen Bruder des »Meisterspions«, aufgesucht und sich diesem als »Mörder« des »Onkels« zu erkennen gegeben. Bei dieser Gelegenheit beichtete der Leutnant seine sexuelle Beziehung mit dem Obersten. Erwähnt hatte Horinka angeblich auch die mit hohen finanziellen Aufwendungen verbundenen Kontakte Redls zu anderen Männern.[275]

Tatsächlich gab sich Alfred Redl offenbar nicht mit einem »Partner« zufrieden. Womöglich suchte er bereits nach weiteren Kandidaten, die er infolge finanzieller Abhängigkeit ähnlich gefügig machen wollte wie Stefan Horinka. Dafür spricht eine weitere Verabredung, die für den kommenden Tag anberaumt war. Alfred Redl hatte nämlich ganz offensichtlich im Klomser noch einen Gast empfangen wollen: den jüngeren Bruder Stefan Horinkas, Josef. Auch dieser erhielt bereits regelmäßig Geld vom »Onkel«, wenngleich bei Weitem nicht in jener Höhe wie der ältere Bruder. Josef Horinka wusste um die Annehmlichkeiten, die ihm eine finanzielle Unterstützung einbringen würden. Das behaupteten zumindest später seine Lehrer beziehungsweise Vorgesetzten, die dem Jüngling ansonsten die allerbesten Charaktereigenschaften und Fähigkeiten nachsagten. Ob Josef Horinka die von Redl wohl eines Tages erwartete Gegenleistung für seine materiellen Zuwendungen erahnte, ist nicht bekannt. Der Zögling der k.u.k. Infanteriekadettenschule in Wien war in jedem Fall vom Obersten für Sonntag, den 25. Mai, ins Hotel bestellt worden. Als aber Josef Horinka am Nachmittag des 25. Redl aufsuchen wollte, war der Oberst bereits tot.[276]

Franz Joseph und Franz Ferdinand

Den Anruf, den Victor Pollak im Auftrag Redls tätigte, interpretierte August Urbański als Eingeständnis des Obersten, seine Tarnung verloren zu haben. Offenbar suchte er nach einem Ausweg, um der drohenden Verhaftung zu entgehen.[277] Auch Max Ronge deutete Pollaks Meldung über die angebliche Sinnesverwirrung seines ehemaligen »Lehrers« als Indiz dafür, dass der »Beschattete« spätestens seit der »Episode mit dem Messerfutteral« Lunte gerochen hatte.[278] Nun musste gehandelt werden.

Ungeachtet seiner tiefen Erschütterung über die jüngsten Vorfälle war Urbański nun, da alle Zweifel an Redls Täterschaft ausgeräumt schienen, gezwungen, den k.u.k. Generalstabschef, Franz Conrad von Hötzendorf, zu verständigen. Um etwa 22 Uhr suchten der Geheimdienstchef und sein Mitarbeiter Maximilian Ronge den »obersten Feldherrn« der k.u.k. Armee auf. Dieser nahm gerade sein Abendessen im Grand Hotel ein. Da er sich in Gesellschaft befand, baten ihn die Offiziere des Nachrichtendienstes in ein Nebenzimmer. Dort setzte Urbański Conrad von den Ereignissen in Kenntnis. Im Beisein Ronges wurde nun die weitere Vorgehensweise festgelegt. Offenbar war es der Leiter des Evidenzbüros gewesen, der dazu riet, Redl den Selbstmord zu gestatten. Der Generalstabschef stimmte zu und übernahm, so Urbański, »hiermit die Verantwortung« für das, was in den kommenden Stunden passierte. Die Entscheidung lautete: »Der Verbrecher ist zu verhaften: durch ein Verhör ist festzustellen, was verraten wurde. Wenn es aus prozessualen Gründen zulässig ist, ist Redl der von ihm voraussichtlich beabsichtigte Selbstmord zu gestatten.«[279]

In seinen Memoiren lässt Conrad von Hötzendorf keinen Zweifel daran, dass auch er den Suizid Redls befürwortet hatte. Franz Joseph zeigte sich, als ihn der Generalstabschef persönlich über die Affäre informierte, zwar aufs Äußerste betroffen von der Nachricht über den Verrat des Obersten, übte aber anscheinend keine Kritik an der Haltung der Militärkommission in Bezug auf den blutigen »Schlussakt« der Affäre.[280] Immerhin hatte der Mann »das Ehrenkleid« der »glor- und ruhmreichen Wehrmacht« in unvorstellbarer Art und Weise »geschändet«.[281] Etliche andere Offiziere nahmen sich das Leben aus weit geringeren Gründen als Alfred Redl. »Man stand«, lautete die Erklärung gegenüber dem Kaiser, »vor der Wahl, die Armee die Schmach erleben zu lassen, dass ein Offizier auf dem Galgen ende oder dass er seinem Leben freiwillig ein Ende bereite. Man entschied sich für letzteres.«[282]

Die Reaktion des Monarchen auf die Affäre dürfte heftiger gewesen sein, als Conrad dies wahrgenommen hatte oder wahrhaben wollte. Immerhin war er nicht der Erste gewesen, der den Kaiser in dieser Angelegenheit aufgesucht hatte. In jedem Fall kursierten in der Presse die wildesten Gerüchte darüber, wie groß das Entsetzen

Franz Josephs in Wirklichkeit gewesen war. Den Informationen der ungarischen Zeitung *Az Est* zufolge fiel der ursprüngliche Überbringer der schlechten Nachricht, Generaladjutant Artur Freiherr von Bolfras, nach der Audienz beim Regenten in Ohnmacht. Des Kaisers Erschütterung hatte Bolfras so sehr mitgenommen, dass er »halb bewusstlos« zusammengebrochen war.[283] Tatsächlich berichtete Albert Freiherr von Margutti später, dass Franz Joseph die Botschaft vom Verrat eines so hohen Generalstabsoffiziers nicht zu fassen vermochte. »Ganz verzweifelt« rief der betagte Monarch: »Das also ist die neue Zeit? Und das die Kreaturen, die sie hervorbringt?«[284] Darüber hinaus soll er sogar erwogen haben, Conrad und den Prager Korpskommandanten Giesl »Knall und Fall« zu entlassen.[285]

Dass der Generalstab im Sinne des militärischen Ehrverständnisses und angesichts des Bestrebens, die Streitkräfte vor noch größerem Schaden zu bewahren, richtig gehandelt hatte, ließ sich Conrad indes unter anderen von Kollegen aus dem Deutschen Reich bestätigen. Darüber hinaus gab sogar Kaiser Wilhelm II. persönlich kurz nach Bekanntwerden des Skandals zu verstehen, dass er das Vorgehen der Militärkommission im Fall Redl als angemessen betrachte.[286] Er könne sich, ließ er den k.u.k. Militärattaché in Berlin zudem wissen, »kaum an einen russischen Militärattaché erinnern [...], der einen natürlichen Abgang gehabt hätte«. Damit spielte der Monarch auf Vertreter des Romanovimperiums im Deutschen Reich an, die wie Zankevič oder Marčenko aufgrund der Verwicklung in diverse Spionageaffären das Gastland hatten verlassen müssen. Die Stellungnahme Wilhelms verrät auch, dass er – nicht anders als ein Großteil der in- und ausländischen Presse – an eine Beteiligung des russischen Attachés in Wien an der Redl-Affäre glaubte.[287]

Ungeachtet der verständnisvollen Zurufe aus dem Nachbarland erregte die Art, wie der Verräter sein Leben beendete, den »Erzherzog Thronfolger« Franz Ferdinand in höchstem Maße. Vor allem der Umstand, dass dem Obersten der Selbstmord gestattet wurde, soll seinen Unmut hervorgerufen haben. Diese Haltung wiederum basierte auf den religiösen Wertvorstellungen des Habsburgers, die

(7) Der Thronfolger Franz Ferdinand und der k.u.k. Generalstabschef Conrad. Die Redl-Affäre belastete das ohnehin gespannte Verhältnis der beiden Männer zusätzlich.

einer strikten Ablehnung der »Selbsttötung« gleichkamen. Die Unzufriedenheit des Erzherzogs mit der Arbeit der militärischen Kommission, deren Handlungsweise er als »disziplinlos« empfand, bezog sich aber wohl noch auf einen anderen Sachverhalt. Die gesamte Handhabung der Affäre seitens des Generalstabs wirkte einigermaßen unprofessionell. So interpretierte beispielsweise das *Volksblatt für Stadt und Land* den Ablauf der Ereignisse ab dem 24. Mai: Die »Szenen« im Hotel Klomser, der mehr oder weniger befohlene Selbstmord und die heimliche Beerdigung seien zwar »prachtvolle Kapitel für einen Spionageroman«, aber kein Ruhmesblatt der Armee. Die Vertuschung sei »jämmerlich« missglückt, der »Verbrecher für immer still, die Schande in der ganzen Welt bekannt«, doch »die Jagd nach den Mitschuldigen Redls« erheblich erschwert. »Wahrhaftig, die Arrangeure dieser Szenen verdienen alles, nur keine Belohnung«, hieß es resümierend.[288]

Nicht nur die Zeitungen folgerten, dass Redls »Selbstentleibung« eine gründliche Untersuchung oder Aufklärung des Falls vereitelt hatte. Auch aus Militärkreisen wurde Kritik an den diesbezüglichen Entscheidungen des Generalstabschefs laut. Dieser wiederum sah sich dem schier maßlosen Zorn Franz Ferdinands ausgesetzt. Und dessen Tobsuchtsanfälle waren berühmt-berüchtigt. Geriet der im Belvedere residierende Thronfolger einmal in Rage, kannte er keinen Halt.[289] Jetzt übertraf die Reaktion des Erzherzogs aber Conrads schlimmste Befürchtungen. Ob der Habsburger deshalb in Raserei verfiel, weil er Redl angeblich protegiert hatte, sei dahingestellt.[290] Der Generalstabschef jedenfalls versuchte die an ihn adressierten Vorwürfe abzuwehren und erklärte schließlich, »nur über Wunsch« der »Kaiserlichen Hoheit« an die Spitze der Armee zurückgekehrt zu sein. Immerhin hatte der charismatische General 1911 seinen Posten für ein Jahr räumen müssen und war tatsächlich erst seit Dezember 1912 und auf Betreiben des Thronfolgers wieder in Amt und Würden. Franz Ferdinand forderte Conrad nun auf, den Generalstab, den er angeblich als »Sauhaufen« bezeichnete, wieder »in Ordnung« zu bringen.[291] Das Rücktrittsangebot des Generals lehnte der Erzherzog ab.[292] Der Konflikt zwischen den beiden Männern war aber nur vordergründig beigelegt. Die Wogen im Belvedere glätteten sich nur langsam.

Conrad widmete später in seinen mehrbändigen Memoiren den Geschehnissen zur Jahresmitte 1913 nur so viel Raum wie unbedingt notwendig. Seine Frau, Gina Conrad, behauptete zudem, ihr Mann habe auf die Erwähnung des »Jahrhundertverrats« zeitlebens gereizt reagiert.[293] Anlässlich des Todes des von vielen geradezu abgöttisch verehrten »Feldherrn« im Sommer 1925 erinnerte jedoch die Presse einmal mehr an Conrads Rolle bei der Affäre Redl. Der »Schurke« habe, so hieß es sinngemäß, das »Genie« des Generals durch seinen Verrat untergraben.[294]

Es liegt auf der Hand, dass der Spionageskandal das ohnehin schwierige Verhältnis zwischen dem Thronfolger und dem Generalstabschef zusätzlich belastete. Allerdings richtete sich in diesem Zusammenhang der Zorn des Erzherzogs bald auf August Urbański. Dass sich Franz Ferdinands Unzufriedenheit mit der Vorgangsweise der militärischen Verantwortlichen vor allem auf die Person des damaligen Geheimdienstchefs bezog, ist bekannt. Es deutet vieles darauf hin, dass Letzterer in seinen späteren Darstellungen die religiösen Motive, die Franz Ferdinands Ansichten über die Handhabung der Causa mitbestimmten, überbetonte. Dadurch ließ sich von den eigenen Fehlern ablenken. Insgesamt ergibt sich obendrein der Eindruck, dass die Mitglieder jener Militärkommission, die in der Nacht vom 24. auf den 25. Mai bei Alfred Redl erschien, aufgrund ihrer langjährigen persönlichen Bekanntschaft mit dem Spion keine idealen Voraussetzungen mitbrachten, um in dieser Situation einen kühlen Kopf zu bewahren. Diese Einschätzung bezieht sich sowohl auf Urbański als auch auf Maximilian Ronge.

SONNTAG, 25. MAI 1913

Das Ende eines Spions

Die vom Evidenzbüro später als »Verhaftungskommission« bezeichnete Abordnung, die Redl nach dem Gespräch mit Conrad aufsuchen sollte, bestand aus vier Männern. Angeführt wurde sie vom stellvertretenden Chef des Generalstabs, Franz von Höfer. Neben Ronge und Urbański gehörte ihr außerdem Militär-Auditor Major Wenzel Vorliček an. Ihn mitten in der Nacht aufzutreiben, dauerte offenbar am längsten. Da die Zeit drängte, nahmen die Offiziere davon Abstand, auch den »Stadtkommandanten« beizuziehen.[295]

Es war wohl schon nach Mitternacht, als die Mitglieder der eben erst konstituierten Kommission im Hotel Klomser ankamen. Aller Wahrscheinlichkeit nach erschienen die Herren um 0.30 Uhr bei Oberst Redl. Max Ronge bezeichnete das, was sich nun und in den nächsten Stunden, Tagen und Wochen zutrug, als »die traurigste Zeit meines Lebens«. Schlimmere Erinnerungen knüpfte er lediglich an den Zusammenbruch der Donaumonarchie im Herbst 1918.[296]

August Urbański klopfte an die Zimmertür des Obersten. Redl öffnete und sagte: »Ich weiß schon, weshalb die Herren kommen. Ich bin das Opfer einer unseligen Leidenschaft; ich weiss, dass ich mein Leben verwirkt habe und bitte um eine Waffe, um mein Dasein beschließen zu können.«[297] Obgleich sich diese vom damaligen Geheimdienstchef kolportierten Äußerungen in den beiden Versionen seiner unveröffentlichten Memoiren etwas voneinander unterscheiden, laufen sie auf dasselbe hinaus: Den Entschluss zum Selbstmord hatte Redl bereits vor Erscheinen der vier Männer gefasst. Weniger pathetisch fiel Redls »Begrüßung« der »Abordnung« in der Erklärung des k.k. Landesverteidigungsministers Georgi aus. Dort lauten die eröffnenden Erklärungen des Obersten folgendermaßen: »Ich weiß, weshalb die Herren kommen. Ich fühle mich schuldig.«[298]

Allem Anschein nach hatte Redl die Konsequenzen seines Verbrechens vor Augen und versuchte gar nicht erst zu leugnen. Nicht nur Urbański gewann diesen Eindruck. Generalmajor Franz von Höfer und Major-Auditor Wenzel Vorliček bestätigten gleichfalls in einer Sachverhaltsdarstellung, die Erzherzog Franz Ferdinand im Juni von den Kommissionsmitgliedern forderte, dass Redl sich unaufgefordert für schuldig erklärt hatte. Laut Höfer bat er hierauf um die »Gnade«, sich selbst richten zu dürfen.[299]

Dass Redl bereits Vorkehrungen für den Freitod getroffen hatte, berichtete später auch Max Ronge, der den ehemaligen »Lehrer« überdies als »ganz gebrochen« schilderte.[300] Offenbar war der Oberst in Ermangelung von Alternativen auf die Idee gekommen, sich am Vorhang zu schaffen zu machen und eine Reb- bzw. Rouleauschnur für den Suizid zu verwenden. Kaum mehr zu diesem Thema war vom Landesverteidigungsminister zu hören, als er am 5. Juni vor die Abgeordneten des Reichsrats trat. Allerdings erwähnte er, dass Redl neben der »Rebschnur« offenbar auch ein »dolchartiges Messer«, das auf dem Nachttisch lag, als Tatwaffe in Erwägung gezogen hatte.[301] Doch für die *Arbeiter-Zeitung* war nach Georgis Ausführungen noch immer nicht geklärt, wie Redl in den Besitz jener Waffe, mit der er sich dann in den Mund schoss, gelangen konnte. Darüber schwieg Georgi sich nämlich aus, womit er Spekulationen hinsichtlich eines womöglich gar nicht so freiwilligen »Freitodes« des Spions erst recht anheizte. Die *Arbeiter-Zeitung* trieb ihre Kritik an der Informationspolitik der Armee auf die Spitze und stellte die Frage, ob sich der Oberst denn nun mit einer Schnur erschossen habe.[302] Auch andere Zeitungen widmeten sich ausführlich der Frage, wie Redl in den Besitz einer Waffe gekommen war. Immerhin hatte Redls Diener behauptet, sein »Herr« habe nie einen Revolver besessen.[303] Diese Aussage bot Anlass für weitere Vermutungen der Presse. Während nun die einen behaupteten, der Oberst habe sich »den Browning selbst gekauft«, schrieb *Die Zeit*, eines der Kommissionsmitglieder hätte den Revolver im Hotelzimmer »vergessen«.[304] Wer diese Andeutung richtig verstand, wusste also, auf welche Weise der Oberst die Schusswaffe erhalten hatte.

Georgi gab indessen bekannt, dass Redl beim Erscheinen der Kommission bereits zwei Abschiedsbriefe geschrieben hatte: einen an seinen Korpskommandanten und ehemaligen Chef im Evidenzbüro, Artur Giesl von Gieslingen, und den zweiten an einen seiner Brüder.[305] Dass die anwesenden Offiziere dem Obersten zugestanden, ein weiteres Schreiben an seinen Diener zu verfassen, blieb allerdings eine Information, die nicht nach außen drang.[306]

Redl wollte sein Geständnis, den Darstellungen Max Ronges entsprechend, nur in dessen Beisein ablegen. Die übrigen Kommissionsmitglieder zogen sich demnach kurz in ein anderes Zimmer zurück.[307] Nun beschwor der Oberst seinen ehemaligen »Schüler« mit »aufgehobenen Händen«, ihm eine Schusswaffe zu verschaffen, »da ihm bloß eine Rouleaux-Schnur zur Verfügung stünde, die ihm unzulänglich erscheine«.[308] Laut Höfer besorgte Major Ronge den Revolver, und Redl erzählte dann, seit wann er Spionage betrieb und was er verraten hatte.[309]

Die Waffe sowie fünf Patronen holte Ronge ganz offensichtlich aus den Büroräumen des alten Kriegsministeriums, das unweit des Hotels Klomser gelegen war. Anscheinend hatte der Major den Browning noch nicht in die Räumlichkeiten des neuen Kriegsministeriums am Ring, das im April 1913 bezogen worden war, mitgenommen. Es liegen darüber hinaus Hinweise vor, wonach Ronge dem Obersten auch ein »Päckchen Gift« mitbrachte. Es handelte sich dabei um ein »Bandwurmmittel« mit tödlicher Wirkung.[310]

Als der überführte Oberst die Waffe entgegennahm, erzählte er gemäß den 1930 veröffentlichten Schilderungen von Max Ronge, »dass er in den Jahren 1910 und 1911 die fremden Staaten im großen bedient hatte; in letzter Zeit musste er sich auf das beim Prager Korpskommando zugängliche Material beschränken. Er lieferte grundsätzlich photographische Kopien der Reservatbehelfe. Am schwerwiegendsten war der Verrat des Aufmarsches gegen Russland, wie er in den genannten Jahren geplant war und im allgemeinen noch immer zu Recht bestand. Doch davon«, so Ronge, »erwähnte er nichts. Komplicen hatte er keine, denn er besaß Erfahrungen auf diesem Gebiete genug, um zu wissen, dass sie meist der Anfang vom Ende der Spione sind.«[311]

Entgegen Ronges späteren Berichten gestand Alfred Redl dem Major aber möglicherweise nur die Aushändigung von Materialien an Russland. Generalmajor von Höfers Aufzeichnungen, die dem Thronfolger übergeben wurden, enthalten jedenfalls lediglich Hinweise auf Redls Aussagen betreffend das Zarenreich. Außerdem gab der Oberst an, unter Aufrechterhaltung der Tarnung erst in »allerletzter Zeit« dem Spionagegeschäft nachgegangen zu sein.[312] Warum er diese Einschränkungen machte, bleibt rätselhaft. Es musste ihm bewusst gewesen sein, dass man infolge intensiver Nachforschungen versuchen würde, den Umfang seines Verrates ebenso wie den Beginn seiner Agentenkarriere festzustellen. Überfiel den »Meisterspion« plötzlich Scham vor seinen Kameraden? In jedem Fall deutet alles darauf hin, dass erst im Zuge von Urbańskis Besuch in Prag auch Italien und Frankreich als Kunden des Spions ausgemacht werden konnten. Der Landesverteidigungsminister erklärte in seiner Stellungnahme im Parlament lediglich, dass Materialien an »Agenten fremder Staaten« verkauft worden waren.[313] In der Presse war dann ausschließlich von Russland als Empfänger der Geheimdokumente die Rede. Dass auch Italiener und Franzosen Unterlagen von Redl erhalten haben oder zumindest über bestimmte Kontakte mit der *Razvedka* und anderen »Abnehmern« zu den betreffenden Papieren gekommen sein könnten, machten die Zeitungen nicht zum Thema, sehr wohl aber interessierten sie sich für etwaige Mittäter. Solche aber gab es den offiziellen Mitteilungen zufolge nicht. Intern wurde diese Frage folgendermaßen abgehandelt: Da die Kommissionsmitglieder offenbar aufgrund der Berichte der Polizeidetektive vom Besuch eines Leutnants bei Redl erfahren hatten, befragten sie den Obersten nun über eine eventuelle Beteiligung des jungen Mannes an der betriebenen Spionage. Redl aber gab an, dass der Leutnant nichts von seinem unlauteren »Nebenerwerb« wusste.[314] Und an weitere Kandidaten, die als Komplizen infrage kamen, dachte man offenbar erst später.

Nicht bloß in seinen viele Jahre nach der Affäre veröffentlichten Aufzeichnungen fielen übrigens Ronges Angaben über das Geständnis des Verräters dürftig aus. Er, den der Oberst als »Beichtvater« auserkoren hatte, blieb auch im Juni 1913, als er auf Geheiß des Thronfolgers ein Gedächtnisprotokoll über die Ereignisse der Nacht vom 24. auf den 25. Mai anfertigen sollte, einsilbig. Ronges Bericht an Franz Ferdinand war von einer geradezu provokanten Kürze.[315] Warum aber verhielt sich der Major so unkooperativ? Reagierte er damit auf die als ungerecht empfundene Kritik an der Arbeit der Kommission? Immerhin war die Chance, in einem ausführlichen Verhör alle Hintergründe des Verbrechens aufzuklären, leichtfertig vertan worden. Ronge, so wirkte es im Nachhinein, hatte sich mit dem zufriedengegeben, was der in Anbetracht des nahen Todes geistesabwesende oder gleichgültige Redl preisgeben wollte beziehungsweise konnte. Es scheint so, als hätten alle an der »Mission« Beteiligten – trotz der offenkundigen »Verfehlungen«, die der Oberst begangen hatte – immer noch den »ehrenhaften« Kameraden in ihm gesehen. Dass Redl gelogen haben könnte, kam ihnen gar nicht oder erst später in den Sinn.

Der entlarvte Spion, vermerkte August Urbański in seinen Memoiren, hatte angekündigt, alles »wahrheitsgetreu gestehen zu wollen«. Als dann »über den Umfang des Verrats volle Klarheit herrschte«, übergab der »Geständige« außerdem die Schlüssel seines Schreibtischs in Prag an den Evidenzbürochef. Dort befanden sich nach Angaben Redls die Beweise für seine »verbrecherische Tätigkeit«. Danach verließen die Offiziere das Zimmer und warteten auf der Straße. Laut Angaben des Evidenzbürochefs hatten sich die Kommissionsmitglieder »in Zivil umgekleidet«, um kein Aufsehen zu erregen, und »patrouillierten um das Hotel«. Als nach Stunden immer noch kein Schuss zu hören war und im Klomser alles still blieb, wurden die Männer unruhig. Die Morgendämmerung setzte bereits ein und Passanten schienen sich über die vor dem Hotel auf und ab gehenden Männer zu wundern. Urbański kam auf eine Idee: »Ein Dienstmann sollte Redl einen dringenden Brief zustellen.« Zu überreichen hatte das Schreiben offenbar der Hotelportier. Als dieser das Zimmer des Obersten aufsuchte und »auf wiederholtes Pochen keine Antwort erhielt, wurde die Tür gewaltsam geöffnet – Redl lag entseelt im Zimmer.«[316]

Weitaus komplizierter gingen die Offiziere nach den Schilderungen Egon Erwin Kischs vor: Zuerst schwindelte sich einer der Polizeidetektive unter dem Vorwand, eine Verabredung mit Redl zu haben, ins Hotel und entdeckte nach Betreten des unverschlossenen Zimmers den Toten. Da war es etwa 5 Uhr 30 morgens. Dann informierte der Mann die auf der Straße wartenden Generalstäbler. Jetzt, da klar war, dass der Verräter den Selbstmord vollzogen hatte, durfte der Leichnam gefunden werden. Daher rief man im Hotel an und bat unter einem Vorwand, den Obersten zum Apparat zu holen. Wenige Minuten später entdeckte jemand vom Hotelpersonal den leblosen Körper, die Polizei wurde gerufen und das »Theater« schien geglückt.[317]

Die Darstellung in den Zeitungen, wonach sich Alfred Redl in den Mund geschossen hatte, stimmt mit dem Obduktionsbefund überein. Allerdings folgerte etwa die *Neue Freie Presse*, dass Redl, der nicht wusste, wie er den Revolver bedienen sollte, vor dem Spiegel übte. Bei diesen Versuchen, die er anhand einer von der militärischen Kommission zurückgelassenen »Bedienungsanleitung« vornahm, habe sich dann ein Schuss gelöst.[318]

Der Großteil der Berichte über den »Selbstmord des Verräters« nimmt 2 Uhr früh als Todeszeitpunkt an. Die Leiche wurde ein paar Stunden später aufgefunden.

Korrekturen

Aufschlussreiches über die Entlarvung Redls halten die unveröffentlichten Erinnerungen von Michael Macher bereit. Obwohl der Polizeiagent nach eigenen Angaben die Leiche des Obersten im Hotel Klomser aufgefunden und sich darüber hinaus seit den späten Nachmittagsstunden des 24. Mai an der Jagd nach Nikon Nizetas beteiligt

(8) **Vielen Blättern war der Skandal eine Titelseite wert. Die *Illustrierte Kronen-Zeitung* berichtete ausführlich über die Affäre.**

hatte, drängte er sich mit seinen Schilderungen der Ereignisse nicht in den Vordergrund. Die teils abenteuerlichen Berichte in den Zeitungen verfolgte er mit Amüsement. In den Aufzeichnungen des Detektivs über den Fall Redl stößt man auf einige erwähnenswerte Details: So behauptet Macher, dass die Polizei in den Korrespondenzen der Brüder Jandrić Hinweise auf den Briefverkehr eines Unbekannten aus Eydtkunen mit Nikon Nizetas gefunden hatte. Kurz darauf sei dann die Meldung aus Berlin über den abgefangenen Brief eingetroffen. Wenn diese Version stimmt, dann kam der k.u.k. Geheimdienst dem Spion unabhängig von beziehungsweise zeitgleich mit den Berliner Kollegen auf die Spur. Des Weiteren gibt Macher an, dass die Überwachung des Hauptpostamtes zunächst äußerst unprofessionell vonstatten ging. Laut Macher waren die hierfür abgestellten Detektive im »Posterestantebüro« derart auffällig postiert gewesen, dass Redl, der offenbar schon vor dem 24. Mai am Postamt erschienen war, gleich wieder kehrtmachte. Noch dazu kannte der Oberst einen der Agenten persönlich und musste demnach ahnen, dass eine verdeckte Aktion im Gange war. Erst als die Observation in den mit der Klingel ausgestatteten separaten Raum verlegt wurde und sich die Polizisten somit nicht in der Schalterhalle aufhielten, wagte Redl, den Brief zu beheben.

Es war Macher, der seine Vorgesetzten telefonisch von den Vorkommnissen informierte. Als Polizeirat Johann Schober – der spätere Wiener Polizeipräsident und österreichische Bundeskanzler – die mitgebrachten Papierschnitzel, die Redl weggeworfen hatte, in Anwesenheit von Gayer und Ronge zusammensetzte, war der Detektiv ebenfalls zugegen. Ihn schickte man außerdem in den frühen Morgenstunden des 25. Mai ins Hotel Klomser, um dort Nachschau zu halten. Die Kommissionsmitglieder hatten sich bereits entfernt. Es muss nach 5 Uhr gewesen sein, als der Polizist eintraf und im Zimmer Nr. 1 den leblosen Körper des Obersten entdeckte. Macher will drei Abschiedsbriefe gesehen haben: einen an Giesl, einen weiteren an einen Oberstleutnant Redl, also den Bruder Oskar, und einen an den Diener.[319]

Der Schlosser

Im Zuge der Beantwortung jener Interpellationen, die sich auf die Causa Redl bezogen hatten, betonte Minister Georgi, dass der »Spion im k.u.k. Generalstab« keineswegs zum Selbstmord veranlasst worden war. Er gab im Wesentlichen die Schilderungen der Kommissionsmitglieder wieder. Keine näheren Angaben machte er über deren Verbleib bis zum Auffinden der Leiche. Der Grund für das Schweigen liegt auf der Hand: Niemand der Beteiligten hatte sich mit Ruhm bekleckert. Ihr Vorgehen hatte vielmehr dazu beigetragen, die Vertuschung der Affäre zu verunmöglichen. Die Behauptung Urbańskis, wonach die Offiziere nach dem Verlassen von Redls Zimmer Zivilkleidung anlegten, um kein Aufsehen zu erregen, erscheint wenig glaubwürdig. Hatten die Offiziere tatsächlich in weiser Voraussicht bereits Hemd und Hose aus dem privaten Kleiderschrank mitgenommen, um bei ihren Wachgängen vor dem Hotel nicht aufzufallen? Hermann Zerzawy, ein Offizier des Evidenzbüros, gibt an, dass die Kommissionsmitglieder keineswegs die Uniform abgelegt hatten. Sie riefen vielmehr mit allem, was sie in der Nacht vom 24. auf den 25. Mai taten, die Aufmerksamkeit »unerwünschter« Dritter hervor.[320]

Eine besonders wichtige Mitteilung, die Georgi in seiner Ansprache vor den Abgeordneten machte, stimmt des Weiteren nicht mit dem überein, was Max Ronge berichtete. Letzterer hatte ja behauptet, dass Redl in jener Nacht beichtete, 1910 und 1911 feindliche Mächte «im großen bedient« zu haben. Der Minister hingegen sprach von Hinweisen, die den Beginn der Spionagetätigkeit des Obersten auf März 1912 datierten. Jene Materialien, die bei der Durchsuchung der Redl'schen Kanzleiräume und seiner Privatwohnung in Prag gefunden worden waren, bestätigten laut Georgi die Angaben des »Meisterspions«.[321]

Es war die Aufgabe von Urbański und Major-Auditor Vorliček gewesen, die Aussagen des Obersten zu überprüfen. Nachdem man den Generalstabschef Conrad von den Vorgängen der letzten Stunden unterrichtet hatte, nahmen der Leiter des Evidenzbüros und der Major-Auditor am Morgen des 25. Mai den ersten Zug nach Prag.

Die Reise sollen die beiden bereits in Zivil angetreten haben. Zumindest kamen sie so gekleidet in den frühen Nachmittagsstunden in Prag an. Korpskommandant Giesl hatte zuvor telegrafisch vom Ableben Redls erfahren. Genaueres über dessen Tod erzählten ihm aber erst die aus Wien eingetroffenen Kollegen. Giesl war – nicht anders als alle vor ihm – fassungslos. Immerhin verdankte Redl laut Zeitungsberichten seinen Posten als Korpsgeneralstabschef der Intervention des früheren Leiters des Evidenzbüros. Im Beisein Giesls, der im Übrigen diese Behauptung gegenüber dem Kriegsministerium in Abrede stellte[322], begann nun die Suche nach den Spionageunterlagen des Obersten. »Redl«, so Urbański, »bewohnte im Korpskommandogebäude ein Zimmer, anschliessend an seinen Amtsraum. Der Wohnungsschlüssel war nicht aufzutreiben, Diener und Pferdewärter waren nicht zur Stelle, weshalb um den Schlosser gesendet werden musste, der im Korpskommando die Arbeiten verrichtete. Es war«, setzte Urbański in seinen Memoiren fort, »ein Sonntag, der Schlosser nahm an einem Fussballkampf teil und wurde aus der spielenden Mannschaft ins Korpskommando berufen.«[323]

Der Journalist Egon Erwin Kisch war laut Urbański Zuschauer der sportlichen Begegnung gewesen und befragte den Schlosser später, in welcher dringlichen Angelegenheit man ihn vom Spiel abgezogen hatte. Auf diese Weise kam Kisch der Affäre rund um den spionierenden Obersten auf die Spur.[324] Das heißt also: August Urbański widerspricht in seinen Memoiren der Darstellung des berühmten Journalisten, wonach der besagte Schlosser Fußballspieler war, offensichtlich nicht. Laut Kisch aber nahm dieser gar nicht erst am Match zwischen »Sturm« und der Mannschaft von »Holeschowitz« teil, sondern blieb ihm von Beginn an fern. Erst am 26. habe der kickende Handwerker namens Wagner ihn, der gleichzeitig Obmann von »Sturm« gewesen war, in seinem Büro aufgesucht, sich für seine Absenz entschuldigt und erzählt, was passiert war. Wagner schilderte nun, er sei bereits in seinem Dress gewesen, als »eine Ordonnanz in unsere Werkstatt« kam und ihn aufforderte, »ein Schloss« aufzubrechen.[325] Seine Arbeit führte ihn in die Wohnung eines erst am Vortag in Wien verstorbenen Obersten. Aufgrund der weiteren Erzählungen des Mannes begann Kisch hellhörig zu werden. Als der Schlosser von russischen Papieren berichtete, nach denen »eine Kommission aus Wien« gesucht habe, wusste der Reporter, dass er einem ausgemachten Skandal auf der Spur war. Noch dazu erklärte der ferngebliebene »Endback« von »Sturm«, die Räume beziehungsweise die Einrichtung des Obersten hätten ausgesehen »wie von einer Dame«.[326]

Kischs Behauptung, wonach am selben Tag, also am 26., ein Bericht über das Match im *Prager Tagblatt* stand und dort das Fehlen des Verteidigers als Grund für die Unterlegenheit des Teams von »Sturm« gegen den Club von »Holeschowitz« angegeben wurde, stimmt indes nicht.[327] Im *Prager Tagblatt* findet sich kein Hinweis auf das betreffende Spiel. Unrichtig ist auch, dass der Verteidiger beziehungsweise Schlosser, der zum Korpskommando gerufen worden war, Wagner hieß. Es handelte sich vielmehr um einen Handwerker namens Wenzel Kučirek.[328] Michael Horowitz, ein Biograf des »rasenden Reporters«, kommt infolge der vielen Unstimmigkeiten bei Kischs diesbezüglichen Darstellungen zum Schluss, dass das Fußballspiel als Ausgangspunkt der Enthüllungen zum Fall Redl frei erfunden ist.[329]

Doch auch die Aussagen anderer Personen wirken nicht vollkommen zuverlässig. Anders nämlich als August Urbański später behauptete, war Redls Wohnung zugänglich gewesen. Einem im Kriegsarchiv verwahrten Bericht über den Ablauf der Durchsuchung zufolge hatte Korpskommandant Giesl den passenden Schlüssel zur Verfügung gestellt. Außerdem dürfte Redls Privatbereich – im Gegensatz zu Urbańskis Aussage – aus mehr als nur einem Zimmer bestanden haben. Das zumindest ist den späteren Protokollen einer 1914 stattgefundenen gerichtlichen Untersuchung zu entnehmen. Der – ob vom »grünen Rasen« oder von anderswo – herbeigeholte Wenzel Kučirek hatte nicht die Wohnungstür, sondern verschiedene Kästen in den Redl'schen Räumlichkeiten zu öffnen gehabt. Sie waren mit »englischen Schlössern« versehen.[330]

Zwei Koffer

Im Gegensatz zur »spartanischen Einfachheit«, die laut Urbański für gewöhnlich die vier Wände von Soldaten auszeichnete, hinterließ Redls Behausung einen ganz anderen Eindruck. Ihm fiel, meinte der Geheimdienstchef, »der feminine Einschlag in der Einrichtung« auf.[331] Die Wohnung an sich sei von einer »sybaritischen«, also dekadenten »Üppigkeit« gewesen.[332] Im Schreibtisch fanden sich obendrein zahlreiche unvollendet gebliebene Briefe, die an Stefan Horinka gerichtet waren. Nach und nach, so Urbański, »dämmerte mir, dass es sich um eine widernatürliche Neigung zu einem Manne handelte, der in Stockerau als Leutnant in Garnison stand«. Den Schreiben war zu entnehmen, dass Horinka die Beziehung beenden wollte und Redl ihn einerseits durch finanzielle Versprechungen und andererseits durch Drohungen zu einer Fortsetzung der Liaison bewegen wollte. Überdies entdeckte Urbański im Schreibtisch des Obersten »ekelerregende Bilder, die an den homosexuellen Beziehungen Redls keinen Zweifel ließen«.[333]

Während Urbański es in seinen Memoiren bei dieser Bemerkung beließ, schilderte er in den eigens für den Thronfolger angefertigten Notizen die Funde detaillierter. Der Oberst posierte auf den Fotografien im Adamskostüm. Gesichtet wurden gleichfalls Nacktfotos von anderen Männern, darunter von Stefan Horinka.[334] Das *Prager Tagblatt* wollte gar in Erfahrung gebracht haben, dass eines der Bilder Redls Offiziersburschen »in Damenhöschen und anderen weiblichen Toilettestücken« zeigte.[335]

Der Geheimdienstchef, der weiter in den »Effekten« des Obersten wühlte, stieß indessen auch auf zahlreiche Kosmetika, diverse Tinkturen und Parfums. Außerdem kam ein Barbetrag in der Höhe von 14.000 Kronen zum Vorschein.[336] Diese Summe lag nur geringfügig niedriger als Redls Jahresgehalt, das sich auf rund 11.000 Kronen belief und inklusive Zulagen mit über 15.000 zu veranschlagen sein dürfte.[337] Der Oberst verfügte also über ein jährliches Einkommen von etwa 75.000 Euro – wahrlich kein Bettlerlohn. Doch sah er sich offenbar im Gegenzug mit beträchtlichen Geldforderungen konfrontiert. In seinen Unterlagen fanden sich beispielsweise verschiedene unbeglichene Rechnungen. Die Außenstände betrafen unter anderem eine Forderung von 9000 Kronen für Schmuck.[338]

Die Bilder wiederum, auf denen Redl und andere Männer unbekleidet zu sehen waren, nahm Urbański schließlich nach Wien mit und zeigte sie dort auch dem Generalstabschef. Angesichts dieser »schweinische[n] Photographien« sei ihm, erzählte Conrad gegenüber einem Bekannten, »fast übel geworden«.[339]

Mehr als die pornografischen Illustrationen hatten den Geheimdienstchef freilich jene Dokumente zu interessieren, aus denen sich Rückschlüsse über Redls Spionagetätigkeit ziehen ließen. Seinen eigenen Angaben gemäß beschränkte sich Urbański bei der Durchsuchung von Redls Wohnung auf dessen Schreibtisch. Conrad hatte ihn offenbar beauftragt, vor allem zu überprüfen, ob »konkrete Kriegsmassnahmen« verraten worden waren. In einer 1914 verfassten Sachverhaltsdarstellung betonte Urbański diesen Umstand und verwies darauf, dass bei Auffinden solcher Unterlagen in Anbetracht der »damaligen Lage eine sofortige Änderung« kriegsbezogener Befehle erfolgen hätte müssen. Nach sieben Stunden, die er mit der Durchsicht der vorgefundenen Materialien zugebracht hatte, empfand er seinen Wissensstand als hinreichend, um nach Wien zurückzukehren. Die wichtigsten Papiere nahm er an sich. Um 23 Uhr brach er mit zwei Koffern im Gepäck auf, um befehlsgemäß am nächsten Morgen Bericht zu erstatten.[340] In Wien übergab er die Koffer mit dem beschlagnahmten Material an Oberst Joseph Metzger vom Operationsbüro.[341] Allerdings behauptete später auch Max Ronge, Einblick in die Unterlagen gehabt zu haben. Er sah sie angeblich sogar Blatt für Blatt durch, angewidert von Redls »Parfüm«, dessen Duft die »angelieferten Bücher und Vormerkungen« aus dessen Besitz bereits angenommen hatten.[342]

Metzger jedenfalls übernahm von Urbański verschiedene Dokumente, die auf Redls Spionagetätigkeit verwiesen. Der Geheimdienstchef zählte in seinem Bericht für den Thronfolger unter anderem konspirative Korrespondenzen, Deckadressen, Spionageaufträge,

Geldanweisungen und Notizen über verratene Materialien auf. Entdeckt hatte er außerdem Briefe, die Klagen der Auftraggeber über die schlechte Qualität der von Redl gelieferten Fotografien enthielten. Der Evidenzbüroleiter kam zu dem Schluss, dass der Oberst für Russland und Frankreich, aber auch für den in Militärkreisen keineswegs unumstrittenen Bündnispartner Italien gearbeitet hatte. Die Belege, die der Geheimdienstchef fand, ließen ihn vermuten, Redl habe nur geringe Summen für seine Tätigkeit erhalten. Die »Lieferungsdaten« der »konspirativen Post«, die Urbański den Aufzeichnungen des Obersten entnahm, reichten etwa ein Jahr zurück.[343]

Fundstücke

Dem Feind überlassen hatte der Oberst nach eigenen Angaben außerdem die sogenannte »Kriegs-Ordre de bataille«, das »Generalstabshandbuch« und die »Mobilisierungs-Weisungen« des 8. Korps. Von Letzteren wusste Redl aber nicht, ob er sie schon abgeschickt hatte. Das zumindest ließ Generalmajor Höfer den Thronfolger wissen. Der seinerzeitige Kommissionschef gab außerdem an, Redl habe lediglich den »Anhang« zur »Kriegs-Ordre de bataille« verraten.[344] »Mobilisierungs-Weisungen« enthielten freilich jene Informationen, die nötig waren, um die Truppen angesichts eines bevorstehenden Krieges in Marsch und damit in Bereitschaft für einen Feldzug zu setzen. Die »Ordre de bataille« hingegen bestimmte die für die kriegerischen Maßnahmen vorgesehene Gliederung und Einteilung des Heeres. Auch ein Laie mag aus dieser Beschreibung entnehmen, dass Redl seiner Kundschaft keine Nebensächlichkeiten beschafft hatte.

Ergänzungen zu den Angaben Max Ronges betreffend den Umfang des Verrats nahm Urbański dann anhand einer Liste mit den preisgegebenen Armeedokumenten vor, die für die Anfragebeantwortung des Landesverteidigungsministers angefertigt wurde. Dort vermerkte er den Verrat von Informationen über die »Grenz- und Eisenbahnsicherung«, die Weitergabe der »Etappenvorschrift«, eine »Uebersicht der Minenanlagen an Kommunikationen und Objekten« sowie Angaben über die »Kriegsausrüstung fester Plätze« und

»Bemerkungen über grössere Manöver 1909«. »Konkrete Kriegsvorbereitungen der letzten Zeit«, also »Aufmarschelaborate«, hatte Redl – so die Ausführungen des Leiters des Evidenzbüros – nicht verraten können, »weil sie beim Korps nicht erliegen und Redl sonst auch nicht zugänglich waren«.[345]

Mit der Abreise aus Prag endete laut Urbański »jede persönliche Mitwirkung meinerseits an dem Verfahren gegen Redl«.[346] Die nachfolgenden Untersuchungen der in Redls Wohnung befindlichen Dokumente sowie die Sichtung anderer für die Erhebung relevanter Gegenstände überließ er dem Major-Auditor Vorliček, der vorerst in Prag blieb. Zugleich ersuchte der Geheimdienstchef den Korpskommandanten Giesl, die sogenannten »Reservatdienstbücher« auf »Eindrücke« von »Klammern« zu überprüfen. Immerhin hatte Redl jene Seiten der geheimen Materialien, die er für seine Auftraggeber fotografierte, mit speziellen »Klammern« beziehungsweise Klemmen markiert. Urbański hoffte also, dass etwaige Spuren, welche die Klammern hinterlassen hatten, neue Schlüsse auf den Umfang von Redls Verrat zulassen würden.[347] Allerdings konnte im Zuge der Ermittlungen nicht festgestellt werden, ob Alfred Redl das für 1912/13 gültige Aufmarschelaborat, das er mit Wissen seines Vorgesetzten sowie anderer Offiziere bei sich aufbewahrte, fotografisch »bearbeitet« hatte. Auch andere streng geheime Dokumente, die Redl nicht nur zugänglich waren, sondern die er noch dazu in seinen Räumlichkeiten hinterlegt hatte, wiesen keine auffälligen Spuren auf.[348] Das Ergebnis dieser am 5. Juni erfolgten Überprüfung musste demnach die Frage, was der Oberst nun tatsächlich abgelichtet und womöglich weitergegeben hatte, unbeantwortet lassen. Der Verdacht, wonach Redl vor allem nach Dienstschluss die Gelegenheit nutzte, seinem »Spionagehandwerk« nachzugehen, und in aller Ruhe die bei ihm vorhandenen Geheimmaterialien fotografierte, konnte nicht entkräftet werden. Immerhin hatte man in seiner Wohnung oft bis spät nachts Licht gesehen. Allerdings nahmen seine Kollegen ursprünglich an, der als arbeitsam bekannte Oberst würde sich diversen Studien zuwenden.[349] Da allein am 25. und 26. Mai »413 Films« und »120 photographische Kopien« in Redls Wohnung sichergestellt wurden, lässt sich eine durchaus intensive Tätigkeit des »Meisterspions« annehmen.[350]

Für die weitere Durchsuchung von Redls Prager Wohnung hatte Wenzel Vorliček einige beim Korpskommando verfügbare Offiziere beigezogen. Er selbst war schon am Abend des 26. Mai nach Wien zurückgereist. Später gab der Major-Auditor, der seine Recherchen in Böhmen für beendet erklärte, zu Protokoll, Aufnahmen »konkreter Mobilisierungsweisungen« in Redls Wohnung entdeckt zu haben.[351]

Die in Prag nach wie vor tätigen Offiziere widmeten sich inzwischen der Inventarisierung des Redl'schen Nachlasses und entdeckten im Zuge dessen neuerlich brisante Dokumente, Aufnahmen von Armeeunterlagen sowie »photographische Platten«. Wenzel Vorliček nahm indessen eine Durchsuchung der in der Lammgasse im 8. Wiener Gemeindebezirk befindlichen »möblierten Wohnung« von Oberst Redl vor. Außerdem führten ihn seine Ermittlungen nach Neustift bei Neulengbach, wo Andreas Nebel, der vor Jahren im Dienste des Verräters gestanden war, lebte. Während der Major-Auditor in Nebels Haus keine relevanten Entdeckungen machte, fand er in der Lammgasse »ein Blaupapier mit Schrifteindrücken«.[352]

Spätestens hier ist die Frage zu stellen, warum Alfred Redl im Klomser abstieg, wenn er doch über eine eigene Wohnung in Wien verfügte. Es darf vermutet werden, dass diese infolge der Übersiedelung nach Prag nicht mehr jene Annehmlichkeiten bot, die der Oberst gewohnt war. Im Übrigen hat er wohl auch die günstige Innenstadtlage des Hotels geschätzt. Doch ergibt sich aus der Existenz von Redls Wiener Wohnung noch eine andere Frage: Was hat Wenzel Vorliček in der Lammgasse gesucht? Es ist anzunehmen, dass er sich in seinem Bericht über die Durchsuchung von Redls Privaträumen in Wien bei der Nennung der Adresse lediglich irrte. Falls nicht, dann müsste man hinter seinen Angaben ein weiteres Geheimnis vermuten, denn die Räumlichkeiten des Obersten befanden sich über Jahre hindurch in der Florianigasse und ab 1911 in der Wickenburggasse.[353]

DUNKLE GESCHÄFTE

Herr S.

Anfang Juli 1913 richtete ein Agent, der in der *Razvedka*-Abteilung in Kiew unter dem Pseudonym »Ryžij«, der »Der Rothaarige«, firmierte, einen Brief an seinen Auftraggeber. In diesem Schreiben gab er sich empört über die erhaltenen Anweisungen. Er könne das gewünschte Material nicht länger bei sich behalten, da täglich Hausdurchsuchungen stattfänden.[354]

Die Redl-Affäre hatte viele Spione alarmiert. Nun hieß es, entweder für einige Zeit in Deckung zu gehen oder noch größere Vorsicht als bisher an den Tag zu legen. »Der Rothaarige«, der seine Briefe mit »S.« unterschrieb und offenbar in Wien zu Hause war, hatte bereits im Mai von zahlreichen Verhaftungen berichtet und in Anbetracht des Risikos, das er einging, den Preis für den Verkauf seiner Informationen in die Höhe getrieben. Unter anderem schlug er dem Adressaten seiner Briefe, den er als »Oberst« ansprach, vor, gewisse Mitteilungen über einzelne Evidenzbürooffiziere zu machen. Zum Beispiel über jene, die hohe Schulden bei ihm hätten. Vor allem August Urbański kenne er sehr gut, da er nahezu täglich in seinem Geschäft vorbeikäme.[355]

Der Laden, um den es sich dabei handelte, war die tatsächlich von zahlreichen Offizieren frequentierte k.k. Hofbuchhandlung »Seidel & Sohn« am Graben in Wien. Geleitet wurde sie 1913 nicht mehr von den beiden »Seidels«, sondern von einem Enkel des Gründers. Das Geschäft führte eine Reihe von »Militaria«. Die Firma war unter anderem wegen ihres ehemaligen »Militärverlags« bekannt und ist es in Zusammenhang mit der Publikation *Seidel's Armeeschema* unter Militärhistorikern bis heute geblieben.

Ob die *Razvedka* in Erfahrung brachte, dass »Seidel & Sohn« mit Wissen des Evidenzbüros in das »Spionagegeschäft« eingetreten war, geht aus den Akten des Militärhistorischen Archivs in Moskau nicht hervor. Max Ronge jedenfalls ließ sich über die diesbezügliche Korrespondenz regelmäßig informieren.[356]

Dass der russische Generalstab hochoffiziell Einkäufe im Buchgeschäft am Graben tätigte, drang aller Wahrscheinlichkeit auch an die Ohren des Kundschaftsleiters. Nicht eruierbar ist, ob Ronge von den Bestellungen des ehemaligen russischen Militärattachés Marčenko bei der »Kunst- und Landkartenhandlung Artaria« wusste. In diesem Geschäft, das die *Razvedka* als »Depot der Karten des k.u.k. Militärgeographischen Institutes« identifizierte, erwarb der russische Diplomat freilich keinen Lesestoff zum Zeitvertreib. Marčenko besorgte sich dort vielmehr eine Reihe von Materialien mit Bezug auf das österreichisch-ungarische Heer, darunter diverse Verordnungsblätter, Heeresschematismen und Statistiken.[357]

Indessen ließ der k.u.k. Geheimdienst nichts unversucht, um Näheres über die Hintermänner des russischen »Spionagebetriebs« in Erfahrung zu bringen. Trotz der bescheidenen Budgetmittel des Evidenzbüros konnte man nicht zuletzt mit Hilfe von Doppelagenten Nützliches über den »unsichtbaren Gegner« erfahren. Die Hände in den Schoß legen durfte der Geheimdienst der Donaumonarchie in Anbetracht der überaus vielfältigen Aktivitäten der *Razvedka* wahrlich nicht. Dem Evidenzbüro arbeitete in dieser prekären Situation eine Reihe von »Patrioten« zu. Nicht nur »Seidel & Sohn« spielte ein doppeltes Spiel. Auch ein gewisser Eduard Bigler machte sich als »Maulwurf« erbötig.

Aufschlussreiche Begegnungen

Der »gewesene k.u.k. Major« und österreichisch-ungarische Honorarkonsul in Genf, Konrad Padowetz, nahm seine Position allzu wörtlich und kassierte allerlei Beträge für gar nicht honorige Dienste. Zum Beispiel bot er seinem »Kanzler«, Eduard Bigler – gegen entsprechende Bezahlung –, an, sein Nachfolger zu werden. Der geplante Postenschacher allein genügte jedoch nicht, um die Aufmerksamkeit des Geheimdienstes zu erregen. Padowetz ließ sich nämlich auch noch von einem ehemaligen französischen Offizier namens Paul Larguier als Spion anwerben.[358] In Anbetracht des Umstandes, dass dieser Mann unter dem Aliasnamen »J. Dietrich« Absender der »Nizetas«-Briefe gewesen war, gewannen die Machenschaften des Konrad Padowetz schließlich zusätzlich an Bedeutung.

Obwohl Max Ronge später behauptete, Larguier sei schon zum Zeitpunkt der Redl-Affäre als Haupt einer Spionagezentrale in der Schweiz bekannt gewesen, ist durchaus möglich, dass das Evidenzbüro erst durch die sogenannte Padowetz-Bigler-Affäre Kenntnis von der Identität »J. Dietrichs« erlangte. Immerhin hatte der Franzose, als das Evidenzbüro 1904 und 1905 seine Dienste in Anspruch nahm und sich im Fundus seiner Dokumentensammlung bediente, einen anderen Decknamen verwendet.[359] Tatsächlich verweisen Notizen Ronges auf eine Schriftprobe Larguiers, welche erst die von Eduard Bigler beigebrachten Materialien ermöglicht haben dürften.[360] Auf solche Weise stellten die Offiziere des Evidenzbüros zweifelsfrei fest, dass »J. Dietrich« niemand anderer als Paul Larguier sein konnte, der von Genf aus mit geheimen Informationen – man könnte sagen »en gros und en détail« – handelte. Russen und Franzosen ebenso wie verschiedene andere Staaten griffen jedenfalls gerne und häufig auf die Dienste des findigen »Monsieur« zurück.

Eduard Bigler, ein aus Wels stammender ehemaliger Unteroffizier der k.u.k. Kriegsmarine, erhielt indes den Posten des Honorarkonsuls nicht. Nachdem Padowetz sich mit Biglers Geld aus dem Staub gemacht hatte und dem kriminellen Konsul ein gewisser Koller nachgefolgt war, wurde der Betrogene beim neuen k.u.k. Repräsentanten in Genf vorstellig. Generalkonsul Koller bekam nun eine abenteuerliche Geschichte aufgetischt: Bigler war zum Schein auf ein Angebot zur Spionage für Russland eingegangen und hoffte, »die Regierung« in Österreich würde sich in Anbetracht seiner Enthüllungen »nicht undankbar« erweisen. Bezeichnenderweise wandte sich der um den Posten des Honorarkonsuls geprellte Oberösterreicher erst Anfang Juni an Koller. Zu diesem Zeitpunkt war die Affäre Redl bereits in aller Munde.

(9) Paul Larguier. Der ehemalige französische Offizier betrieb Spionage in großem Stil. Alfred Redl war wohl einer seiner wichtigsten Informanten.

Bigler, der im Übrigen einen Prozess gegen Padowetz anstrebte, gab an, Ende April 1913 mit dem geheimnisvollen Larguier in Beziehungen getreten zu sein. Erleichtert wurde die Kontaktaufnahme dadurch, dass beide eine gemeinsame Bekannte hatten: Berta Martinoni. Diese Dame war nicht nur Biglers Geliebte gewesen, sondern hatte sich auch für Konrad Padowetz interessiert. Offenbar war sie es gewesen, die den Honorarkonsul an Paul Larguier vermittelt hatte. Nun sollte Bigler zum Informanten »Dietrichs« werden.

Larguier, der sich als pensionierter Hauptmann der französischen Armee vorstellte, bot Bigler eine »rentable Beschäftigung« an. Als Letzterer Ende April telefonisch in die Wohnung des Hauptmanns gebeten wurde, traf er jedoch auf jemand anderen. Ein schmächtiger Herr mit dunklem Vollbart, der einen Sprachfehler hatte, schlug Bigler vor, Nachrichten sowohl militärischer als auch politischer Natur zu beschaffen. In Aussicht gestellt wurde dem »Neo-Spion« eine lukrative Stelle. Genaueres würde er aber erst beim nächsten Treffen erfahren. Bigler wollte aber wissen, ob er womöglich die Position des unlängst in Ungarn verhafteten Nikolaj Bravura einnehmen solle, und verwies außerdem auf die »Jandrić-Affäre«. Jetzt erwiderte der Unbekannte »klagenden Tones«, die beiden Brüder hätten sich aufgrund ihrer hohen Geldausgaben verdächtig gemacht. Bei entsprechender Vorsicht wäre jedoch das Risiko, entdeckt zu werden, eher gering.

Es vergingen einige Tage, bis es am 14. Mai 1913 erneut zu einem Treffen kam. Diesmal war Larguier persönlich zur Stelle. Bigler schätzte den Hauptmann auf ein Alter jenseits der sechzig. In jedem Fall handelte es sich um einen erfahrenen Spionagefachmann, denn er agierte äußerst vorsichtig und verlegte die weiteren Verhandlungen sogleich nach Bern. Noch am selben Tag sollte Bigler in die eidgenössische Hauptstadt fahren. Dort stieg er in einem Hotel ab, wo er abermals die Bekanntschaft zweier Unbekannter machte. Einen sprach Larguier offenbar unabsichtlich und sich sogleich korrigierend mit »Colonel« an, den zweiten – einen jüngeren blonden Mann – hielt Bigler für einen »Livländer oder Kurländer«. Das Gespräch verlief wenig substanziell und diente wohl vor allem dem Versuch, den Eifer des Neulings auszutesten.

Am 29. Mai 1913 fuhr Bigler ein weiteres Mal nach Bern. Wieder erschien der »Liv- oder Kurländer«, und einmal mehr ein neuer Unbekannter. Letzterer eröffnete ihm, ihn nach Prag und Leitmeritz schicken zu wollen, um von dort aus über sämtliche militärisch relevanten Entwicklungen im Bereich des 8. und 9. Korps zu berichten. Das besondere Interesse galt dem »Aufmarsch der Korps«, außerdem der »Einberufung und Aufstellung der Reserven« sowie dem »Wechsel der höheren Kommandostellen im Bereiche beider Korps«. Darüber hinaus sollte Bigler Kontakte zu Offizieren knüpfen, insbesondere zu solchen, »die durch Spielverluste oder sonstige Passionen in eine missliche Finanzlage geraten« seien. Gewünscht wurden entsprechende Abschriften der relevanten Materialien, bevorzugt aber Fotografien, »da die Beschaffung von Originaldokumenten gefährlich wäre«, weil »deren Abgang bemerkt würde«. Einen Fotoapparat wollte man Bigler zur Verfügung stellen. Der »Spionage-Neuling« sollte wöchentlich Bericht erstatten, seine Mitteilungen nummerieren und sie an eine Deckadresse senden. Zu guter Letzt fragte Bigler seine neuen »Arbeitgeber«, was sie zu den Enthüllungen rund um den Selbstmord des Obersten Redl zu sagen hätten. »Von dieser Affäre«, lautete die Antwort, »ist uns nichts bekannt.«

Den Personenbeschreibungen Biglers folgend, konnten die in der Schweiz befindlichen und in die Causa eingeweihten k.u.k. Diplomaten jenen »Colonel«, den der »Doppelagent« getroffen hatte, als den russischen Militärattaché Dmitrij Gurko identifizieren. Beim blonden Liv- oder Kurländer handelte es sich angeblich um Gurkos »Adjoint« Baron Ungern-Sternberg. Außerdem bestätigten sie Biglers Vermutungen, wonach Larguier ein »Vertrauensmann« der Russen, insbesondere des Attachés aus dem Zarenreich, war.[361]

Aus den Dokumenten des Haus-, Hof- und Staatsarchivs, denen diese Darstellungen entnommen sind, geht nicht hervor, ob es sich bei besagtem Baron Ungern-Sternberg um denselben Mann handelte, der Jahre zuvor – womöglich zum Schein – als Agent im Dienste des k.u.k.

Militärattchés Spannocchi in St. Petersburg verhaftet wurde. Konkretere Schlussfolgerungen lassen indessen Akten des Kriegsarchivs zu, und zwar in Hinblick auf die Person des ehemaligen k.u.k. Honorarkonsuls Konrad Padowetz. Dieser wurde 1914 verhaftet. Die Ermittlungen gegen ihn liefen wegen Spionage, Betrug und Veruntreuung. Padowetz hatte mittlerweile einen Tiroler Hotelier um 3500 Kronen erleichtert, war nach Bayern geflohen und schließlich von den dortigen Behörden ausgeliefert worden. Die bei ihm sichergestellte Korrespondenz förderte unter anderem Kontakte mit Berta Martinoni, Paul Larguier sowie dem früheren russischen Militärattaché in Wien, Mitrofan Marčenko, zutage. Doch gingen die in die Untersuchung eingebundenen militärischen Stellen davon aus, dass die betreffenden Briefe lediglich Aufforderungen zur Spionage darstellten. Dass Padowetz diesen entsprochen hatte, konnte nicht nachgewiesen werden. Der frühere Konsul leugnete eine Verwicklung in die »dunklen Geschäfte« – und die Justiz glaubte ihm. Darüber hinaus verwiesen die in den Fall einbezogenen »sachverständigen Psychiater« auf eine bei Padowetz entdeckte »Gefäßerkrankung des Gehirnes«. Diesem Gutachten zufolge litt der 65-Jährige an »Greisenschwachsinn«. Die Diagnose lief im Endeffekt darauf hinaus, dass der zwielichtige Ex-Konsul für seine Taten gar nicht zur Verantwortung gezogen werden durfte.[362] Wenngleich aus heutiger Sicht eine Beurteilung des damals erstellten Gutachtens sowie der Arbeit der ermittelnden Stellen nicht möglich ist, wird mit Blick auf die gerichtlichen Untersuchungen, die dann auch im Fall Redl durchgeführt wurden, eine gewisse Tendenz erkennbar: Wenn nicht seitens des Evidenzbüros ein unmittelbares Interesse an einer Verurteilung von Spionageverdächtigen bestand, mangelte es den Nachforschungen der Polizei und der betreffenden militärischen Behörden eher an Elan.

Denunziationen

Wahrscheinlich kurz nach den konspirativen Begegnungen Eduard Biglers machte auch der Nachfolger von Konrad Padowetz in Genf, Generalkonsul Koller, eine seltsame Bekanntschaft: Ein Kapitän

Jacquart erschien bei ihm und offerierte ihm seine Dienste. Wieder ging es um das Beschaffen geheimer Informationen. Der Mann behauptete außerdem, dass Paul Larguier »mit Redl in reger Correspondenz stand und dass nach der Affaire Redl der ganze russische Informationsdienst in allen Theilen reorganisiert würde«. Da Jacquart sich nun erbötig machte, als »Contrespion« für das Habsburgerreich zu arbeiten und »speziell Larguier und Consorten« zu überwachen, durfte man annehmen, dass Letztere mittlerweile schlechte Karten hatten.[363] Nach der Affäre Redl begann sich das Evidenzbüro jedenfalls verständlicherweise sehr für die Geschäfte des Herrn Larguier zu interessieren.

Generalkonsul Koller hatte indes gute Gründe, die Aussagen von Kapitän Jacquart mit Vorsicht zu genießen. Der ehemalige Unteroffizier der italienischen Armee hieß eigentlich Tullio Menozzi und war bereits in seinem Heimatland wegen Spionage verurteilt worden. Im Auftrag Larguiers hatte er offenbar unter Verschluss gehaltene Nachrichten über die Armee des Apenninenkönigreichs besorgt, die der Franzose dann »weiterverwertete«.[364]

Welche anderen Mitteilungen Eduard Bigler oder Tullio Menozzi über den »Kopf der Spionageagentur« in Genf machten, konnte nicht eruiert werden. In jedem Fall wusste der österreichisch-ungarische Geheimdienst genug, um Larguier das Handwerk zu legen. Da sich dieser aber in der neutralen Schweiz aufhielt und die dortigen Behörden erst für den Fall, dass der Franzose auch die eidgenössische Armee ausspionierte, initiativ werden wollten, zog sich die ganze Angelegenheit mehrere Monate dahin. Dem Evidenzbüro in die Hände arbeitete mittlerweile aber das von Misstrauen geprägte Klima in Larguiers Spionagebetrieb. Dass Jacquart alias Menozzi sich bereit erklärte, den Franzosen ans Messer zu liefern, war kein Einzelfall. Auch andere »Gefährten« des pensionierten Hauptmanns gaben sich alles andere als kollegial. Hinzu kam, dass die Genfer Agententruppe nun auch die Geheimdienste anderer Länder auf sich aufmerksam gemacht hatte. Im Oktober jedenfalls wurde Tullio Menozzi in Rom verhaftet. Dasselbe Schicksal ereilte den Kavalleriesergeanten Roberto Petriglia und den Kaufmann Emilio Trocchi. Deren polizeiliche Einvernahme sowie zusätzliche Erhebungen des Evidenzbüros ermöglichten überdies neue Einblicke in die »Firma des Monsieur Larguier«. Wichtige Zuträger hatte dieser etwa auch im italienischen Privatdetektiv Clemente Rosetti und im Schweizer Charles Rosselet gefunden. Letzterer arbeitete als »offizieller Übersetzer des Genfer Staatsrates«, hatte sich aber bereits vor einiger Zeit von Larguier distanziert.

Während sich die Agenten der Genfer Spionagezentrale inklusive ihres Leiters bald gegenseitig zu denunzieren begannen, entsprach endlich auch die offizielle Schweiz den inoffiziellen Interventionen aus der Donaumonarchie: Im November 1913 erfolgte die Ausweisung Paul Larguiers. Die Eidgenossenschaft verlassen musste außerdem Clemente Rosetti, der vornehmlich für die Russen gearbeitet hatte.[365]

Undurchsichtige Verbindungen

Obwohl Tullio Menozzi alias Kapitän Jacquart auf die rege Korrespondenz zwischen Alfred Redl und Paul Larguier verwiesen hatte, lässt sich daraus nicht ableiten, dass dem französischen Hauptmann die wahre Identität des Nikon Nizetas bekannt gewesen war. Dass Larguier und seine russischen »Freunde« Eduard Bigler ausgerechnet die »Ausspähung« des 8. Korps auftrugen, mag ebenfalls als Indiz für die intakte Tarnung des Obersten dienen: Wer wissentlich den Generalstabschef des Prager Korps als Agent unter Vertrag hat, wirbt wahrscheinlich nicht unbedingt einen zweiten, weniger kompetenten Spion für denselben Aufgabenbereich an. Andererseits gingen die russischen Agenten gerne auf »Nummer sicher« und setzten immer wieder mehrere Konfidenten auf dasselbe Ziel an. So oder so: Es ist davon auszugehen, dass Menozzi nach Bekanntwerden der Affäre Redl nicht sehr viel mehr tat, als eins und eins zusammenzuzählen. Mit Behauptungen, entweder selbst in die Causa involviert gewesen zu sein oder von verschiedenen Einzelheiten erfahren zu haben, glaubten überdies einige Informanten, ihre Reputation beziehungsweise ihre Position verbessern zu können. So gab etwa ein früher in Königsberg tätig gewesener Konsulatsbeamter namens

Emanuel von Eck gegenüber neu anzuwerbenden Konfidenten vor, mit dem berühmten Redl in Kontakt gestanden zu haben.[366] Er wusste angeblich, dass dessen Geheimdokumente über das russische Konsulat in Königsberg zum Generalstab nach Petersburg gelangt waren. Eck selbst hatte die betreffenden »Spionagepapiere« kopiert. Allerdings spielte der ehemals in den Diensten des Zarenreichs gestandene Beamte im Zuge einer polizeilichen Einvernahme seine Verwicklung in derartige Geschäfte herunter. Am Ende blieb demnach von der Geschichte über seine Beziehungen zu Alfred Redl wenig bis gar nichts übrig. Möglich ist freilich, dass Eck sich in Anbetracht einer drohenden Haftstrafe nicht selbst belasten wollte.[367]

Etliche Personen, die sich später zum Fall Redl äußerten, vermengten Zeitungsnachrichten mit eigenen Wahrnehmungen. Aus diesem Grund lässt sich kaum mehr sagen, was wer zu welchem Zeitpunkt wusste oder wissen konnte. Wenig Erhellendes zur Frage, ob der entlarvte Generalstabsoberst entsprechend seinen eigenen Beteuerungen der »Kaufstelle« tatsächlich unbekannt war, trugen unter diesen Bedingungen die Bemerkungen von Dmitrij Gurko bei. Der ehemalige russische Militärattaché in der Schweiz, der 1913 eng mit Paul Larguier zusammengearbeitet hatte, gab 1938 ein Interview, in dem er einige Angaben zum Fall Redl machte. Diese erscheinen allerdings als nur sehr eingeschränkt glaubwürdig. So behauptete Gurko beispielsweise, Redl habe einem Priester gebeichtet, intime Beziehungen mit einer vermögenden Dame zu unterhalten. Da der Oberst angeblich wusste, dass der Geistliche für den österreichisch-ungarischen Geheimdienst arbeitete, habe er über diesen Umweg etwaige Nachforschungen zu seinem auffallenden Reichtum abgeblockt. War Redl gegenüber seiner »Kaufstelle« wirklich so geschwätzig gewesen? In jedem Fall beinhalteten die Angaben des Russen keinen schlüssigen Anhaltspunkt für die Annahme, der »Meisterspion« habe Larguier, Gurko oder sonst jemandem anvertraut, wer Nikon Nizetas wirklich war.[368]

Hat Redl also die Wahrheit gesagt, als er gegenüber Max Ronge beziehungsweise den Mitgliedern der Militärkommission versicherte, seine Tarnung stets aufrechterhalten zu haben? In jedem Fall sprechen die in seiner Prager Wohnung aufgefundenen Deckadressen für eine »multiple« Spionagekarriere. Offensichtlich korrespondierte der Oberst nicht nur mit J. Dietrich in Genf, sondern auch mit verschiedenen Herren in Rom sowie einem gewissen Müller in Paris.[369] Es ist nicht auszuschließen, dass Redl hierfür die Rolle des Nikon Nizetas mit der Identität einer anderen erfundenen Person vertauschte. Im Bereich des Möglichen liegt überdies auch, dass sich hinter dem in Paris ansässigen Herrn Müller der russische Spionageoffizier Vladimir Nikolaevič Lavrov verbarg. Immerhin benützte er diesen Namen als Pseudonym und hielt sich nach Wissensstand des Evidenzbüros außerdem in Genf auf, bevor er gerüchteweise nach Brüssel übersiedelte. Den Ortswechsel soll er erst nach der Affäre Redl vollzogen haben.[370] Anderen Angaben zufolge leitete Lavrov zwischen 1911 und 1913 eine russische Spionageorganisation in Frankreich, die vor allem das »Sammeln« von Nachrichten über die deutsche Armee übernommen hatte.[371] Das Pseudonym »Müller« verwendete im Übrigen aber auch der 1916 in Leipzig wegen Spionage zu zwölf Jahren Zuchthaus verurteilte Emanuel von Eck, der allerdings bis zum Mai 1912 in Königsberg und nicht in Paris gelebt hatte.[372] Ebenso unter dem Dutzendnamen »Müller« erreichen konnte man Paul Larguier in Genf.[373]

Es scheint jedenfalls so, als hätte Redl verschiedene Personen mit womöglich identischen oder zumindest ähnlichen Informationen versorgt. Demgemäß ließ sich für ein und dasselbe Dokument mehrfach abkassieren. Das heißt also, dass er wahrscheinlich nicht nur die Agenten verschiedener Staaten »bediente«, sondern dreist genug war, mehrere im Dienste desselben Landes stehende Auftraggeber zu kontaktieren. Immerhin arbeitete Larguier ebenso für Russland wie natürlich der zarische Generalstabsoffizier Lavrov. Auch andere Repräsentanten der *Razvedka* machten mit Redl Geschäfte. Voneinander gewusst haben die Kunden des Obersten wahrscheinlich nicht. Obendrein ist es fraglich, ob die Kommunikation zwischen den einzelnen Agenten des Romanovimperiums derart perfekt funktionierte, dass »Mehrgleisigkeiten« ihrer Zuträger ausgeschlossen waren. Der Oberst dürfte in Anbetracht seiner tiefen Einblicke in das Spionagemetier obendrein bestens orientiert gewesen sein, wie seine Lieferungen aussehen mussten, um alle seine Abnehmer zufriedenzustellen.

Das Nachleben des Herrn Nizetas

Das Augenmerk des Evidenzbüros richtete sich indessen nicht nur auf die Geschäfte von Paul Larguier, sondern auch auf die offiziellen Vertreter Russlands in Skandinavien. Vor allem der in Stockholm residierende Oberst Petr Assanovič erregte das Interesse der Kundschaftsstelle. Dessen Leiter, Max Ronge, reiste jedenfalls im Dezember 1913 eigens nach Stockholm, um unter dem Namen Dr. Ranke Nachforschungen anzustellen.[374] Assanovič hielt er offenbar für gefährlicher als seinerzeit dessen Vorgänger, den Grafen Aleksej Alekseevič Ignat'ev. Über ihn existiert eine vernichtende Charakteristik aus dem Jahr 1910. Der damalige diplomatische Vertreter der k.u.k. Monarchie in Schweden beschrieb Ignat'ev als gänzlich ungeeignet für den konspirativen Dienst. Er fungiere höchstens als eine Art »Briefkasten«. Der Graf sei außerdem »ein zu großer Plauscher, der namentlich im Halbrausche kein Geheimnis für sich behalten« könne.[375] Obgleich Aleksej Ignat'ev später nicht zuletzt aufgrund seiner erfolgreichen Spionagetätigkeit in Paris auf sich aufmerksam machte, erschien Assanovič 1913 dem k.u.k. Geheimdienst als der wichtigere Gegner. Er, vermutete aller Wahrscheinlichkeit nach das Evidenzbüro, hatte das Geld für geheime Lieferungen des Nikon Nizetas zur Verfügung gestellt. Und womöglich war es der Oberst in Stockholm gewesen, der im Auftrag von Paul Larguier oder Dmitrij Gurko den Brief an Nizetas hatte abschicken lassen. Immerhin verwiesen die Geldsendungen, welche die Spione Nikolaj Bravura oder Jan Kopp-Köpp erhielten, ebenfalls auf den russischen Militärattaché in Schweden. Auch General Gurko behauptete später, Assanovič habe Redl das Honorar per Post geschickt.[376]

Nikon Nizetas blieb zudem noch einige Zeit hindurch eine wichtige Figur für den österreichisch-ungarischen Nachrichtendienst – und zwar über Redls Tod hinaus. Zumindest kursierten noch im November 1913 Briefe an und von ihm. Das Evidenzbüro ließ diese wohl bewusst in Umlauf oder fertigte womöglich erneut fingierte Schreiben an.[377] Da ja der Deckname Redls nicht an die Öffentlichkeit gelangt war, ergab sich die Chance, über dieses Pseudonym des Obersten weitere Drahtzieher der russischen Spionage kennenzulernen. Offenbar bestellte Herr Nizetas im Auftrag des Evidenzbüros seine Partner sogar zu einem »Stelldichein«. Doch notierte Ronge im Dezember 1913, dass »niemand erschienen« war, um der betreffenden Einladung Folge zu leisten.[378]

In einem anderen Fall nahm 1914, kurz vor Ausbruch des Weltkrieges, jemand eine Verabredung wahr, von dem der russische Geheimdienstoffizier Aleksandr Aleksandrovič Samojlo ursprünglich angenommen hatte, er habe sich am 25. Mai 1913 das Leben genommen.

Agent »Nr. 25«

Im Sommer 2002 erhielt das Österreichische Staatsarchiv Post aus Russland.[379] Übermittelt wurde ein Dokument aus dem Moskauer Militärhistorischen Archiv, das ein völlig neues Licht auf die Affäre Redl warf. Es handelte sich um ein Dokument aus dem Jahr 1914.

Anfang dieses Jahres legte Aleksandr Aleksandrovič Samojlo, Geheimdienstoffizier des russischen Generalstabs, einen Bericht über die von den Militärkreisen Warschau und Kiew gesammelten Informationen betreffend die österreichisch-ungarische Armee im Jahr 1913 vor. Das Papier enthielt unter anderem Hinweise auf geliefertes Material sowie Charakterisierungen der wichtigsten Spione, wobei mit Ausnahme von Alexander Jandrić alle Agenten mit Nummern bezeichnet wurden. Aufschlussreich sind vor allem die Ausführungen über einen Spion »Nr. 25«. Über ihn schrieb Samojlo: »Ein unbekannter, sehr informierter Agent, der über sehr geheime und sehr wertvolle dokumentarische Daten verfügt, die er auch immer wieder geliefert hat. Der Fall Redl weist darauf hin, dass Redl dieser Agent war; indessen verneint dies General Roop, von dem dieser Agent ursprünglich angeworben wurde.[380]

Schon 1998 setzte sich der Geheimdienstexperte Michail Alekseev in seiner umfassenden Arbeit über die *Razvedka* des Zarenreiches mit dem entsprechenden Bericht von Aleksandr Samojlo auseinander. Da Vladimir Christoforovič Roop, der zwischen 1900 und 1905 Militärattaché in Wien gewesen war, nicht bestätigen konnte, dass sich hinter dem Agenten »Nr. 25« Alfred Redl verbarg, kam Alekseev zu folgendem Schluss: Oberst Redl war kein Spion. Der k.u.k. Generalstab machte ihn vielmehr zum Sündenbock für die auffälligen Niederlagen des österreichisch-ungarischen Geheimdienstes. Beim Agenten »Nr. 25« musste es sich um einen anderen hochrangigen Offizier der Habsburgerarmee gehandelt haben.

Alekseevs Annahme schien ein weiterer Hinweis zu stützen: Samojlo nahm kurz vor Beginn des Weltkrieges – offenbar nach einer längeren Pause – wieder Kontakt mit dem Agenten »Nr. 25« auf. Hierfür benützte er die bislang gebräuchliche Kontaktadresse in Wien. Er erhielt eine Antwort und fuhr hierauf nach Bern. Dort erschien ein Mann, der die gewünschten Materialien lieferte. Sein Inkognito wollte er nicht lüften und meinte vielmehr, dass dieses Treffen das letzte gewesen sei.[381]

In seinen 1963 im damaligen Leningrad erschienenen Memoiren widmete Samojlo seiner Dienstzeit vor dem Ausbruch des Krieges im Sommer 1914 viel Platz. Er schilderte unter anderem auch, wie er eines Tages in Kiew seinem Jugendfreund Vladimir Christoforovič Roop über den Weg lief. Letzterer machte dem Kameraden, der damals in der Spionageabteilung des Kiewer Militärbezirkes arbeitete, ein gewissermaßen unwiderstehliches Angebot. Roop schlug Samojlo vor, ihm seine Wiener »Bekannten«, d.h. seine dortigen Kontaktpersonen in Sachen Spionage, zu überlassen. Auf diese Weise würde der Freund in den Besitz wichtiger Informationen über die Armee Österreich-Ungarns kommen.[382]

Michail Alekseev datierte diese Begegnung ins Jahr 1903. Freilich erscheint es etwas ungewöhnlich, dass Roop, der erst 1905 seinen Posten in Wien verließ, bereits zwei Jahre zuvor seinen Aufgabenbereich sozusagen an den Freund abgetreten haben soll. Alekseev erklärt sich dies damit, dass der Militärattaché bereits ins Visier des Evidenzbüros geraten war und daher entschieden hatte, seine Spionageaktivitäten etwas einzuschränken.[383] Samojlo jedenfalls beschloss, persönlich nach Wien zu fahren, um dort mit den »Bekannten« Roops in Kontakt zu treten. Letzterer allerdings hatte ihm die Gefährlichkeit eines solchen Unterfangens bewusst gemacht. Roop zweifelte überdies, dass sein wichtigster »Bekannter«, ein »gewisser ›R‹«, der »eine verantwortungsvolle Position im österreichischen Generalstab inne hatte«, bereit sein würde, sich persönlich mit Samojlo zu treffen. Roop gab sich aber überzeugt, der Betreffende würde in dieser Angelegenheit eine zuverlässige Person beauftragen.[384] Hier ist zu ergänzen, dass sich freilich viele Spione mitunter wichtiger machten, als sie waren. In den Akten des Militärhistorischen Archivs finden sich immer wieder Briefe von Agenten, die behaupteten, einen hohen Posten in der k.u.k. Heeresverwaltung innezuhaben oder aber ein »höherer Generalstabsoffizier« zu sein.[385] Im Falle des Agenten »R«, der später als Agent »Nr. 25« bezeichnet wurde, dürfte jedoch die Beschreibung richtig gewesen sein.

Während nun Alekseevs Ausführungen über die Folgen des »Deals« der beiden zarischen Offiziere den Eindruck vermitteln, Samojlo habe sich tatsächlich mit einem Mittelsmann des Herrn »R« getroffen, enthalten die diesbezüglichen Darstellungen des Geheimdienstoffiziers selbst keine derartigen Hinweise. Aleksandr Samojlo erzählt vielmehr ganz allgemein von Auslandsreisen, die ihn zwecks Pflege seiner Kontakte mit diversen Agenten »in alle westeuropäischen Länder« geführt hätten. Treffen auf dem Territorium Österreich-Ungarns seien zu gefährlich gewesen. Samojlo berichtet in seinen Memoiren auch davon, dass er in Anbetracht der Risiken lieber auf persönliche Begegnungen verzichtete und häufig auf eine ungefährlichere Art der Kommunikation mit seinen »Wiener Bekannten« zurückgriff. Eine Musiklehrerin, die am Wiener Konservatorium studiert hatte, schickte seine konspirativen Briefe aus Kimpolung in der Bukowina per Post in die k.k. Hauptstadt. Auf diese Weise blieb die gefährliche Korrespondenz, die offenbar auch zur Vereinbarung von Treffen jenseits der Grenzen der Donaumonarchie diente, unverdächtig.[386]

Alekseev erwähnt überdies nicht, dass Samojlo ungeachtet der geheimnisvollen Verabredung, die ihn im Frühjahr 1914 nach Bern führte, selbst Jahrzehnte später kein abschließendes Urteil hinsichtlich der Identität des Agenten »Nr. 25« gefällt hatte. Trotz Roops Äußerungen schloss er bis zuletzt nicht aus, dass Redl der betreffende Spion gewesen war.[387] Im Übrigen lässt sich das Erscheinen des Unbekannten, dem Samojlo 1914 in der Schweiz gegenüberstand, eventuell mit dem bereits geschilderten »Nachleben« des Nikon Nizetas erklären. Es wäre also möglich, dass das Evidenzbüro immer noch die Redl'schen Deckadressen nutzte und über ein fingiertes Schreiben den russischen Geheimdienstmann zur Verabredung in Bern bestellt hatte. Die Dokumente, die Samojlo damals erhielt, könnten Spielmaterial gewesen sein. Und wer immer damals dem *Razvedka*-Mann gegenüberstand – der rätselhafte Agent »Nr. 25« war der Mann wohl kaum gewesen.

Welche Erklärung aber gibt es für Vladimir Roops Aussagen über »Nr. 25«? Und warum hatte er die wahre Identität dieses Spions, wenn er ihn doch angeworben hatte, nicht offengelegt? Aus welchem Grund also hatte Roop, der im Übrigen Ende 1913 zum General-Leutnant befördert wurde, den eigentlichen Namen von »Nr. 25« verschwiegen?[388]

Das Rätsel, das Roops Antwort in sich birgt, erklären sich die Autoren diverser Bücher über den Fall Redl auf Grundlage höchst zweifelhafter Informationen. Demnach war der frühere Militärattaché ein Doppelagent oder ein Homosexueller, der bei Offenlegung seiner Beziehungen zu Redl eine Kompromittierung seiner Person fürchten musste. Womöglich hatten die beiden auch nicht ganz lupenreine »Gegengeschäfte« vereinbart, von denen Roop nun annahm, sie könnten aufgedeckt werden und ihm dann zum Nachteil gereichen. Weniger spektakulär, aber eher wahrscheinlich ist vielmehr, dass auch Roop nicht wusste, wer sich hinter dem Agenten »Nr. 25« verbarg. Wenn er gegenüber Samojlo einen »gewissen ›R‹«

erwähnte, heißt das nicht, dass er diesen persönlich kannte oder tatsächlich selbst angeworben hatte. »Nr. 25« war möglicherweise ein »Selbstanbieter«, der lediglich deshalb als »Errungenschaft« von Roop galt, weil er während dessen Dienstzeit in Wien seine Tätigkeit aufgenommen hatte. Denkbar ist auch eine andere Variante: Obwohl die Ermittlungen nach dem Tod von Alfred Redl dessen Aussagen, wonach er keine Komplizen hatte, bestätigten, kann trotzdem nicht ausgeschlossen werden, dass Redl zu dem einen oder anderen konspirativen Treffen womöglich einen seiner Diener oder andere Vertrauenspersonen schickte. Diese könnten ein paar kryptische Andeutungen über ihren »Herrn« gemacht haben – womöglich gar nicht wissend, in welche Geschäfte sie tatsächlich verwickelt waren. Wie auch immer Roops Kontakt mit dem Agenten »Nr. 25« zustande kam – die Dokumente, die der Unbekannte lieferte, verweisen zweifellos auf Alfred Redl. Die beiden verband ein gemeinsames Merkmal: Sowohl Redl als auch Agent »Nr. 25« übermittelten ihre Materialien in Form von Fotos. Wichtiger aber ist folgende Koinzidenz: Etliche Unterlagen, die Samojlo in seinem Bericht über die 1913 vom Agenten »Nr. 25« erhaltenen Informationen auflistet, entsprechen formal wie inhaltlich jenen Dokumenten, die im Zuge der Durchsuchung von Redls »Effekten« in Prag sichergestellt wurden. Mit anderen Worten: Agent »Nr. 25« schickte exakt jene Materialien an die Russen, die der Oberst fotografiert hatte.[389] Schwer zu glauben, dass diese Übereinstimmung nicht mehr als ein Zufall ist.

»Finanziell geordnet«

Trotz der in der Prager Wohnung des Obersten gesichteten Unterlagen ließ sich der Beginn seiner Spionagetätigkeit nicht auf ein bestimmtes Datum festlegen. Der Umstand, dass man laut Zeitungsberichten inmitten seiner Habseligkeiten auf ein Päckchen mit Zyankali stieß, das gemäß Beschriftung aus dem Jahr 1902 stammte, eignete sich lediglich nach Ansicht einiger weniger Journalisten als Indiz für Redls bereits in jungen Jahren begonnene Spionagekarriere. Nach dieser Lesart hatte er für den Fall seiner Entlarvung

Selbstmord begehen wollen und daher die tödliche Arznei beiseitegelegt – schon damals.[390] Realiter aber war in Redls Wohnung eine »Kassette mit Gift« gefunden worden, welche die Aufschrift »April 1892« trug.[391] Wären Informationen über diese Entdeckung nach außen gedrungen, hätte mancher Pressevertreter wohl nicht von einer zehn Jahre währenden Agentenlaufbahn des Obersten berichtet, sondern über eine etwa doppelt so lange Spionagekarriere Alfred Redls geschrieben.

Indessen erschien als Resultat der seitens des k.u.k. Garnisonsgerichts Wien veranlassten Untersuchungen eine ungefähre zeitliche Bestimmung bezüglich der Anfänge von Redls Agentendasein möglich. Dabei spielte nicht zuletzt die Finanzlage des Obersten eine Rolle. So erfuhr das k.u.k. Kriegsministerium Ende September 1913, dass Redl bereits vor vielen Jahren Schulden von erheblicher Höhe angehäuft hatte. 1897 half ihm jedoch sein damaliger Gönner, der einstige Vorstand des Eisenbahnbüros, Emil Edler von Naswetter, aus der Klemme. Dieser überließ dem am Anfang seiner Karriere befindlichen Offizier Wertpapiere, die ihm die Tilgung einer mit über 4000 Kronen bezifferten Schuldenlast ermöglichten. Naswetter unterstützte Redl wahrscheinlich deshalb so großzügig, weil der junge Mann Interesse an seiner Tochter gezeigt hatte. Doch es kam zum Zerwürfnis. Die Beziehungen zwischen Redl und der Familie Naswetter kühlten dermaßen ab, dass es kaum noch Kontakte gab. Außerdem zahlte der spätere Generalstabsoberst nur einen Teil der geliehenen Summe zurück. Obwohl nach dem Tod des Emil von Naswetter dessen Witwe Redl um die betreffenden Gelder bat, blieb dieser den Hinterbliebenen seines verstorbenen Gönners 2500 Kronen schuldig. Die ausständige Summe erhielt die Familie Naswetter trotz Redls Versprechungen nie.[392]

Auch in der Presse konnte man von den frühen Finanzproblemen des »Meisterspions« lesen. Allerdings behauptete etwa *Die Zeit*, dass Redl diese bereits ab 1901 mit Hilfe lukrativer Spionagegeschäfte gelöst hätte. Davor stand ihm das Wasser angeblich bis zum Hals, und seine berufliche Zukunft erschien in Anbetracht immenser Schulden in Gefahr. Jahr für Jahr wurden nicht wenige aufstrebende Offiziere »unehrenhaft« aus der Armee entlassen, weil ihnen Geldverleiher und Gläubiger mit ihren Forderungen zu Leibe rückten. Gegenüber seinem Diener sprach Redl angesichts der trostlosen Lage damals gar von Selbstmord, bis schließlich eine in Aussicht genommene »Geldheirat« derart trübe Gedanken vertrieb. Auserkoren hatte der Offizier, so berichtete die Zeitung, die Tochter eines Brünner Textilindustriellen. Doch die Verbindung kam nicht zustande, und damit blieben auch die so dringend benötigten Barmittel aus. Redl musste nun sogar seinen Diener »anpumpen«.[393] Das *Neuigkeits-Welt-Blatt* schrieb, dass die Heirat nicht erfolgt war, weil der Vater des Mädchens »das Aerar bei einer Tuchlieferung übervorteilt hatte« und Redl daraufhin die »Heiratsbewilligung«, die Offiziere für gewöhnlich bei ihren vorgesetzten Stellen einzuholen hatten, nicht erteilt wurde.[394] Darüber hinaus brachte *Die Zeit* ihrer Leserschaft die Mitteilungen eines Offiziers zur Kenntnis, die offenbar die Liaison zwischen Fräulein Naswetter und Alfred Redl betrafen. Diesen Ausführungen zufolge hatte Redl den potenziellen Schwiegervater mit dem Kauf eines teuren Schmuckstücks für die »Braut« verärgert. Naswetter, dessen Name im Artikel allerdings nicht erwähnt wurde, erfuhr nämlich vom Juwelier, dass Redl, dem er ja eben erst eine hohe Summe zur Tilgung seiner Schulden überlassen hatte, den Erwerb des Präsents auf Basis von Ratenzahlungen finanzierte. Hinzu kamen angeblich abfällige Äußerungen Redls über die künftige Ehefrau, sodass das »Verlöbnis« schließlich gelöst wurde.[395]

Naswetters Geldspritze hatte Redl gerettet. Doch nun, so die Erkenntnisse der Ermittlungsbehörde, begann er mehr und mehr die Annehmlichkeiten eines luxuriösen Lebens zu entdecken. Vermutet wurde außerdem ein mit der Befriedigung seiner homosexuellen Bedürfnisse verbundener kontinuierlich gestiegener finanzieller Mehrbedarf. Tatsächlich ließ sich nachweisen, wie großzügig der Offizier seine Liebhaber unterstützte. In jedem Fall sah sich der bislang als mittellos, aber »finanziell geordnet« geltende Redl 1907 veranlasst, seinen bisherigen Status zu ändern. Den Erhebungen des Garnisonsgerichts zufolge manipulierte er die sogenannten »Qualifikationslisten« und gab dort eigenhändig an, Vermögen zu besitzen. Dieses stammte vorgeblich aus einer Erbschaft, im Zuge derer eine Summe in der Höhe von einer »Viertelmillion Kronen« zur Auszahlung gelangte. Redl aber verschwieg, dass auf ihn lediglich ein Achtundachtzigstel des Nachlassvermögens entfiel. Somit bekam er nicht einmal 3000 Kronen.

Vor diesem Hintergrund, argumentierte man im Bericht an das Kriegsministerium, erschien das Jahr 1907 als »bedeutungsvolle Zeitgrenze, an welcher bei einem Spielraum von ungefähr zwei Jahren zurückreichend (1905) die missbräuchliche Anwendung der Amtsgewalt von Seiten Redl's aller Wahrscheinlichkeit nach ihren unheilvollen Anfang genommen zu haben scheint«.[396] Das älteste Dokument, das man auszugsweise und in Form von Fotos in Redls Wohnung gefunden hatte, war nämlich ein Dienstbuch aus dem Jahr 1905 gewesen.[397] Dieser Umstand verwies immerhin auf einen weiteren möglichen Anfang von Redls Spionagekarriere, der dann mit dem letzten Dienstjahr des russischen Militärattachés Vladimir Roop in Wien zusammengefallen wäre. Verschiedene im Zuge der Zeitungsberichterstattung zu Wort gekommene Zeugen datierten den Beginn der luxuriösen Lebensführung des Generalstabsoffiziers wiederum in das Jahr 1906 – ein Jahr früher als die ermittelnden Behörden.[398] Noch einmal drei Jahre zuvor, also im Jahr 1903, fand allerdings das bereits beschriebene Treffen zwischen Roop und Samojlo statt. Seit damals arbeitete der später als Agent »Nr. 25« bezeichnete »Bekannte« des Militärattachés, ein Herr R., mit dem *Razvedka*-Offizier des Kiewer Militärkreises zusammen. 1909, als Samojlo Kiew verließ und einer Berufung zum Generalstab in St. Petersburg Folge leistete, setzte er die Kooperation mit »Nr. 25« selbstverständlich fort. Letzterer stand also spätestens ab 1903 im Dienst der Russen. Dass er aber bereits in der Zeit davor zu spionieren begann, ist selbstverständlich nicht auszuschließen und vielmehr wahrscheinlich. Immerhin reichte Roop seinen »Wiener Bekannten« bereits weiter. Der Unbekannte, der sich zuerst hinter der Abkürzung »R.« verbarg und dann als »Nr. 25« firmierte, dürfte also schon seine Fähigkeiten unter Beweis gestellt haben, als der Militärattaché ihn an den Freund bei der *Razvedka* abtrat.

Liefer- und Kontodaten

Die frühesten nachweisbaren Spuren von Redls Verrat, die bislang in Russland ausgemacht werden konnten, reichen in das Jahr 1908 zurück. Damals, als die Beziehungen zwischen der Doppelmonarchie und dem Romanovimperium vor dem Hintergrund der sogenannten »Annexionskrise« aufs Äußerste gespannt waren, spielte Agent »Nr. 25« den Russen eine Reihe wertvoller Informationen über die k.u.k. Armee zu. Die Spionageabteilung des Kiewer Militärkreises, in der Aleksandr Samojlo die Verbindung mit dem Konfidenten aus Wien hielt, durfte sich über Mobilisierungsweisungen oder die »Kriegs-Ordre de bataille« aus dem Jahr 1907 freuen. Außerdem unterrichtete »Nr. 25« seine Kundschaft über einen gewissen P. Grigor'ev, der dem Stab des Warschauer Militärkreises zugeteilt war und sich in Wien und Berlin als Informant erbötig gemacht hatte.[399] Auch diese Mitteilung über einen Spion, der gegen Russland arbeiten wollte, spricht dafür, dass Alfred Redl, der zwischen 1907 und 1911 als Vorstandsstellvertreter des Evidenzbüros sowie Leiter der Kundschaftsstelle wirkte, und Agent »Nr. 25« ein und dieselbe Person gewesen sind. Überdies wurde in Redls Prager Wohnung eine Namensliste jener Konfidenten gefunden, die im Zarenreich für den k.u.k. Generalstab spionierten. Freilich brachten die Zeitungen nach der Entlarvung des Obersten zweifellos übertriebene Meldungen über die Verhaftung Dutzender russischer Offiziere, die angeblich im Sold der Habsburgermonarchie gestanden waren. Die Frage, warum sie erst nach dem Tod des »Meisterspions« aufflogen, wenn dieser ja bereits über Jahre hindurch Agenten, die für Österreich-Ungarn arbeiteten, denunziert haben soll, stellte niemand.

Indessen bemerkten die Russen, dass »Nr. 25« über ein geradezu unerschöpfliches Reservoir an Geheimdossiers verfügte. Er bot ihnen zum Beispiel Daten über das italienische Heer sowie über

(10) **Alfred Redl. Der Verrat des Generalstäblers machte seine Kameraden in der k.u.k. Armee fassungslos.**

Kommunikationseinrichtungen der k.u.k. Armee im Kriegsfall an. Weitergeben wollte er außerdem den Chiffrenschlüssel für die diplomatische Korrespondenz des Habsburgerreiches. Dass der russische Generalstab dieses offerierte Material nicht erwarb, lag am Geld. Man musste sich wohl oder übel bescheiden. »Nr. 25« blieb daher auf einem Teil seines Angebots sitzen.[400]

Das Garnisonsgericht Wien beziehungsweise der Major-Auditor Vorliček machte indes das Kriegsministerium im September 1913 darauf aufmerksam, dass Redl angeblich 1907 seinen bislang eher bescheidenen Lebensstil aufgab und Luxusbedürfnissen zuzuneigen begann. Er habe »ständig« Automobile gemietet und dafür bis zu 2000 Kronen monatlich ausgegeben. 1911 legte er sich schließlich zwei Privatwagen zu und zahlte seiner Dienerschaft obendrein großzügige Löhne. Ab 1908 unterstützte er außerdem Leutnant Horinka mit einer monatlichen Apanage in der Höhe von 600 Kronen. Konstatiert wurde demnach eine »verschwenderische, meist nur geschlechtlichen Verirrungen frönende Lebensweise«, die »finanzielle Opfer solcher Höhe« forderte, dass sie »auch mit den unbelasteten Aktivitätsbezügen eines Stabsoffiziers in gar keine Relation gebracht werden konnten«.[401]

Aufschlussreiches brachte des Weiteren ein Blick auf Redls Konto bei der »Neuen Wiener Sparkasse« zu Tage. Zwischen 1907 und 1912 zahlte er mehr als 150.000 Kronen ein, hob aber auch immer wieder hohe Beträge ab. 1912 sind überhaupt keine Zuwächse verzeichnet. Im Oktober belief sich sein Guthaben auf nicht einmal 3000 Kronen. Den Höchststand erreichte das Konto mit knapp über 100.000 Kronen im Juli 1911. Das sind umgerechnet auf den heutigen Geldwert rund 500.000 Euro. Wenn man davon ausgeht, dass der »Meisterspion« kein »Sparefroh« war, also nur einen Teil seiner Honorare auf die hohe Kante legte und den Rest sogleich verprasste, lässt sich nicht einmal erahnen, wie hoch seine Einkünfte tatsächlich gewesen sind. Im Mai 1911 jedenfalls, kurz nach seinem Weggang aus dem Evidenzbüro und zu Beginn seines Dienstes beim Infanterieregiment Nr. 99, besserte er seinen Kontostand um 36.000 Kronen auf. Bis zum Juni kamen dann noch einmal 13.000 Kronen dazu.[402] Hatte er damals gewissermaßen auf Vorrat spioniert, weil er wusste, dass er mit dem Ende seiner Tätigkeit beim Geheimdienst nur mehr an weniger wertvolles Material herankommen konnte? Ob er ahnte, dass er – im Gegensatz zu seiner erfolgten Überstellung zum Infanterieregiment Nr. 99 – zunächst eigentlich als Generalstabschef des 11. Korps in Lemberg vorgesehen gewesen war, muss offenbleiben. Der *Razvedka* entging durch die Verhinderung der geplanten Transferierung auf jeden Fall eine geradezu atemberaubende Möglichkeit: Ein Spion in Lemberg hätte dem Generalstab der Zarenarmee wohl noch mehr gebracht als ein Agent in Prag. Davon abgesehen informierte Carl Freiherr von Bardolff Erzherzog Franz Ferdinand am 28. Mai 1913, dass »vor noch gar nicht langer Zeit« Redl als Nachfolger des Geheimdienstchefs Urbański »in Aussicht genommen« worden war.[403] Ein derartiger Karrieresprung hätte der k.u.k. Armee wohl einen noch schwerwiegenderen Schaden zugefügt als der beabsichtigte Wechsel Alfred Redls nach Lemberg und der tatsächliche zum 8. Korps in Prag.

Amtsmissbrauch

Freilich dürfte Redl schon ab 1908 auf einen bedeutsamen beruflichen Aufstieg gehofft haben. Seine Vorgesetzten empfahlen ihn nämlich als Chef des Evidenzbüros. Doch Redl hatte offenbar eine ganz bestimmte Position als Truppenbefehlshaber im Blick. Um seine Chancen zu optimieren und im Zuge anstehender Beförderungen berücksichtigt zu werden, waren ihm dabei alle Mittel recht. Redl verfasste die betreffenden Beurteilungen seiner Leistungen und Fähigkeiten in der ins Jahr 1909 datierenden Qualifikationsliste nämlich gleich selbst. Seine Handschrift ist unverkennbar. Er hielt also eigenhändig fest: »Vorzüglicher Stabsoffizier, der ein hervorragender Regimentskommandant werden wird.« Dem Eintrag folgte eine Unterschrift von Eugen Hordliczka. Redls Chef billigte ganz offensichtlich die Eigenmächtigkeiten des Untergebenen.[404] Dass der 1912 verstorbene ehemalige Leiter des Evidenzbüros seinem Vize tatsächlich stets blind vertraut hatte, merkte später auch der eine oder andere Generalstabsoffizier kritisch an.[405]

Gesamt gesehen stellte das Jahr 1911, als Alfred Redl den Geheimdienst verließ, einen Umbruch in seiner Laufbahn dar. Nach Petersburg, von wo aus seit 1909 Aleksandr Aleksandrovič Samojlo den Agenten »Nr. 25« betreute, schickte er in diesem Jahr nichts. Erst 1912 belieferte er den russischen Offizier wieder. Jetzt versorgte er seinen Auftraggeber gleich mit mehreren Geheimdossiers. 23 Dokumente zählte Samojlo damals.[406] Im Rahmen dessen spielte Redl dem Generalstab in St. Petersburg auch Daten über Maßnahmen der k.u.k. Armee für einen Krieg am Balkan in die Hände.[407]

Da der Oberst nicht nur seine Kunden im Zarenreich »versorgte«, sondern auch Franzosen und Italienern relevantes Material anzubieten hatte, kann man über etwaige Pausen der Redl'schen Spionagetätigkeit nur spekulieren. Dass Agent »Nr. 25« 1911 keine Geheimdokumente an Samojlo schickte, während umgekehrt Alfred Redl im selben Jahr einige Tausend Kronen auf sein Konto einzahlte, sagt – wie bereits dargelegt – ebenso wenig über seine wirkliche finanzielle Lage aus wie der Umstand, dass Redl 1912 keinen einzigen Heller zur Bank trug, obwohl »Nr. 25« eine Vielzahl an Materialien nach Russland schickte. Wenn man bedenkt, dass der k.u.k. Generalstabsoberst in beiden Jahren, also 1911 und 1912, allein durch den Kauf zweier Automobile tief in die Tasche greifen musste, ergibt sich einmal mehr der Eindruck, dass der Kontostand Alfred Redls nur einen Teil seiner finanziellen Möglichkeiten widerspiegelt.

Auch Wenzel Vorliček musste infolge der Ermittlungen, die bisweilen nicht zu schließende Informationslücken in Bezug auf den Beginn und den Umfang der Redl'schen »Verfehlungen« offenlegten, seine Rückschlüsse von Indizien herleiten. So kam er in seinem Bericht zu folgendem Ergebnis: »Konkrete Fälle des Verrats anzuführen erscheint ausgeschlossen, es ist jedoch die Annahme voll begründet, dass Redl alles, was ihm in seiner jeweiligen, unter allen Umständen hochwichtigen Vertrauensstellung während der fraglichen Periode zur Kenntnis gelangte, auch missbrauchte.«[408]

UNTER VERDACHT

»Die Russin vom Alsergrund« und die »Fürstin Engalitscheff«

Nach Bekanntwerden der größten Spionageaffäre der Donaumonarchie beklagte sich ein Großteil der mit dem Thema befassten Journalisten über den Mangel an Informationen von offizieller Seite. Dass die Militärbehörden sich nicht gerade auskunftsfreudig zeigten, überraschte angesichts ihrer prinzipiellen Zurückhaltung gegenüber der »zivilen Welt« freilich nicht. In Anbetracht der Vertuschungsversuche und der zweifelsohne auch nach Aufdeckung des Skandals angestrebten Geheimhaltung zusätzlicher Ermittlungen ist es umso erstaunlicher, wie viel die Presse damals in Erfahrung brachte. Obwohl bei einem Großteil der Meldungen überaus fantasievolle Ausschmückungen den »wahren Kern« förmlich überwucherten, bedienten sich die Reporter ganz offensichtlich bestimmter Quellen, die mehr als nur Gerüchte zu bieten hatten. Militärintern ging man schließlich davon aus, dass eine »undichte Stelle« Detailinformationen an die Zeitungen weitergab. Der Ursprung der Indiskretionen blieb aber lange Zeit hindurch unentdeckt. Der Nachrichtendienstler Hermann Zerzawy machte erst viel später einen »tschechischen Konfidenten« namens Jaroslav Hajný für das Durchsickern vertraulicher Daten verantwortlich. Der »Kanzleileiter und Verwalter des Geheimarchivs des Polizeipräsidiums Wien« hatte sich angeblich seine Gefälligkeiten gegenüber den Vertretern der Presse entsprechend vergüten lassen.[409]

Die Einblicke in die internen Untersuchungen der militärischen Stellen ergänzten Berichte verschiedener Personen, die Alfred Redl gekannt hatten oder zumindest vorgaben, mit ihm auf irgendeine Weise in Berührung gekommen zu sein. Solcherart entstand jener Mix aus Authentischem und Erfundenem, der so typisch war für die gesamte Berichterstattung des Falles. »Sensationelles« steuerten beispielsweise jene Zeugen bei, welche von den Besuchen des Obersten bei einer ausländischen Dame berichteten, die eine Wohnung in einem Haus im 9. Wiener Gemeindebezirk gemietet hatte. Die Medien machten aus der geheimnisvollen Schönheit die »Russin vom Alsergrund«, eine als »Varietékünstlerin« getarnte Spionin, die in ihren vier Wänden eine »Geheimdruckerei« eingerichtet hatte. Dass die »Russin« ihre Abende meist zu Hause verbrachte, ließ allerdings leise Zweifel an ihrer vermuteten »Bühnenkarriere« aufkommen. Die Ausländerin machte sich unter anderem verdächtig, weil sie »unzählige Zigaretten« rauchte. Nachbarn identifizierten überdies die eigenartigen »Klopfgeräusche«, die vornehmlich abends und in den Nachtstunden aus der Wohnung der Dame drangen, als »Schläge« einer »elektrisch betriebenen Kopiermaschine«. Mysteriös erschienen zudem die regelmäßigen Besuche eines in Zivilkleidung auftretenden Herrn, der gemäß Auskunft seines Chauffeurs im Hotel Imperial logierte und daher von den »Hausparteien« den Namen »Pascha vom Hotel Imperial« bekam. Außerdem tauchte von Zeit zu Zeit ein Generalstabsoberst auf, der immer nur auffallend kurz bei der »Russin« verweilte. Da die Verdächtige gemeinsam mit dem »Pascha« just am 24. Mai 1913 verschwand, nachdem sie ihre »schweren Koffer« in einem »Lastenautomobil« hatte wegschaffen lassen, vermuteten die Bewohner des Mietshauses einen Zusammenhang mit der Affäre Redl. Nun ging man davon aus, dass die »Russin vom Alsergrund« in ihrer Wohnung geheime Dokumente vervielfältigt hatte. Als nämlich die Hausbesorgerin in der Zeitung das Konterfei des Korpsgeneralstabschefs Redl erblickte, rief sie aus: »Jessas, das is ja unser Oberst!« Mit anderen Worten: Sie wollte in Alfred Redl jenen Offizier erkannt haben, welcher der »Russin« mehrere Kurzbesuche abgestattet hatte.[410]

Schon bald warteten die Zeitungen mit neuen Enthüllungen auf. »Die Russin vom Alsergrund« war demnach keineswegs Oberst Redls Agentenkollegin aus dem Zarenreich, sondern eine Adelige aus Ungarn. Die Gräfin Török und ihre Eheprobleme hatten bereits

Monate zuvor das Interesse der Boulevardpresse geweckt. Die »Gemahlin des Khedive von Ägypten« war nämlich ihres Gatten überdrüssig geworden, wollte sich scheiden lassen und verließ Kairo, ohne Auskunft über ihren weiteren Verbleib zu geben. Ihre Abreise aus Wien erfolgte zufällig am selben Tag, als Oberst Redl dort eintraf. Mit der Spionageaffäre hatte die getürmte Gräfin rein gar nichts zu tun. Was die Hausbewohner als Geräusche einer Kopiermaschine wahrnahmen, stellte sich im Übrigen als das ausdrucksstarke Klavierspiel der Ungarin heraus.[411]

Unter Verdacht standen aber auch andere Damen. Die Polizei ermittelte beispielsweise gegen eine dubiose russische Fürstin, die angeblich häufig mit Redl verkehrt hatte. Die Gesuchte, eine Antonie Engalitscheff, hieß eigentlich Antonie Raidl, war die Tochter eines Hausbesorgers aus Wien und trat bereits in jungen Jahren als Varietésängerin im Etablissement Ronacher auf. Raidl erlangte überdies als »russische Brillantenkönigin Wladimirska-Schier« Bekanntheit und tingelte, mit wechselnden Partnern an ihrer Seite, durch halb Europa. Auch in Frankreich machte die »Fürstin« Station. Nizza musste sie allerdings aufgrund von Wechselschulden fluchtartig verlassen, um sich anschließend zumindest für drei Jahre in den »Ehehafen« zu retten. 1904 ging die Verbindung mit einem k.u.k. Offizier in die Brüche. Dann zeigte ein Oberst Interesse an der Dame und führte sie in seine Familie ein. Ob die »Fürstin« tatsächlich Kontakte mit Redl unterhalten hatte, ließ sich infolge polizeilicher Nachforschungen nicht eindeutig beantworten.[412] Zeitungsmeldungen, denen zufolge im Zuge einer Hausdurchsuchung bei Frau Engalitscheff Briefe von Redl gefunden wurden, ist so gesehen mit Vorbehalt zu begegnen.[413]

Der Verdacht gegen die »Fürstin« dürfte in Anbetracht verschiedener Aussagen entstanden sein, wonach Redl des Öfteren mit »Damen vom Theater« gesehen worden war.[414] Solche Darstellungen fanden in etwas abgewandelter Form auch in Egon Erwin Kischs Schilderungen über den Fall Redl ihren Niederschlag. Er berichtete überdies von einer Beziehung des Obersten zu einer »Prager Lebedame« namens Ludmila H., die gegen entsprechende Bezahlung für ihn in die Rolle einer »Maitresse« schlüpfte. Dadurch, bemerkte Kisch, versuchte Redl etwaigen Gerüchten über seine gleichgeschlechtlichen Neigungen den Boden zu entziehen. In der Prager Wohnung des »Jahrhundertspions« hatte man, so der »rasende Reporter«, jedenfalls Briefe der Madame H. gefunden, die ihr Wissen über die homosexuelle Orientierung des Obersten dokumentierten.[415]

Ergebnislos blieb die Suche nach einer korpulenten Dame mit »slavischem« Akzent. Sie hatte im August 1910 das »Privatdetektivinstitut Helios« in Wien beauftragt, festzustellen, ob Redl »galante Beziehungen unterhalte«. Der Frau, die als »nicht hübsch, einfach gekleidet, aber zweifellos den gebildeten Ständen angehörend« beschrieben wurde, konnte der seinerzeit mit Redls Observierung betraute Detektiv Beruhigendes mitteilen: »Ein Verkehr mit Damen wurde nicht beobachtet«, und auch sonst verlief das Leben des Generalstabsoffiziers offenbar in ruhigen Bahnen. Außer den regelmäßigen Restaurantbesuchen der »Zielperson« und den anschließenden Heimfahrten per Fiaker gab es nichts zu berichten. Als die wohlgenährte Frau im Jahr danach erneut im Institut »Helios« vorsprach, interessierte sie sich jedoch nicht für Redls etwaige Damenbekanntschaften, sondern dafür, wem das Auto gehörte, das der Oberst benutzte. Die Auskunft, dass der Eigentümer des Wagens ein mit Redl befreundeter »Fuhrwerksbesitzer« war, befriedigte die Unbekannte. Sie erschien kein weiteres Mal bei »Helios«.[416]

Ins Visier der Polizei geriet weiters eine Antonie Nekolar, »Kanditengeschäfts-Inhaberin«, wobei die Art ihres »Verkehrs« mit Redl nicht unbedingt auf sexuelle Beziehungen hindeutete. Nekolars Adresse war aufgrund der in Redls Wiener Wohnung gefundenen Löschblätter rekonstruiert worden. Die ermittelnden Beamten lieferten keine eindeutigen Beweise für einen über geschäftliche Beziehungen hinausgehenden Kontakt zwischen Frau Nekolar und dem Obersten, der womöglich lediglich eine Vorliebe für die gezuckerten Früchte hatte, welche die Dame verkaufte. Dass Antonie Nekolar gerüchteweise finanzielle Unterstützung von einem Generalstabsoffizier erhielt, diente kaum als Beweis für zwielichtige Beziehungen zwischen den beiden.[417] Auch die Verbindung mit einer Prostituierten namens Josefine Frohmüller, die in ihrem Haus im 9. Bezirk zwei weitere Damen des Gewerbes beherbergte, blieb unbestimmt. Es konnte nicht einmal festgestellt werden, ob Redl jemals bei Frau Frohmüller aufgetaucht war.[418]

Die Familie

Die Militärbehörden und die Polizei erhielten zahllose anonyme Zuschriften, in denen verschiedene Personen weiblichen wie männlichen Geschlechts als Geliebte des Obersten oder als seine Komplizen denunziert wurden. Im Normalfall endeten die diesbezüglichen Nachforschungen der Behörden in einer Sackgasse: Die Verdächtigen waren entweder gerade nicht greifbar oder bestritten ganz einfach die gegen sie gerichteten Anschuldigungen. Als nicht hundertprozentig vertrauenswürdig mussten die Angaben professioneller Detekteien wie etwa der Firma »Helios« eingestuft werden. Schon bei früheren Gelegenheiten hatten sich solche »Institute« auf Grundlage erfundener Observationen ins Spiel gebracht, um in Zukunft womöglich hoch dotierte Aufträge von offizieller Seite zu erhalten.

Insgesamt vermitteln die erhalten gebliebenen Dokumente über die polizeilichen Ermittlungen in der Causa Redl den Eindruck, dass man den gewöhnlich anonymen Anzeigen eher halbherzig nachging. Offenbar erwiesen sich diese in den meisten Fällen als völlig aus der Luft gegriffen, als böswillige Denunziationen, als Racheaktionen von Neidern aller Art oder als Stellungnahmen »übereifriger Patrioten« und selbst ernannter Sittenwächter. Die Presseberichterstattung, die den Obersten gleichermaßen als homosexuellen »Lustmolch« und als heterosexuellen »Wüstling« darstellte, beflügelte ganz sicher die Fantasie und animierte zu einer mitunter überflüssigen Mitteilsamkeit. Immerhin schrieben die Zeitungen von Sexorgien mit »gemieteten Frauen«, denen Redl angeblich gemeinsam mit seinem »Neffen« Stefan Horinka beiwohnte. Im Speziellen war von »Nackttänzen« die Rede, die der Unterhaltung der beiden gedient haben sollen.[419]

Nicht zu kurz kamen in den Medien außerdem »Belege« für die »geradezu unverschämte Freigiebigkeit« des Obersten. Berichtet wurde von Trinkgeldern in der Höhe von bis zu 50 Kronen. Über finanzielle Zuwendungen durften sich laut Presse jedoch nicht bloß Redls Lakaien, Chauffeure oder Kellner freuen. Gerüchteweise erhielten auch seine Verwandten regelmäßig Geldsendungen. Seine Brüder sollen in der Folge derart erstaunt über Alfreds vermeintlichen Reichtum gewesen sein, dass sie Erkundigungen über seinen Lebenswandel einholten.[420] Vielleicht waren sie es gewesen, welche die »korpulente Dame« zur Detektei »Helios« geschickt hatten.

Die Stellung von Redls vier Brüdern legte übrigens keineswegs nahe, dass sie finanzielle Unterstützung von Alfred benötigten. Einer arbeitete angeblich als Architekt in Wien, ein weiterer war Bahnbeamter in Lemberg, Heinrich Wladimir Redl hatte es bis zum Hofrat im k.k. Ministerium für Öffentliche Arbeiten gebracht und der älteste Bruder, Oskar, blickte auf eine erfolgreiche Laufbahn im Heeresdienst zurück. Der Oberstleutnant, der zuletzt in Ungarn stationiert gewesen war, befand sich per 31. Mai 1913 im Ruhestand. In Galizien lebten außerdem noch zwei Schwestern, die dem Lehrberuf nachgingen.[421]

Von Redls Vater wussten die Militärbehörden, dass er die Funktion eines Eisenbahnbediensteten in Lemberg ausgeübt hatte.[422] In den Zeitungen hieß es weiters, dass er zunächst Offizier des »Hoch- und Deutschmeisterregiments Nr. 4« und dann »Stationsvorstand in Lemberg« gewesen war.[423] Die Mutter stammte laut Pressemeldungen aus Mähren.[424]

Redls Familienangehörige wurden mal als Nutznießer der Spionagetätigkeit des Obersten dargestellt, mitunter als Komplizen oder Mitwisser und dann wieder als völlig Unschuldige. Anscheinend erregte vor allem Oskar Redl die Aufmerksamkeit der Medien. Die *Arbeiter-Zeitung* behauptete etwa, dass der ältere Bruder des Verräters 1912 pensioniert worden sei, weil Alfred Redl ihn der Spionage bezichtigt habe. Das »Scheusal«, als das der Verräter ja in der Presse vorgeführt wurde, hatte also diesen Angaben zufolge nicht einmal Skrupel, den eigenen Bruder zu beschuldigen.[425] Kurze Zeit später wurde von einer Bekanntschaft Oskar Redls mit den späteren Spionen Waniczek und Bartmann berichtet. Beide Männer hatten selbst in der k.u.k. Armee gedient, wobei der Erstgenannte vor Beginn seiner Agentenlaufbahn offenbar aufgrund eines Konfliktes mit Oskar Redl eine ehrenrätliche Untersuchung über sich ergehen lassen musste. Im Prozess gegen Waniczek und Bartmann soll einmal mehr Alfred Redl den Sachverständigen abgegeben haben.[426]

Es liegen keine Dokumente vor, die solche Geschichten bestätigen könnten. Dass Oskar Redl im Mai 1913 den Ruhestand antrat, dürfte im Übrigen nicht mehr als eine zufällige Koinzidenz mit der Affäre rund um seinen Bruder gewesen sein. Allerdings stellten die Militärbehörden in Ungarn, wo Oskar bis zu seinem Ausscheiden aus der Armee gedient hatte, Nachforschungen über seinen Leumund an. Im Nachhinein bezog man Gerüchte über einen »russophilen Kreisen« nahestehenden Offizier in Nagykombat auf den zuletzt als Militärstationskommandanten fungierenden Oskar Redl. Ob es hier tatsächlich über das Gerede hinausgehende Anhaltspunkte für einen Verdacht gegenüber dem Bruder des Spions gab, blieb offen. Allerdings fand man heraus, dass Oskar regelmäßigen Kontakt mit Alfred pflegte. Außerdem wusste der Vorstand der Zentralstelle für den defensiven Kundschaftsdienst in Ungarn von einem Faible des Redl-Bruders für kostbaren Schmuck zu berichten, dessen Erwerb nicht so recht mit der Gage des k.u.k. Offiziers vereinbar zu sein schien. Immerhin wurde der Wert von Oskars Pretiosen auf über 35.000 Kronen geschätzt. Keine übermäßigen Ausgaben vermutete man indessen im Zusammenhang mit der »Trunksucht« des Oberstleutnants, da er, wie es im Schreiben an das Evidenzbüro hieß, ein sogenannter »Solotrinker« gewesen sei, der offenbar nicht dafür bekannt war, »ganze Runden zu schmeißen«. Stichhaltige Anhaltspunkte für eine Verwicklung in die Spionagegeschäfte des Bruders ließen sich aus Oskars Lebenswandel jedenfalls nicht konstruieren.[427]

Über die Angehörigen Alfred Redls brachte indessen *Die Neue Zeitung* weitere Einzelheiten in Erfahrung. Man stellte die Redls gewissermaßen als notorische »Selbstmörder-Familie« dar. Demnach waren bereits zwei Geschwister des Obersten »freiwillig aus dem Leben geschieden«. Jener Bruder, der in Lemberg bei der Bahn arbeitete, soll sich angesichts der Veruntreuung von Geldern umgebracht haben. Durch die eigene Hand starb angeblich auch eine Schwester.[428] Anderen Mitteilungen zufolge begingen der Vater und eine seiner Töchter Selbstmord.[429]

Die im Kriegsarchiv erhalten gebliebenen Akten zum Fall Redl verweisen des Weiteren auf die Existenz einer Schwester des Obersten namens Helene. Vorhanden sind zudem die Qualifikationslisten der Brüder Oskar, Heinrich und Marian.[430] Letzterer – das jüngste der hier aufgezählten männlichen Geschwister Alfred Redls – wird in den Qualifikationslisten sowohl als Redl als auch als »Rödl« bezeichnet und scheint in Lemberg bei der Bahn beschäftigt gewesen zu sein.[431] Heinrich soll im Übrigen 1914 seinen Familiennamen in »Renolt« geändert haben.[432] Oskar dürfte in Anbetracht der Anfeindungen, denen die Redls im Gefolge des Spionageskandals ausgesetzt waren, gleichfalls einen neuen Namen angenommen haben.[433] Einigermaßen vertrauenswürdig erscheinen die Angaben bei Robert Asprey. Der Romanerzählung ließ der Autor nämlich einen Epilog folgen, in dem er authentisches Aktenmaterial zitierte und den Versuch unternahm, seiner Geschichte Fakten nachzureichen. Hier heißt es, dass Heinrich Redl die Namensänderung mit Rücksicht auf seine Familie angestrebt hatte. Eine ehemalige Mitschülerin der Tochter von Heinrich Redl erinnerte sich, dass das Mädchen damals, also wohl im Juni 1913, zwei Wochen der Schule fernblieb und bei ihrer Rückkehr anders geheißen habe. Dann aber kann die Namensänderung nicht erst 1914 erfolgt sein. Der Junggeselle Oskar Redl entschied sich nach Asprey übrigens erst auf Druck der Behörden für jenen, den Heinrich gewählt hatte. Oskar hatte ursprünglich nicht Renolt, sondern Rhoden heißen wollen.[434]

Während die Brüder des Obersten nicht mit ihm in Verbindung

gebracht werden wollten, pochte eine Marie Redl auf ihre Verwandtschaft mit dem verstorbenen Spion. Die Witwe aus Ungarn, die mit einem Fabian Redl verheiratet gewesen war, behauptete, dass ihr Mann zur Familie des Obersten gehört hatte. Marie Redl versuchte in jedem Fall Ansprüche auf die Verlassenschaft des »Missetäters« geltend zu machen.[435] Im Zusammenhang mit dem Vermögen des Obersten beziehungsweise mit dessen Verwaltung wurde auch ein Notar namens Philipp Ritter von Böhm genannt, den die Behörden in Prag als Verwandten des verstorbenen Generalstabsoffiziers identifizierten.[436]

Alles deutet darauf hin, dass Alfred Redl mit Oskar und Heinrich, wenn nicht regelmäßige, dann immerhin lose Kontakte unterhielt. Wahrscheinlich waren sie es gewesen, die von den Militärbehörden zuerst über den Tod des Bruders informiert wurden. Hermann Zerzawys Behauptung, dass Redls Leichnam aufgrund des Wunsches seiner Geschwister in Galizien und angesichts wiederholter »Lärmszenen« beim Grab des Obersten nach Lemberg überführt wurde, stimmt allerdings nicht.[437] Ursprünglich hatte zwar einer der Redl-Brüder in Erwägung gezogen, den Oberst in Lemberg bestatten zu lassen.[438] Doch es kam anders. Entsprechend einer im Juli 2012 bei der zuständigen Wiener Behörde eingeholten Auskunft über den am 28. Mai 1913 auf dem Areal des Wiener Zentralfriedhofs bestatteten Alfred Redl bestand dessen letzte Ruhestätte bis 1944. Die sterblichen Überreste wurden damals infolge einer Umwidmung des Grabes lediglich »tiefer gelegt«.[439]

Das Erbe

Marie Redl dürfte angesichts der Verlassenschaft des Obersten einigermaßen enttäuscht gewesen sein. Auch andere, die sich in dieser Hinsicht etwas erhofft hatten, reagierten wohl überrascht. Der angebliche Millionär verfügte zum Zeitpunkt seines Ablebens über weit weniger Geld und Sachwerte, als gemeinhin angenommen wurde.

Die »k.k. Finanzprokuratur für Böhmen« informierte im Juli 1913 das 8. Korpskommando in Prag dahingehend, dass sich das Vermögen Alfred Redls auf mehr als 35.000 Kronen belief. Hinzu kamen Redls Haus in Neustift-Innermanzing, die Mobilien seiner Prager Wohnung sowie zwei Autos.[440] Eines der beiden Fahrzeuge, das 1911 in den Besitz des Obersten überging, hatte Zeitungsberichten zufolge fast 19.000 Kronen gekostet.[441] Es handelte sich um eine Limousine »der österreichischen Daimlerwerke mit Prinz-Heinrich-Karosserie«.[442] Der zweite Wagen, den Redl 1912 erwarb, schlug mit einer Summe von weit über 10.000 Kronen zu Buche.[443] In jedem Fall beanspruchte Leutnant Horinka, der angebliche »Neffe« des Obersten, das weniger luxuriöse Gefährt. Dieses hatte ihm der »Onkel« vor nicht allzu langer Zeit geschenkt. Das billigere Auto konnte demnach nicht der Erbmasse zugerechnet werden.[444]

Mehrere tausend Kronen aus Redls Nachlass versprach sich auch die 25-jährige Marie Dobias. Horinkas Geliebte hatte dem Obersten angeblich ihr Vermögen »zur Aufbewahrung« anvertraut und verlangte es jetzt zurück.[445] Probleme taten sich darüber hinaus in Zusammenhang mit Redls Immobilienbesitz auf. Das erwähnte Haus in Niederösterreich bewohnte nämlich einer der früheren Diener des Obersten, Andreas Nebel.[446] Ob Redl diese Immobilie schuldenfrei erworben hatte, stand offenbar nicht fest. Das *Prager Tagblatt* allerdings wollte bereits in Erfahrung gebracht haben, dass Redl das Haus vor seiner Transferierung nach Prag mit einer Hypothek von 2000 Kronen belastet hatte.[447]

Rechte bezüglich der in Prag befindlichen »Effekten« des Verräters machte außerdem der ehemalige Chauffeur des Generalstabsobersten, Adolf Hohn, geltend. Der »Ersatzreservist«, der von März bis November 1912 in Redls Diensten gestanden war, verlangte vor allem die Herausgabe diverser »Wäschestücke«.[448] Andere Personen meldeten Ansprüche auf verschiedene Utensilien aus dem tatsächlichen oder vermeintlichen Besitz des Verstorbenen an. Während die Akten des Militärhistorischen Archivs keine Angaben über etwaige Forderungen von Redls letztem Chauffeur, Emmerich Baumgartner, enthalten, formulierte hingegen ein Mann namens Josef Schuler-Strasser bestimmte Ansprüche.[449] Letzterer dürfte mit dem in den

Zeitungen »Josef S.« oder »Josef Sch.« und von Egon Erwin Kisch »Josef Sladek« genannten Diener von Alfred Redl ident sein. Zwar findet sich in den im Kriegsarchiv einsehbaren Grundbuchblättern wirklich ein Offiziersdiener namens Josef Sladek.[450] Dieser Name taucht allerdings in keiner der »Redl-Akten« auf – weder in Wien noch in Prag. Sladek wird überdies in den betreffenden Unterlagen der Wiener Militäradministration als »deutsch« beschrieben und dürfte damit anders als der in zahlreichen Redl-Büchern dargestellte »böhmakelnde« Sladek keineswegs mit einem derart gefärbten Akzent gesprochen haben.

Ob Josef Schuler-Strasser, der zweifelsfrei Redls »ziviler Diener« gewesen war und dessen Name in den Archivdokumenten auch Schuller-Strasser oder Schüler-Strasser lautet, einen weiteren Kollegen hatte, muss offenbleiben. Entsprechende Presseberichte nennen immerhin zwei Diener, die Redl beschäftigte. Als weiterer Bediensteter kommt dabei ein Offiziersbursche namens Ludwig Reiser infrage, der in den Materialien des Prager Militärhistorischen Archivs aufscheint.[451]

In diesen Aktenbeständen finden sich außerdem zwar Listen über die in Redls Wohnung vorgefundenen Möbel und andere Gegenstände, nicht aber eine Bestandsübersicht betreffend die Kleidung des Obersten. Egon Erwin Kischs diesbezügliche Auflistung, wonach der »Meisterspion« unter anderem 400 Paar Glacéhandschuhe, 195 Oberhemden und 10 Paar Lackschuhe besaß, ist etwas übertrieben.[452] »95 Taghemden«, »17 Nachthemden«, »25 Unterhosen« und »62 Paar Handschuhe« konnten im Dezember 1913 in Prag im Rahmen einer öffentlichen Versteigerung des Redl'schen Nachlasses erworben werden. Auch diese Mengen sind zweifellos erstaunlich – vor allem, meinte die *Bohemia* in ihrer Berichterstattung über die Veräußerung der »Redliana«, für einen »Junggesellen«. Man darf überdies davon ausgehen, dass die Aufzählung der zum Verkauf gelangten und die Summe der tatsächlich im Besitz des Obersten gewesenen »Wäschestücke« annähernd identisch sind. Offensichtlich sollte alles zu Geld gemacht werden, was dem Obersten einst gehört hatte. Daher kam – so bizarr dies auch ist – sogar »ein Päckchen schmutziger Wäsche« unter den Hammer.[453]

Währenddessen berichtete unter anderen die *Arbeiter-Zeitung* von Redls exklusivem Geschmack in Sachen Mode. »Der raue Krieger«, höhnte das Blatt, habe lediglich teure und »weiche Glasbatisthemden« getragen.[454] Über eine – angesichts der damals vielfach eher schütter ausgestatteten Kleiderschränke – einigermaßen beträchtliche Anzahl von Textilien verfügte außerdem Josef Schuler-Strasser. Der Diener des Obersten nannte unter anderem sieben Anzüge, 40 Hemden und 23 Unterhosen sein Eigentum.[455]

Die Versteigerung der – wie es die *Bohemia* formulierte – »Spionsreliquien«, die im Übrigen eine Vielzahl Interessenten anlockte, förderte auch Redls Vorliebe für teure Uhren zu Tage. An die 1400 Kronen wurden überdies aus dem Verkauf eines Brillantrings, der dem Besitz des Verstorbenen entstammte, lukriert. Bei einem Ausrufepreis von 3 Kronen 50 Heller erzielte man zudem mit dem Angebot einer fast dreimal höheren Summe immer noch erstaunlich viel für »fünf Päckchen russischen Tee, der in einer Originalkiste mit russischer Adresse lag«. Dass kaum ein Utensil aus der Verlassenschaft des Obersten den Auktionsteilnehmern vorenthalten wurde, beweisen nicht bloß die Teekiste und die erwähnte Schmutzwäsche Redls, sondern auch ein feilgebotenes Päckchen mit originell verzierten »Demel-Bonbons«.[456]

Ungeachtet aller Petitessen zeigte sich dabei erneut, dass der Oberst auf großem Fuß gelebt und sich offenbar gerne Zeit gelassen hatte, ins Haus flatternde Rechnungen zu begleichen. Nach Angabe der Finanzprokuratur beliefen sich die Passiva, die es im Zuge der Feststellung von Redls Vermögen zu berücksichtigen galt, auf fast 30.000 Kronen. Alfred Redl hatte eine beachtliche Anzahl an ausständigen Rechnungen angehäuft.[457] Geldforderungen stellten unter anderem zwei Prager Schneider, ein Sattler und die Buchhandlung »Seidel & Sohn« in Wien. Eine Rechnung für »Zahnersätze« war gleichfalls nicht beglichen worden. Außerdem musste man noch für die durchaus kostspielige Erhaltung von Redls Pferden aufkommen.

Hier hatten sich hohe Rückstände angesammelt.[458] Dem Generalstabsoffizier zur Verfügung standen zuletzt offenbar drei oder vier edle Tiere, die Pressemeldungen zufolge »aus dem Osten« stammten. Unterstellt wurde dem Topagenten gar, eine Art Pferdehandel betrieben zu haben. Dieses Geschäft, das Gerüchten zufolge eine gewisse Zeit hindurch lief, hatte sich angeblich als überaus einträglich erwiesen. Gemäß den Aussagen seiner früheren Hausherrin, Frau B., hatte Redl sogar im Pferdestall ein Telefon installieren lassen, um in ständiger Verbindung mit seinen Dienern bleiben zu können. Im Übrigen befanden sich in Redls Diensten 1913 gerüchteweise gleich mehrere Pferdeburschen.[459]

Von Redls ehemaligem Chauffeur, Adolf Hohn, hatte Frau B. darüber hinaus manche Einzelheiten über Redls Reichtum erfahren. »So oft man in die Wohnung hinaufkommt, zählt er seine Tausender«, soll Hohn erzählt haben.[460]

Das Personal

Unterschiedliche Meldungen brachten die Zeitungen indessen über Redls »Zivildiener Josef S.« beziehungsweise »Josef Sch.«. Man stellte ihn einerseits als Opfer seines Herrn dar, der mit einem geringen Lohn abgespeist wurde. Obendrein hatte er dem Obersten quasi treuhänderisch nicht unbeträchtliche Barmittel aus zwei Erbschaften überlassen, die nun verloren waren.[461] Andererseits berichtete die *Arbeiter-Zeitung* von der privilegierten Stellung des »Zivildieners«, der nicht nur gemeinsam mit Redl speiste und elegante Kleidung trug, sondern von den Burschen auch mit »Herr Josef« angesprochen werden musste.[462]

Mindestens ebenso bemerkenswert war das Verhältnis des Obersten zu Andreas Nebel, dem Vorgänger des »Herrn Josef«. Es meldeten sich Personen zu Wort, die sich anscheinend genau an diesen Mann erinnerten. Sie, so berichtete die *Arbeiter-Zeitung*, hätten den Eindruck gewonnen, Redl sei »unter der Fuchtel« seines Dieners gestanden. Dass Letzterer sich einer besonderen Wertschätzung seines Herrn erfreute, bewies unter anderem ein überaus großzügiges Geschenk. Alfred Redl, damals noch Hauptmann, kaufte dem Diener angeblich ein Haus in Hietzing. Dieses aber wechselte bald den Besitzer, sodass Redl ein neues in Niederösterreich erstand.[463] Dort wohnte nun Andreas Nebel mit Frau und Kindern.

Auskünfte über Redls früheren Bediensteten bezog die Presse offenbar nicht zuletzt von Josef Schuler-Strasser. Der Privatdiener des Obersten, der mit ihm am 24. Mai aus Prag angereist war, hängte sich angesichts der eigenen Beziehungen zu seinem Herrn – salopp formuliert – ziemlich weit aus dem Fenster. Immerhin identifizierte der Militär-Auditor Wenzel Vorliček ihn als einen jener Männer, die dem Obersten spezielle Gefälligkeiten erwiesen. In Redls pornografischer Bildersammlung fanden sich nicht nur einschlägige Fotos von Stefan Horinka, sondern auch von Josef Schuler-Strasser. Die betreffenden Aufnahmen kompromittierten außerdem Andreas Nebel, der sich in nicht gerade jugendfreien Posen präsentierte.[464]

Letzterer leugnete zunächst seine intimen Beziehungen zu Alfred Redl. In Anbetracht der Beweislage allerdings musste er am Ende das über herkömmliche Dienstleistungen hinausgehende Verhältnis zu seinem früheren Herrn zugeben. Allerdings versuchte er sogar jetzt noch, den entlarvenden Fotografien »eine unverfängliche Deutung zu geben«. Die »Unzucht« mit ihrem Herrn bestritten in jedem Fall beide Diener. »Infolge Verjährung« allerdings hatten sie ohnehin keine strafrechtlichen Konsequenzen zu fürchten. Anscheinend waren die verhängnisvollen Aufnahmen, die als Ausgangspunkt einer Anklage heranzuziehen gewesen wären, bereits vor längerer Zeit angefertigt worden. In den entsprechenden Darlegungen des Auditors war von fünf Jahren die Rede.[465] Im Übrigen kam das Garnisonsgericht Wien zu dem Schluss, dass Schuler-Strasser und Nebel von Redl »zur Duldung unsittlicher Beziehungen verleitet« worden waren.[466]

Obwohl diverse Zeitungen sämtliche Diener Redls als Mitwisser oder gar aktive Mitwirkende bei den Spionageaktivitäten des Obersten verdächtigten, lag der Schwerpunkt der Ermittlungen gegen Andreas Nebel augenscheinlich eher bei seinen anderweitigen Kontakten zum »Meisterspion«.[467] Nichtsdestoweniger war beim Garnisonsgericht Wien eine Anzeige des Gendarmeriepostens in Liesing eingegangen, in der regelmäßige Geldgeschenke und andere Zuwendungen von Redl an Nebel im Lichte nachrichtendienstlicher Interessen betrachtet wurden. Die zuständigen Gendarmen schlossen nämlich eine Verwicklung des als »Kleinhäusler« bezeichneten Nebel in die »Verrats-Geschäfte« des k.u.k. Generalstabsobersten nicht aus.[468] Zweifel an der Rechtschaffenheit von Redls früherem Diener hegte offenbar auch ein Gendarmeriewachtmeister in Altlengbach. Er berichtete unter anderem von einem Pferd, das der Betreffende nach einem Besuch beim Obersten in Prag nach Hause mitgebracht hatte. Außerdem sei Nebels Gattin zwischen 23. und 26. Mai in Wien gewesen. Der Wachtmeister schloss nicht aus, dass Frau Nebel eine Komplizin des Verräters gewesen war. In jedem Fall hatten die in einem auffälligen Missverhältnis zu Nebels Verdiensten stehenden Geldausgaben von Redls Ex-Diener dazu geführt, dass dieser ab August 1912 überwacht worden war. Die diesbezüglichen Beobachtungen der Gendarmerie lieferten aber keine Hinweise auf kriminelle Handlungen oder eine Komplizenschaft von Andreas Nebel.[469] Zum selben Ergebnis kamen auch Major-Auditor Wenzel Vorliček und Geheimdienstoffizier Hermann Zerzawy, als sie den »Verflossenen« des »überführten Vaterlandsverräters« in Niederösterreich aufsuchten. Zerzawy erinnerte sich daran, dass man im Haus »ganze Kisten von Redls einstigen Uniformen und Reitsachen« sowie »eine Anzahl noch verkorkter Champagner-Flaschen« entdeckte. Als Nebel den beiden Besuchern anbot, ihnen das edle Getränk zu kredenzen, lehnten sie »dankend« ab.[470]

Mittlerweile hatte auch die Polizei in Wien einiges über den zwielichtigen Ex-Diener des Obersten herausgefunden. Der nun 41-Jährige war von 1896 bis 1901 in Redls Diensten gestanden. Obwohl er danach über Vermittlung seines Arbeitgebers eine Anstellung in der »Österreichisch-Ungarischen Bank« fand, wohnte er bis zu seiner Verehelichung im Juni 1904 bei Alfred Redl. Der »Bankdiener« und seine Frau Theresia erwarben und verkauften in den folgenden Jahren mehrere Immobilien, wobei auch hohe Beträge meist bar bezahlt wurden. Als eines Tages von dem Geld anscheinend nicht mehr viel übrig war, zogen die »Nebels« in ein Haus in Neustift bei Neulengbach, das laut Grundbuch dem Obersten gehörte. Früheren und nunmehrigen Nachbarn der Familie waren die oftmaligen Besuche Alfred Redls aufgefallen. Angenommen wurde unter anderem ein Verhältnis des Offiziers mit Theresia Nebel – umso mehr als eines der Kinder des Paares den Namen Alfred erhielt. Außerdem vermuteten verschiedene Angestellte der »Österreichisch-Ungarischen Bank«, ihr Kollege Andreas Nebel unterhalte homosexuelle Beziehungen zum Obersten Redl. Die 1910 erfolgte Kündigung Nebels durch das Geldinstitut stand dann aber offenbar nicht in Verbindung mit diesen Gerüchten, sondern war auf die oftmalige Unpünktlichkeit des Dieners zurückzuführen.[471]

Über Andreas Nebel etwas erzählen konnte im Übrigen auch der »Skontist« Johann Horinka. So kam ans Tageslicht, dass der Vater Stefan Horinkas ein Kollege von Redls Ex-Diener bei der Österreichisch-Ungarischen Bank gewesen war. Horinka hatte von Nebels früherem Dienst beim damaligen Hauptmann Redl gewusst und über diesen den Generalstabsoffizier um Unterstützung gebeten: Es ging um eine Intervention zugunsten des Sohnes Stefan, dessen Aufnahme in die »Infanterie-Kadettenschule« in Wien sichergestellt werden sollte. Die Fürsprache des Hauptmanns half. Stefan Horinka begann 1904 seine Offizierslaufbahn. Einige Jahre später, 1908 oder 1909, revanchierte sich dessen Vater dafür, dass Andreas Nebel in der Angelegenheit des zu fördernden jungen Mannes ein gutes Wort bei Redl eingelegt hatte, in einigermaßen großzügiger Art und Weise. Er lieh Andreas Nebel, mit Wissen von Alfred Redl, wie Horinka betonte, 7000 Kronen. Nur 1000 sah er wieder. Allerdings hatte er, ohne diesbezügliche Zusagen erhalten zu haben, stets darauf gebaut, sich im Falle eines endgültigen Ausbleibens von Nebels Zahlungen beim Obersten Redl schadlos halten zu können.[472]

»... dass ich mich nicht mehr Dir zur Lust hingebe ...«

Nach dem Selbstmord des Verräters befanden sich viele Offiziere in einer unangenehmen Situation. Wer in einer teuren Wohnung logierte oder häufig in Luxusrestaurants gesehen wurde, geriet fast automatisch in den Verdacht, ebenso wie Alfred Redl ein Spion zu sein.[473] Überall wurden Komplizen des Obersten gewittert. Wer überdies mit dem Verräter verkehrt hatte, wie etwa ein Artillerieoberst namens Wostrowski, hatte sofort eine Anzeige am Hals.[474] Auch Stefan Horinka, den allerdings Redl auf Nachfrage der Militärkommission als unschuldig bezeichnet hatte, galt als potenzieller Mitwisser oder Mittäter.

Die Zeitungen monierten indessen, dass aufgrund der erst am 28. Mai erfolgten Verhaftung des Leutnants genügend Zeit geblieben war, um eventuell vorhandenes belastendes Material zu vernichten. Detailliert berichtete die Presse darüber, wie der junge Leutnant in der Wohnung seiner Geliebten festgenommen worden war.[475] Bei Letzterer, die in den Zeitungen als »Fräulein T.« bezeichnet wurde, handelte es sich um die in Wien ansässige 25-jährige Marie Dobias. Stefan Horinka hatte sie angeblich in Stockerau, wo sie einige Zeit hindurch als »Kassierin« in einem Café arbeitete, kennengelernt. Kurzfristig soll sie auch – über Vermittlung von Alfred Redl – im Kriegsministerium als Volontärin tätig gewesen sein. Allem Anschein nach hatte sie von der Beziehung mit Stefan Horinka zudem finanziell profitiert. Wie sich im Zuge der Ermittlungen herausstellte, gab ihr der Geliebte nicht nur die 55 Kronen für den Monatszins.[476] Fräulein Dobias stellte sehr konkrete Ansprüche, und diese wiederum bezahlte niemand anderer als Oberst Redl.

Dass die Kontakte des Verräters zu Stefan Horinka über eine Männerfreundschaft hinausgegangen waren, konnte man damals in jeder Zeitung nachlesen. Während die sexuellen Beziehungen, die Oberst Redl mit Andreas Nebel oder Josef Schuler-Strasser unterhielt, in der Presse nur ganz vereinzelt und lediglich andeutungsweise zum Thema gemacht wurden, war Leutnant Horinka restlos bloßgestellt. Mehr Diskretion ließ man bei anderen Offizieren walten. Unter Verschluss hielten die Militärbehörden nämlich die auf sexuelle Kontakte mit Redl abzielenden Verdächtigungen gegenüber Johann Ritter von Hempel, Ernst Steyrer oder Victor Kovačević. Deren Aussagen über Redl und Horinka bestätigten wiederum den »unzüchtigen« Charakter des nach außen hin als »Onkel-Neffe-Beziehung« dargestellten Verhältnisses.[477] Da jedoch sowohl Hempel als auch Kovačević Kollegen Redls im Evidenzbüro gewesen waren, dürften die ermittelnden Behörden am Ende mehr Interesse an deren beruflichen Kontakten mit dem »Meisterspion« an den Tag gelegt haben als an Gerüchten über intime Beziehungen.[478]

Die Eltern des Leutnants gaben indessen an, das Interesse, das der Oberst dem Sohn entgegenbrachte, niemals in diese Richtung interpretiert zu haben. Sie waren vielmehr glücklich darüber, dass der vermögende, aber kinderlose Oberst nicht nur Stefan, sondern auch den jüngeren Sohn Josef finanziell unterstützte. Immerhin erwies sich die Ausbildung der beiden Sprösslinge als einigermaßen kostspielig. Dass Stefan schließlich von der Infanterie zur teuren Kavallerie wechseln konnte, verdankte er nur der Großzügigkeit des »Onkels«. Horinkas Transferierung zum »Ulanen-Regiment Erzherzog Franz Ferdinand Nr. 7« erfolgte ebenfalls nach Fürsprache Redls. Dieser griff dem »Neffen« nach Absolvierung der Kadettenschule im Übrigen zuerst mit 50 Kronen monatlich, dann mit 100 und zuletzt mit 600 Kronen unter die Arme. Außerdem zahlte er dem jungen Mann die Miete für dessen Wohnung in Stockerau, die mit fast 1000 Kronen im Jahr zu Buche schlug. 12.000 Kronen legte der Generalstabsoffizier für die Einrichtung von Horinkas vier Wänden aus. Hinzu kamen teure Schmuckgegenstände und schließlich ein Automobil. Außerdem stellte Redl dem Ulanenleutnant zwei Reitpferde zur Verfügung.[479]

Allein die Geschenke Redls an seinen jungen Liebhaber machen deutlich, warum der Oberst so viel Geld brauchte und wofür er es zu einem nicht unerheblichen Teil gleich ausgab. Dass nicht nur Stefan Horinka, sondern auch Andreas Nebel seine speziellen Dienste offenbar nicht unentgeltlich verrichtet hatte, wurde bereits dargelegt. Obwohl die Presse auf Grundlage »offiziöser Meldungen« kurz nach Bekanntwerden der Affäre Gerüchte über eine seitens ausländischer Agenten initiierte Erpressung des Obersten in Umlauf setzte und diese mit der verheimlichten Homosexualität des Generalstabsoffiziers in Verbindung brachte, lagen die Dinge wohl anders.[480] Redl hatte zweifelsohne erkannt, seine Liebhaber nur bei entsprechender finanzieller »Entschädigung« halten zu können. Dass diese wiederum den Obersten bei Bedarf erpressten, erscheint nicht unbedingt abwegig. Redl dürfte sowohl freiwillig als auch unfreiwillig Gelder lockergemacht haben, um seine »gleichgeschlechtlichen Neigungen« auszuleben oder aber zu verheimlichen.

Dass der spendable »Onkel« als Gegenleistung für seine Präsente nicht nur nette Gespräche erwartete, verstand Stefan Horinka wohl spätestens im Herbst 1908. Damals hatte Redl gemäß den Darlegungen des wegen »Unzucht wider die Natur« angeklagten Leutnants »unter Hinweis auf sein schlechtes Aussehen sein Glied zu besichtigen verlangt«. »Oberst Redl selbst«, so der Wortlaut des Berichts vom k.u.k. Garnisonsgericht Wien, »öffnete ihm die Hose, nahm das Glied heraus, besichtigte es aber eine dem Beschuldigten überaus zu lange erscheinende Zeit, so dass sich dieser schließlich dieser Prozedur verwehrte«. Doch es blieb nicht bei diesem einen Mal. Ähnliches ereignete sich schon nach kurzer Zeit wieder. Außerdem »wurde der Beschuldigte vom Obersten in vollkommen nackten Zustande mit steifem Gliede mehrmals photographiert«, wobei »die zeitlich auseinanderfallenden Aufnahmen« die »verschiedenen Stadien des Errektionszustandes« zeigten. 1912, vor Redls Abreise nach Prag, hatte der Oberst das letzte Mal das »Geschlechtsteil« des Leutnants »abgegriffen«.[481]

Horinka musste sich im Vorfeld des Prozesses einer demütigenden ärztlichen Untersuchung unterziehen, im Zuge derer laut Bericht des k.u.k. Garnisonsgerichts keine Hinweise auf einen »homosexuellen Geschlechtsverkehr« gefunden wurden. Allerdings stellten die Mediziner fest, dass der Leutnant an Syphilis litt.[482] Ob sich Horinka bei Redl, der seit vielen Jahren mit dieser Krankheit kämpfte, angesteckt hat, ist selbstverständlich nicht zu beantworten.[483] Doch dürfte dem späteren Topspion sein Leiden eine Verzögerung in der Ausbildung beschert haben. Redl, der bereits 1891 in die Kriegsschule eingetreten war, konnte sie in Anbetracht seiner Erkrankung offensichtlich erst ab 1892 wieder regelmäßig besuchen.[484]

Horinka schilderte gegenüber dem Gericht schließlich weitere Zudringlichkeiten des Obersten. Dass es aber zum Geschlechtsverkehr gekommen war, ist Horinkas Angaben nicht zu entnehmen. Vielmehr war dem Leutnant daran gelegen, das bereits Wochen vor dem Ableben seines »Gönners« in Schwebe befindliche Zerwürfnis als Folge eindeutiger Wünsche Redls hervorzuheben. Auch das Militärgericht in Person des Auditors Wenzel Vorliček kam zu einem solchen Ergebnis. Als Beweis hierfür wurde ein am 27. April 1913 vom Angeklagten an den Obersten gerichteter Brief zitiert. In diesem Schreiben beschuldigte Horinka Redl, die Freundschaft lediglich »zur Befriedigung« seiner »unglückseligen Leidenschaft« zu missbrauchen.

Ganz offensichtlich hatte der ehemalige Evidenzbüromitarbeiter den Leutnant unter Druck gesetzt, denn dieser hielt fest: »Du drohst mir mit Verderben, wenn ich dir nicht zu Willen bin. Nun gut, so gehe ich lieber zugrunde, als eine bezahlte Dirne zu sein, die keine Stunde Ruhe hat, aus Furcht jeden Moment vor die Türe gesetzt zu werden. Rücksicht und Mitleid mit Deiner Krankheit hätte ich gehabt, aber zwingen und erniedrigen lasse ich mich nicht, da bin ich zu stolz. Auf so einen Erwerb gehe ich nicht aus, da ist mir meine Gesundheit zu lieb. Was ich getan und tun wollte, war aus Freundschaft und Verständnis für Dich, Du unglückseliger Mann, aber zwingen lasse ich mich nicht.« Weil er kein Ende »diese[r] unleidlichen Zustände« zu sehen vermochte, kündigte Horinka an, das Militär »ohne Eklat« verlassen und einen Zivilberuf ergreifen zu wollen. »Du hast mich«, schrieb der Leutnant an seinen »Onkel«, »hinaufgebracht schrittweise, bringe mich auch so herunter«. Am Ende des Briefes bekräftigte er es mit seinem »Offiziersehrenworte«, dass »ich mich nicht mehr Dir zur Lust hingebe«.[485]

Freilich hatte Redl es in der Vergangenheit stets verstanden, derartigen Ankündigungen keine konkreten Konsequenzen folgen zu lassen. Um den »Neffen« nicht zu verlieren, versprach er ihm 1911 gar einen Betrag in der Höhe von 100.000 Kronen. Der Leutnant schlug dieses Angebot zwar aus, nahm aber die bereits erwähnten anderen Geschenke des »Onkels« an. Vereinbart wurde eine monatlich stattfindende Zusammenkunft »zu dem von Oberst Redl verlangten Zwecke«. Horinka unterschrieb außerdem auf Wunsch seines »Gönners« eine Vereinbarung, wonach er sich bis zu seinem angestrebten Eintritt in die Kriegsschule verpflichtete, »niemals einer Frauensperson über eine Woche sich erstreckende Herberge zu gewähren, ebenso auch seine Wohnung nicht durch wüste Schwelgereien zu besudeln«.[486]

Versuchungen

Als Stefan Horinka am 24. Mai Alfred Redl im Hotel Klomser aufsuchte, hatte der Oberst die Hoffnung auf eine Fortsetzung seiner Liaison noch nicht aufgegeben. So zumindest lässt sich ein am 16. Mai vom Generalstabschef des 8. Korps stammender Brief an den »Neffen« deuten. Darin beklagte er sich zwar über die mangelnde Dankbarkeit des Leutnants sowie über die »Grobheiten« und »Niederträchtigkeiten«, die sich Horinka in seinen letzten Zuschriften »erlaubt« hatte; er streckte ihm aber die »Hand zur Versöhnung« entgegen und schlug eine Aussprache vor. Offenbar war dem Obersten an einer Wiederherstellung des Status quo ante gelegen. Er wolle die Beziehung wieder auf jene Basis stellen, wie sie »8 Jahre« hindurch bestanden habe. Auf Grund dieser Aussage lässt sich vermuten, dass Redl bereits 1905 damit begonnen hatte, bestimmte Gegenleistungen für seine finanzielle Unterstützung zu fordern. Vor den »Drohungen« des Leutnants habe er, hielt der Oberst in dem Brief an Horinka fest, freilich keine Furcht. Ihm liege im Gegenteil viel an der Zukunft und dem »Glück« seines Schützlings. Redl sprach vom »Nachgeben« und von seiner »Umstimmung«. Was meinte er damit? Dass er etwaigen Geldforderungen Horinkas entsprechen oder seine Wünsche

(11) **Der Spion als Privatmann. In dieser Aufmachung zeigte er sich wohl nur seinen engsten Freunden.**

sexueller Natur auf die diesbezügliche Bereitschaft des Leutnants abstimmen würde? Hatte Horinka eventuell gar damit gedroht, die Homosexualität Redls publik zu machen?

Wenn man den Aussagen des Leutnants folgt, dann kam es am 24. Mai zum endgültigen Zerwürfnis zwischen ihm und Alfred Redl. Warum aber hatte der Oberst noch am selben Tag einen hohen Betrag an den jungen Mann überwiesen? Um ein weiteres Mal auszuprobieren, ob Horinka der Versuchung eines finanziell abgesicherten Lebens erliegen würde? Oder hatte der Leutnant gegenüber dem Gericht gelogen und das Arrangement mit seinem »Gönner« auf Grundlage neuer Vereinbarungen verlängert?

Egon Erwin Kisch kennt die Antwort auf diese Frage. Redl wollte dem Leutnant als Ergebnis der Aussprache einen »Austro-Daimler

(Tourenwagen)« kaufen. Umgekehrt hatte Horinka demnach versprochen, ihn weder zu verlassen noch eine offenbar geplante Ehe einzugehen. Ob allerdings der bei Kisch abgedruckte, angeblich niemals an Horinka abgeschickte Brief des Obersten, dem diese Zusammenhänge zu entnehmen sind, authentisch ist oder nicht, kann nicht beantwortet werden.[487] Da Horinka ja bereits einen Wagen besaß, ist aber zweifelhaft, ob Redl seinen Geliebten auf diese Art umzustimmen plante. In jedem Fall wertete das Gericht die durch Alfred Redl am 24. Mai auf den Namen von Stefan Horinka getätigte Einzahlung nicht als Indiz für eine Fortsetzung der Beziehung. Es schenkte also den Angaben des Angeklagten Glauben.

Obwohl Wenzel Vorliček im Beschuldigten nicht zuletzt einen Verführten sah, dem erst nach und nach die moralische Tragweite seiner Beziehung zu Redl bewusst geworden sei, musste freilich das Gericht den immensen Profit, den der Leutnant aus der Liaison gezogen hatte, konstatieren. Dass Horinka das spezielle Verhältnis zum »Onkel« durchaus mit Kalkül auszunutzen verstand, beweist unter anderem seine Korrespondenz mit Marie Dobias. Die als »Herzinnigst geliebtes Schatzi« Titulierte sollte sich auf Rat des Freundes mit ihren Wünschen direkt an den Obersten wenden. Diesen wiederum warnte der verliebte Leutnant insofern vor, als er ihm von den Forderungen seines »Mitzerls« berichtete. Sie wollte Geld für Wäsche, für Zähne und, so Horinka, »was weiß ich was sie zu Weihnachten haben will«.[488]

Redl verdächtigte Marie Dobias, Horinka zur Heirat zu zwingen. Würde sie »noch einmal schwanger«, hatte er prophezeit, »lässt sie sich's wachsen und nicht mehr wegmachen«. Allerdings ließ das »Mitzerl« eine Abtreibung vornehmen, sodass Horinka hoffte, der »Onkel« könne nun nicht länger gegen die Beziehung sein. Außerdem teilte der Leutnant dem Obersten mit, dass er das Honorar des behandelnden Gynäkologen bezahlt habe. Er kündigte an, Redl die »saldierte Rechnung« als Beweis zu schicken. Auf diese Weise wollte er sich offenbar von dem Verdacht befreien, sein Geld nur für »Toiletten und andere Begehrlichkeiten« auszugeben.[489]

Es scheint so, als hätte Horinka bei aller Abscheu gegenüber der »unseligen Leidenschaft« des Obersten sehr wohl auch die Vorteile dieser Verbindung gesehen. Sogar die Ansprüche der Freundin konnten aus der Brieftasche des »Onkels« bezahlt werden. Ob sich dieser dabei aus dem ihm angeblich anvertrauten Vermögen von Fräulein Dobias bediente, ist nicht klar. Zweifellos aber ermöglichte Redls Unterstützung dem Leutnant ein durchaus annehmliches Leben. Ungewollte Schwangerschaften der Geliebten stellten in Anbetracht des vorhandenen Geldes keine großen Tragödien dar. Und wenn doch einmal gröbere Probleme auftauchten, durfte Horinka gewiss auf die Hilfe des Obersten hoffen.

Die Aufmerksamkeit des Garnisonsgerichts galt aber nicht nur den intimen Beziehungen zwischen Redl und Horinka, sondern auch den von den beiden gemeinsam unternommenen Reisen. 1909 und 1910 standen nämlich Besuche in London und Paris auf dem Programm. Der Umstand, dass Horinka seinen Regimentskameraden von den Aufenthalten erzählte, reichte dem Gericht, um den Angeklagten vom Vorwurf der Komplizenschaft entlastet zu sehen. Auch andere Indizien erwiesen sich offenbar nicht als stichhältig genug, um daraus eine Beteiligung Horinkas an Redls Spionagegeschäften abzuleiten.[490]

In der Presse war lediglich von Aufenthalten des Generalstabsoffiziers in Dresden und Warschau die Rede gewesen.[491] Beide Reisen hatten gemäß den Zeitungsberichten Treffen mit Agenten fremder Mächte gedient. Evidenzbürochef Urbański behauptete später allerdings, dass Redl nie in Warschau gewesen war. Er bestätigte vielmehr die Angaben des Verräters, wonach der Kontakt zu dessen Auftraggebern ausschließlich postalisch und über Chiffren erfolgt war.[492] Was aber ist mit Redls anderen Auslandsaufenthalten? Standen die Fahrten des Obersten nach Paris und London mit dienstlichen Aufgaben in Verbindung? Oder dienten sie nur dem Vergnügen? Hatte sein Mitreisender, Leutnant Horinka, damals nicht doch etwas Verdächtiges bemerkt oder womöglich sogar als Mittelsmann fungiert? Immerhin hielt sich der russische Geheimdienstmann Aleksandr

Aleksandrovič Samojlo immer wieder in der »befreundeten« französischen Metropole auf, um seine »Wiener Bekannten« zu treffen.[493] Auch in London könnte der Oberst seinen »Neffen« als Boten verwendet haben. Dass Redl den Briten seine Dienste antrug oder zumindest diesen Plan hegte, behauptete später nämlich General Gurko.[494] Wenn Redl sich Anfang 1909 in London als Agent anbot, dann wäre auch geklärt, warum der Botschafter des »Empires« in Russland seinen Kollegen, Lelio Graf Spannocchi, »anno dazumal« vor einem Spion mit den besten Verbindungen zur Militärspitze Österreich-Ungarns warnen konnte. Die Konjunktive in diesem Zusammenhang sind jedoch in Anbetracht der Quellenlage nicht zu eliminieren.

Die Möglichkeitsform bleibt aber auch in Hinblick auf Stefan Horinkas etwaiges Wissen über die Geschäfte des Obersten bestimmend. Es ist nicht auszuschließen, dass er zumindest ahnte, woher sein »Gönner« all das Geld bezog, von dem ja auch er selbst profitierte. Der junge Leutnant wusste genau, dass eine nachgewiesene Verwicklung seiner Person in die Machenschaften des »Jahrhundertspions« eine viele Jahre, wenn nicht Jahrzehnte dauernde Haftstrafe nach sich ziehen würde. Um dem Kerker zu entgehen, könnte er dem Gericht gewisse Informationen vorenthalten haben.

Hinsichtlich des Strafausmaßes ging die ganze Angelegenheit glimpflich für Stefan Horinka aus. Redls Liebhaber wurde lediglich der »Unzucht wider die Natur« schuldig gesprochen und musste für drei Monate hinter Gitter. Allerdings rechnete ihm das Militärgericht die Zeit in Untersuchungshaft an, sodass nur mehr zwei Monate übrig blieben. Die ersten drei Wochen musste Horinka jedoch in Einzelhaft verbringen. Außerdem wurde dem Verurteilten die Leutnantscharge entzogen und das »Militärjubiläums-Kreuz« aberkannt.[495] Konsequenzen erwarteten aber auch andere: Der Generalinspektor der »Militär-Erziehungs- und Bildungsanstalten« regte im Herbst 1913 an, Johann Horinka dazu zu bewegen, seinem zweiten Sohn Josef die vorzeitige Beendigung der Ausbildung in der Infanteriekadettenschule nahezulegen. Man sah nämlich infolge der Verwicklung des älteren Horinka-Bruders in die Affäre Redl auch Probleme für den jüngeren voraus und spielte dabei auf das Verhalten der Kameraden des Zöglings an.[496]

General Edmund Glaise von Horstenau berichtet in seinen Erinnerungen, dass er 1916 in Galizien einem jungen »Wachtmeister« begegnete, von dem ein Kollege behauptete, es handle sich um Stefan Horinka.[497] Der »Neffe« des spionierenden Generalstabsoffiziers war nach der Affäre gesellschaftlich ruiniert. Möglich, dass er sich ebenso wie Redls Brüder einen anderen Namen zulegte. Nur unter großen Anstrengungen konnte ihn Ende der 1950er Jahre offenbar der Romanschriftsteller Robert Asprey ausfindig machen. Beim Interview dürfte der groß gewachsene Mann äußerst unruhig gewirkt haben. Laut Asprey hantierte Horinka während des ersten Gesprächs nervös mit einem Messer.[498] Vor dem wissbegierigen Amerikaner saß »ein alter Mann mit unschönen Erinnerungen«.[499] Ob er bereit gewesen war, allzu viel davon preiszugeben? In Aspreys Roman, in dem sich Redl und Horinka mit »Stevie« und »Fredl« ansprechen, erscheint der ehemalige Leutnant nicht zuletzt als einer, der sich der finanziellen Vorteile der Beziehung zum »Onkel« bewusst war. Diesen Darstellungen zufolge zahlte Redl die Spielschulden des jungen Mannes. Überdies versuchte er, ihn in gleichsam väterlicher Sorge von einer Heirat abzuhalten, die seine Karriere in der Armee gefährdete.[500] Asprey erfuhr anscheinend nicht viel vom »Liebhaber« des »Meisterspions«. Erwähnenswert erschien Horinka jedoch, dass ihm ein ehemaliger Vorgesetzter nach der Entlassung aus dem Gefängnis geraten hatte, ein neues Leben in Südamerika zu beginnen. Horinka entschied sich aber anders. Er heiratete und gründete eine Familie.[501]

GEHEIMNISSE

Krise

Der Spionageabteilung des russischen Generalstabs gingen von Zeit zu Zeit Berichte über diverse Konferenzen im Wiener Kriegsministerium zu. Wenngleich gewisse Zweifel an der Glaubwürdigkeit dieser Informationen bestanden, erachtete man sie dennoch als keineswegs zu ignorierende Quelle über die Interna der Habsburgerarmee. Besonderes Interesse riefen in Petersburg die in den Geheimdokumenten dargestellten Reaktionen des k.u.k. Generalstabs auf die Affäre Redl hervor. In einem dieser Papiere hieß es beispielsweise, dass General Conrad angesichts des Verrats eine kriegerische Auseinandersetzung mit Russland in frühestens fünf Jahren für sinnvoll erachtete.[502] Des Weiteren, so wurde berichtet, habe die Untersuchung der »Budapester Spionageaffäre« – gemeint war offenbar die Verhaftung von Nikolaj Bravura und Edmund Velössy – Hinweise darauf geliefert, dass der Großteil der verkauften Akten »durch die Hände des ehemaligen Kriegsministers Auffenberg« gegangen waren.[503] Darüber hinaus wusste der Agent über einen seitens des k.u.k. Generalstabs geäußerten Verdacht zu berichten, demzufolge der italienische und der russische Geheimdienst fallweise und auf Grundlage inoffizieller Absprachen Materialien über die österreichisch-ungarische Armee austauschten.[504] Außerdem hätten die Österreicher wichtige Dokumente der italienischen Armee bei einem Krieg gegen das Habsburgerreich erhalten und dies als »Revanche« für den Verrat eigener Akten an den Nachbarn im Süden durch den Obersten angesehen.[505] Und schließlich war den Unterlagen des »Wiener Agenten« zu entnehmen, dass die Affäre Redl zu einer schweren Krise zwischen der Donaumonarchie und dem Deutschen Kaiserreich geführt hatte. Der Bündnispartner Österreich-Ungarns habe erst jetzt erfahren, dass im Evidenzbüro auch eine kleine gegen Deutschland gerichtete Abteilung ihren Dienst versah. Es sei nun umso mehr zu befürchten, dass Redl, der sich bei dieser Stelle problemlos bedienen konnte, wichtige Informationen über die deutsche Armee veräußert habe – und zwar an die Franzosen.[506]

Nicht alles, was der unbekannte Informant den Russen über die geheimen Sitzungen der Militärs in Wien mitteilte, erscheint schlüssig. Anderes liegt zumindest im Bereich des Möglichen. Zum Beispiel verweisen die Memoiren des *Razvedka*-Offiziers Aleksandr Aleksandrovič Samojlo durchaus auf ein sehr freundschaftliches Zusammenwirken von russischen und italienischen Geheimdienstagenten.[507] Der Umstand, dass in den Materialien aus der k.k. Hauptstadt auch die tatsächlich existente »Gruppe D« (also Deutschland) im Nachrichtendienst der k.u.k. Armee zur Sprache kam, lässt auf eine gut informierte Quelle schließen. Agent »Nr. 112«, der laut Samojlo bereits seit längerer Zeit im Dienst der Russen stand, verfügte offenbar über Kontakte im österreichisch-ungarischen Generalstab.

Gar nicht geheim war allerdings die Verstimmung, welche die Affäre Redl im Verhältnis zwischen der Habsburgermonarchie und dem Hohenzollernreich hervorgerufen hatte. Schon wenige Tage nach dem Selbstmord des Obersten kursierten in der Presse verschiedene Gerüchte über eine Alfred Redl zugeschriebene Weitergabe von Dokumenten betreffend das Heer des benachbarten Kaiserreiches an »fremde Mächte«. Laut Mitteilung des geheimnisvollen Agenten aus Wien, der die Russen belieferte, fürchtete der k.u.k. Generalstab um eine gedeihliche Zusammenarbeit mit den Deutschen.[508]

Ohne Zweifel hätte Frankreich ebenso wie Russland eine Entfremdung in den Beziehungen zwischen dem Habsburger- und dem Deutschen Reich begrüßt. Eine weitere Verschlechterung des ohnehin stets schwierigen Verhältnisses der Doppelmonarchie zum Bündnispartner Italien stand hingegen nicht zur Debatte oder zumindest nicht im Vordergrund. Hier herrschte seitens der Militärs ohnehin die Überzeugung, dass mehr als eine »verfreundete« Beziehung nicht zu erreichen war. Dass die Staaten des Dreibundes sich gegenseitig belauerten, stellte sich in Anbetracht zahlreicher Spionageaffären der Vergangenheit nicht als Novum dar. Die wechselseitige »Ausspähung« Deutschlands und Österreich-Ungarns vermochte jedoch sehr wohl zu überraschen. Doch konzentrierte sich die Öffentlichkeit auf Redls Machenschaften. Er verriet nach den im Umlauf befindlichen Meldungen jene militärischen Maßnahmen, welche der Bündnispartner den k.u.k. Stellen vor dem Hintergrund einer vagen Zusammenarbeit zwischen den Stäben anvertraut hatte.

Wie bescheiden dabei etwa die Kenntnis Conrads über die konkreten Pläne seines Kollegen Helmuth Graf Moltke im Falle eines Krieges gewesen waren, zeigte sich spätestens bei Ausbruch des Weltkrieges. Erstaunlicherweise bekam die Öffentlichkeit schon 1913 einen Einblick in die als mehr oder weniger oberflächlich zu bezeichnende Kooperation zwischen den beiden Stäben. Das *Deutsche Volksblatt* nämlich ließ seine Leser wissen, dass die Beziehungen des Hohenzollernreiches zur »Nachbarmonarchie« zwar »die denkbar günstigsten« seien. Doch hätten die gegenseitigen Besuche der Generalstabschefs keineswegs zu einem »Austausch der militärischen Geheimnisse« geführt. »Es liegt auf der Hand«, argumentierte das Blatt, »dass derartiges Material, das selbst im eigenen Generalstabe nur einigen Persönlichkeiten bekannt ist, nicht zur Kenntnis einer, wenn auch befreundeten, so doch immerhin fremden Macht gebracht wird.«[509] Ein hoher Generalstabsoffizier verglich in der Zeitung *Bohemia* die Beziehungen zwischen der Donaumonarchie und dem Deutschen Reich mit einer »harmonischen Ehe«, bei der sich die Partner allerdings nicht gezwungenermaßen »alles anvertrauen«.[510] *Die Zeit* hingegen räumte zwar ein, dass Redl »selbstverständlich die Mobilisierungs- und Aufmarschpläne des Deutschen Reichs nicht zugänglich waren«, ihm jedoch keineswegs »unwichtige operative Maßregeln, die aus einem eventuellen beiderseitigen Zusammengehen resultieren«, mitgeteilt worden waren.[511]

Tatsächlich kamen in Deutschland Bedenken über die Auswirkungen des Redl'schen Verrates in Anbetracht einer Reise des Obersten nach Berlin auf. Da er bei dieser Gelegenheit offenbar als Kurier eingesetzt worden war, rätselte die deutsche Öffentlichkeit nun, ob Alfred Redl auch in diesem Zusammenhang zum Verräter geworden war. Es ging dabei angeblich um »versiegelte Orders des preußischen Generalstabes« an die Kollegen in Wien und um die betreffende Retourpost Conrads nach Berlin. Jetzt stellte man sich anscheinend die Frage, ob vor Aushändigung der Korrespondenz die Siegel »erbrochen wurden oder intakt« geblieben waren.[512]

Dass sich die Verbündeten alarmiert zeigten, musste zudem k.u.k. Militärattaché Bienerth in Berlin am 1. Juni 1913 nach Wien berichten. Dem »Großen Generalstab« bereitete offensichtlich ein ganz bestimmtes Ereignis die meisten Sorgen. Gegenüber dem Adjutanten von Generalstabschef Conrad von Hötzendorf, Rudolf Kundmann, verwies Bienerth auf einen »Gedankenaustausch« zwischen Conrad und Moltke, der offenbar über Kuriere abgewickelt wurde. Ob Redl einer dieser Boten gewesen war, ist in dem Schreiben nicht explizit erwähnt.[513] Dass die *Militärische Rundschau* eine Reise des Obersten nach Berlin in Zusammenhang mit der »bosnischen Krise«, also spätestens 1909, in Abrede stellte, trägt wenig zur Klärung der Sachlage bei.[514] In jedem Fall ging Bienerth davon aus, dass Redl wohl über den Umstand des betreffenden »Gedankenaustauschs« unterrichtet gewesen war, nicht aber über den diesbezüglichen Inhalt.[515] Tatsächlich erwies sich dieser vor allem für die Planungen der k.u.k. Armee im Falle eines Krieges mit Russland als nicht unbedeutend. Moltke informierte Conrad 1909 nämlich dahingehend, dass Deutschland vorerst einen raschen Erfolg im Westen anstrebte, »um anschließend im Osten die dort bereits eingesetzten 13 deutschen Divisionen zu verstärken«.[516]

Bienerth bat Kundmann ihm mitzuteilen, was Redl überhaupt wissen hatte können und was nicht. Dabei ging es offenbar nicht nur um den »Gedankenaustausch« der beiden Generalstabschefs, sondern offenbar auch um spätere Aufenthalte Redls in Berlin. Zumindest die Presse machte derartige Andeutungen. In Hinblick auf einen Verrat durch Redl standen immerhin militärische Vereinbarungen des Dreibundes und Materialien über »Minenwerfer« zur Disposition.[517] Um das deutsche »Publikum« zu beruhigen, sei in jedem Fall ein Dementi betreffend den Verrat militärischer Geheimnisse erfolgt. Insgesamt zeugte der Brief von einer auf beiden Seiten, also in Berlin ebenso wie in Wien, vorhandenen Unsicherheit.

Der k.u.k. Militärattaché in der deutschen Hauptstadt schloss bezeichnenderweise sein Schreiben mit folgenden Worten: »Bin über den ganzen Fall ganz konsterniert, konnte es gar nicht glauben. Auch hier im Generalstab, spez.[iell] in der IIIb«, also dem Nachrichtendienst, »wollte man es gar nicht glauben. Bin meinem eigenen Gewissen gegenüber froh, dass ich nie etwas Geheimes mit Redl besprochen habe, wie es ja leicht hätte der Fall sein können.«[518]

Conrad musste daran gelegen sein, die Bedenken des Bündnispartners zu zerstreuen. Er versicherte seinem Kollegen in Berlin, Helmuth von Moltke, in einem Schreiben vom Juni 1913, dass Redl keinesfalls Geheimnisse betreffend die deutsche Armee verraten hatte. Gleichzeitig erklärte er die Folgen des Verkaufs von Materialien über die k.u.k. Streitmacht für mehr oder weniger verkraftbar. Er verwies darauf, dass Redl als Evidenzbürooffizier Daten über »konkrete Kriegsvorsorgen« schon allein aufgrund des Arbeitsbereiches dieser Abteilung nicht gebraucht und daher auch nie bekommen habe. Die Weitergabe von geheimen »organisatorischen Daten« und von Dokumenten über »Mobilisierungsvorsorgen« bestritt er allerdings nicht.[519]

Moltke ließ kurze Zeit später in einem Antwortschreiben den Kollegen in Wien wissen, dass nur »die Scheu [...], an so tiefe und schmerzliche Wunden zu rühren«, ihn davor abgehalten habe, sich bereits früher zum Fall Redl zu äußern. Kaiser Wilhelm sei nun bereits dahingehend informiert, dass kein Verrat von Abmachungen zwischen dem Habsburgerreich und Deutschland stattgefunden habe. »Die Größe des für Österreich angerichteten Schadens«, meinte er jedoch, »kann ich nicht ermessen, immerhin tritt sie zurück gegenüber der Ruchlosigkeit des Landesverräters.«[520]

Der deutsche Militärattaché in Wien, Graf Kageneck, erfuhr jedoch von der nicht zu unterschätzenden Tragweite der Affäre Redl.

Man ließ ihn wissen, dass die Spionagetätigkeit des Obersten entgegen den offiziellen Verlautbarungen mehrere Jahre zurückreichte.[521] Ob der deutsche Militärattaché auch bezüglich anderer Details ins Vertrauen gezogen wurde, sei dahingestellt. Geheimdienstchef Urbański notierte in seinen Memoiren, dass Redl »wenige Wochen vorher«, also vor dem 24. Mai, an einer Besprechung teilgenommen hatte, »bei welcher im Beisein eines Vertreters des deutschen Generalstabes die Einzelheiten einer für den Gebrauch der beiden Generalstäbe bestimmten direkten Telephonleitung Wien-Berlin festgelegt wurden. Diese Leitung sollte im Bereiche des VIII. Korps die Grenze überschreiten, und Redl wurde dieser Besprechung zugezogen, um die weiteren Detailverfügungen zu treffen.«[522]

Urbański bezeichnete diesen – seiner Meinung nach – unbedeutenden Umstand als Ursache für gar nicht unbedeutende Konsequenzen: »Der Fall Redl trägt die Schuld an der bedauerlichen Tatsache, dass das gegenseitige Verhältnis der beiden verbündeten Armee dauernd von Misstrauen beschattet war und sich nicht so entwickeln konnte, wie es im Interesse dieser beiden aufeinander angewiesenen Heere wünschenswert gewesen wäre.«[523]

Auf Informationen Alfred Redls über das Heer des Hohenzollernreichs war die *Razvedka* jedenfalls nicht angewiesen. Obwohl die Dokumente des Militärhistorischen Archivs in Moskau darauf hindeuten, dass der russische Nachrichtendienst im Vergleich zur Kenntnis von Geheimnissen der k.u.k. Armee weniger Daten über die deutschen Streitkräfte besaß, verfügte man auch in dieser Hinsicht über entsprechende Informanten. Aufschlussreiche Geheimdokumente zu Mobilmachungs- und Planungsfragen der deutschen Armee erhielten die Russen beispielsweise durch einen von Emanuel von Eck angeworbenen Agenten. Jener Mann, der angeblich die Spionagematerialien Alfred Redls ins Zarenreich weitergeleitet hatte, lieferte dem Generalstab der Zarenarmee damit eine Topquelle.[524] Materialien bezüglich der Streitkräfte Kaiser Wilhelms schickte aber auch der Agent »Nr. 112« nach St. Petersburg. Dieser Spion, den Aleksandr Samojlo in seinen Berichten als ehemaligen preußischen Offizier bezeichnete, führte seine Geschäfte offenbar von Wien aus. Als Quelle dienten dem Konfidenten vor allem diverse Kontakte zu Offizieren des k.u.k. Generalstabs, die er gekonnt aushorchte. Aus diesem Grund lieferte er den Russen vor allem Nachrichten über Österreich-Ungarn und eher selten über dessen Verbündeten.[525]

Agent »Nr. 112« war es auch gewesen, welcher der *Razvedka* von einer höchst interessanten Vereinbarung zwischen dem k.u.k. Generalstab und einem »Belgischen Auskunftsbüro« berichtete. Seit Dezember 1911 beschaffte das ominöse Büro angeblich Geheimdokumente der russischen Armee im Auftrag der österreichisch-ungarischen Armee. In Wien legten Repräsentanten der betreffenden Spionagezentrale ihre »Rechercheergebnisse« regelmäßig und gegen entsprechendes Salär vor. Da die Nachrichtendienstoffiziere des Zaren die Angaben von »Nr. 112« überprüften und die Existenz der von den Österreichern beauftragten Spionageagentur bestätigten, dürfte der Agent seinen Auftraggebern nicht nur Humbug aufgetischt haben.[526] In den Akten des Kriegsarchivs in Wien finden sich jedoch keine Hinweise, ob der k.u.k. Generalstab tatsächlich auf »externe« Zuträger setzte, um sein Wissensdefizit über die Streitkräfte des Romanovimperiums wettzumachen.

»... sehr wichtig und sehr geheim ...«

August Urbański behauptete viele Jahre nach den Geschehnissen des Mai 1913, dass der Redl'sche Verrat nur geringfügigen Schaden hinterließ. Andererseits hatte er gemäß eigener Aussagen nach seiner Abreise aus Prag keinen Einfluss mehr auf die weiteren Untersuchungen. Der Geheimdienstchef musste sich in Anbetracht der nach wie vor drohenden Kriegsgefahr, der sich das Habsburgerreich gegenübersah, anderen Aufgaben zuwenden. Fraglich ist daher, ob er tatsächlich über die erst später feststehenden Ergebnisse der Erhebungen im Fall Redl unterrichtet war. In jedem Fall informierte am 5. Juni 1913 der Landesverteidigungsminister auf Basis der von Urbański gewonnenen Erkenntnisse die Volksvertretung, dass Redl zwar verschiedene Instruktionen verkauft hatte, die mit der Mobilisierung in Verbindung standen. »Konkrete Kriegsvorbereitungen der letzten Zeit« seien aber nicht in die Hände fremder Agenten geraten.[527]

Bereits im Zuge einer Ende Mai eingebrachten Interpellation richtete der Abgeordnete Ritter von Wassilko im Namen mehrerer Parlamentarier Fragen betreffend die Folgen der Redl'schen Spionagetätigkeit an den Landesverteidigungsminister. »Ist es richtig«, wollten die Abgeordneten damals unter anderem wissen, »dass hiedurch für den Fall des Krieges die Gewissheit für Niederlagen der österreichisch-ungarischen Armee und hiemit für den sicheren Tod ungezählter Tausende von Soldaten geschaffen war?«[528]

Die *Arbeiter-Zeitung* hob die Tragweite der Weitergabe militärischer Geheimnisse angesichts der internationalen Lage hervor und verwies auf aktuelle Bedrohungsszenarien. »Man male sich aus«, hieß es mit Blick auf die jüngste Vergangenheit, »dass es über den Balkanereignissen zu einem europäischen Krieg gekommen wäre.« Man müsse sich bewusst sein, wie knapp die Monarchie der Katastrophe entronnen sei. »Ein bezahlter Schurke war nahe daran, die Vorsehung Europas zu spielen!«[529] Auch andere Blätter betonten, dass »den ganzen Winter hindurch« ein »Krieg mit Russland« in Sichtweite gewesen war und wie schändlich angesichts dessen die Tat eines Mannes sei, der »Tausende und Tausende von Menschenleben« beinah »der feindlichen Schlachtbank preisgegeben« habe.[530]

Die Presse meldete also Zweifel an den offiziellen Darstellungen über die Auswirkungen des Verrates an. Mit Skepsis begegnete man des Weiteren Beteuerungen der Militärs, wonach die Geheimhaltung der tatsächlich für den Kriegsfall relevanten Dokumente gewährleistet sei. So hatte *Die Zeit* berichtet, dass den Angaben »informierter Generalstabskreise« zufolge »wirklich geheime Elaborate« lediglich dem Generalstabschef, seinem Stellvertreter und dem Leiter des Operationsbüros bekannt seien. Diese Behauptung stellte wiederum ein »höherer Offizier des Generalstabskorps« in Abrede und verwies auf die Beteiligung mehrerer Generalstabsabteilungen an der Ausarbeitung vertraulicher »Elaborate«, wichtiger Verfügungen und »operativer Entwürfe«. Darüber hinaus wirke die Behauptung, dass »die allergeheimsten« Dokumente an einem gemeinsamen Platz aufbewahrt seien, alles andere als beruhigend. Man müsse vielmehr zur Kenntnis nehmen, dass eine moderne und schlagkräftige Armee über mehrere Geheimnisträger verfüge. Schließlich könne eine Millionenarmee nicht von einer einzigen Person befehligt werden.[531]

Das *Deutsche Volksblatt* dagegen veranschlagte das Wissen, das Redl über konkrete Aufmarschelaborate und Mobilisierungsbestimmungen haben konnte, eher gering. Zwar hätte er im Zuge seiner Tätigkeit im Evidenzbüro sehr wohl verraten können, was der k.u.k. Nachrichtendienst über andere Armeen in Erfahrung brachte. Seine Kenntnis der »operativen Maßnahmen« des eigenen Heeres entsprachen aber lediglich dem, was »jedem ranghöheren Generalstabsoffizier bekannt« sei, und das seien nur Informationen »allgemeiner« Natur. Allerdings, räumte das Blatt ein, habe Redl in seiner Funktion als Generalstabschef des 8. Korps »alle Fäden« in Händen gehalten, aber glücklicherweise nicht wissen können, was in den Bereichen anderer Korps vor sich gehe.[532]

Das *Deutsche Volksblatt* blieb bei seinen Versuchen, Redls Kenntnis wichtiger Armeeakten und kriegsrelevanter Planungen zu relativieren, mehr oder weniger allein. Dass gerade der Oberst zu den »allergeheimsten« Materialien keinen Zugang hatte, wollte ansonsten kaum jemand glauben. Im Übrigen liefen fast alle Kommentare zu den beschwichtigenden Aussagen des k.k. Landesverteidigungsministers darauf hinaus, dass der Generalstab das Ausmaß des Schadens, den Redl verursacht hatte, augenscheinlich bagatellisierte. Sogar jene Stimmen, die daran interessiert waren, die Tragweite der Affäre herunterzuspielen, mussten die eine oder andere »bittere Tatsache« konstatieren. Das *Prager Tagblatt* ließ beispielsweise einen »hohen Offizier« zu Wort kommen, der in Zusammenhang mit dem Verrat des Obersten zwar von Details, aber immerhin von »wichtigen« Einzelheiten sprach. Diese würden, so der »Anonymus«, »für uns unangenehme Schlüsse des Gegners« unter anderem über die »Armierung und Verpflegung von Festungen, über Eisenbahntransporte« sowie »projektierte Verschiebungen« zulassen.[533] Wertvollstes Stück der von Redl verkauften Materialien sei die »Kriegs-Ordre de bataille«. Sie sei »naturgemäß sehr wichtig und sehr geheim«.[534]

»... immenser Schaden ...«

Der Name Redl wurde in russischen Spionagekreisen zum Synonym für bestens informierte Agenten, die hervorragendes Material lieferten. Wer solcherart mit Redl verglichen wurde, dem brachten seine Auftraggeber den allergrößten Respekt entgegen.[535]

In Österreich-Ungarn hingegen mochte der Vaterlandsverräter, dessen Grab am Wiener Zentralfriedhof Anfang Juni 1913 von einigen entrüsteten »Patrioten« verwüstet wurde, nur negative Assoziationen hervorrufen. Dass sich die letzte Ruhestätte des »Schädlings« inmitten der Grabmäler für »liebe Verstorbene« befand, erzürnte etliche Hinterbliebene.[536] Wenige Tage nach der ersten »Demonstration« kam es erneut zu Unmutsäußerungen. Diesmal forderte man gar die Entfernung von Redls sterblichen Überresten. »Der gehört auf einen Misthaufen und nicht in ein ehrliches Grab!«, riefen die aufgebrachten Friedhofsbesucher.[537]

Während der Oberst offenbar sogar die Ruhe in »geweihter Erde« störte, fühlten sich auch etliche Lebende vom toten Redl weiter belästigt. Mit dem Verräter in Verbindung gebracht werden wollten die wenigsten. Um etwaigen Verdächtigungen zuvorzukommen, meldeten sich nun Offiziere beim Evidenzbüro, die Redl offenbar gutgläubig verschiedene Dokumente gegeben hatten. Zu diesen zählte beispielsweise Leutnant Karl Bornemann. Er hatte Redl vor einigen Monaten »eine Anzahl Studienbehelfe, darunter 4 reservater Natur leihweise« überlassen und nie zurückerhalten. Bornemann war davon ausgegangen, dass Redl die Unterlagen seinem »Neffen« zu »Studienzwecken« besorgt hatte.[538] Nun aber erschien die Angelegenheit in einem völlig anderen Licht. Diese Erkenntnis dürfte Bornemann mit Johann Ritter von Hempel, Hauptmann des Generalstabskorps, geteilt haben. Hempel, der in Lemberg als Geheimdienstoffizier tätig war, hatte Redl über dessen schriftliches Ersuchen eine »Zusammenstellung der Maßnahmen in Galizien 1912/1913« mitgeteilt. Gegen den Hauptmann, dem überdies ein häufiger Verkehr mit dem Obersten und Stefan Horinka nachgesagt wurde, liefen in weiterer Folge Ermittlungen, die allerdings nichts »Nachteiliges« zutage förderten.[539] Hempel aber erbat nach Abschluss der diesbezüglichen Untersuchungen seine Versetzung.[540]

Am Beispiel von Karl Bornemann und Johann Ritter von Hempel lässt sich nachweisen, dass Redl selbst dann, wenn ihm die Zugänglichkeit zu bestimmten Materialien verwehrt blieb, Mittel und Wege kannte, um an die begehrten Unterlagen heranzukommen. Eine Bitte des Obersten nach Aushändigung bestimmter Dokumente oder Weitergabe verschiedener Informationen auszuschlagen, hätten wahrscheinlich vor allem rangniedrigere Offiziere wie Bornemann oder Hempel nicht gewagt.

Entsprechende Ernüchterung unter den Generalstabsoffizieren muss in weiterer Folge das militärische Gutachten ausgelöst haben, das auf Grundlage der in Redls Wohnung gefundenen Materialien erstellt wurde. Mitte Juli 1913 lagen die Ergebnisse vor. Nun konnte man sich einen grundlegenden Eindruck vom Umfang des Verrats machen. Zu den verkauften Unterlagen zählten unter anderem diverse »Reservatdienstbücher« und nur für den »Dienstgebrauch bestimmte Dienstbücher«. Sie betrafen beispielsweise Instruktionen für die Sicherung von Eisenbahnen, Übersichten über bestehende Minenanlagen oder sogenannte »Etappenvorschriften«. Die Dokumente hatte Redl entweder vollständig – wie im Fall der »Etappenvorschrift« – oder aber auszugsweise abgelichtet. Im Unterschied zu Urbańskis Äußerungen sowie jenen des Landesverteidigungsministers Georgi, die den Verrat »konkreter« Mobilisierungsweisungen verneinten, war in dem Gutachten explizit auch von diesen Materialien die Rede. Komplett aus der Hand gegeben hatte Redl die Mobilisierungsweisungen für den Kriegsfall »R« (Russland) und den Kriegsfall »I« (Italien) für 1912/13. Bis auf eine Seite vollständig fotografiert hatte der Oberst außerdem die Kriegs-Ordre de bataille »B« (Balkan) für 1913/14, und nahezu zur Gänze mit der Kamera aufgenommen worden war auch der Anhang zur Kriegs-Ordre de bataille für 1913/14. Zu einem großen Teil verraten hatte er augenscheinlich auch die Kriegs-Ordre de bataille im Kriegsfall »R« und »I« für 1913/14. Der Verrat der »konkreten« Mobilisierungsweisungen, der genannten Kriegs-Ordres de bataille sowie die »Weitergabe für die Kriegsausrüstung fester Plätze« wurden als besonders schwerwiegend eingestuft. Verkauft hatte Redl offenbar auch die von Hempel besorgte »Zusammenstellung der Massnahmen in Galizien während der Krise 1912/13«, die »Annahme für das Generalstabskriegsspiel 1910/11« sowie Informationen über in Russland für die Donaumonarchie tätige Konfidenten.[541]

Dass die *Razvedka* ihre Kenntnis von den Planungen des k.u.k. Heeres für den Fall eines Krieges am Balkan an Serbien weiterreichte, steht außer Zweifel. Obwohl sich die Russen offenbar eine noch engere Zusammenarbeit mit dem Königreich wünschten, wenn es um den Datenaustausch bezüglich der Habsburgerarmee ging, waren die Beziehungen dieser beiden Staaten betont freundschaftlich.[542] Russland trat immerhin als Schutzmacht Serbiens auf. Dass ein Eingreifen des Romanovimperiums im Falle einer militärischen Auseinandersetzung der Donaumonarchie mit den Serben wahrscheinlich war, wusste freilich auch der k.u.k. Generalstab. Dort gab man sich wohl kaum der Hoffnung hin, dass das Zarenreich seinem »Schützling« Details über die österreichisch-ungarische »Schlachtordnung« in einem etwaigen künftigen Krieg vorenthalten würde.

Alfred Redl hatte also gemäß den Erkenntnissen der Gutachter allen wichtigen potenziellen militärischen Gegnern konkrete kriegerische Maßnahmen im Ernstfall enthüllt. Der Oberst war überdies 1908/09 und ab November 1912 auffallend aktiv gewesen. Diese forcierte Tätigkeit des Spions deckte sich mit jenen Zeiten »erhöhter Spannung«, in denen das Habsburgerreich in besonderem Maß mit einem militärischen Konflikt hatte rechnen müssen. Das Fazit der Expertise lautete folgendermaßen: »Auf Grund des vorhandenen Aktenmaterials lässt sich mit Gewissheit feststellen, dass ein immenser ideeller Schaden herbeigeführt wurde, der sich ziffernmässig überhaupt nicht ausdrücken lässt. Aber auch der herbeigeführte materielle Schaden ist ein ausnehmend hoher, da nicht nur eine Umarbeitung von Reservatdienstbüchern und Vorschriften, sondern auch kostspielige Änderungen konkreter Kriegsvorbereitungen sich als notwendig erweisen dürften.«[543]

Aleksandr Aleksandrovič Samojlo verzichtete in seinem 1914 vorgelegten Bericht über das von diversen Agenten im Vorjahr gelieferte Material auf eine detaillierte Aufzählung. Von der »Nr. 25« erhalten hatte er in jedem Fall die »Kriegs-Ordre de bataille, gültig mit 1.3.1913 mit einer besonderen Ordre de bataille für den Krieg auf dem Balkan, Mobilisierungsweisungen fester Plätze, Etappenvorschriften, Instruktionen für die Sicherung von Eisenbahnen im Mobilisierungsfall, [Materialien über] den neuen Stand der österreichisch-ungarischen Armee im Kriegsfall, einige Ausnahmeverfügungen für den Kriegsfall, Daten über die Verminung wichtiger technischer Anlagen in Galizien«.[544] Darüber hinaus lässt sich sagen, dass »Nr. 25« bereits im Jänner 1913 an die Russen 150 Seiten originaler Armeebehelfe, abgebildet auf 75 Fotografien, geliefert hatte.[545]

Der Vergleich der Angaben im Gutachten und in Aleksandr Samojlos Bericht lässt folgende ergänzende Schlussfolgerungen zu:

1. Von den Mobilisierungsweisungen des 8. Korps hatte Redl laut Aussage des seinerzeitigen Kommissionschefs Generalmajor von Höfer nicht mehr gewusst, ob er sie schon abgeschickt hatte.[546] In Petersburg angekommen waren sie offenbar nicht. Allerdings hatte sich Redl gar nicht erst mit dem Verrat von Verfügungen für einzelne Korps aufgehalten, sondern – so die Gutachter – augenscheinlich gleich komplette Mobilisierungsweisungen geliefert. Auch die Kriegs-Ordre de bataille für den Balkan zählte zu den verratenen Dokumenten. Diese wiederum betraf sehr wohl das 8. Korps, das im Süden bzw. Südosten zum Einsatz kommen sollte.

2. Verraten hatte Redl laut Gutachten auch Materialien zur »Festung Kozmač«. Samojlo subsumierte diese Informationen offenbar unter »Mobilisierungsanweisungen fester Plätze«. Vom Verrat der »Kriegsausrüstung fester Plätze« war überdies bereits in jenen Papie-

ren die Rede gewesen, welche an den Kaiser und Franz Ferdinand ergangen waren. Dasselbe gilt für Materialien betreffend die »Eisenbahnsicherung«.[547]

3. Keine Rede war im Bericht zum Umfang des Redl'schen Verrats von einem »Chiffreschlüssel«, der gemeinsam mit den Dokumenten in Prag gefunden worden sein soll.[548] Da Agent »Nr. 25« bei früherer Gelegenheit den Russen auch solche Informationen angeboten hatte, könnte aber auch dieser Code weitergegeben worden sein.

4. Von den beim Prager Korps vorhandenen Aufmarschelaboraten hatte man seitens der ermittelnden k.u.k. Offiziere nicht feststellen können, ob der Oberst sie verraten hatte. Wenn Samojlos Bericht für das Jahr 1913 vollständig ist, dann gab Redl diese Elaborate nicht weiter – wenigstens nicht 1913 und nicht an die Russen. Da der Oberst nach seiner Ernennung zum Korpsgeneralstabschef im Oktober 1912 im darauffolgenden Monat nach Prag übersiedelte, könnte er eventuell bereits in den letzten Wochen dieses Jahres das betreffende Material verraten haben.[549]

Panne im Finale

Dass im Dezember 1913 in Prag ein »Reservathandbuch« für »höhere Kommanden« in der Öffentlichkeit auftauchte, rief im Evidenzbüro keine Freude hervor.

Ein Kaufmann namens Robert Langer hatte aus dem zur Versteigerung gelangten Nachlass Redls einen Fotoapparat der Marke Zeiss inklusive »zwei einfache Kassetten für Films« um 151 Kronen erstanden. Da er wenig vom Fotografieren verstand, zeigte er dem Mittelschüler Paul Stern seine Errungenschaften. Dieser fand in den Kassetten einen Film, den er auf Langers Veranlassung hin auch entwickelte. Die Aufnahmen versetzten Stern in Erstaunen. Zur Sicherheit zog er nun seinen Lehrer ins Vertrauen. Professor Otto Harpynka wandte sich schließlich an die Militärbehörden, denn sein Schützling hatte ihm Fotos gezeigt, die offenbar geheimes Material darstellten. Das auf diese Weise so unerwartet entdeckte »Reservathandbuch«, das Oberst Redl zwecks Weitergabe an seine Kundschaft abgelichtet haben dürfte, bedeutete in der Folge das vorläufige Karriereende von Geheimdienstchef Oberst Urbański. Beginnend mit 17. Jänner 1914 berichteten diverse Zeitungen über den Vorfall und zogen einmal mehr die Professionalität der militärischen Untersuchungsbehörden im Fall Redl in Zweifel.[550] Auch Maximilian Ronge gehörte zu den Kritikern des Geheimdienstchefs. Seiner Meinung nach hatte Urbański angesichts vornehmlich administrativer Aufgaben, die seine Position nach sich zog, zu wenig praktische Erfahrung besessen, um eine Hausdurchsuchung vorzunehmen. Solche Tätigkeiten seien im Regelfall der Kundschaftsgruppe vorbehalten gewesen, also Ronge selbst.[551] Am 20. Jänner 1914 brachten überdies einige Reichsratsabgeordnete eine Interpellation »betreffend den Verkauf des Nachlasses nach dem Obersten Redl« ein und verlangten Aufklärung über die jüngsten Vorkommnisse. Immerhin schlossen sie nicht aus, dass womöglich noch weiteres streng geheimes Material versteigert worden war.[552]

Der Geheimdienstchef musste im Zuge einer gerichtlichen Untersuchung, welche die Affäre auf Betreiben des Thronfolgers Franz Ferdinand zur Folge hatte, erklären, warum die Aufnahmen übersehen worden waren. Er berief sich dabei auf die von Conrad ausgegebenen Befehle, wonach er sich im Rahmen der von ihm vorgenommenen Durchsicht der Materialien in Redls Wohnung lediglich in »groben Umrissen« Klarheit über den Umfang des Verrates verschaffen sollte. Die weiteren Untersuchungen lagen demnach in den Händen des Major-Auditors Wenzel Vorliček sowie bei den zuständigen Offizieren des 8. Korpskommandos und den in Prag befindlichen militärgerichtlichen Instanzen. »Das Evidenzbüro«, so offenbar die Ansicht Urbańskis als auch des Generalstabschefs, »hätte eine weitere Untersuchung der Wohnung« Alfred Redls »vom fachtechnischen Standpunkt aus veranlasst, wenn seitens des Untersuchungsgerichtes oder des 8. Korpskommandos dies veranlasst worden wäre«.[553]

Die von Franz Ferdinand angeordneten Erhebungen in der sogenannten Film-Affäre ergaben, dass ein Kompetenz-Wirrwarr in den ersten Tagen nach Redls Selbstmord das koordinierte Vorgehen der involvierten Behörden verhindert hatte. Außerdem enthalten die im Kriegsarchiv befindlichen Protokolle der diesbezüglichen Untersuchungen Hinweise auf die Fülle der bei Redl entdeckten verdächtigen Materialien. So gab der Hauptmann des Generalstabskorps Emmerich Schmidt an, etwa 1000 Postkarten durchgesehen zu haben. Interessiert hatte ihn hierbei offenbar, »ob ihr Inhalt einen homosexuellen Verkehr oder Geldangelegenheiten betraf«. Eigens geschlichtet worden waren auch Karten mit »russischem Poststempel«. Außerdem erklärte Urbański, alleine am 25. Mai circa 1000 »Films« aus der Wohnung Redls nach Wien zwecks weiterer Untersuchung mitgenommen zu haben.

Der nachfolgende Umgang mit Redls »Verlassenschaft« erschien dann besonders fahrlässig. Da in Anbetracht der Schulden, die der Oberst hinterlassen hatte, der mit 100.000 Kronen bezifferte Schadenersatzanspruch seitens des »Militärärars« fallen gelassen wurde und Redls »Vermögen« der Konkursmasse anheimfiel, kam dessen Eigentum unter den Hammer. Bevor die betreffenden Gegenstände einem Notar übergeben wurden, befanden sie sich über Monate hindurch in der Verfügungsgewalt des Untersuchungsrichters in Prag. Zwei Kommissionen entschieden schließlich darüber, ob die dem Notar zwecks Versteigerung ausgefolgten Objekte tatsächlich ohne Bedenken veräußert werden durften. In der Zwischenzeit waren überdies die Bestrebungen von Redls Schwester Helene, an die wertvollen Fotoapparate des toten Bruders heranzukommen, im Sande verlaufen. Dass dann am 3. Dezember 1913 und in den weiteren Tagen im Zuge der »öffentlichen Feilbietung« von Redls »Verlassenschaft« auch die ominösen Filme den Besitzer wechselten, erweist sich bei näherer Betrachtung weniger als Schuld des Geheimdienstchefs denn vielmehr als Folge der Nachlässigkeit der zuständigen Prager Stellen. Nicht Urbański, sondern sie, die über geraume Zeit mit der Sichtung des Materials beschäftigt gewesen waren, hatten wohl übersehen, dass die Filme, die Herr Langer mitsamt dem Fotoapparat erstand, nicht ungebraucht waren, sondern Aufnahmen ent-

(12) **Oberst Redl und Artur Giesl von Gieslingen in Prag. Der Vorgesetzte des »Meisterspions« reagierte schockiert auf den Verrat.**

hielten. Die meisten der an der Untersuchung von Redls Prager Wohnung beteiligt gewesenen Offiziere redeten sich nun auf ihre nicht vorhandenen oder ungenügenden Kenntnisse der Fotografie aus. Nur geschulte Personen hätten demnach erkennen können, dass die bei der Versteigerung veräußerten Filmkader belichtet waren.

Der Auditor, welcher die Untersuchungen in der Film-Affäre leitete, kam allerdings zu einem anderen Ergebnis. Er lastete nicht nur dem Korpskommandanten Giesl sowie weiteren in Prag ermittelnden Offizieren, sondern auch Urbański und Vorliček ein »disziplinäres Verschulden« an. Während er aber mildernde Umstände gelten lassen wollte und in diesem Zusammenhang die »aufregenden Vorgänge in Wien in der Nacht zum 25. Mai« sowie die »aufreibende Tätigkeit« in Prag ins Treffen führte, um die »Patzer« zu erklären, kam Franz Ferdinand zu einem anderen Schluss. Für den Erzherzog, der die Affäre als »Schweinerei« bezeichnete, waren einem »Führungsoffizier« jene schwierigen Umstände, welche den Untersuchungen in

Prag vorangingen und sie begleiteten, durchaus zumutbar.[554] Dass Urbański selbst offengelegt hatte, zum Zeitpunkt seiner Abreise aus Prag aufgrund der Ungeheuerlichkeit des Redl'schen Verrates und der Ereignisse vom 24. und 25. Mai physisch und psychisch am Ende seiner Kräfte gewesen zu sein, diente dem Thronfolger schließlich als Argument für die Demontage des Geheimdienstchefs. Er gewann »die unabänderliche Überzeugung«, dass der Leiter des Evidenzbüros »nicht mehr jenes Maß an Geistesgegenwart, Umsicht, Spannkraft und Entschlossenheit besitzt, welches für eine Verwendung in höheren Kommandostellen gefordert werden muss«. Ende April 1914 ließ der Erzherzog den Generalstabschef Conrad von Hötzendorf wissen, dass er »die Beurlaubung dieses Offiziers mit Wartegebühren für geboten« halte.[555]

Conrad, der Urbański freundschaftlich verbunden war und überdies als Trauzeuge bei der Vermählung des Nachrichtenoffiziers mit dessen zweiter Ehefrau fungiert hatte, stand nun vor einer unangenehmen Aufgabe. Franz Ferdinands Wunsch unbeachtet lassen konnte er nicht. Außerdem fürchtete Conrad einen weiteren Konflikt zwischen Kaiser und Thronfolger. Die beiden stritten schließlich besonders oft, wenn es um Personalangelegenheiten ging. Um weitere Unannehmlichkeiten abzuwenden, bat Conrad Urbański am Ende, »freiwillig für eine Zeit von der Bildfläche zu verschwinden«. Der Chef des Evidenzbüros, dem Franz Joseph erst vor Kurzem das »Ritterkreuz des Leopoldsordens« an die Brust geheftet hatte, wurde nun beurlaubt. Vorgeschützt hatte man ein ärztliches Gutachten, demzufolge der Oberst an »einer Nervosität mittleren Grades« litt. Der geschasste Geheimdienstchef musste nun mit der Hälfte seines Verdienstes das Auslangen finden, wobei ihm der Kriegsminister Krobatin hinter vorgehaltener Hand versprach, die leidige »Gebührenfrage« entsprechend zu regeln.[556]

Unterdessen machte man all jene Personen ausfindig, die verschiedene Gegenstände im Zuge der Versteigerung von Redls Besitztümern erworben hatten. Die Militärbehörden schlossen offenbar weitere peinliche Entdeckungen seitens der neuen Eigentümer nicht aus. So musste etwa ein Prager Professor namens Vanourek die Bände, die er aus der Bibliothek des »Meisterspions« erstanden hatte, retournieren. Eine nochmalige »Untersuchung« der Bücher durch zwei militärische Sachverständige, welche deren »Unbedenklichkeit« zu überprüfen hatten, unterblieb aber in Anbetracht des Kriegsausbruchs. Erst 1917 wurde Professor Vanourek in Aussicht gestellt, den Lesestoff aus der Redl'schen Büchersammlung zurückzubekommen.[557]

Nachfolger von Oberst August Urbański im Evidenzbüro wurde Oskar von Hranilović-Czvetassin. Der Zorn, den der Thronfolger gegenüber dem vormaligen Geheimdienstchef empfand, kühlte nicht und nicht ab. Urbański aber empfand Franz Ferdinands offen zum Ausdruck gebrachte Abschätzigkeit zeitlebens als bittere Demütigung und als ganz und gar ungerechtfertigt. Die Rehabilitierung des ehemaligen Chefs des militärischen Nachrichtendiensts der k.u.k. Armee und damit sein Wiedereintritt in die Armee erfolgte erst nach den Schüssen von Sarajewo. Urbański befehligte danach eine Division, erhielt den Rang eines Generalmajors und avancierte 1917 schließlich zum »Feldmarschallleutnant«.[558]

Franz Ferdinand hatte den ehemaligen Evidenzbürochef, den er wohl für alle Pannen in der Redl-Affäre verantwortlich machte, bis zuletzt zutiefst verabscheut. Dem Kriegsminister soll der cholerische Thronfolger angekündigt haben, Urbański auch im Falle eines Gnadenaktes durch den Kaiser, also nach einer Rückkehr in den aktiven Dienst, nicht in Ruhe zu lassen. Angeblich wollte er den verhassten Obersten »auf dem Manöverfeld umlegen«.[559]

II. KONTEXT UND KONSEQUENZEN

FOLGEWIRKUNGEN

Internationaler Pressespiegel

Der Fall Redl war eine der »causes célèbres« des Jahres 1913.[560] Die Menschen einer an aufwühlenden Ereignissen reichen Epoche am Vorabend des Ersten Weltkrieges blickten für einen Augenblick nicht nur auf die Rivalitäten zwischen den Großmächten, den Streit um Kolonialgebiete und die erbitterten Kämpfe auf dem Balkan. Inmitten aller Krisen und Erwartungen neuer, möglicherweise größerer Waffengänge konzentrierte sich die Weltöffentlichkeit für einen Moment auch auf die »ungeheuerliche Schandtat« eines »schwarzen Schafes«, wie es etwa in der *China Times* vom Mittwoch, dem 11. Juni 1913, hieß. Immerhin glaubte der anonyme Verfasser des Artikels schon durch den Titel klarstellen zu müssen, dass es sich um einen Einzeltäter handle. Demgegenüber, lautete die weitere Argumentation, zeige sich das österreichisch-ungarische Offizierskorps in Summe »aller Ehrungen würdig«, zumal es mit einer aus »britischer oder deutscher Sicht« kaum zu verstehenden »Mühe« verbunden sei, die vielsprachige Habsburgerarmee zu kommandieren.[561]

Bereits am vorherigen Wochenende, genauer gesagt, am Samstag, dem 7. Juni, war in Paris die Zeitung *Le Figaro* gleichfalls bemüht gewesen, die Bedeutung der Spionageaffäre zu relativieren. Redl »werde bald in Vergessenheit geraten, wie der Tod Erzherzog Rudolfs«, konstatierte man in einer kurzen Notiz, die sich im Hinblick auf die Wirkung beider »Todesmeldungen« gründlich täuschen sollte.[562]

Demgemäß dachte das *Berliner Tageblatt* schon am 2. Juni über weiterreichende Konsequenzen nach: »Wir möchten« zwar »auch jetzt zu dem Schlusse kommen, dass es nur diesen einen Mann gab, der zum König aller Vaterlandsverräter wurde«, aber »wenn nicht alle Nachrichten trügen, ist von dem verbrecherischen Offizier auch Deutschlands Vertrauen missbraucht worden«. Die »große Untreue geht die zwei Völker« an, »die sich Waffentreue versprachen. Und sie bringt alle die feinen Fäden zum Schwingen, die zwischen den Mächtegruppen des Kontinents gesponnen worden sind, um kriegerische Angriffe und ihre Abwehr bis ins kleinste vorzubereiten.«[563]

Die internationale Presse folgte in Vielem der Skepsis österreichisch-ungarischer Journalisten gegenüber den Vertuschungs- und Beschwichtigungsversuchen der k.u.k. Militärs. Die *L'Humanité*, die in der Sache durch ihren Berliner Sonderkorrespondenten telefonisch unterrichtet worden war und am 31. Mai 1913 auf der Titelseite über »homosexuelle Beziehungen, die Spionage und den Selbstmord des Obersten Redl« berichtet hatte[564], ging demgemäß auf Distanz zu den Verlautbarungen des Generalstabs der Habsburgerarmee. Dieser, konstatierte man, sei bestrebt, die Angelegenheit herunterzuspielen, während Wiener Informanten versicherten, dass auch deutsche Mobilisierungspläne an fremde Mächte weitergegeben worden seien.[565]

Auch im *Figaro* blieben vorsichtigere oder gar bagatellisierende Kommentare schließlich die Ausnahme. Unter Bezugnahme auf die Zweifel der Wiener Blätter an den öffentlichen Stellungnahmen der k.u.k. Armeeführung war nun hier gleichfalls von den »schweren Folgen der Affäre« die Rede.[566] Sie ist, so ein Beitrag vom 8. Juni 1913, »aus österreichischer und europäischer Perspektive mehr noch eine politische als eine militärische Katastrophe«. Nach den für die Donaumonarchie kostspieligen Wintermonaten, in denen sie beträchtliche Truppenverbände wegen der Lage am Balkan »unter Waffen halten« musste, sei nun klar, wie leicht das sensible System multilateraler Absprachen aus dem »Gleichgewicht« geraten könne. »Wir wissen jetzt, dass ein einziger Verräter die Politik« des k.u.k. Außenministers Leopold Graf »Berchtold sabotiert hat«.[567]

In dieser Hinsicht wartete auch die *Russkoe Molva* fast zeitgleich mit einer Nachricht auf, die größere Zusammenhänge ins Auge fassen wollte. Dem Blatt zufolge kannte das Zarenreich »in jedem Augenblick« der »gegenwärtigen Spannungen nicht nur seine eigenen, sondern auch die militärischen Kräfte seines voraussichtlichen Gegners und war daher imstande, seine diplomatischen Schritte danach einzurichten«. Im Gefolge der Balkankrisen seit dem Jahr 1908 sei es dem Romanovimperium »möglich gewesen, jeden Moment die von seinem Standpunkte aus notwendigen militärischen Anordnungen zu treffen und die militärischen Vorbereitungen seines voraussichtlichen Gegners auf Grund der Berichte Redls zu paralysieren«. Entsprechend sicher habe Russland daher auch auf diplomatischem Boden agieren können.[568]

Derartige Pressenotizen aus St. Petersburg wurden umgehend in den Zeitungen der Donaumonarchie veröffentlicht und waren geeignet, die bereits vorhandene Erregung infolge des »unerhörten Hochverrates ins Unermessliche« zu steigern. Die russischen Medien jedenfalls gossen kräftig Öl ins Feuer. Die *Sankt Peterburgskija Vedomosti* etwa bezog sich Ende Juni 1913 auf die Ermittlungsergebnisse in Redls Prager Wohnung. Dabei habe man Materialien gefunden, deren Aushändigung an potenzielle Gegner sich gravierend auf den gesamten militärischen Nachrichtendienst der Habsburgermonarchie auswirke. Außerdem seien »relevante Dokumente« über die Verteidigung Galiziens, »über Eisenbahnlinien und Truppenkonzentrierungen« sichergestellt worden.[569]

Am 2. Juni hatte die einflussreiche *Novoe Vremja* zudem von der Auslieferung der »Mobilisierungspläne« gesprochen. Obwohl man den genauen »Umfang des Verrates« noch nicht kenne, merkte das Blatt an, ließen sich doch weitreichende Vermutungen anstellen: Alfred Redl habe sich Zugang zu den sensibelsten deutschen und österreichischen Geheimakten verschafft. An Besprechungen von Offizieren des Habsburger- und des Hohenzollernreiches in Gegenwart des deutschen Generalstabschefs Helmuth von Moltke sei er beteiligt gewesen. Nicht zuletzt, erklärte man am 13. Juni, ging es dabei um Pläne für eine »partnerschaftliche Kooperation« gegen eine »dritte« beziehungsweise »fremde Macht«. Letztere – von Russland war in den entsprechenden Artikeln der *Novoe Vremja* nie die Rede

– habe dadurch die »Maßnahmen Deutschlands und Österreichs vorwegnehmen« können. Im »Kriegsfall« wäre speziell die Donaumonarchie daher »schutzlos« und »verloren« gewesen.[570]

Mutmaßungen

Nikolaj N. Girs, Botschafter des Zarenreiches in Wien, meinte angesichts des Medieninteresses, seine Vorgesetzten in St. Petersburg nicht mehr detailliert in Kenntnis setzen zu müssen. Der russische Außenminister Sergej D. Sazonov dürfte durch die heimischen Zeitungen bereits unterrichtet sein, vermutete Girs. Allerdings erlaubte er sich zu ergänzen, dass die »außergewöhnlichen Ausmaße des Skandals« die ganze Donaumonarchie »in Aufruhr« versetzten. Es sei zudem mit »weiteren sensationellen Enthüllungen« zu rechnen, wobei sich die Vorwürfe in der österreichisch-ungarischen Öffentlichkeit auch und besonders gegen die »zivilen und militärischen Vertreter« des Russischen Reiches richten könnten. Der durchaus proösterreichische Gesandte sah unter solchen Umständen neue Belastungen auf die ohnehin mindestens »fragilen« Beziehungen zwischen Wien und Petersburg zukommen.[571]

Angesichts der Gerüchte und »Enthüllungen« schien es dafür genug Anhaltspunkte zu geben. Oberstleutnant Hallier, Frankreichs Militärattaché in der k.k. Haupt- und Residenzstadt, äußerte sich in einem Schreiben an den Kriegsminister in Paris vom 12. Juni 1913 dahingehend und dachte bei dieser Gelegenheit auch über die militärischen Folgen nach. Hallier mutmaßte daher: »Alfred Redl hätte als stellvertretender Leiter des Evidenzbüros geheime Dossiers verkaufen können, die nicht nur Österreich, sondern auch Deutschland betreffen. Obwohl er nicht dem Operationsbüro« des k.u.k. Generalstabs »angehörte, erlaubte ihm seine Arbeit im Geheimdienst, viele Mitteilungen und Dokumente zu erhalten, die den ›Aufmarschplan‹ betreffen. Es ist dieser ›Aufmarschplan‹, den er den Russen übermitteln hätte können. Unter solchen Bedingungen wäre ein Angriff der Zarenarmee eine Katastrophe für die Monarchie gewesen!«[572]

Diese den Einschätzungen der russischen *Novoe Vremja* ähnelnden Vermutungen waren nicht zuletzt durch Informanten genährt worden, die »zu später Nachtstunde« bereits Ende Mai Hallier wissen hatten lassen, dass es »Redl fertig gebracht habe, allein dieses Jahr«, also 1913, »Beträchtliches an die Russen zu liefern, unter anderem die Ordre de Bataille und den Plan der österreichisch-deutschen Zusammenarbeit gegen Russland«.[573]

Halliers Kollege, der britische Militärattaché in Wien, Major Thomas M. Cuninghame, nahm vor allem auf den letzten Punkt Bezug, als er sich am 4. Juni 1913 zur »immensen Sensation« des Hochverrats durch einen Offizier des militärischen Geheimdienstes der Habsburgermonarchie zu Wort meldete. Wegen seiner Stellung, seiner »Reputation und seinem Wissen gibt es«, berichtete Cuninghame nach London, »gute Gründe anzunehmen, dass die Pläne Deutschlands und Österreichs über eine gemeinsame Aktion in Galizien und Polen an Russland verkauft wurden«.[574] Die genauen Umstände, die zur Entdeckung der »Schandtaten« geführt hatten, waren ihm noch nicht bekannt. Es gebe aber augenblicklich, fügte er ergänzend hinzu, keine Beweise für eine Verbindung zwischen der »Affäre« Redl und jenem Spionagefall, der zur Verhaftung der Brüder Jandrić und zur Abreise des russischen Militärattachés Michail I. Zankevič geführt hatte. Hingegen werde, bemerkte Cuninghame, »in der Öffentlichkeit« und in den Medien gerade dieser Zusammenhang immer wieder hergestellt.[575] Stark von der Presseberichterstattung beeinflusst, hielt nämlich Oberstleutnant Hallier fest: »Die Ermittlungen gegen die Jandrićs führten zur Entdeckung der Schuld Redls. Die in Wien und Prag beschlagnahmten Papiere des Letzteren werden vielleicht die Verhaftung weiterer Komplizen nach sich ziehen, möglicherweise befinden sich darunter noch andere kompromittierte Offiziere in höheren Rängen.«[576]

Hallier, der hinter und um Redl eine Art Spionagenetz vermutete, rechnete seit Bekanntwerden der Causa ganz fest mit weiteren Arretierungen oder ungewöhnlichen Vorfällen.[577] Aufmerksam verfolgte er in diesen Tagen daher verdächtige Geschehnisse, zum Beispiel Agenturmeldungen über einen »Unteroffizier der Marine namens

Birkhoffer«, der sich im »Militärspital in Pula nach einem versuchten Selbstmord« befinde. Aus dessen Schriftverkehr ließen sich Kontakte nach Prag und zum Generalstab nachweisen, woraus folge: Birkhoffer sei »ein Agent von Oberst Redl«, obwohl der k.k. Landesverteidigungsminister Friedrich Robert Freiherr von Georgi in seinen offiziellen Darstellungen »geleugnet« habe, dass es »Komplizen« gebe.[578] Die Sicherheit in Halliers Urteil entsprach den diesbezüglichen Zeitungsberichten, unter anderem folgenden Darlegungen auf der Titelseite des *Prager Tagblatts* vom 13. Juni 1913: »Das ›Neuigkeits-Weltblatt‹ meldet aus Pola: Hier wird seit einigen Tagen im Marinespital ein Unteroffizier der Kriegsmarine, der Maschinenmaat August Birkhoffer als Arrestant streng bewacht. Er hat seit geraumer Zeit als Mithelfer in der Spionage dem Obersten Redl erwiesenermaßen Material geliefert. Sein Verrat wurde von einem anderen Unteroffizier durch Zufall entdeckt, worauf Birkhoffer einen Selbstmordversuch verübte.«[579]

Militärangehörige, die nach der »Enthüllung« des »›Redl-Skandals‹ Hand an sich legten«, gerieten unter solchen Bedingungen wiederholt unter Verdacht – auch im Ausland. Das *Prager Tagblatt* vom 9. Juni 1913 mischte unter die Reportagen und Kommentare über den »Hochverrat« und den Suizid des k.u.k. Generalstabsoffiziers beispielsweise eine Information des *Preß-Telegraphen* in Berlin. Zwischen der Überschrift in Frageform »Redl durch russische Offiziere entlarvt?« und der dreizeiligen Notiz »Die Pferde Redls verkauft« fanden sich demgemäß folgende Ausführungen: »In der Angelegenheit des russischen Generalstabsobersten Kusmin, der durch Selbstmord geendet hat, wurde festgestellt, dass der Offizier seit drei Jahren in den Diensten einer auswärtigen Macht stand und alle wichtigen Mobilisierungspläne kopierte und an das Ausland verkauft hat.«[580]

War hier ein »Konfident« der Deutschen und Österreicher durch die Informationen Alfred Redls entlarvt und dadurch zum »freiwilligen Ableben« veranlasst oder genötigt worden? Weil man seitens der Behörden, wie hinzugefügt wurde, den Zeitungen untersagte, genauere Angaben zu dieser »Affäre« zu machen, fehlte es in der Folge sowohl an Verifikationen als auch an Falsifikationen zur Darlegung des *Preß-Telegraphen*.

Generell erwiesen sich diesbezügliche Berichte als Versuch, den »Vaterlandsverräter« in besonderer Weise zu dämonisieren, ohne dafür genauere Anhaltspunkte liefern zu können. Bei aufmerksamerer Betrachtung handelte es sich um Geschichten, die X. dem Y. und Y. dem Z. erzählt haben soll. Plötzlich tauchten anonyme Opfer auf, deren wundersame Herkunft niemand erklären konnte. So soll Redl auch für den Suizid eines russischen Offiziers verantwortlich gewesen sein, der in Egon Erwin Kischs Darstellungen zum »größten Spionagefall der Donaumonarchie« Kyrill Petrovič Lajkov hieß und der sich angeblich dem k.u.k. Militärattaché in Russland, Erwin Müller, als Spion antrug. Tatsächlich gewinnt man in diesem Zusammenhang den Eindruck, als habe sich die »Story«, die jemand aus zweiter Hand dem am »Redl-Fall« besonders interessierten und zu Übertreibungen neigenden Reichsratsabgeordneten Adalbert Graf Sternberg mitteilte, mehr oder minder verselbständigt und in weiterer Folge Personen beschäftigt, die sie dann auf verschiedene Weise »ergänzten«.[581]

Unterdessen legten – wie bereits erwähnt – zahlreiche k.u.k. Offiziere ihr dienstliches und privates Verhältnis zu Redl von sich aus offen, um etwaigen Diffamierungen, Nachstellungen und Festnahmen zu entgehen. Im Gefolge der allgemeinen Erregung litten manche Angehörige der Habsburgerarmee dabei regelrecht unter Paranoia.[582] »Der 28jährige Advokaturskandidat und Reserveleutnant Dr. Wilhelm K.«, stand im *Fremden-Blatt* am Montag, dem 2. Juni 1913, zu lesen, »hat sich Samstags abends im Prater durch zwei Revolverschüsse zu entleiben versucht, da er sich in einem Anfalle von Verfolgungswahn als Komplize des Obersten Redl beobachtet und verfolgt glaubte«.[583] Dazu zeitgleich das *Prager Tagblatt*: »Es wurde festgestellt, dass der Verletzte [...] vor einer Woche zu einer vierwöchigen Waffenübung zum 26. Inf.-Reg. nach Raab einberufen worden ist. Von dort war er vorgestern um 4 Uhr nachmittags weggefahren, um den Sonntag in Wien zu verbringen. Nun plötzlich scheint bei Dr. K. Verfolgungswahn ausgebrochen zu sein; denn er erklärte den amtlichen Organen, er fühle sich, seitdem er Raab verlassen, immer beobachtet. Er werde von Offizieren verfolgt. [...] Man habe auch geglaubt, dass er ein Bekannter des Oberst Redl sei, und da er durch diesen Verdacht in seiner Ehre tief verletzt sei, überdies befürchtet habe, infolge des Verdachtes seine Charge zu verlieren, sei er in den Prater gegangen, und habe dort um 9 Uhr abends die zwei Schüsse gegen sich abgegeben.«[584]

Kurz nach diesem, von den Polizisten als etwas »mysteriös« empfundenen Vorfall befasste sich unter anderem das *Fremden-Blatt* mit einer mindestens ebenso sonderbaren Geschichte über »merkwürdige Besuche« eines Generalstabsobersten bei »fremdländischen« Wienbesuchern.[585] Selbst die *L'Humanité* in Paris interessierte sich für die Angelegenheit. Ihren Lesern gegenüber berief sie sich dabei auf Artikel mehrerer österreichischer und deutscher Zeitungen. Diese hatten das rätselhafte Verschwinden möglicher russischer Agenten aus der k.k. Haupt- und Residenzstadt gemeldet – angeblich exakt in jener Nacht, in der sich Oberst Redl das Leben nahm. Darüber hinaus, hieß es weiter, seien Zeitungsredaktionen verschiedentlich »Depechen« aus St. Petersburg zugegangen, wonach »momentan auch in Russland zahlreiche Verhaftungen, insbesondere in Grenznähe, aus analogen Beweggründen« stattfänden.[586]

Tatsächlich wusste die *Russkoe Slovo* zur selben Zeit von »Inhaftierungen wegen Spionage« in »einigen Garnisonsorten« zu berichten, Meldungen, zu denen das Kriegsministerium in St. Petersburg allerdings »jede Auskunft verweigerte«. Generell, bemerkte das *Prager Tagblatt* am 2. Juni, gebe man sich »an maßgebender Stelle« im Zarenreich zugeknöpft: Behörden beteuerten, Redl persönlich nicht gekannt zu haben, zumindest in der Hauptstadt an der Neva sei niemand »unmittelbar« mit ihm in Kontakt gestanden.[587]

Die Reporter wandten sich demgemäß vor allem den *Razvedka*-Aktivitäten in Warschau zu. Dortige Festnahmen sowie weitere »Arretierungen« in anderen Militärbezirken des Romanovimperiums verknüpften sic explizit mit der »Redlaffäre«, obwohl sich die Behauptungen durch keinerlei Belege untermauern ließen.[588]

Allmählich begann sich in den meisten Redaktionsstuben überdies die Einsicht durchzusetzen, dass es an konkreten Beweisen für ein weitverzweigtes Netzwerk des »Meisterspions« und ehemaligen Evidenzbürooffiziers mangelte. Angedeutete Querverbindungen zu anderen »Verrats-Affären« entpuppten sich als reine Spekulationen, Hinweisen auf potenzielle Mitarbeiter Redls konnte letztlich kein Glaube geschenkt werden.

In späteren Berichten, etwa über die Gerichtsverhandlungen gegen die Jandrićs, über die Anklage wegen Hochverrat und Betrügerei gegen Johann Reich oder die Verurteilung des mit Zankevič verbundenen Husarenleutnants Jacob, ging deshalb auch Oberstleutnant Hallier von keinen direkten Zusammenhängen zwischen den einzelnen Fällen aus. Eine »Organisation Redl« deuteten ausländische Beobachter nun nicht einmal mehr an. Dafür wurde auf andere unmittelbare Konsequenzen der Vorfälle vom Mai 1913 hingewiesen. So wollte Hallier etwa im März 1914 eine veränderte Öffentlichkeitsarbeit der k.u.k. Militärführung wahrnehmen. Man berichte nun, lautete seine Einschätzung, auch über Schattenseiten der Armee relativ offen und habe folglich »definitiv mit dem System der Verleugnung und Umschreibung gebrochen«.[589]

Misstrauen

Spürbar wurde für ausländische Vertretungen unterdessen auch der wachsende Argwohn gegenüber »Fremden« in der Donaumonarchie. Zielscheibe der Verdächtigungen waren zunächst und vor allem die diplomatischen Missionen und insbesondere die Repräsentanten des Zarenreiches. *Die Zeit* machte schon am 30. Mai 1913 das Unbehagen publik: »Aus Lemberg heißt es«, dass der dortige, später abberufene »russische Konsul Pustoschkin der Verführer des Spions Redl war«; »aus Prag wird uns telegraphiert, dass der Prager russische Konsul« Žukovskij »mit Redl in Verbindung stand, und es gilt nicht als unwahrscheinlich, dass der Konsul gezwungen sein werde, seinen

Posten zu verlassen«.[590] Entschieden wies die *Novoe Vremja* darauf Anschuldigungen gegenüber Žukovskij zurück.[591] Der Betroffene selbst setzte sich zugleich vehement gegen alle Vorwürfe zur Wehr. Formell brachte er, wie *Le Figaro* am 6. Juni 1913 vermerkte, seinen Protest beim »böhmischen Statthalter« sowie beim Außenministerium in Wien vor. Auch der dortigen Botschaft des Zarenreiches übermittelte er seinen Standpunkt.[592]

Gleichlautendes fand sich schon am 5. Juni 1913 in der *Zeit*. Entgegen ihren ursprünglichen Aussagen hieß es hier nun: »Die in der Presse verbreiteten Nachrichten, dass der kaiserlich-russische Konsul in Prag, Herr Schukowsky, in die Spionageaffäre Redl verwickelt sei, entbehren, wie wir aufgrund authentischer Informationen festzustellen in der Lage sind, jeder Grundlage. [...] Ein Vertreter der ›Bohemia‹ hatte eine Unterredung mit dem Konsul«, in der er »unter anderem erklärte: ›Ich habe den Herrn Obersten Redl gar nicht gekannt. Ich habe ihn in meinem Leben niemals gesehen oder gesprochen. [...] In meiner ganzen hiesigen Amtstätigkeit habe ich mit österreichischen Offizieren nichts zu tun gehabt. Meine Tätigkeit hat überhaupt mit militärischen Angelegenheiten nichts zu schaffen. Wenn die Zeitungsmeldungen mich, den Vertreter eines fremden Staates, so bloßstellen, so wäre es Pflicht der Behörden, diesen Nachrichten entgegenzutreten.«[593]

Die Vorwürfe trübten das bereits gespannte Verhältnis zwischen dem Habsburgerreich und dem Romanovimperium weiter. Auch wenn der konkrete Streitfall bereinigt wurde – die Spionageaffären der letzten Jahre hatten nicht eben zur Verbesserung der Beziehungen zwischen Wien und St. Petersburg beigetragen. Zu oft waren die »Abgesandten des Zaren« in Verdacht geraten und bisweilen auch kompromittiert worden.

Vorbehalte und Vorurteile gegen Diplomaten hielten sich, ein Umstand, den auch Vertreter der übrigen Großmächte einzukalkulieren hatten. Am 8. Juni 1913 traf es beispielsweise das britische Konsulat in Sarajewo. An diesem Tag wurde einer von dessen Angestellten, Ernest Macfarren, in Begleitung seines Landsmannes Charles

John Hope-Johnstone von den Behörden der Donaumonarchie in »polizeiliche Verwahrung« genommen. Wohlweislich sprach die lokale Exekutive nicht von einer »Verhaftung«, sondern von einer »Vorführung«, um keine vorzeitigen Verstimmungen zwischen Wien und London herbeizuführen. Die Betroffenen, gedeckt von Konsul F. G. Freeman, zeigten sich allerdings entrüstet, beschwerten sich über die Bedingungen ihrer »Anhaltung«, kritisierten das Verhalten der österreichisch-ungarischen Stellen und forderten eine Begründung für deren Vorgehen. Aus dem Umfeld des Landeschefs von Bosnien und Herzegowina, Oskar Potiorek, wurde daraufhin mitgeteilt, dass man das Konsulat seit Längerem im Auge behalte. Verdachtsmomente schienen sich nun zu erhärten. Nach Wien sandten die Ermittlungsbeamten nämlich ein Notizbuch Macfarrens, das suspekte Eintragungen über die Zahl und Stärke von k.u.k. Truppenverbänden in der Region, die Einberufung von Reservisten zum Militär, die Errichtung und Auflösung von Polizeiwachstuben sowie die Haltung der lokalen Parteiorganisationen enthielt.[594]

Angesichts der angespannten Lage an den südöstlichen Grenzen der Habsburgermonarchie mussten derlei Aufzeichnungen eines Diplomaten naturgemäß Argwohn hervorrufen. Für Ernest Macfarren waren seine Beobachtungen jedoch ganz unverfänglicher Art. Er habe, bemerkte er, lediglich festgehalten, was ohnehin jeder sehen könne. Hope-Johnstone wiederum stellte sich als ein aus Paris angereister Sprachforscher vor, dem es vor allem um die örtlichen »Dialekte der Zigeuner« gehe. Beide zusammen präsentierten sich als landeskundlich Interessierte, als unschuldige Forscher und Opfer der Justiz- und Polizeiwillkür. Allerdings gaben sich selbst die übergeordneten Stellen in London mit derlei Erklärungen keineswegs zufrieden. Konsul Freeman, ordnete das »Foreign Office« an, solle alles vermeiden, was den Anschein erwecke, militärische Nachrichten zu sammeln. Außerdem sei es gefährlich, angesichts der internationalen Krise infolge der Balkankriege, albanische Flüchtlinge zu kontaktieren. Gerade damit brächten die Österreicher aber die diplomatische Vertretung Großbritanniens in Sarajewo in Verbindung. Auch

Kontakte zur serbischen Bevölkerung würden darüber hinaus auf dem Territorium der Donaumonarchie geradezu hysterische Reaktionen hervorrufen.[595]

Außenminister Edward Grey schaltete sich persönlich ein: Freemans Abberufung wurde überlegt, sogar eine zeitweilige Schließung des Konsulats stand zur Disposition. Besondere Verärgerung rief im Übrigen das Verhalten Macfarrens hervor. Dieser war nämlich nicht bloß Konsulatsbediensteter, sondern auch Korrespondent der *Daily Mail*. Eine solche Funktion sei aber, kritisierte Grey, mit der Beschaffung brisanter Informationen unvereinbar.[596]

Spätestens an diesem Punkt wurde ersichtlich, dass die Haltung der österreichisch-ungarischen Behörden nicht unberechtigt war. In einem Brief Freemans an den britischen Botschafter in Wien, Fairfax Cartright, wurde bedauert, dass Ernest Macfarren die eigenen Sicherheitsvorkehrungen missachtet habe: Für gewöhnlich seien »vertrauliche Notizen« nach Transfer an das »geheime Archiv« und an die zuständigen Stellen zur Auswertung des Materials »zu verbrennen«. Macfarren aber habe »diese Vorsichtsmaßnahme« nicht beachtet und dadurch »dummerweise« auch noch die Namen seiner beiden serbischen »Informanten preisgegeben«.[597]

Im österreichisch-ungarischen Außenamt war man indes bemüht zu kalmieren. Minister Berchtolds Sekretär, Alexander Graf Hoyos, gab dem britischen Militärattaché Cuninghame zu verstehen, dass er hinsichtlich des »Hope-Johnstone-Macfarren-Vorfalls« nicht an eine »Agenten-Geschichte« glaube. Aber im gegenwärtigen Moment, in dem, so Hoyos, »sich jeder über den Redl-Fall aufregt und auf die Suche nach Spionen macht«, sei die ganze Angelegenheit einigermaßen »unglücklich«. Tatsächlich aber benutzte der hohe k.u.k. Diplomat die Hochverratsaffäre des Generalstabsobersten, um noch einmal klarzustellen: »Herr Freeman befindet sich in keinem guten Einvernehmen mit Herrn Potiorek«, seine Position habe sich auch durch die Vorgänge rund um seinen »Angestellten Macfarren« verschlechtert, ein »Wechsel an der Spitze des ›Konsulats Seiner Majestät des Königs‹ in Sarajewo wäre zu begrüßen«.[598]

Die allgemeine Stimmung nach der Aufdeckung der Causa Redl diente den Regierungsvertretern des Habsburgerreiches solcherart dazu, »missliebige Fremdländer« loszuwerden oder die Vorsichtsmaßnahmen gegenüber »feindlichen Schnüfflern« mindestens zu verschärfen. Auch Englands offizielle Repräsentanten waren daher zu entsprechender Sensibilität aufgerufen. Einigermaßen empfindlich reagierte deshalb Hauptmann Forbes, britischer Konsul in Prag, als er während eines Heimaturlaubs in London erfuhr, dass sich der Militärattaché Cuninghame in seiner Abwesenheit über Truppenbewegungen und Mobilisierungen der Habsburgerarmee ausgerechnet bei seinen »Untergebenen mit österreichisch-ungarischer Staatszugehörigkeit« erkundigt habe. Das Vorgehen erschien Forbes speziell »jetzt unbegreiflich«: Schließlich, notierte das »Foreign Office« dazu am 26. Juni 1913, »verdächtigten die österreichischen Autoritäten schon unser Konsulat in Sarajewo«, einmal abgesehen von den »Enthüllungen in Zusammenhang mit dem Selbstmord von Oberst Redl«, ein Umstand, der die k.u.k. Behörden nur noch »unduldsamer gegenüber allem stimmt, was nach Spionage riecht«.[599]

Während Cuninghame zur Stellungnahme verpflichtet wurde und beteuerte, niemanden als »Agenten anwerben zu wollen«, ermahnte London speziell seine Militärdiplomaten, alles zu unternehmen, um die offiziellen Stellen der Donaumonarchie zu beruhigen. Die Nachrichtenbeschaffung sollte sich daher auf legale Kanäle beschränken. Nach den jüngsten Ereignissen wurde gerade Major Cuninghame in dieser Hinsicht aktiv, wohl auch, um alle Verdachtsmomente gegen ihn zu beseitigen. Eine »korrekte Sammlung von relevanten Daten« erfolgte für gewöhnlich durch die Auswertung von Zeitungen und Fachzeitschriften, aber auch durch den Besuch von Manövern. Dazu seien aber im Habsburgerreich momentan lediglich die akkreditierten Militärattachés zugelassen, urteilte Cuninghame, der deshalb dazu riet, einer größeren Zahl von k.u.k. Offizieren den Zugang zu britischen Truppenübungen zu erlauben. Eine ähnliche Vorgangsweise könne man dann gleichfalls mit der »Deutschen Kaiserlichen Regierung« vereinbaren. Komme es jedoch zu keiner derartigen Übereinkunft, müsse mit der Ablehnung eines bereits vorbereiteten Ersuchens um weitere englische Beobachter der österreichisch-ungarischen Manöver gerechnet werden.[600]

Die vorgeschlagene Kombination der Anliegen militärischer »Kundschafter« mit den diplomatischen Bestrebungen zur Deeskalation der internationalen Lage fand in Londoner Regierungskreisen Zuspruch. Cuninghames Idee wurde Mitte August 1913 sowohl vom »War Office« als auch vom »Foreign Office« gutgeheißen.[601]

Änderungen

In den ersten Tagen nach der Entlarvung des »Meisterspions im Generalstab« fehlte es obendrein nicht an Aufforderungen, das k.u.k. Kundschafts- und Sicherheitswesen von Grund auf zu reorganisieren. »Schließlich könnten ja alle Agenten des Evidenzbüros kompromittiert sein«, notierte etwa Oberstleutnant Hallier in seiner Funktion als französischer Militärattaché in Wien.[602] Wenigstens bezüglich der Russlandspionage war diese Einschätzung mehr als ernst zu nehmen. Und noch rund hundert Jahre später scheint aus der Sicht der Experten »unstrittig«, dass in diesem Bereich »Redls Verrat von Interna des Kundschaftswesens« einen »beträchtlichen Schaden« verursachte.[603]

Detaillierte Belege sind dafür allerdings schwer zu erbringen – im Unterschied zum gesteigerten Bemühen, den »Agenten« möglicher gegnerischer Mächte das Handwerk zu legen. Es waren die Skandale des Jahres 1913, welche die Budapester Staatspolizei zu einer verbesserten »Abwehrarbeit« veranlassten.[604] Während bis dahin immerhin schon die Grenzwachen und Grenzgendarmen Transleithaniens, also des östlichen Teiles der Habsburgermonarchie, sowohl am defensiven als auch am offensiven Kundschafts-, kurz »K-Dienst« mitwirkten, erreichte die Neugestaltung der Abwehr in Form einer engeren Kooperation zwischen zivilen und militärischen Stellen im Mai 1914 ihren Höhepunkt. Eine eigene Konferenz befasste sich damals unter der Leitung von Maximilian Ronge mit Fragen der Spionageabwehr. Die Innenministerien Österreichs und Ungarns, die

Landesregierungen für Kroatien-Slawonien und Bosnien-Herzegowina sowie die Polizeidirektion Wien beteiligten sich an der internen Besprechung, die zur Gründung einer neuen Zentralstelle führte.[605] Mit ihrer Hilfe sollte den unter Personalmangel leidenden Nachrichtendienstlern des Heeres unter die Arme gegriffen werden. Die organisierte Zusammenarbeit zur »Unschädlichmachung feindlicher Wühlarbeit« ruhte damit zu einem wesentlichen Teil auf Polizeibeamten, die Ronge letztlich auch auf die Zentren der gegnerischen Agentennetze anzusetzen hoffte. Selbst aktiv zu werden, statt nur auf Attacken der Widersacher zu reagieren, empfand der spätere und letzte Chef des militärischen Geheimdienstes Österreich-Ungarns als einzig sinnvolle Strategie in einer Epoche der »Schattenkriege« und des »Scheinfriedens«. Die Verwicklungen, welche die Enttarnung von »Zivilspionen« im Ausland mit sich bringen konnte, ließen aber die meisten Behördenvertreter des Habsburgerreiches auf Distanz zu Ronges Überlegungen gehen.[606]

Dafür stellte man die Maßnahmen zur Bekämpfung von »Hochverrat« und »Spionage« auf eine neue rechtliche Grundlage. Schon am 4. Juli 1913 berichtete Oberstleutnant Hallier nach Paris, dass sich das Herrenhaus in seiner »letzten Sitzung am 26. Juni« für die Verschärfung des Spionagegesetzes ausgesprochen habe. Dieser Entscheidung werde sich aller Wahrscheinlichkeit nach das Abgeordnetenhaus des Reichsrates anschließen, ergänzte Hallier, der noch darauf aufmerksam machte, »dass die angeführten Maßnahmen nicht nur von der Affäre Redl, sondern auch von einer Anzahl ähnlicher, wenn auch ohne Zweifel weniger bedeutender Fälle« beeinflusst worden waren.[607]

Den Repräsentanten Frankreichs in der Donaumonarchie entging nicht, dass es keineswegs sinnvoll war, solche »Veränderungen« ausschließlich als Konsequenz des Skandals um einen früheren Evidenzbürooffizier anzusehen. Folgerichtig leitete auch Hallier sein Schreiben mit dem Hinweis auf vergleichbare parlamentarische Beschlüsse in Russland und Deutschland ein.[608] Speziell die Bestimmungen im Hohenzollernreich dienten der Donaumonarchie diesbezüglich als Vorbild. Schließlich kam in der deutschen Rechtsordnung seit Kurzem das Verhalten der Journalisten zur Sprache, ein Sachverhalt, den in keinem geringen Ausmaß vor allem österreichisch-ungarische Offizierskreise aufgriffen. Sie nahmen als Konsequenz aus der Causa Redl die von ihnen stets misstrauisch beobachteten Medien erneut ins Visier. *Danzer's Armee-Zeitung* wurde demgemäß auch in dieser Angelegenheit zum »Anwalt« der militärischen Führungskader, wenn sie bereits am 5. Juni 1913 mit Genugtuung vermerkte: »Wer zufolge seines Berufes oder Gewerbes Kenntnis von militärischen Geheimnissen erlangt und diese preisgibt, wird bestraft.«[609] Solche »vielfach gegen die Indiskretionen der Presse« gerichteten Regelungen, fügte das Blatt hinzu, »erregen jetzt schon großen Unwillen, weil die Preßleute befürchten, dass ihnen nicht nur Sensationen entgehen werden, sondern dass sie unter Umständen durch derartige Bestimmungen geradezu in ihrer Berichterstattung geknebelt werden könnten.«[610] Tatsächlich klagten beispielsweise die *Leipziger Neuesten Nachrichten*, dass das neue Gesetz bezüglich der Veröffentlichung militärischer Meldungen »die Tätigkeit der Presse nahezu vollständig lahmlegt«. Damit scheide »die öffentliche Kritik so gut wie gänzlich aus«.[611]

Ausgeblendet blieb in der Berichterstattung jedoch ein anderes grundlegendes Problem: Trotz der Zunahme von Delikten, die als Formen der Spionage oder Militärspionage galten, war die Rechtslage unpräzise. Diesem Mangel begegnete man erst später, etwa in Frankreich 1939, mit einer begrifflichen Festschreibung des »Staatsgeheimnisses«. Für eine endgültige Klärung erwies sich der Tatbestand aber auch weiterhin als zu vielschichtig und komplex. Die bis heute bestehende Fragwürdigkeit bestimmter Methoden und Gesetze, zum Beispiel bei der Bekämpfung des Terrors, verbinden solcherart das beginnende 21. mit dem späten 19. und frühen 20. Jahrhundert.[612]

Schwierigkeiten ergaben sich um 1900 aber auch ganz speziell in der Habsburgermonarchie, wenn es um die Neugestaltung des militärischen Nachrichtendienstes ging. In dieser Frage war nämlich auf ein Spezifikum des k.u.k. Kundschafterwesens Rücksicht zu nehmen. Anders als etwa in Deutschland, wo der »Evidenzdienst« von mehreren Abteilungen des Großen Generalstabs geleistet und die eigentliche Informationsbeschaffung von der Sektion IIIb besorgt wurde, vereinigten sich bei der Habsburgerarmee alle diesbezüglichen Agenden im k.u.k. Evidenzbüro. Die Vorgehensweise anderer Staaten – und nicht die Redl-Affäre – veranlasste denn auch österreichisch-ungarische Generalstabsoffiziere schon 1909 dazu, die Auflösung des Evidenzbüros vorzuschlagen.[613] Deren Mitarbeiter sollten hinkünftig den Kriegsgruppen des Operationsbüros zugeteilt werden und dort die eingehenden Materialien für die einzelnen Konfliktfälle prüfen. Gedacht war allerdings an den Fortbestand eines Kundschaftsdienstes, wobei Max Ronge angesichts der möglichen »Liquidierung des Evidenzbüros« bereits von der Aufwertung einer Spionageabteilung zum Generalstabsbüro träumte.[614]

Daraus sollte jedoch nichts mehr werden, zumal sich ab Mitte 1913 Stabschef Conrad von Hötzendorf und Thronfolger Franz Ferdinand immer öfter in den Haaren lagen und folglich Umstrukturierungen erschwerten.[615]

Die Position des Stabschefs

Seit den skandalumwitterten Mai- und Junitagen des Jahres 1913 forderten Kritiker wiederholt den Rücktritt jener Militärs, die durch Redls Verrat kompromittiert schienen. »Österreich-ungarische Offiziere«, berichtete in diesem Zusammenhang Oberstleutnant Hallier nach Paris, »werfen sogar Conrad von Hötzendorf vor, zu offen über seine Projekte und seine Ideen vor den Untergebenen und in der Öffentlichkeit zu sprechen.«[616] Eine aus der Presse entnommene Bemerkung deuteten die Repräsentanten der Westmächte bereits als Zeichen kommender personeller Veränderungen.[617] Unter anderem im *Neuen Wiener Journal* vom 31. Mai 1913 konnte Halliers britischer Kollege Major Cuninghame nämlich lesen: »Wir erfahren« folgende »Äußerung des Obersten Redl über den obersten Chef des Generalstabes […]: Conrad von Hötzendorf ist ja gewiß ein sehr talentierter

Offizier, aber was ihm schaden und ihn gewiß in seiner Karriere behindern wird, ist, dass er kein Menschenkenner ist.«[618]

Am 23. September desselben Jahres glaubte dann Hallier unter Berufung auf die mit Franz Ferdinand »in enger Beziehung stehende ›Reichspost‹« den sicheren »Abgang« des k.u.k. Generalstabschefs »infolge seines Zerwürfnisses mit dem Thronfolger« vermelden zu können.[619] Als Ursache des Streits galt in diesem Schreiben zu Recht vor allem der Fall Redl. Laut anderer Wiener Zeitungen habe Conrad deshalb schon unmittelbar nach Bekanntwerden des Skandals an seine Demission gedacht. Für die *Zeit* stand Anfang Juni 1913 aber fest, »dass der Kaiser der Bitte des Chefs des Generalstabs nicht willfahren wird«. Mit einem »Na, wir werden sehen!« kommentierte die *Arbeiter-Zeitung* solche »Gewissheiten«.[620]

Letztlich warteten die Skeptiker aber vergeblich. Conrad blieb. Am 1. Oktober notierte auch die Französische Botschaft in Wien, dass, »entgegen der von politischen und militärischen Kreisen geäußerten Meinung«, der vielkritisierte General »auf seinem Posten verharre«. Möglicherweise, mutmaßten die Diplomaten, trage eine so »folgenschwere Änderung auf höchster Kommandoebene« speziell in der »gegenwärtigen Balkankrise zur Unruhe bei«.[621]

Für das militärische Kundschaftswesen, insbesondere gegenüber dem Zarenreich, wirkte sich diese Kontinuität in der Armeeleitung keineswegs negativ aus. Schließlich war es Conrad von Hötzendorf, der nach einer Phase der Annäherung zwischen Österreich-Ungarn und Russland nicht bloß einen möglichen bewaffneten Konflikt für wahrscheinlich hielt, sondern sogar Präventivschläge einplante. Anders als unter seinem Vorgänger Friedrich Freiherr Beck-Rzikowsky wuchs daher der Bedarf an Vertrauensmännern. Neben den beim Evidenzbüro eingeteilten Offizieren – Anfang Mai 1914 waren es 43 – wurde deshalb das Netz der Mitarbeiter und Informanten um zusätzliche Nebenstellen auf der Ebene der Korpskommanden erweitert.[622]

Vom Generalstabschef gingen dann auch Impulse aus, die Spitzenkader der Armee genauer unter die Lupe zu nehmen. Immerhin hatte sich Conrad einzugestehen, dass nicht einmal im Bereich des sensiblen Nachrichtendienstes systematische Sicherheitskontrollen durchgeführt wurden. Angesichts der steigenden Nachfrage nach befähigten und gut ausgebildeten Offizieren schienen jedoch Vorsichtsmaßnahmen geboten. Bei einzelnen Reorganisationen der Heeresadministration zeigte sich dabei unmittelbar die Wirkung der Redl-Affäre: Seit 1909 gab es zur Entlastung des Operationsbüros für die direkt an zukünftige Kampfzonen anschließenden Verwaltungsbereiche ein eigenes Etappenbüro, dessen Leiter gleichzeitig zweiter Stellvertreter des Generalstabschefs war. Nun, nach dem Skandal vom Mai beziehungsweise Juni 1913, drängte Conrad auf die Ernennung eines dritten Stellvertreters, der sich explizit mit Personal- und Ausbildungsfragen befassen sollte. Neben weiteren Ratschlägen in Absprache mit dem k.u.k. Kriegsministerium blieb dieses Vorhaben jedoch unausgeführt.[623]

In der kurzen verbleibenden Zeitspanne bis zum Ausbruch des Ersten Weltkrieges, der mit den neuen Herausforderungen auch grundlegende Umstrukturierungen der Streitkräfte und seiner Kommandospitzen zur Folge hatte, ließen sich Änderungswünsche oft auch deshalb schwer berücksichtigen, weil die vorgebrachte Kritik viel zu allgemein formuliert war. Wie sollte man etwa mit folgenden Darlegungen zur Causa Redl in *Danzer's Armee-Zeitung* umgehen? »Nur ein vornehmer Charakter kann ein guter Generalstabsoffizier sein! Diesem Standpunkt wurde aber in früheren Jahren bei der Bildung des Generalstabes nicht genügend Rechnung getragen.« Dadurch »eröffnete« man »dem Spiele der Klugheit, der Ausnützung menschlicher Schwächen und dem Anpassungsvermögen, kurz dem Opportunismus, ein weites, dankbares Feld. Diese Richtung muss nun konsequent bekämpft werden.«[624] Die Zeilen stammten vom 12. Juni 1913 und stellten die Verantwortlichen vor die Herausforderung, einen einigermaßen diffusen Kampf gegen die »Schattenseiten des Allgemeinmenschlichen« zu führen. Dennoch hatte Conrad von Hötzendorf am Vortag, also am 11. Juni, mit einem eigenen »Reservatbefehl« versucht, auf die Vorwürfe so rasch als möglich zu reagieren. In der Order wies er seine Stellvertreter sowie den Chef des Direktionsbüros an, »ihr Augenmerk ganz besonders auf alle personellen Verhältnisse der Angehörigen des Generalstabskorps zu richten«. Die »eingehendste Orientierung über jeden Einzelnen« wurde verlangt, ganz besonders bei »Diensteinteilungen oder Beförderungen«. Auf Korps- und Divisionsebene seien zudem »Individualausweise« vorzulegen. Dadurch sollten Daten, speziell über Charaktereigenschaften, über private und finanzielle Lebensverhältnisse, vermerkt werden, die nicht oder nur ungenügend in den Qualifikationslisten Berücksichtigung fänden.[625]

Der Debatte über die Hebung der Offiziersmoral folgte neben der Neigung zur stärkeren Überwachung aber auch die Tendenz zur Wiederbelebung einigermaßen rückwärtsgewandter Ideen. Nicht zum ersten Mal fungierte wiederum *Danzer's Armee-Zeitung* als Sprachrohr entsprechender Werthaltungen. »Das Grundübel, auf das die Katastrophe Redl hinweist«, hieß es hier, »liegt eben außerhalb der Armee und lässt sich dahin zusammenfassen, dass die Generalstabslaufbahn und der Militärberuf überhaupt von den besten Schichten der Gesellschaft nicht mehr angestrebt wird!«[626]

Die »niedere Herkunft« eines Geheimdienstoffiziers »auf Abwegen« diente dazu, soziale Dünkel zu stimulieren. Gerne griff ein konservativ eingestellter Thronfolger die Geringschätzung der »alten Eliten« gegenüber den »Aufsteigern und Parvenüs« auf: Als Konsequenz der ganzen Angelegenheit forderte Franz Ferdinand einen höheren Anteil an Aristokraten im Offizierskorps.[627]

Schulden

Mit einem Machtwort der Staatsspitze allein ließen sich freilich die gesellschaftlichen Entwicklungen nur bedingt steuern. Während es zudem einigermaßen unrealistisch anmuten musste, im Sinne Franz Ferdinands das Rad der Zeit zurückdrehen und solcherart die Erfordernisse moderner Massenarmeen ignorieren zu wollen, wandten sich die Kontroversen und Diskussionen nach der »Enthüllung« des »Redl-Skandals« aber ohnehin anderen Themen zu: Nun ging es etwa um die »Geldnöte« vieler Angehöriger der k.u.k. Führungskräfte.

»Schulden wie ein Stabsoffizier« – diese Redewendung hat bis in die Gegenwart ihren festen Platz in der österreichischen Alltagssprache, und selbst Experten für die Militärgeschichte der Habsburgermonarchie stellten noch Jahrzehnte nach dem Ende des Kaiserreiches fest, dass es an »der schmalen finanziellen Basis des Offiziersberufes [...] überhaupt keine Zweifel« gebe. »Bei dem voll Abenteuerlust ins Leben hinaustretenden jungen Leutnant«, lautete eine Einschätzung aus dem Jahr 1987, »konnte man froh sein, wenn er nicht innerhalb kürzester Zeit in Schulden versank. Aber selbst wenn er ein guter Rechenmeister war, war es für ihn völlig ausgeschlossen, irgendwelche Ersparnisse für unvorhergesehene Unglücksfälle anzulegen oder Vorsorgen für eine Familiengründung zu treffen.«[628]

Obwohl solche Charakterisierungen mindestens nicht für höhere Chargen oder Kommandoebenen zutrafen, übernahmen viele Historiker relativ unreflektiert und generalisierend die entsprechenden Darstellungen in den Quellen. Und diese warteten bisweilen mit regelrechten Schauergeschichten auf. »Als vornehmliche Ursache« der Missstände machte *Die Zeit* etwa im Zuge ihrer »Redl-Berichterstattung« die, so wörtlich, »traurige materielle Lage unseres Offizierskorps« aus. Dieses, hieß es in einer groben Verallgemeinerung, »ist zu 95 Prozent von Haus aus vollkommen unbemittelt [...]. Auf wichtigen Vertrauensposten, in Stellungen, die den daran Interessierten genau so viel bieten können wie die des Redl es konnte, haben wir zum großen Teil junge Generalstabsoffiziere, [...], Chargen, die so schlecht bezahlt sind, dass deren Inhaber sich nicht einmal eine regelmäßige Nachtmahlkost leisten können, ohne über die Stränge zu schlagen.«[629]

Der »Hochverrats-Skandal« diente auf solche Weise zudem einer Debatte über die Erhöhung von Gehältern bei den Streitkräften. Die Wortmeldungen in der alles andere als militärfeindlichen *Zeit* griffen mit der Causa Redl nur auf, was in der Heeresverwaltung schon zuvor ausgesprochen worden war. Speziell hinsichtlich der Absolventen der k.u.k. Kriegsschule langten entsprechende Zuschriften beim Kriegsministerium ein. Ein am 4. April 1913 verfasstes Schreiben listete etwa 14 »Frequentanten« der Ausbildungsstätte auf, denen zur Begleichung unterschiedlicher »Außenstände« Unterstützungen in der Höhe von 450 bis knapp 8000 Kronen gewährt werden sollten. Um gerade die jüngeren »Kameraden« generell besserzustellen, unterbreitete man überdies »folgende Anträge: 1.) Verhinderung des Schuldenmachens durch Abschreckung der professionellen Geldverleiher. [...] 2.) Durch gesetzliche Festlegung eines höheren exekutionsfreien Einkommens [...] 3.) Auf administrativem Wege durch Änderung der Vorschrift« für »Abzüge«, »Rücklässe« und »andere Ersatzansprüche des Ärars«.[630]

Die Redl-Affäre führte dann jedoch zu keiner generellen Regelung. Konkrete Zuwendungen an »in Bedrängnis« geratene Militärs gab es ab dem Mai 1913 allerdings tatsächlich. Gyula Gömbös, damals k.u.k. Generalstabsoffizier und später ungarischer Ministerpräsident, meinte dazu 1928: »Es war im Jahre 1913. Eines Tages suchte mich – ich war gerade in Budapest – ein [...] Kamerad aus Wien« auf und bat »mich, bis zum nächsten Tag eine genaue Liste meiner Schulden aufzustellen und ihm die Aufstellung zu übergeben. [...] Einige Wochen später traf ein an meine Adresse gerichteter Geldbrief aus Wien ein, der die von mir angegebene Summe enthielt. Dem Geldbrief lag ein Schreiben bei, worin ich ersucht wurde, meine Schulden innerhalb weniger Tage zu begleichen und die Quittungen aufzubewahren. [...] In den Kreisen der Generalstabsoffiziere wurde damals über diese Dinge sehr viel gesprochen [...] Viele machten sich nachträglich Vorwürfe darüber, dass sie es nicht gewagt hatten, die tatsächliche Höhe der Schulden anzugeben. Andererseits geschah es aber auch, dass mehrere eine viel höhere Summe nannten, sich mit ihren Gläubigern diesbezüglich ins Einvernehmen setzten und – ein gutes Geschäft machten. Lange zerbrachen wir uns die Köpfe darüber, von wem unsere Schulden eigentlich bezahlt worden sind. Die volle Wahrheit erfuhren wir erst nach vielen Monaten«: Kaiser Franz Joseph persönlich war für die »Zuwendungen« verantwortlich, nachdem eine »hochstehende Persönlichkeit« in seiner »unmittelbaren Umgebung« die »materielle Lage der Generalstabsoffiziere« angesprochen hatte. Diese »Persönlichkeit«, bemerkte Gömbös, »erinnerte im Anschluss an den Fall Redl daran«, dass die über »vertrauliche Informationen« verfügenden »höheren Chargen« mit »schweren materiellen Sorgen zu kämpfen haben, und dass es unter solchen Umständen nicht schwer sei«, sie »dazu zu bewegen, militärische Geheimnisse für Geld preiszugeben«.[631]

Das Ausmaß des Verrates

»Es genügt zu sagen, dass Alfred Redl den Plan des österreichisch-ungarischen Aufmarsches gegen Russland hergab.« Daraufhin »wurde sogar im Kiewer Militärbezirk eine Übung durchgeführt, wo man als Grundlage für die Feindstellung die realen Pläne der österreichischen Armee heranzog«.[632] Laut diesem vom russischen Autor M. Mil'štejn kolportierten Tatbestand händigte die zarische *Razvedka* dem »Meisterspion« für die erwiesenen »Gefälligkeiten« 50.000 Kronen aus – ein enormer Betrag, der durchaus der Bedeutung des Materials entsprach. Solche Unterlagen, befand der frühere Evidenzbürochef August Urbański 1931, lieferten dem potenziellen Feind das Wissen um den Raum, »in welchem ein voraussichtlicher Gegner seine Kräfte zur Eröffnung bereitstellen« – und »wie er sie verteilen wird«. Der Erwerb eines derart brisanten Materials gehöre folglich seit jeher zu den »höchsten Zielen des militärischen Aufklärungsdienstes«.[633] Der französische Militärattaché Hallier wunderte sich angesichts des »gewaltigen Verrates durch Redl« daher, dass die Russen nicht augenblicklich über die Österreicher hergefallen seien. Das »Zögern« des Zarenreiches »in entsprechend günstigen Umständen« veranlasste ihn Mitte Juni 1913 sogar zum Umkehrschluss: Dem »österreichischen Offizier« sei dadurch ein »neues Selbstvertrauen zurückgegeben« worden, »weil er aktuell die russische Armee für unfähig« halte, einen Angriff zu starten.[634]

Ganz unberechtigt waren solche Beobachtungen Halliers nicht. Allerdings beruhten sie nicht unbedingt auf neuen Erkenntnissen. Unmittelbar ließen sich derartige Ansichten der k.u.k. Militärs auch

(13) August Urbański von Ostrymiecz, Chef des k.u.k. Evidenzbüros. Die Affäre Redl beeinträchtigte seine weitere Berufslaufbahn nachhaltig.

von früheren, inzwischen aber verjährten »Erkundungserfolgen« der österreichisch-ungarischen Militärspionage herleiten. Seit den 1880er Jahren fielen dem Evidenzbüro immer wieder Schlüsseldokumente der Militärbezirke und des Generalstabs des Zarenreiches in die Hände. 1906 oder 1908 erwarb es für 10.000 Rubel »den aktuellen russischen Aufmarschplan« sowie erste Anhaltspunkte über eine noch weiter reichende »Rückverlegung des Aufmarsches hinter die mittlere Weichsel«.[635] Diese Elaborate übten bei den nachfolgenden Planungen der Armeeführung in der Donaumonarchie eine durchaus fragwürdige »Suggestivkraft« aus. Bis kurz vor Beginn des Ersten Weltkrieges rechnete man in Österreich-Ungarn damit, dass das Romanovimperium immer noch mit den Folgen des russisch-japanischen Krieges und der Revolution von 1905 zu kämpfen habe, während zum Beispiel die mittlerweile unter anderem mit französischen Geldern aufgestellten Reservedivisionen kaum Beachtung fanden. Die Daten aus den bis 1908 beschafften Akten der Zarenarmee entfalteten eine »dauernde Wirkung, obgleich viele Anzeichen dafür sprachen, dass sie nicht mehr voll zutreffen konnten«, resümierte rückblickend August Urbański.[636]

Alles andere als vernachlässigbare Einflussfaktoren stellten aber auch mentale Vorbedingungen dar. Unter Generalstabschef Blasius Schemua, der vorübergehend, 1911/12, an die Stelle Conrads getreten war, hielt man etwa die Streitkräfte des Romanovimperiums aus »prinzipiellen Erwägungen« für »unterlegen«. Klischeebilder des »Ostens« verhalfen offensichtlich der Vorstellung von einer »mangelnden Wehrhaftigkeit« der »Moskowiter« zu einigem Einfluss. Das »wenig zum Angriff geneigte Volksnaturell« erhöhe die Erfolgschancen der Habsburgerarmee, meinte Schemua, um fortzusetzen: »Unserem nach Nationen und Volkscharakter gewiß verschiedenartigen Heer wohnt nach meiner Überzeugung mehr Angriffsgeist inne als dem russischen.«[637]

Naturgemäß mussten gerade solche Einschätzungen wenigstens bei »kühlen Rechnern« Skepsis hervorrufen. Bei nüchterner Kalkulation und unaufgeregter Analyse der vorliegenden Daten erschienen generalisierende Bemerkungen über die »Wesenszüge« eines möglichen Gegners als verzichtbare, unsachliche Kommentare. Was folgte, ließ sich als recht unstetes Verhältnis zum Zarenreich beschreiben, basierend auf unterschiedlichen Informationen, Werthaltungen und Vorurteilen. Die Ansichten von k.u.k. Militärs schwankten zwischen Unter- und Überschätzungen des östlichen Rivalen. Zum Teil schlug sich dieser Sachverhalt auch in der Frage nieder, ob die vom Evidenzbüro bis 1908 besorgten Materialien der Zarenarmee Fälschungen gewesen sein könnten und möglicherweise auf die Tätigkeit Redls zurückzuführen waren. Spätere Expertendebatten endeten zwar mit Plädoyers für die Echtheit der russischen Dokumente.[638] Speziell vor 1914 herrschte aber in dieser Angelegenheit wie in vielen anderen Belangen Unsicherheit vor. Den deutschen Generalstäblern entging diese Unausgeglichenheit des österreichischen Urteils keineswegs. Ihren Bündnispartnern in der Donaumonarchie signalisierten sie daher einmal, die Russen nicht gering zu achten, während sie bei anderer Gelegenheit die vor allem vom Evidenzbüro ab 1910 gesammelten Meldungen über die Mobilisierungsschritte und die Kriegsbereitschaft Russlands für »übertrieben dramatisierend« hielten.[639]

Einigermaßen unausgewogen fiel vor diesem Hintergrund auch die weitere Bewertung des Redl'schen Verrates aus. Klar schien, dass Geheimdossiers abgegeben worden waren, die durchaus dazu dienten, den möglichen Gegnern wenigstens tendenziell ein Gesamtbild der österreichisch-ungarischen Kräfte und Planungen zu vermitteln, das ansonsten nur mühselig aus legal beschafften Informationen und Detailberichten von Konfidenten zusammengesetzt werden konnte. Dass es sich um eine bedeutende, im Einzelnen jedoch kaum abzuschätzende »Geheimdienstniederlage« Österreichs handelte, stand fest. Die Vertuschung des »ungeheuerlichen Falles« konnte solcherart auch als Schadensbegrenzung verstanden werden.[640]

Zugleich ist es nicht ausgeschlossen, dass die auf Redls Schreibtisch gefundenen Aufzeichnungen über Deckadressen und Kurierstellen dem Evidenzbüro die Gelegenheit verschafften, der *Razvedka* eine Menge Desinformation zuzuspielen.[641]

Mil'štejn wiederum legt für seine Behauptung, Redl habe den Aufmarschplan Österreich-Ungarns weitergegeben, keine stichhaltigen Quellenbelege vor. Aufgrund der bisherigen Ermittlungen kann nur als höchst wahrscheinlich gelten, dass – neben Eisenbahn- und Etappenvorschriften, Unterlagen über den allgemeinen Stand der k.u.k. Streitkräfte und einer Reihe von Detailbestimmungen unter anderem für Galizien – die Mobilisierungsweisungen für den Kriegsfall »R (Russland)« und »I (Italien)« sowie die »Kriegs-Ordre de bataille« vollständig für den Balkan und großteils für »R« und »I« durch die Hände Redls gingen.[642]

Schon damit war immerhin eine beträchtliche Wirkung zu erzielen. Schließlich sahen militärische »Hand-« und »Conversations-Lexika« bereits in den 1870er Jahren die Umgestaltung des gesamten Staatswesens im Mobilmachungsfall voraus. Die damit verbundenen Instruktionen und Organisationspläne wirkten auf viele Bereiche, speziell auf die »Gliederung der Streitmacht« und den Übergang zum »strategischen Aufmarsch der Streitmacht«. Um diesen »in schleunigster Weise« durchzuführen, »umschließt die Vorbereitung für eine Mobilisierung zugleich die für die Koncentrirung der mobilen Armeen und die für die Ueberführung aller Reserve-, Besatzungs- und Ersatzformationen an ihre Zielorte«. Der Aufmarsch als »Übergang« und »Koncentrirung« der Armee an »einer größeren Front« ist daher eng mit Mobilisierungsmaßnahmen sowie mit der »Kriegs-Ordre de bataille« als Gliederung und »Eintheilung des Heeres, als Zuweisung jedes Truppentheils zu einem bestimmten Verbande«, bei »Beginn eines Feldzuges« verknüpft.[643]

Alfred Redl konnte demgemäß mit dem nachweislich von ihm »bearbeiteten« Material den russischen Militärs einen unschätzbaren Wissensvorsprung verschaffen. Abgesehen davon ist die Behauptung, Redl wäre später als Stabschef in Prag nur mehr an das Schriftgut des dortigen Korps herangekommen, unrichtig. Seine Position als hoher Generalstabsoffizier erlaubte ihm wesentlich mehr einzusehen, als es sein jeweiliger Kompetenzbereich für gewöhnlich zuließ.[644] Dass unter solchen Umständen sogar Aufmarschpläne, für einen oder mehrere Kriegsfälle, an hinkünftige Feinde ausgehändigt wurden, kann nicht ausgeschlossen werden, muss jedoch Spekulation bleiben. Aber auch ohne derartige Elaborate hatte Redl genug geliefert, bedenkt man weiters, dass für den zarischen Generalstab gleichfalls galt, was August Urbański folgendermaßen beschrieb: »Die feindlichen Mobilisierungsvorsorgen und die Leistungsfähigkeit des feindlichen Eisenbahnnetzes müssen dem Evidenz- bzw. Eisenbahnbureau eines Generalstabes bekannt sein. Auf diesen Daten lässt sich der Aufmarsch der feindlichen Armee tagweise [...] berechnen. Einer gewissenhaften Evidentführung dürfen auch jene Maßnahmen nicht entgehen, die auf die Ausgestaltung eines Raumes hindeuten.«[645]

Unter Berücksichtigung gewisser naturräumlicher beziehungsweise infrastruktureller Voraussetzungen und der beträchtlichen Materiallieferung durch »Topspione« wie Alfred Redl verfügte daher der russische Generalstab am Vorabend des Ersten Weltkrieges über einen für die k.u.k. Armee besorgniserregenden Kenntnisstand.

Russische Erfolge und Niederlagen

Die Hauptverwaltung des Generalstabs in St. Petersburg, kurz GUGŠ, war oft nur noch mit dem Füllen einiger Wissenslücken befasst. Die »Ordre de bataille« der Habsburgerarmee für den Kriegsfall »R« sei noch nicht komplett, konstatierte man hier. Ansonsten sei man mit den gelieferten Materialien mehr als zufrieden. Es handle sich um »Mobilisierungsanweisungen für die Landwehren« der beiden Reichshälften Österreich-Ungarns, vor allem aber um vertrauliche Akten höchster Stellen, deren Echtheit außer Zweifel stehe. Versehen seien diese fotografierten Dokumente unter anderem mit »Stempeln und Geheimnummern« des k.u.k. Generalstabschefs und des k.u.k. Kriegsministers Moritz von Auffenberg, handschriftliche Bemerkungen stammten von Conrad selbst.[646] Trotzdem sollten eigens dafür abgestellte Offiziere die Dokumente noch einer weiteren Prüfung unterziehen. Für die Bedeutung des Materials sprach auch, dass in die Untersuchungen unter anderem der Kiewer *Razvedka*-Chef Michail Galkin mit einbezogen wurde.[647]

Dessen Warschauer Kollege, Nikolaj Batjušin, meldete sich fast zeitgleich zu Wort, um zu betonen, dass ihm Spione über die Festung Przemyśl berichteten. Außerdem verfügte die GUGŠ über »streng geheime« Schreiben, die Conrad von Hötzendorf persönlich unterzeichnet hatte und die seine strategischen Gesamtbetrachtungen zu unterschiedlichen Kriegsszenarien verrieten. Das »Kundschaftsmaterial« beziehe sich, hieß es, auf den Zeitraum seit 1909. Die Notizen stammten aus dem Jahr 1912.[648]

Während dieser Zeit hielt die GUGŠ zudem fest, dass es den »größten Teil der Angaben über die Mobilisierung der österreichisch-ungarischen Armee besaß, und zwar in Form von »photographierten Originalen«. Im Mai 1913, kurz vor der Enttarnung Redls, wusste man daher in der Zarenarmee, wie auch schriftlich vermerkt, relativ genau über die »Konzentration der österreichisch-ungarischen Armee« beziehungsweise die einzelnen »k.u.k. Korps« in einem möglichen »Krieg gegen Russland« Bescheid.[649]

Die Nachforschungen österreichischer Ermittlungsbehörden ergaben, dass es zweifelsfrei Alfred Redl war, der unter anderem die Mobilisierungsanweisungen und die »Ordre de bataille« für den Fall »R« aus der Hand gab. Dabei handelte es sich, wie auch der russische Nachrichtenoffizier Aleksandr A. Samojlo als einer der »Empfänger« der verratenen Dokumente bestätigte, um aktuelle Materialien. Die Feststellung einiger Experten, wonach der »Hauptschaden« für die k.u.k. Monarchie durch den früheren Evidenzbüromitarbeiter die Jahre 1907 bis 1910 und nicht die Zeitspanne bis 1913 betreffe, ist daher unrichtig.[650] Eindeutig beziehen sich gerade die wichtigsten Unterlagen auf die Planungen für die Jahre 1913/14.[651]

Was aus den russischen Akten aber gleichfalls hervorgeht, ist die Tatsache, dass Redl wohl als einer der wichtigsten, jedoch keineswegs als einziger »Topspion« der *Razvedka* angesehen wurde. Explizit vermerkt etwa die GUGŠ in St. Petersburg, dass sie im Frühjahr 1913 über die Konzentration des Habsburgerheeres gegen das Russische Reich auch von einem, so wörtlich, »verdeckt operierenden Agenten, einem Tschechen und ehemaligen Offizier, der sich mit Mobilisierungsplänen befasst hat«, unterrichtet wurde. Auffällig ist auch eine Notiz vom März desselben Jahres: Derzufolge hatte man der zarischen Armeeführung »Pläne eines Kriegsspiels« übermittelt, das zwar vom »österreichisch-ungarischen Generalstab initiiert«, aber »in Berlin ausgearbeitet« worden war.[652]

Undichte Stellen gab es daher offensichtlich auch im Hohenzollernreich. Ein ab 1905 verstärktes Engagement der *Razvedka*, die »beiden deutschen Monarchien« zu »durchleuchten«, trug aus der Sicht der GUGŠ Früchte. Aus Deutschland langte ebenfalls eine beachtliche Anzahl von Meldungen ein, speziell über die »Ostfestungen« an der Grenze zum Russischen Reich. Als besonders ergiebige Quelle erwies sich dabei Unteroffizier Gustav Wölkerling, der für Männer wie Nikolaj Batjušin bald so wichtig wurde, dass er auf jeden unmittelbaren Kontakt verzichtete, um ihn nicht zu gefährden.[653]

Brisante Materialien leitete man daher über Deckadressen weiter. Sowohl Redl als auch Wölkerling lieferten dabei vor allem auch an Verbindungsleute in der Schweiz, hinter denen wiederum der Militärattaché an der russischen Botschaft in Bern, Dmitrij Gurko, stand. Ihm oblag es, die einlaufenden Unterlagen den kompetenten Stellen im Zarenreich zuzustellen.[654]

Zugleich fungierte Gurko, der zudem mit der Spionageorganisation des französischen Hauptmanns Paul Larguier kooperierte, als eine der Schlüsselfiguren eines europaweiten *Razvedka*-Netzes, das allerdings innerhalb weniger Monate in schwere Bedrängnis geriet. Nachdem schon 1910/11 durch Belastungsmaterial die Abberufung der zarischen Militärattachés in Wien und Berlin, Mitrofan Konstantinovič Marčenko und Aleksej Alekseevič Michelson, erzwungen worden war, ging es seit der Jahreswende 1912/13 Schlag auf Schlag. Das k.u.k. Evidenzbüro informierte die Kollegen der Hohenzollernarmee über einen Unbekannten, der sich vorübergehend in Wien aufhielt und unter anderem Mobilmachungsbefehle für Truppen und Festungen im deutsch-russischen Grenzraum zum Kauf anbot. Der »Verdächtige«, es handelte sich um Wölkerling, wurde schließlich im Februar 1913, nach seiner Rückkehr von einer Reise durch

Österreich, Frankreich und die Schweiz, verhaftet.[655] Die nachrichtendienstliche Zusammenarbeit zwischen der IIIb und dem Evidenzbüro intensivierte sich. Neben der Hilfeleistung von k.u.k. Offizieren bei der Dechiffrierung von Geheimschriften führte sie schließlich auch zur »Überführung des Hochverräters Alfred Redl«. Rund um die mediale Erschütterung, die seine Entlarvung und sein Ende auslösten, ging – von der Öffentlichkeit weitgehend unbemerkt – das gesamte Kundschaftswesen Russlands beinahe in die Brüche. Hatte die Abreise des Marčenko-Nachfolgers Zankevič aus Wien infolge der Jandrić-Affäre viele Zeitungen in der Donaumonarchie noch beschäftigt, so nahm man in Mitteleuropa generell von den übrigen Schlappen der *Razvedka* kaum noch Notiz. Dabei waren die weiteren Rückschläge durchaus folgenschwer: Der zarische Militärattaché Petr Assanovič in Stockholm stolperte im Oktober 1913 über die »Entdeckung« eines Verbindungsmannes; Kollege Gurko wurde bald ebenso bloßgestellt. »Russlands graue Eminenz in der Schweiz« galt als so hoffnungslos diskreditiert, dass ihn auch Italien nicht mehr als Militärdiplomat haben wollte.[656]

Querverbindungen

Bei den Westmächten hatte man diese Entwicklung seit Längerem beobachtet und kritisch kommentiert. Zum Beispiel war die französische Botschaft in Wien schon während der vergangenen Jahre unter anderem damit befasst gewesen, »Pannen« der zarischen Kundschafter nach Paris zu melden. Die Verhaftung des in österreichischen Diensten stehenden Barons Ungern-Sternberg in St. Petersburg interpretierte sie daher 1910 als »Vergeltungsmaßnahme« des Zarenimperiums nach der »Affäre Marčenko«.[657] Noch weiter gingen die Engländer in ihrem Urteil. Einer ihrer Konfidenten erklärte im April 1913 gar, er wäre von den Russen angeworben worden, um deren »schwerfälliges und ungeschicktes Kundschaftswesen« einer gründlichen »Überholung« zu unterziehen. Speziell die exponierte Stellung der Militärattachés in den Belangen der verdeckten Informationsermittlung empfanden die Briten als problematisch. »Wir brauchen unsere Attachés nicht in Schwierigkeiten bringen«, bemerkten die Leute vom »Intelligence Service«, als sie sich mit einem neuen »*Razvedka*-Leiter« trafen, der gemeinsam mit dem umtriebigen russischen Militärattaché in Paris, Graf Ignat'ev, am vereinbarten Treffpunkt erschien.[658]

Am 25. Jänner 1913 hatte das »Foreign Office« diese Haltung auch in eine schriftliche Form gebracht. An diesem Tag ergingen Instruktionen an die Marine- und Militärattachés »Seiner Majestät des Königs«, von denen unter anderem nachdrücklich gefordert wurde, keinen Verdacht zu erwecken, Informationen nicht auf illegalem Weg zu beschaffen und sich von »Spionen oder Geheimagenten« fernzuhalten.[659] Die von Außenminister Grey gezeichneten Anweisungen entsprachen auch dem Standpunkt der Franzosen. 1902 protestierte ihr damaliger Militärattaché in Wien, Major Laguiche, deshalb energisch gegen entsprechende Verdächtigungen durch Generalstabschef Beck-Rzikowsky. Dieser müsse wissen, lautete die Entgegnung Laguiches, dass er und seine Kollegen sich »immer aus Spionageaffären heraushalten«.[660] Als der »Dieb« und »Doppelagent« Josef Jeczes vor Gericht stand und in diesem Zusammenhang nicht nur über seine Verbindungen zu den russischen Militärattachés Michelson und Marčenko, sondern auch über Kontakte zur »Grande Nation« sprach, reagierten schließlich nicht bloß die augenblicklichen Vertreter der Pariser Regierung in der Donaumonarchie. Auch ehemalige Botschaftsmitglieder versicherten, dass sich ihnen Jeczes wohl »angetragen hatte«. Dessen »Dienste« habe man aber definitiv nicht in Anspruch genommen. Seine »Anschuldigungen« seien vielmehr »absurde Lügen« eines »elenden Individuums«. Schließlich, wurde im internen Dienstverkehr festgestellt, »führten die Mitglieder des diplomatischen Korps keine geheimen Operationen durch«.[661]

Auf eine ähnliche Verhaltensweise wurden auch die k.u.k. Militärattachés verpflichtet, wobei deren Beteiligung an »klandestinen Aktivitäten« Kaiser Franz Joseph persönlich untersagte. Das »allerhöchste Spionageverbot« fand seine Bestätigung in einer entsprechenden Beteuerung des designierten Militärabgesandten, sich auf eine »korrekte« Datenbeschaffung zu beschränken.[662] Im Evidenzbüro, dem dieses Versprechen gleichfalls gegeben worden war, dachte man freilich anders. Gerade hier wünschte man sich seit Dekaden schon zusätzliche Informationen, die wenigstens in einer Grauzone zur Illegalität besorgt werden mussten. Gewisse Instruktionen der k.u.k. Geheimdienstzentrale ließen auf ein solches Vorgehen schließen, ebenso wie der Umstand, dass auch österreichisch-ungarische Militärattachés aufgrund von »Geheimdienst-Affären« in ein schiefes Licht gerieten.[663]

Dass die Franzosen ebenfalls nicht über alle Zweifel erhaben waren, beweisen im Übrigen mehrere Dokumente seit den 1890er Jahren, die auch im Hinblick auf die nachfolgenden Ereignisse, auf den Fall Redl im Speziellen und die Vorgeschichte des Ersten Weltkrieges im Allgemeinen von Interesse sind. Die vorwurfsvolle Bemerkung des k.u.k. Generalstabchefs Beck-Rzikowsky, mehrere in der Donaumonarchie verhaftete Spione hätten sich an Adressaten in Paris gewandt, wies Major Laguiche zwar mit dem Hinweis zurück, nicht für »die Handlungen aller Individuen verantwortlich gemacht werden zu können«. Dass Frankreichs Nachrichtendienst, das *Deuxième Bureau* des Generalstabs in Paris, involviert sein könnte, schloss man aber im internen Schriftverkehr zumindest später, im Zusammenhang mit dem »Fall Jeczes«, nicht aus.[664]

Ein von Beck-Rzikowsky angedeutetes Agentennetzwerk, das zu Ansprechpartnern in verschiedenen Städten Frankreichs, Deutschlands und der Schweiz führte, entfaltete seine Tätigkeit jedenfalls nicht ohne das Wissen der »Grande Nation« und auch nicht ohne die Mitwirkung ihrer Diplomaten. Belege dafür existieren aus dem Jahr 1898. Der damalige französische Militärattaché in Wien, Major Berckheim, zögerte nämlich nicht, von den Russen österreichisch-ungarische Schlüsseldokumente anzunehmen, die keinesfalls auf legalem Weg beschafft worden sein konnten. Wörtlich hieß es dazu im Bericht Berckheims vom 15. März 1898 an das Kriegsministerium und das *Deuxième Bureau* in Paris: »Ich hatte die Ehre, Ihnen im Dezember/Jänner 1894/95 die Ordre de bataille der österreichisch-ungarischen Armee im Falle der Mobilisierung zu übermitteln […]. Mein Kollege aus Russland hat sich nun die neue Ordre de Bataille für 1898 besorgt, die er mir mitgeteilt hat.«[665]

Der Bericht setzt mit einer ersten Auswertung der Unterschiede zwischen beiden Dossiers fort. Wichtiger für die weitere Entwicklung ist jedoch, dass es in den französischen Archiven noch weitere Spuren der brisanten Zusammenarbeit gibt: In der »Section Russe« des *Deuxième Bureau* sammelte man etwa neben anderen Unterlagen »Mobilisierungsinstruktionen des k.u.k. Heeres« für die Artilleriezeuganstalten, die Feld-, Gebirgs- und Festungsartillerie, für die Kavallerie und Infanterie, für die Verkehrs-, Eisenbahn-, Train-, Pionier- und Sappeurtruppen, für die Feldpost, die Militärlokalbehörden und die höheren Kommanden aus dem Zeitraum 1896 bis 1916. Schwerpunktmäßig stammten diese Schriften aus den Jahren 1910 bis 1912. Darüber hinaus finden sich darin Ergänzungen aus dem Bereich des 9. k.u.k. Korps in Leitmeritz vom 10. Dezember 1912, 6. Februar, 5. und 31. März 1913.[666] Papiere mit Stempeln in tschechischer Sprache, deren Verwendung zeitspezifischer Begriffe auf die Jahre unmittelbar nach dem Ersten Weltkrieg verweist, legen den Schluss nahe, dass Aktenkonvolute erst ab 1918 in französischen Besitz kamen.[667] Galt das aber für alle Unterlagen dieses Bestandes der »Section Russe«? Oder war – möglicherweise sogar durch Redls Verrat – wenigstens ein Teil der Instruktionen schon vor 1914 an potenzielle Gegner der Donaumonarchie geliefert worden?

Die Frage kann gegenwärtig nicht beantwortet werden. Einen russisch-französischen Informationsaustausch mit direkter Wirkung auf das Habsburgerreich legen aber auch noch Akten des Pariser Außenministeriums nahe. An Letzteres wurde Anfang 1912 ein chiffriertes Telegramm gesandt. Die entschlüsselte Nachricht enthielt eine Kurznotiz aus der Schweiz folgenden Inhaltes: »Nach Oberst Gurko, dem russischen Militärattaché in Bern, nimmt die österreichisch-ungarische Regierung momentan Truppenkonzentrationen in Bosnien-Herzegowina vor, die man bemüht ist, geheim zu halten.«[668]

Die »graue Eminenz« des zarischen Kundschaftswesens, in dessen »Netzen« auch Redls Informationen eine bedeutende Rolle spielten, unterhielt zu den Franzosen also auch Kontakte, wenn es um die Balkankrise ging. In den darauffolgenden Monaten und Jahren berichtete in diesem Sinn zudem Oberstleutnant Hallier von den dortigen Geschehnissen, beispielsweise vom Transport neuer Rekruten zu den an der Grenze zu Serbien und Montenegro stationierten k.u.k. Einheiten. Fast noch größeres Engagement zeigte in dieser Frage nach den vorhandenen Quellen die britische Botschaft in Wien. Regelrecht alarmiert schien Major Cuninghame angesichts der Stärke der Habsburgerarmee in verschiedenen Konfliktregionen. Anfang 1913 meldete er nach London, dass die »mobilen Kräfte« in Bosnien und Dalmatien sowie die Kavallerie in Schlesien und Galizien »Kriegsstärke« erreicht hätten und dass es zu Teilmobilisierungen bei den Korps in Krakau, Przemyśl und Lemberg sowie in Agram, Temesvar und Budapest gekommen sei. Die Grenze »zwischen Krieg und Frieden« sei verwischt, die Maßnahmen könnten sowohl auf eine Verteidigungshaltung gegenüber möglichen russischen Attacken als auch auf eine »Expedition« gegen Serbien hinweisen.[669]

Cuninghame berichtete überdies von einer durch Generalstabschef Conrad »angetriebenen Kriegspartei« beziehungsweise von einer einflussreichen »antiserbischen Gruppe«. Zugleich stellte der britische Militärdiplomat noch Spekulationen darüber an, ob es der k.u.k. Heeresführung vielleicht auch um die Niederschlagung eines slawischen Aufstandes gehe.[670]

Im Juni 1913 gelangte er allerdings bereits zu völlig anderen Feststellungen. Die Einheiten in Bosnien-Herzegowina hätten, so seine jetzige Einschätzung, nur mehr Friedensstärke, für eine Offensive in Montenegro seien die benachbarten österreichisch-ungarischen Verbände zu schwach, Serbien wiederum habe sich mit Bulgarien zu befassen. Von einer allgemeinen Unzufriedenheit der Bevölkerung unter habsburgischer Herrschaft könne im Übrigen keine Rede sein. Gegenteilige Behauptungen hätten sich als »Märchen« erwiesen: Das

Gros der Bevölkerung sei loyal oder »ruhig«, Umtriebe und politische Manifestationen zugunsten der angrenzenden Balkanstaaten, vor allem zugunsten Serbiens, beschränkten sich lediglich auf »bestimmte Kreise und Organisationen«.[671]

Anfang 1913 hatte Cuninghame überdies den Umstand für erwähnenswert gehalten, dass seine Nachrichten »betreffend die ungefähre Dislokation« der österreichisch-ungarischen Truppen sowohl in Galizien als auch in Bosnien-Herzegowina auf den Angaben des russischen Militärattachés Zankevič beruhten. Von diesem stammten auch zusätzliche Hinweise bezüglich etwaiger militärischer Vorkehrungen der Donaumonarchie gegenüber dem Zarenreich.[672]

Ungeachtet der Tatsache, dass diese Informationen zur Jahresmitte 1913 bereits überholt waren und Zankevič aufgrund seiner Verwicklung in die Jandrić-Affäre das Weite suchen musste, waren allerdings die Westmächte auch hinkünftig am Wissen der zarischen Offiziere interessiert. Die *Razvedka* war – ungeachtet aller gegenteiligen Einschätzungen – weder zu »behäbig« noch zu »ungeschickt«, um trotz aufsehenerregender Pannen als bedeutende Nachrichtenquelle des »Empires« zu dienen. Der »Intelligence Service« erwog jedenfalls im Frühjahr 1914 eine Kooperation mit den Russen zur Etablierung eines gegen Deutschland gerichteten Agentennetzes in Dänemark. Und selbst wenn es dazu nicht kommen sollte, sei – so die Engländer – in einer Parallelaktion dafür Sorge zu tragen, wenigstens durch einen Verbindungsmann in St. Petersburg zweckdienliche »Telegramme« zu erhalten und weiterzureichen. In London fand unter solchen Umständen noch wenige Tage vor dem Ersten Weltkrieg ein russisch-britisches »Geheimdienstgipfeltreffen« statt. Auch die Franzosen waren in die damals erwogenen Pläne eingeweiht.[673]

Vorbereitung auf den Ernstfall

Das spektakuläre Ereignis des Redl-Skandals führte angesichts der Gesamtentwicklung russischer Spionageaktivitäten sowohl die Erfolge als auch die Rückschläge der *Razvedka* vor Augen. Vieles spricht dafür, dass Oberstleutnant Hallier zutreffend urteilte, wenn er die Habsburgermonarchie bei einem drohenden Kriegsausbruch im Frühjahr 1913 – vor dem Hintergrund der Balkankriege und einer drohenden Eskalation zwischen Wien und St. Petersburg – für äußerst gefährdet hielt.[674] Eine kaum zu überblickende Zahl von unbedeutenderen Agenten hatte dazu beigetragen, vor allem aber eine Gruppe von »Topspionen«, innerhalb derer Alfred Redl nachweislich eine herausragende Rolle spielte. Die vor allem auch durch ihn verratenen Materialien veranlassten die zarische Armeeführung zur Annahme, dass die k.u.k. Streitkräfte östlich des San zu einer Offensive in nordöstlicher Richtung antreten würden. Von einem Hauptschlag der Habsburgerarmee aus dem Raum Lemberg gingen demnach sowohl die von Zar Nikolaj II. im Mai 1912 genehmigten »Richtlinien für die Truppenbefehlshaber« als auch die von ihm am 8. Oktober 1913 bewilligten »Grundlegenden Erwägungen für den Aufmarsch unserer bewaffneten Macht« in einem Krieg »gegen den Dreibund« Deutschland-Österreich-Italien aus. Dokumente Redls und anderer »Konfidenten« wirkten sich daher im russischen Imperium bis zum Beginn des Ersten Weltkrieges immer noch aus, zumal die »Grundlegenden Erwägungen«, die erst mit einer Mobilmachungsübersicht vom Jahresende 1914 eingeführt werden sollten, tatsächlich bei den »Eröffnungsfeldzügen« im August und September bereits zur Anwendung kamen.[675]

Dieser Entscheidung ging bis Mai 1912 ein Richtungsstreit innerhalb der zarischen Offiziere voran: Eine Gruppe opponierte gegen den von Generalquartiermeister Grigorij N. Danilov 1910 ausgearbeiteten Operationsplan, in dem die Donaumonarchie keine größere Berücksichtigung fand. Danilovs eigentliches Angriffsziel waren nämlich die Hohenzollerntruppen in Ostpreußen. 1909 hatte hinsichtlich dessen die Botschaft Frankreichs in Wien noch festgehalten, dass eine bewaffnete Konfrontation zwischen Berlin und Paris die »überfallsartige« Besetzung Russisch-Polens durch die Habsburger- und Hohenzollerntruppen zur Folge haben könnte. Würden dort Hauptkräfte der Zarenarmee besiegt, so böte sich für Deutschland anschließend die Gelegenheit, gegen Frankreich vorzugehen. Anfänglich, so die Mutmaßung, würden sich die Streitkräfte Kaiser Wilhelms II. im Westen defensiv verhalten.[676]

Im Frühjahr 1913 gelangten die Westmächte dann jedoch zu ganz anderen Schlussfolgerungen. Der britische Militärattaché in Paris ließ am 9. März dieses Jahres keine Zweifel darüber aufkommen, dass das Hohenzollernreich in einem Zweifrontenkrieg zunächst mit »seiner ganzen Kraft« über den »Hauptgegner Frankreich« herfallen werde.[677] Fast gleichlautende Überlegungen stellte zur selben Zeit die zarische Heeresführung an. Durch die von ihrem Geheimdienst erworbenen Unterlagen, und vor allem durch das in Berlin ausgearbeitete »Kriegsspiel«, sah man ebenfalls schon Monate vor der Aufdeckung des Redl-Verrates die Grundzüge der bewaffneten Auseinandersetzungen zu Beginn des Ersten Weltkrieges voraus.[678] Umso beharrlicher drängten die Armeestäbe in Paris das Russische Reich zu Rüstungs- und Aufmarschplanungen, die eine Entlastungsoffensive im Osten zugunsten Frankreichs ermöglichen sollten. Französische Gelder dienten in diesem Zusammenhang nicht allein der Aufstellung neuer Reserveeinheiten, sondern auch der Verbesserung der russischen Infrastruktur und insbesondere des Schienennetzes. Entgegen den Einschätzungen des zarischen Generalstabschefs Jakov G. Žilinskij aus dem Jahr 1911 gingen dann auch die Reorganisation der Streitkräfte und die Vorarbeiten für eine mögliche Mobilmachung schneller voran als ursprünglich angenommen.[679]

Parallel dazu neigten Offiziere um Žilinskij immer eindeutiger zur Abkehr von den Überlegungen Danilovs. Neben der Vorbereitung eines Planes »G« (»Germanija«), der Annahme, Deutschland werde zunächst Russland angreifen, lag im Mai 1912 auch ein Plan »A« (»Avstrija«) vor, falls sich die Hohenzollernarmee mit dem Gros ihrer Verbände gegen Frankreich wenden sollte. Im Oktober ordnete Žilinskij die weitere Bearbeitung von Plan »G« an, hielt in einem Rundschreiben an die Militärbezirksbefehlshaber jedoch fest, dass bei einem Kriegsausbruch »automatisch Plan ›A‹ in Kraft zu treten habe«. Parallel dazu fiel eine weitere wichtige Entscheidung: Der

Aufmarsch der russischen Streitkräfte verschob sich nach Westen. Vorverlegungen von starken Verbänden deuteten auf das Bestreben der Militärs in St. Petersburg hin, die Weichsellinie unbedingt zu halten. Österreichisch-ungarische Dossiers rechneten hingegen lange mit schwächeren russischen Einheiten in der Region oder überhaupt mit der Preisgabe Kongress-Polens durch die Zarenarmee. Ihr Generalstab wusste nicht zuletzt durch »Erkundungen« der *Razvedka* über solche Prinzipien der k.u.k. Strategien Bescheid. Speziell die von Alfred Redl verratenen Unterlagen dienten solcherart zur Konzeption und Bestätigung russischer Maßnahmen, die der Habsburgerarmee kaum ermöglichten, ihre Ziele zu erreichen: Der linke Flügel der Österreicher wäre bei einem Vorstoß auf numerisch überlegene Feinde getroffen und daher kaum in der Lage gewesen, rechtzeitig den nordöstlichen beziehungsweise östlichen Hauptangriff gegen Russland zu stärken. Ein Erfolg der gesamten Operationen erschien daher mehr als fragwürdig.[680]

In Wien aber rückte man von den bisherigen Richtlinien des eigenen Aufmarsches in vielen Punkten nicht ab. Noch die operativen Planungen für 1914/15 stellten vor allem Vermutungen über eine Stärkung der zarischen Einheiten an der Ostgrenze an, während die von den Militärs in St. Petersburg ausgearbeiteten Papiere durch ein wesentlich massiveres Aufgebot weiter westlich die Absichten Conrads und seiner Berater schon im Ansatz zu vereiteln drohten.[681]

Vor und unmittelbar nach der Causa Redl befand sich die Donaumonarchie demgemäß in einer gefährlichen strategischen Lage. Dass die k.u.k. Armeeführung anfänglich dennoch keine Änderungen des Aufmarsches »R« vornahm, lag teilweise auch an der Unterschätzung des Schadensfalles durch hohe Befehlshaber. An Kritikern mangelte es jedoch nicht. Gewarnt wurde etwa vor den Folgen eines russischen Durchbruchs an der Ostgrenze im Raum Tarnopol. In Galizien insgesamt, hieß es, könnten die österreichisch-ungarischen Streitkräfte zum Rückzug gezwungen sein. Ernste Bedenken wollte laut Aussage eines Mitarbeiters des Evidenzbüros auch dessen Leiter vorgebracht haben. August Urbański fand es unangemessen, sich immer noch auf veraltete, vor längerer Zeit beschaffte Dokumente der Zarenarmee zu stützen.[682] Er empfahl daher angeblich den Entwurf neuer Pläne auf der Basis der für das Habsburgerreich ungünstigsten Voraussetzungen. Das Operationsbüro habe jedoch, so die Behauptung, den Ratschlag ignoriert, während Urbański selbst endgültig im April 1914 über die Redl-Affäre stolperte und danach kaum mehr Einfluss auszuüben vermochte.[683]

Ungeachtet derartiger Mitteilungen stellt sich allerdings die Frage, ob sich die unbestreitbar schwierige Lage zur Zeit des spektakulärsten Spionagefalles der Habsburgermonarchie nicht kurz danach bereits grundlegend wandelte. Während des Jahres 1913 meldete nämlich etwa die Wiener Presse Verbesserungen der Verkehrswege und Verstärkungen der Truppenteile in den grenznahen Gebieten des Russischen Reiches.[684] Dieses könnte früher als erwartet und zugleich wesentlich weiter westlich, möglicherweise im Weichselgebiet, losschlagen, warnte der deutsche Generalstabschef, Helmuth von Moltke, im Februar 1914 seinen österreichischen Kollegen Conrad von Hötzendorf. In der Folge entsprachen dessen Vorkehrungen viel eher den Strategien der Militärführung in St. Petersburg. Da Conrad nun mit einem umfassenden russischen Aufmarsch und einer möglichen Einkreisung der österreichisch-ungarischen Kräfte bei und östlich von Lemberg rechnete, sollten laut k.u.k. Generalstab neben Defensivmaßnahmen Angriffe eigener Formationen in den westlicher gelegenen Gebieten zwischen Bug und Weichsel in Betracht gezogen werden – bevor sich der »Ring« der Zarenarmee um die galizischen Einheiten der Donaumonarchie schließe.[685]

Während diesbezüglich auch eine Kooperation zwischen den Habsburger- und Hohenzollernverbänden angedacht wurde, tendierte Conrad jedoch zu der ihm zugeschriebenen Flexibilität. Man dürfe nicht alles auf »ein einziges Szenario geben«, schließlich könnte die Hauptmacht des Feindes gleichfalls im östlicheren Wolhynien und Podolien stehen, erklärte er sinngemäß. Hin und her gerissen zwischen den verschiedenen Varianten, entschied man sich daher, allen Eventualitäten gerecht werden zu wollen, indem mit einer »bogenförmigen« Verteilung der Truppen auch deren »Verschiebung nach links« – in die Mitte und nach Westen – gegenüber der ursprünglichen Konzeption berücksichtigt wurde. Die von Offizieren des k.u.k. Operationsbüros bereits im Winter 1913/14 angeratenen Änderungen schienen die zuständigen Stellen im Zarenreich offensichtlich noch früher zu beschäftigen. Schon im Mai 1913 stellte man Überlegungen an, ob es auf österreichischer Seite zur Neuverteilung der Streitkräfte komme, nachdem Agenten über eine Konzentration von k.u.k. Truppen im Raum Krakau berichtet hatten.[686]

Alfred Redl war also kaum entlarvt, als sich die strategischen Überlegungen der Spitzenmilitärs wesentlich zu ändern begannen. Dazu gehörten außerdem die Diskussionen über die Rückverlegung des Aufmarsches der österreichisch-ungarischen Armee in Galizien. Eine Reihe von Gründen hatte etwa Stimmen laut werden lassen, Einheiten der Habsburgerarmee an der San-Dnjestr-Linie zu versammeln. Im Herbst 1913 ging man jedoch davon ab. Der Kriegsfall »R« für 1914/15 sah als Ausgangsgebiet der Operationen wieder Ostgalizien vor.[687]

Dennoch war die Angelegenheit nicht vom Tisch. Noch im Anschluss an eine Generalstabsreise im Juni 1913 hatte Conrad auf die Schützenhilfe der Rumänen gehofft, die vor allem zarische Verbände des Militärbezirks Odessa binden und zum Schutz Ostgaliziens und der Bukowina beitragen sollten.[688] Gerade damals mussten solche Erwägungen aber Bedenken hervorrufen. Bukarest nämlich erachtete während der Balkankrise das Eintreten der Donaumonarchie für Bulgarien als feindseligen Akt; von einer Waffenbrüderschaft mit Österreich konnte weniger denn je ausgegangen werden. Um bei einem Ausfall Rumäniens den exponierten Ostflügel der Habsburgerarmee in Galizien »einer russischen Umklammerung zu entziehen«, blieb die »Rückverlegung der Ausladeorte« folglich weiterhin auf der Tagesordnung. Ein besorgter Conrad verfasste »über das Problem« im Frühjahr 1914 eine ausführliche Studie. Noch am 1. Juli 1914 befahl er, die »Bereitstellung im Nordosten« nach den darin enthaltenen Grundsätzen zu überarbeiten.[689]

Mehr beschäftigte den k.u.k. Generalstabschef allerdings die Gefahr, sich lediglich auf ein bestimmtes Krisenszenario zu konzentrieren. Wie bereits nach dem Schriftwechsel mit Moltke bezüglich des nach Westen vorverlegten Aufmarsches der Zarenarmee fürchtete er auch in anderen Belangen, Alternativen zu übersehen: Es genüge daher nicht, diverse »Kriegsfälle« zu antizipieren. Vielmehr müssten die unterschiedlichen Varianten aufeinander abgestimmt und so vorbereitet werden, dass sie »störungslos aneinander passen«. Was Conrad von Hötzendorf unter solchen Umständen vor allem fürchtete, war ein Kriegseintritt Russlands zum Zeitpunkt eines besonders großen Engagements der habsburgischen Einheiten auf dem Balkan.[690] Die Streitkräfte der Donaumonarchie bei einem plötzlich eintretenden Kriegsfall »R« nach dem Beginn der Kampfhandlungen mit Serbien gliederte er daher so: Eine sogenannte »B-Staffel«, welche zunächst die »Minimalgruppe Balkan« zu verstärken hatte, sollte herumgeworfen und nach Galizien verschoben werden, um der dort »unter allen Umständen gegen Russland bestimmten ›A-Staffel‹« zu Hilfe zu eilen.[691]

Gescheiterte Offensiven

Realiter lief dann ab dem Juli 1914 für die k.u.k. Armee kaum etwas nach Wunsch. Einige »feststehende Größen« sprachen von vorneherein gegen Österreich. Immerhin vermochte das Romanovimperium auf eine wesentlich größere Zahl von Untertanen zurückzugreifen. Dass »Humanpotenzial« der Zarenarmee ließ sich überdies durch verbesserte Straßen und Eisenbahnlinien schneller an die Einsatzorte heranführen. Das war ausschlaggebend. Denn der Offensivgeist der europäischen Generalstäbe hoffte überall auf Zeitgewinn und schnelle Siege. Auch und gerade im Habsburgerreich setzte man darauf. Schließlich glaubten die Eisenbahnfachleute der k.u.k. Heeresleitung, dass die eigenen Verbände ab dem 15. Tag der Mobilmachung gegenüber »immer zahlreicheren Russen« ins Hintertreffen geraten müssten. Unter anderem aus organisatorischen und technischen Gründen wurde die Operationsbereitschaft aber meist erst

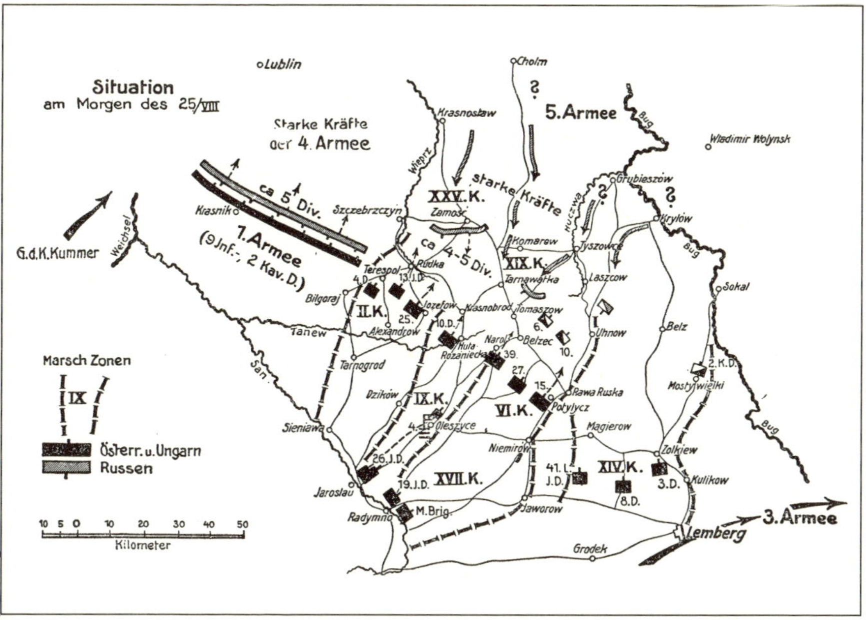

(14) **Lage der 1., 4., und 3. k.u.k. Armee sowie der gegnerischen russischen Verbände am Morgen des 25. August 1914**

zwischen dem 15. und dem 18. Tag erreicht. Erschwerend kam für die Offiziere um Conrad von Hötzendorf hinzu, dass sich die »B-Staffel« im Augenblick, als der Konflikt mit Russland sicher war, nicht mehr ohne Weiteres umdirigieren ließ. Folglich war man nun keineswegs so flexibel, wie es Conrad wünschte, der noch Ende Juli 1914 auch persönlich nicht eben wenig zur Fixierung Österreichs auf einen serbischen Feldzug beigetragen hatte.[692] Ungeachtet dessen erlitten die dort operierenden Einheiten der Habsburgerarmee eine empfindliche Niederlage. Bis zum 24. August 1914 waren sie in ihre Ausgangsstellungen zurückgedrängt worden. Keine besseren Nachrichten kamen für die Donaumonarchie zudem aus Galizien. Anstatt defensiv zu bleiben und den Aufmarsch – wie noch bis zum Juli 1914 immer wieder angedacht – zurückzuverlegen, entschied sich die k.u.k. Armeeleitung für eine Offensive von den grenznahen Räumen aus.[693] Der Angriff endete mit empfindlichen Gebietsverlusten für die Österreicher und dem Vorwurf Conrads, die deutschen Bündnispartner hätten ihn im Stich gelassen.[694]

Inmitten der Niederlagen herrschte Unsicherheit darüber, inwiefern der Verrat durch Alfred Redl die Niederlagen der Donaumonarchie zu Beginn des Ersten Weltkrieges wenigstens mitverursachte. Selbst im k.u.k. Armeeoberkommando, kurz AOK, machte sich zu dieser Zeit offensichtlich ein Gefühl des Unbehagens breit, wenn man den Aufzeichnungen von Max Ronge Glauben schenkt: Ihm zufolge wurde der Redl-Akt noch 1915 vom AOK in Teschen angefordert.[695]

Befasst man sich mit einzelnen Begebenheiten der »Eröffnungsfeldzüge«, so fällt es oberflächlich betrachtet nicht schwer, Zusammenhänge mit dem Skandal vom Mai 1913 zu vermuten. Beispielsweise kam es während der Gefechte mit den Serben bei Truppenkörpern des 8. Korps aus Prag, dem Redl zuletzt als Stabschef zugeteilt war, zu regelrechten Auflösungserscheinungen.[696] Dass das serbische Königreich von den russischen »Schirmherren« mit aufschlussreichen Informationen versorgt worden war, ist schon angesichts der belegbaren Kooperation zwischen den Westmächten und dem Zarenimperium, die sich nachweislich auch auf die südosteuropäischen Krisenregionen erstreckte, anzunehmen.[697] Eines derart umständlichen Nachrichtenaustausches alleine bedurfte es freilich nicht. Was ohnehin vermutet werden durfte, belegen Dokumente aus dem Zarenreich: Russland lieferte seine »Erkundungsergebnisse« direkt an Serbien und wünschte eine möglichst enge Zusammenarbeit zwischen den Geheimdiensten beider Länder.[698] Das Anliegen war mehr als nachvollziehbar: Belgrad wusste naturgemäß speziell über das 15. und das 16. k.u.k. Korps in Sarajewo beziehungsweise Ragusa Genaueres zu berichten. Die »Ordre de bataille« beider Verbände gaben die Serben nach St. Petersburg weiter.[699] Im Gegensatz dazu ließen sich bezüglich des 8. Korps keine Belegstellen in der russisch-serbischen Spionagekorrespondenz finden. Entsprechende Verdachtsmomente sind demgemäß in das Reich der Spekulation zu verweisen.

Fast zweifelsfrei kann hingegen ein wie immer gearteter Einfluss der Redl-Affäre auf die anfänglichen Niederlagen der Habsburgerarmee gegen Russland ausgeschlossen werden. Wenn auch vieles dafür spricht, dass ein Kriegsfall »R« 1913 durch Geheimdiensttätigkeiten, den »aufsehenerregenden Verratsfall« und die beträchtlichen Mängel der österreichisch-ungarischen Spionageabwehr nicht unwesentlich mit beeinflusst worden wäre: Spätestens seit der Jahreswende 1913/14 änderten sich bestimmte Parameter der Generalstabskalkulationen infolge der wechselnden politischen und militärischen Erwägungen unübersehbar. Hinzu kam, dass die verdeckte Beschaffung vertraulicher Dossiers, wie in zahlreichen anderen Fällen, nur bedingt zielführend sein konnte. Wichtige infrastrukturelle Einrichtungen oder topographische beziehungsweise naturräumliche Gegebenheiten ließen sich mindestens nicht kurzfristig umgestalten, bedeutende Informationen waren vielfach auf legalem Weg zu erhalten. Der spätere Generalmajor des österreichischen Bundesheeres, Karl Bornemann, der als junger Leutnant noch persönlich mit Alfred Redl zusammengetroffen war, äußerte sich dementsprechend: Die »Leistungsfähigkeit« der aus dem »Innern der Monarchie« an die Grenzen führenden Eisenbahnlinien »waren feststehende Größen«, die die Russen »ganz ohne Redl« kannten, ebenso wie die »Friedensdislokation der österreichisch-ungarischen Wehrmacht«. Andererseits, so Bornemann, kam es im k.u.k. Generalstab seit Ende 1913 zu einer Neubearbeitung vieler Weisungen, wobei auch Truppen »weiter nach Westen« verlegt wurden. Dass es schließlich für die Donaumonarchie keineswegs nach Wunsch verlief, lag an der verspäteten »Operationsbereitschaft« sowie an der Schwierigkeit, Teile der »viel zu stark bemessenen Truppenverbände« gegen Serbien »auf den nordöstlichen Kriegsschauplatz« zu »dirigieren«. An »diesem Ablauf hatte naturgemäß der Verrat durch Alfred Redl keinen Anteil«.[700]

Erinnert man ungeachtet dessen an die Debatten über die Rückverlegung des österreichisch-ungarischen Aufmarsches an »der russischen Front«, so relativiert sich übrigens auch die Erregung wegen der anfänglichen Gebietsverluste in Galizien. Sie wurden vor 1914 mindestens zeitweilig von den k.u.k. Strategen eingeplant. 1915 konnten die verlorenen Territorien mit dem »Durchbruch« der Habsburger- und Hohenzollerntruppen bei Tarnów-Gorlice dann ohnehin zurückgewonnen werden. Einige Monate danach, im Spätherbst desselben Jahres, gelang schließlich auch die Eroberung Serbiens mit deutscher und bulgarischer Unterstützung, nachdem sich Sofia zum Bündnis mit Wien und Berlin bereit erklärt hatte.[701]

Dennoch vermochten sich die Generäle von Kaiser Wilhelm und Kaiser Franz Joseph nur bedingt über ihre nunmehrigen Siege zu freuen. Der erhoffte kurze Waffengang hatte sich in eine lang andauernde Ressourcenschlacht verwandelt, die immer unkontrollierbarere politische und weltanschauliche, wirtschaftliche und soziale Folgen hervorbrachte. Am Ende dieser Dynamik stand der Untergang der Monarchien in Mittel- und Osteuropa, der Sturz der Romanovs, der Hohenzollern und der Habsburger. Rasch sank vor diesem Hintergrund die Bedeutung der Planungen und Absprachen bis 1914 – und damit der Handlungen und »Fehltritte« von Alfred Redl.

SKIZZEN EINER EPOCHE

Bündnissysteme

Die Fundamente des Wiener Kongresses 1814/15 und vor allem die Gleichgewichtspolitik zwischen Frankreich, Großbritannien, Österreich, Preußen und Russland wurden durch die Entwicklungen in der zweiten Hälfte des 19. Jahrhunderts massiv erschüttert. Im Krimkrieg von 1853 bis 1856 kämpfte Russland gegen die Westmächte, 1866 bis 1871 erzwang Preußen schließlich durch die Zurückdrängung der Habsburger und den Sieg über Frankreich das »nationale Kaiserreich« unter dem Zepter der Hohenzollern. Das britische »Empire«, das besonderes Interesse an einer Balance der Kräfte am europäischen Kontinent hatte, intervenierte nicht. Ein Versuch, nach dem Krieg des Russischen gegen das Osmanische Reich 1877/78 dem alten »Friedenssystem« durch die Vermittlung Berlins wieder Geltung zu verschaffen, misslang. Die Ansprüche St. Petersburgs wurden zurückgedrängt. Der seit dem Ausgleich mit den Magyaren 1867 neugestalteten Donaumonarchie gestand man eine Besetzung, wenn auch nicht eine vollständige Einverleibung von Bosnien und Herzegowina zu.[702]

Was als Bestreben gedacht war, am Balkan keiner Großmacht eine hegemoniale Stellung zuzubilligen, lief letztlich auf einen russisch-österreichischen Gegensatz in der Region hinaus, der auf mehreren Ebenen destabilisierend wirkte. Schließlich konnte kaum übersehen werden, dass multilaterale Konfliktlösungsmechanismen nicht bloß zwischen Großmächten schlecht funktionierten, sondern dass auch die diplomatische »Zweiklassengesellschaft« mittel- und langfristig infrage gestellt wurde: Bald sollten andere, zum Teil wesentlich kleinere Länder die Gelegenheit erhalten, sich der beträchtlichen Überheblichkeit zu widersetzen, mit der die Entscheidungsträger in den

Metropolen des »alten Kontinents« über das Schicksal der Völker bestimmten.[703]

Konsequenz der Kräfteverhältnisse war eine Phase globaler Beziehungen, die von »uneindeutigen Strukturen« gekennzeichnet war. Zwar ließen sich die Haager Konferenzen und Landkriegsordnungen als zukunftsweisende Maßnahmen begreifen. Weniger lückenhafte und von mehr Staaten anerkannte Regelungen mussten allerdings erst gefunden werden. Noch gab es keine Vereinten Nationen, keine multinationalen Eingreiftruppen oder ständigen Verhandlungsplattformen zur Schlichtung von Differenzen. Ebenso wenig bildeten sich fest gefügte Blöcke mit stärkeren institutionellen Bindungen, wie man sie während des Kalten Krieges in Form der NATO und des Warschauer Paktes kannte.[704]

Gegen Ende des 19. Jahrhunderts ließen sich die »Frontverläufe« zwischen den potenziellen Kontrahenten keineswegs so klar erkennen. Die kolonialen Expansionsbestrebungen und die gesteigerten Rüstungsanstrengungen führten nicht nur zu Spannungen zwischen dem aufstrebenden Hohenzollernreich und dem davon herausgeforderten Großbritannien. Die imperialen Zielsetzungen, die sich in unterschiedlichem Ausmaß bei allen maßgeblichen Konkurrenten im »Schachtflottenbau« manifestierten, führten auch zu Rivalitäten zwischen London, Paris und St. Petersburg. Misstrauen, zumindest aber Distanz und die Überzeugung, bestehende Allianzen abändern oder beenden zu können, prägten noch wenige Jahre vor dem Ausbruch des Ersten Weltkrieges eine weltpolitische Gesamtlage, die zunehmend auch von den außereuropäischen Machtfaktoren, allen voran von Japan und den Vereinigten Staaten, mit beeinflusst wurde. Das Zusammengehen der Engländer mit den Franzosen und den Russen in den »Entente«-Abkommen von 1904 und 1907 bedeutete daher ebenso wenig eine endgültige Festlegung auf bestimmte Bündnispartner wie die bereits zuvor geschlossenen Übereinkünfte zwischen Frankreich und Russland.[705]

Einen ähnlichen Charakter trugen aber auch die Absprachen zwischen anderen Staaten. Zwar bildete die Anlehnung an Berlin den

»Dreh- und Angelpunkt« der Wiener Diplomatie. Der 1879 geschlossene »Zweibund« zwischen Deutschland und Österreich-Ungarn, der 1882/83 durch Abkommen mit Italien und Rumänien erweitert wurde, sah sich aber mit einigen Problemen konfrontiert: Rumäniens Interessen stimmten spätestens im Balkankonflikt kurz vor dem Ersten Weltkrieg nicht mehr mit den Vorstellungen der Habsburgermonarchie und des Hohenzollernreiches überein. Das benachbarte Appeninkönigreich im Süden stuften die Offiziere von Kaiser Wilhelm und Kaiser Franz Joseph nicht gerade als maßgeblichen militärischen Faktor ein. Insbesondere für die k.u.k. Armeeführung war die Regierung in Rom ein unsicherer und immer wieder lavierender Bundesgenosse. Im Ernstfall sei Letzterer eher als missliebiger Konkurrent und möglicher Gegner einzustufen, dachte vor allem auch Stabschef Conrad von Hötzendorf, der schließlich regelrecht zu einer antiitalienischen Obsession neigte.[706] Verstimmung musste in dieser ohnehin schwierigen Situation auch der Umstand hervorrufen, dass der »Irredentismus« der römischen Politik gerade auf österreichische Besitzungen ein Auge warf und die magyarische Haltung gegenüber der rumänischen Minderheit in der östlichen, »transleithanischen« Reichshälfte der Donaumonarchie speziell das Klima zwischen Budapest und Bukarest vergiftete.[707]

Ungeachtet dessen stand es auch mit der deutsch-österreichischen Kooperation nicht immer zum Besten. Von der bisweilen beschworenen Nibelungentreue war wenig zu bemerken. Schon bei Abschluss des »Zweibundvertrages« bewahrte sich die k.u.k. Außenpolitik unter Julius Graf Andrássy eine größere Unabhängigkeit als vom deutschen Reichskanzler Otto von Bismarck eigentlich gewünscht.[708] Bismarck zielte außerdem auf eine Übereinkunft mit Russland, wobei die Annäherung zunächst in ein »Dreikaiserabkommen« zwischen Franz Joseph, Wilhelm I. und Alexander III. mündete, dann aber von Berlin hinter dem Rücken Österreichs um den sogenannten »Rückversicherungsvertrag« mit dem Zarenreich erweitert wurde. Zu diesem Zeitpunkt, im Jahr 1887, wandte sich die Donaumonarchie wiederum nach Süden und Westen, ein Trend, der am 24. März den Beitritt des Habsburgerreiches zur englisch-italienischen Mittelmeerentente begünstigte.[709]

Schon kurz danach sah jedoch alles wieder anders aus. Mit dem Ende der Ära Bismarck kam es unter dem seit 1888 regierenden Wilhelm II. zu keiner Verlängerung des »Rückversicherungsvertrages«, während im Gegenzug eine Absprache zwischen Wien und St. Petersburg vom Frühjahr 1897 zur noch engeren Zusammenarbeit der beiden Monarchien auf der Basis der »Mürzsteger Punktationen« vom 2. Oktober 1903 führte.[710]

Reaktionen der Militärs

Für das Evidenzbüro des k.u.k. Generalstabs ergaben sich aus den Mürzsteger Übereinkünften unmittelbare Folgen. Seine Russlandaufklärung wurde abgebaut. Die Kundschaftstellen, die 1903 für ihre Arbeit »im Osten« noch einen Jahresetat von 20.000 Kronen erhalten hatten, verfügten 1906 bloß über 6000 Kronen.[711] Dass Konfidentennetz der Österreicher verlor an Wert, immer weniger Verbindungsleute waren angesichts der Budgetkürzungen bei der Stange zu halten. Die Zahl der Agenten sank nicht nur, die verbliebenen Mitarbeiter kooperierten nun zeitweilig sogar mit den Repräsentanten des Romanovimperiums. Speziell im russisch-japanischen Krieg 1904/05 kam es zur nachrichtendienstlichen Zusammenarbeit. Die Armeeführung der Donaumonarchie, die in den zarischen Streitkräften nach deren Schlappe in Ostasien keine unmittelbare Bedrohung erblickte, billigte eine weitere Annäherung. Unter anderem hatte sie darüber hinaus schon zuvor Austauschprogramme mit den Russen vereinbart. Spätere Rivalen im »Spionageduell« am Vorabend des Ersten Weltkrieges lernten im Zuge dessen die Sprachen des »Feindes«: Der hinkünftige Leiter der *Razvedka*-Stelle in Kiew, Michail Galkin, erlangte Deutschkenntnisse in Oberösterreich, während sich in Kasan unter anderen Alfred Redl mit Russisch und der Zarenarmee befasste. Unter solchen Umständen mochte der Beginn des Redl'schen Verrates in einer einigermaßen entspannten Atmosphäre als »informeller Datenaustausch« unter »Freunden« begonnen haben – bevor sich die bilateralen Beziehungen wieder drastisch verschlechterten und Stabschef Conrad die »Ausspähung« des Zarenimperiums nachhaltig einforderte.[712]

Langfristig zeigte dieser Umstand ebenso negative Wirkungen für die Habsburgertruppen wie die Tatsache, dass die unklaren Bündnisverhältnisse auch in anderen Bereichen Wissensdefizite verursachten. Obwohl Conrad etwa noch lange mit der Unterstützung der Bukarester Militärs spekulierte, wussten die Verantwortlichen in Russland, dass sie im Großen und Ganzen auf die Hilfe der rumänischen Exekutive inklusive des Geheimdiensts, der »Siguranta Generala Statului«, rechnen konnten. In der Region waren der österreichisch-ungarischen »Erkundung« des Zarenreiches denn auch entsprechende Hindernisse in den Weg gestellt. Die lokalen Polizeibehörden arretierten in der Regel k.u.k. Agenten, sahen aber nicht selten weg, wenn die russischen Militärattachés in Bukarest ihr Informantennetz auf Siebenbürgen, Galizien und die Bukowina ausdehnten.[713]

Die offenen Kampfhandlungen mit der Donaumonarchie während des Ersten Weltkrieges nahm Rumänien auf solche Weise durch einen »Kalten Krieg« der Geheimdienste vorweg. Nicht viel anders verhielt es sich unterdessen mit den Beziehungen zum »Dreibundpartner« Italien. Dessen Kundschafter verzichteten 1902 offiziell auf jede Spionage gegen Frankreich und wandten sich umso engagierter dem Habsburgerreich zu. Die dortigen Nachrichtenoffiziere griffen den »Fehdehandschuh« auf. Seit 1908 und mit größerem Erfolg ab 1912 machte es sich das k.u.k. Evidenzbüro etwa zur Aufgabe, die Chiffrenschlüssel des Appeninkönigreichs in die Hand zu bekommen. Begleitet wurde dieser »klandestine Schlagabtausch« von größeren und kleineren Reibereien, zum Beispiel von Klagen der »Austroitaliener«, von Grenzkonflikten, »irredenten Vorfällen« und »Spionageaffären«, wobei bereits der Ankauf von Almhütten im Hochgebirge durch Bürger des südlichen Nachbarstaates die Gemüter der österreichisch-ungarischen Bevölkerung erhitzte.[714]

Bemerkenswert – und durchaus im Einklang mit den relativ losen Allianzen zu Beginn des 20. Jahrhunderts – war jedoch, dass sich selbst engere Verbündete nur bedingt miteinander ins Einvernehmen setzten. Die Entente zwischen Paris, London und St. Petersburg wurde erst kurz vor dem Ersten Weltkrieg auch militärisch gefestigt – durch entsprechende Übereinkünfte vom Juli beziehungsweise November 1912.[715]

Obwohl demgegenüber der Zweibund schon prinzipiell eine »Waffenbrüderschaft« sein sollte, war das Verhältnis zwischen den Stäben in Wien und Berlin einigermaßen distanziert. Detaillierte Absprachen gab es nicht. Die Intensivierung des »Gedankenaustausches« ab 1909 änderte wenig an der Gesamtlage. Über die Annahme eines Zweifrontenkrieges und der Priorität einer deutschen Offensive gegen Frankreich hinaus dominierten Vermutungen, Hoffnungen, Wünsche eine Situation, die nur zu leicht zu unrealistischen Vorstellungen bezüglich der Möglichkeiten des Verbündeten führen musste. Gerade aufgrund der Idee einer blitzartigen, siegreichen Attacke und der damit verbundenen raschen Operationsbereitschaft überrascht das Informationsdefizit der beiden Militärführungen. Während schon der bis 1906 amtierende k.u.k. Generalstabschef Beck-Rzikowsky errechnete, dass Österreich-Ungarn bei der Mobilisierung nicht bloß hinter den Deutschen, sondern auch hinter den Russen nachhinken würde, war die Heeresleitung des Hohenzollernreiches um Helmuth von Moltke im Juli 1914 erstaunt, dass sogar der österreichisch-ungarische Angriff auf das viel kleinere Serbien nicht vor dem 12. August beginnen konnte. Signifikant für die Lage sind die Äußerungen des deutschen Militärattachés in Wien, Oberst Karl Graf Kageneck, der an die Berater Moltkes am 1. August 1914 schrieb, dass es nun wohl hohe Zeit sei, dass sich die beiden Generalstäbe in aller Offenheit über die Mobilmachung, über Aufmarschpläne und Truppenstärken austauschten.[716]

Der Mangel an Koordinierung und gegenseitigem Wissen, der sich seitens der wilhelminischen Generäle überdies in einer groben Fehleinschätzung der ethnischen Zusammensetzung und damit des Charakters der habsburgischen »Vielvölkerarmee« äußerte, basierte zu einem nicht unwesentlichen Teil auf einem grundsätzlichen Misstrauen, das bisweilen eine geradezu groteske Geheimhaltungsmentalität förderte.[717] Die Zurückhaltung der Deutschen entsprach dem Auftreten der Österreicher, die ihrerseits einiges für sich behielten. Innovationen im Rüstungsbereich, zum Beispiel das Maschinen- oder das Selbstladegewehr, bekam etwa Oberst Kageneck bei seinem Besuch der Fabrikshallen von Steyr nicht zu sehen. Wenig Freude hatte man in Wien überdies mit der Besichtigung eines 120-PS-Motorwagens durch deutsche Offiziere. Und auch das Übungsgelände bei Wiener Neustadt, auf dem gerade Beton- und Panzerziele mit einem 30,5-cm-Mörser beschossen wurden, sollte den »Preußen« nicht zugänglich gemacht werden.[718]

Gerade die Auswertung der Durchschlagskraft von Projektilen und die möglichen Maßnahmen zum Schutz vor einer verbesserten Waffentechnik schienen indes auch die Franzosen zur größtmöglichen Vorsicht zu verleiten. Obwohl seit 1892 zwischen dem *Deuxième Bureau* und der *Razvedka* eine auch in der Habsburgermonarchie bald bekannte Abmachung über den Austausch der beiderseitigen Kundschaftsergebnisse existierte[719], reagierten Entscheidungsträger in Paris bisweilen kühl auf Anfragen aus Russland. Als die Russen »Skizzen, Kostenaufstellungen« und andere »Schriften betreffend die in Frankreich benutzten gepanzerten Geschütztürme« erbaten, stellte das *Deuxième Bureau* zunächst einmal fest, dass »die in Frage stehenden Dokumente als vertraulich« einzustufen seien und »dem Spionagegesetz vom 18. April 1886 unterliegen« würden. Allerdings, hieß es einschränkend am 5. März 1910, ließen sich Unterlagen an »befreundete und alliierte Mächte« weitergeben, wenn der Datentransfer »allgemein und insbesondere für die Industrie vorteilhaft« sei. Das Zarenreich müsste in diesem Fall allerdings für die notwendige »Geheimhaltung« sorgen.[720]

Ungeachtet aller »Vorsichtsmaßregeln« zeigen die Korrespondenzen zwischen den Militäradministrationen aber auch, dass die potenziellen Verbündeten eines hinkünftigen Konfliktes nach und nach zusammenrückten. Engere Beziehungen kamen beispielsweise nicht bloß zwischen den zuständigen Stellen in St. Peterburg und in Paris beziehungsweise London zustande. Auch zwischen den Militärs in Berlin und Wien verbesserte sich das Verhältnis. Die Heeresleitungen vereinbarten hier gleichfalls verbindlichere Kooperationen. 1913 einigte man sich auf einen umfassenden Informationsaustausch hinsichtlich neuer Infanteriewaffen. Im Frühjahr 1914 erkundigte sich eine k.u.k. Delegation im Hohenzollernreich über die Produktion von Einheitsgeschossen für die Artillerie.[721]

Verschärfung der Krise

Die Intensivierung unter anderem der deutsch-österreichischen Zusammenarbeit, die sich auch bei der Aufdeckung der Spionagetätigkeit von Gustav Wölkerling und Alfred Redl auswirkte, erfolgte vor dem Hintergrund einer veränderten Gesamtlage in Europa. Die Spannungen nahmen zu, als die Donaumonarchie mit der Annexion Bosniens und der Herzegowina die de-jure-Einverleibung der 1878 besetzten Gebiete fixieren wollte und in der Folge das Verhältnis zu Russland bis aufs Äußerste belastete.[722]

Dennoch bemühte sich der k.u.k. Außenminister Aloys Lexa Freiherr von Aehrenthal weiterhin um eine Verständigung mit Russland. Die mögliche Annäherung zwischen Wien und St. Petersburg war zentraler Gesprächsstoff in den Regierungskanzleien und diplomatischen Vertretungen. Noch 1913, nach dem Tod des schwerkranken, an Leukämie leidenden Aehrenthal, setzten sich die Westmächte mit dieser Frage auseinander. Die französische Botschaft in Wien, die einer österreichisch-russischen Allianz schon 1910 kaum Chancen gegeben hatte, zitierte im September 1913 Stimmen aus dem Romanovimperium, die »für eine Entente« mit dem Habsburgerreich »keine Basis« sahen.[723] Pessimistisch zeigten sich einige Monate später auch die britischen Repräsentanten in der Donaumonarchie. Aus der k.k. Haupt- und Residenzstadt an der Donau erhielt Englands Außenminister Edward Grey Berichte über permanente Vorfälle an der galizischen Grenze und weitverbreitete antirussische Ressentiments in Österreich. Diese, ließ man Grey wissen, stellten auch eine Gegenreaktion auf die vom Zarenreich aus betriebene »russophile

Propaganda« des »Grafen Bobrinski« unter den »ukrainischen Bürgern« der Donaumonarchie sowie auf die »von Frankreich gewollten Kriegsvorbereitungen St. Petersburgs« dar, dienten jedoch gleichfalls zur Rechtfertigung der Rüstungsbestrebungen, die k.u.k. Militärs dem Wiener Parlament dringend empfahlen.[724]

Die Nachrichten spiegelten eine Krisenatmosphäre wider, die sich im Verlauf der bewaffneten Konflikte auf dem Balkan verbreitet hatte. 1912/13 fielen Bulgarien, Serbien, Griechenland und Montenegro über den »kranken Mann am Bosporus« her, um das verbliebene europäische Territorium des Osmanischen Reiches zum größten Teil an sich zu bringen und danach miteinander unter Einschluss Rumäniens sowie der Türkei über die Beute in Streit zu geraten. Die serbisch-montenegrinischen Gebietsansprüche riefen in diesem Zusammenhang die Habsburgermonarchie auf den Plan. In Bosnien-Herzegowina und Dalmatien wurden k.u.k. Truppen gegen eine etwaige Expansion der Nachbarländer vor allem Richtung Adria auf Kriegsstärke gebracht. Offizielle Repräsentanten Russlands wiegten die Belgrader Regierung im Glauben, sie werde bei ihrem Vorgehen Rückendeckung durch das Zarenimperium erhalten. Zwar wollte St. Petersburg von einem Waffengang der Großmächte in der Folge ebenso wenig wissen wie die Entscheidungsträger in Paris und London. Von einer Beruhigung der Lage konnte aber trotzdem nicht die Rede sein. Während in Wien vor allem Stabschef Conrad von Hötzendorf für einen Militärschlag plädierte, verursachten die den österreichischen Interessen entsprechenden Bemühungen zur Gründung eines unabhängigen Albanien weitere Spannungen. Der neu zu bildende Staat umfasste Territorien, die serbisch-montenegrinische Verbände besetzt hielten. Die Habsburgermonarchie forderte deren Abzug und drohte ultimativ mit Gewalt.[725]

Einmal mehr belastete das Säbelrasseln die lädierten russisch-österreichischen Beziehungen. Die Häufung von Zwischenfällen in Galizien korrespondierte unter solchen Umständen mit der Eskalation der südosteuropäischen Konflikte. Dass der Druck der Wiener Regierung schließlich Belgrad zum Einlenken veranlasste, führte zu keiner dauerhaften friedlichen Lösung. Das Zarenreich spielte mit seiner Glaubwürdigkeit gegenüber Serbien, sollte es seinen »Schützling« ein weiteres Mal im Stich lassen.[726]

Lose Allianzen verwandelten sich in Schicksalsgemeinschaften. Berlin und Wien sahen nach den Geschehnissen der Jahre 1912 und 1913 kaum noch Alternativen zum Zweibund. Die Westmächte ihrerseits achteten gleichfalls darauf, keinen Bündnispartner zu vergraulen. Fast überall ging die Flexibilität der Staaten, »jederzeit mit jedem gegen jeden zusammenzugehen«, verloren, während in den Generalstäben die Überzeugung reifte, ehebaldigst »den Degen ziehen« zu müssen, bevor die zukünftigen Kontrahenten überlegene Kräfte aufzubieten hätten.[727]

Diese Befürchtung hegten vor allem die militärischen und zivilen Führungen des Hohenzollernreiches und der Habsburgermonarchie. Der Offensivgeist, die Hoffnung, mit einem Präventivschlag einen alles entscheidenden Sieg davonzutragen, beschäftigte jedoch Repräsentanten aller Großmächte. Und diese mussten auch nicht von militaristisch eingestellten Gesellschaftsschichten oder nationalistischen beziehungsweise »patriotischen« Interessengruppierungen dazu veranlasst werden, den »Flächenbrand« zu entzünden. Überall beriefen sich am Vorabend des Ersten Weltkrieges Regierungskreise auf das Ansehen und Prestige ihrer Imperien, Republiken, König- und Kaiserreiche. Und überall zeigte sich, dass eine geradezu fahrlässige Tendenz, Politik mit gewaltsamen Mitteln fortzusetzen, höher im Kurs stand als Mäßigung, Kompromiss- und Friedensbereitschaft.[728]

Der Feind in den eigenen Reihen

Angesichts der mentalen Aufrüstung nicht zuletzt innerhalb der europäischen Eliten überrascht es nicht, dass ein »großes Kräftemessen« von vielen Regierungsmitgliedern und Generälen vorausgesagt oder regelrecht erwartet wurde. Je mehr dabei vor allem der Präventivschlag und der schnelle Sieg das strategische Denken beherrschten, desto größer wurde der Bedarf an Informationen über alle militärischen und außenpolitischen Entwicklungen auf der Seite vermeintlicher Gegner. Ins Netz der »Abwehrfachleute« gingen unter solchen Umständen nicht zufällig vor dem Ersten Weltkrieg immer mehr »Verräter« und »feindliche Agenten«. Das k.u.k. Evidenzbüro notierte die Zunahme an einschlägigen Ermittlungen, Festnahmen und Gerichtsverfahren. Die Zahl der Verdächtigen habe sich 1908 auf 60 belaufen, 1909 hingegen schon 150 betragen, schrieb dazu Maximilian Ronge 1930. Des Weiteren nannte er für das Jahr 1905 300 Erhebungen in diesem Bereich, während 1913 6000 vermerkt wurden. Nicht anders sah es bei Verhaftungen oder Urteilssprüchen aus: 1905 waren es 32 beziehungsweise vier, 1913 560 beziehungsweise 43.[729]

Der Skandal um den Generalstabsobersten Alfred Redl stellte also den Höhepunkt einer Welle von Untersuchungen und Enthüllungen dar, die zugleich auf bestimmte Krisenregionen hindeuteten. Wie wenig vertrauenswürdig etwa das Verhältnis zwischen den »Bündnispartnern« Wien und Rom war, beleuchten Schreiben des k.k. Ackerbauministeriums und der k.u.k. Korpskommanden aus den Jahren 1911 bis 1913, in denen von einem verschärften »Melderecht im Kronland Krain« und von der »rigorosen Wahrung der Sicherheitsinteressen« in Kärnten die Rede ist, sowie von der Anweisung an »Forst- und Domänendirektionen« des Grenzgebietes zu Italien, nur »politisch zuverlässige Personen« anzustellen.[730] Noch alarmierender klang, was die britische Botschaft in Wien während des Frühjahrs 1914 nach London meldete: Galizien sei von »Spionen« des Zarenreiches »verseucht«; der »von der ungarischen Regierung durchgeführte Hochverratsprozess von Marmaros Sziget« müsse als kontraproduktiv eingestuft werden, vertiefe die Kluft zwischen Österreich und Russland und diene den wirklich »russophilen« Kräften lediglich als Propagandabühne. Dennoch trete in absehbarer Zeit ein ähnliches Tribunal in Lemberg zusammen, ergänzten die Repräsentanten des »Empires«.[731]

Über die Krisenregion verbreiteten sich indes auch die französischen Diplomaten auf dem Boden der Donaumonarchie. Kurz vor Weihnachten 1913 hielten sie in ihren Mitteilungen fest: »Keine Woche vergeht, in der nicht von der Verhaftung von Spionen Russlands in Galizien berichtet wird. Die Frequenz dieser Festnahmen hat ein solches Ausmaß erreicht, dass wir davon seit Längerem nicht mehr im Detail Notiz nehmen. Hier nur zusammengefasst das, was wir zum Sachverhalt in Erfahrung bringen konnten: Diese Spione sind keine Agenten im eigentlichen militärischen Sinn. Seit Langem, aber zumindest seit der Revolution von 1905 organisiert die russische Regierung eine minutiöse Observierung der Flüchtlinge« aus dem Zarenreich, die mittlerweile »im Ausland leben«. Dieser Überwachungsdienst »arbeitet grundsätzlich in Grenzregionen, wo sich die Geflohenen in großer Zahl niederlassen«. Vor der gegenwärtigen »Krise ließ die österreichische Regierung« den zarischen Polizeispitzeln »unbegrenzte Freiheiten. Sie erlaubte auch Verhaftungen auf ihrem Territorium« und »schloss die Augen, sogar bei gewalttätigen Übergriffen«. Dieses »Entgegenkommen ist durch die Balkankrise beendet worden«, das bisherige »Beschattungssystem gilt als zerrüttet«. Österreich »jagt nun die russischen Konfidenten als vermeintliche Militärspione«.[732]

Begleitet wurden solche Darlegungen vom Bemühen, eine in verschiedenen Konfliktregionen wahrgenommene »Spy Mania« ganz allgemein nüchterner zu betrachten. Vieles, meinte folglich der englische Militärattaché in Wien, sei aufgebauscht, am Balkan gäbe es gar nicht so viele Zwischenfälle mit Geheimagenten. Die »unvernünftigen«, hysterischen »Reaktionen« der Zivilbevölkerung auf solche Meldungen ließen sich zudem eher in den Metropolen des Habsburgerreiches beobachten. Schuld daran seien vor allem Gerüchte, die von der Presse genährt würden.[733]

Die abschließende Bemerkung war mehr als berechtigt. *Die Zeit* konstatierte etwa am 1. Juni 1913: »Es wird überall spioniert. [...] Man kann die Spannung, die zwischen zwei Ländern existiert, jedes Mal nach der wachsenden Zahl der Spione beurteilen.« Der Artikel befasste sich in der Folge mit verschiedenen »Agenten-Typen«, von der »kleinen Hilfskraft« bis zum »hohen Offizier im Generalstab«.[734] Die auf Alfred Redl bezogene Formulierung steigerte indes eine bereits allgemein spürbare Verunsicherung. »Wenn jemand in solcher Position eines Verbrechens fähig ist, wen soll man da nicht beargwöhnen?«, fragte etwa das *Neue Wiener Journal* am 3. Juni 1913.[735]

Der sich weiter verbreitende Argwohn benötigte allerdings vielfach weder konkrete Anlassfälle noch bestimmte Krisenzonen. Die »Spionagefurcht« erfasste ganz Europa. Als die *Sankt Peterburgskija Vedomosti* am 7. Juni 1913 ihre Leser vor feindlichen »Agenten« warnte und dazu aufrief, in der Öffentlichkeit nicht laut über militärische Informationen zu sprechen[736], hätte es des Redl-Falles gar nicht mehr bedurft, um auch im Herrschaftsbereich des Zaren das größtmögliche Misstrauen speziell gegenüber allen Fremden auszulösen. Eine länger zurückreichende Xenophobie verband sich mit den Ängsten der augenblicklichen internationalen Krise. Auch offizielle Repräsentanten der verbündeten Staaten mussten mit »unliebsamen Überraschungen« rechnen. Als ein britischer Offizier in Moskau festgenommen wurde, drückte die zarische Regierung umgehend ihr Bedauern aus. Allerdings, fügte das Kriegsministerium in St. Petersburg Anfang November 1913 hinzu, habe sich der betroffene Hauptmann äußerst ungeschickt verhalten. Schließlich sei er nicht bei den zuständigen Militärbehörden erschienen, um sich zu melden. Die lokalen Beamten hätten nichts von ihm gewusst und ihn verhaftet, ein »nachvollziehbares Vorgehen, angesichts der in ganz Russland anzutreffenden ›Spy Mania‹«.[737]

Aber nicht nur im Jahr 1913 und nicht nur auf dem europäischen Kontinent hinterließ die grassierende »Spionitis« ihre Spuren. Auch auf den britischen Inseln wurde die »kühle Volksseele« mit atemberaubenden Verschwörungs- und Bedrohungsszenarien aufgewühlt. Ab 1900 fanden Schauergeschichten von einer baldigen Invasion des Königreiches reißenden Absatz. Buchautoren und Journalisten verdienten blendend daran, von den Untergrundnetzen der »Erzfeinde« zu berichten. Waren es mit Blick auf die weit zurückreichenden Rivalitäten zunächst Franzosen, die in Werken wie *Das nächste Waterloo* oder *Der Untergang Londons im großen französischen Krieg von 1901* die »englische Heimat« bedrohten, so kamen nach dem Bündnis mit der »Grande Nation« im Jahr 1904 nun die »Spione des Kaisers« als neue Romanschurken infrage.[738] Der kommerzielle Erfolg derartiger Veröffentlichungen verwies auf einen sensiblen Punkt in der öffentlichen Meinung des Empires. Seine Streitkräfte, vor allem zur See, hatten eher das Weltreich aufrechtzuerhalten als die engere Heimat zu beschützen. Das Flottenbauprogramm des Hohenzollernreiches vergrößerte vor diesem Hintergrund eine ganz allgemeine Unsicherheit, die sich in Diskussionen über die Verwundbarkeit Englands äußerte. Debatten über Militärreformen und eine gesteigerte Verteidigungsbereitschaft gingen Hand in Hand mit Chauvinismus und »täglichen Hassgeschichten«. Selbst im Parlament sprachen unter solchen Umständen Protagonisten der für die allgemeine Wehrpflicht eintretenden »National Service League« von 80.000 Deutschen, die sich im Vereinigten Königreich befänden: Sie seien meist ausgebildete Soldaten und arbeiteten »in vielen Hotels nahe einiger der wichtigsten Bahnhöfe«. Wenn »es einer deutschen Streitmacht gelänge, in dieses Land einzudringen«, käme sie, so die weiteren Spekulationen, »in den Genuss einer Unterstützung und Verstärkung, wie sie noch keine Armee auf fremdem Boden je gehabt hat«.[739]

Vom Nutzen der Furcht und des Skandals

Die Ordnungshüter bedienten sich nicht selten der nach Kräften geschürten Bedrohungsängste, um die staatliche Kontrolle auf neue Grundlagen zu stellen. Neben einer verstärkten Zusammenarbeit mit der Polizei ging es den Militärs in dieser Hinsicht vor allem um den Auf- und Ausbau der Nachrichtendienste. 1909 entstand in Großbritannien solcherart das »Secret Service Bureau«, aus dem wenig später der »MI5« als Abwehrorganisation und der »MI6« als zuständige Stelle für die »Auslandsaufklärung« hervorgingen.[740]

Neben den Engländern machten sich damals auch die Deutschen daran, ihre bislang wenig geordnete Heeresspionage zu reformieren. Die im Generalstab der Armee angesiedelte Sektion IIIb, so ihr Name seit 1889, sollte zwar noch bis zum Ersten Weltkrieg eine bescheidenere Rolle spielen. Aber während die Auswertung der Informationen bei anderen Abteilungen angesiedelt war, schafften es die

Kundschafter des Hohenzollernreiches immerhin, grenznahe Nachrichtenstationen im Osten zur »Russlandaufklärung« einzurichten.[741]

Die Gegenseite im Romanovimperium, die mittlerweile mit den »Kollegen« des seit 1870/71 bestehenden *Deuxième Bureau* zu kooperieren begonnen hatte, reformierte unterdessen den intern bereits kritisierten Spionageapparat. Die durch ihre Vorläuferorganisationen bis zum Beginn des 19. Jahrhunderts zurückreichende *Razvedka* wurde personell verjüngt und ausgebaut. Neben der Reorganisation der wichtigen Beobachtungsposten in Wilna, Kiew und vor allem in Warschau erfolgten schließlich bis 1914 auch Umstrukturierungen der schwachen Zentrale in St. Petersburg.[742]

Währenddessen blieben die Offiziere der Habsburgerarmee gleichfalls nicht untätig. Obwohl die »Ausspähung« des Zarenreiches infolge der Verständigung zwischen Wien und St. Petersburg Anfang des 20. Jahrhunderts vorübergehend fast völlig zum Erliegen kam, förderte man zeitgleich organisatorische Modifikationen im Evidenzbüro. Dieses verfügte schließlich über eigene Spezialressorts für das Kundschaftswesen, »Manipulationen«, »Fortifikationen« und einzelne Länder beziehungsweise Regionen wie Russland, den Balkan, Italien, Frankreich, England und sogar Deutschland. Die vorgesetzten Offiziere gaben dabei für gewöhnlich nur die allgemeinen Richtlinien vor, während Mitarbeiter in den Haupt- und Nebenkundschaftsstellen mit den Details befasst waren.[743]

Obwohl die Nachrichtendienste noch nicht annähernd so viele Mitarbeiter und Spezialausrüstungen hatten wie die späteren »Apparate« seit den 1930er Jahren und dem Zweiten Weltkrieg, war die Zeit um 1900 mit ihrer spezifischen Krisenstimmung, Fremdenfurcht und Paranoia ein günstiger Nährboden für »Untergrundaktivitäten« und »verdeckte Operationen«. Die fortschreitende Institutionalisierung der militärischen »Aufklärung« im Rahmen der Entstehung moderner Staatswesen und ihrer Behördenstruktur verzeichnete seit dem Zeitalter Napoleons einen Professionalisierungsschub. Speziell Ende des 19. und Anfang des 20. Jahrhunderts manifestierte sich diese Entwicklung in Personalaufstockungen und Ausdifferenzierungen der Administration und setzte sich mit dem Ersten Weltkrieg in Form einer weiteren bürokratischen, aber auch technologischen Modernisierung der Spionage fort. Hinzu kam die zur diplomatischen Gepflogenheit gewordene Akkreditierung der Militärattachés. Von ihnen gab es nach einzelnen Schätzungen am Vorabend des Ersten Weltkrieges rund 200, davon jeweils circa 30 aus den USA und aus Russland.[744]

In diesem Zusammenhang stand nicht bloß der Vorwurf im Raum, die zarischen Abgesandten würden um sich herum regelmäßig Agentennetze knüpfen. Schließlich schufen die Attachés und die Kundschaftsoffiziere anderer Länder gleichfalls eine Nachfrage für »inoffizielle und ungesetzliche Datenbeschaffungsmaßnahmen«. Die Zahl der »Verkäufer vertraulicher Dossiers« wuchs demgemäß sowohl mit der Furcht vor Verrätern und Agenten als auch mit der nicht selten dadurch legitimierten Verstärkung des Sicherheits- und Kundschaftswesens. Eine boomende Spionage-»Industrie« entstand, ein Jahrmarkt der Informanten und Konfidenten – bevölkert von »Helden, Patrioten, Freiheitskämpfern oder Fanatikern« sowie von »Abenteurern, Halbweltdamen, geschassten Offizieren, Bankrotteuren, Geschäftemachern, Gaunern, Wichtigtuern, Hochstaplern und Verrückten«, wie einige Beobachter und Fachleute urteilten. Ganz Europa verwandelte sich nach ihrem Dafürhalten in einen Dschungel der Intrigen und in einen Tummelplatz der Kuriere, Zuträger und Anwerber.[745] Kaum ein Tag verging, an dem französische Diplomaten in Wien nach eigener Aussage nicht dubiosen Anbietern mindestens ebenso zweifelhafter Geheimnisse die Tür wiesen.[746] Aus der Presse erfuhr einer der Botschaftsmitarbeiter, der Militärattaché Levesque, dass sich auch in Paris Vergleichbares ereignete. Im dortigen Kriegsministerium, so las Levesque, sei ein italienischer Offizier namens Rossi vorstellig geworden, der sich bereit erklärt habe, entwendete Papiere an die »Grande Nation« zurückzugeben. Die Behörden zeigten sich jedoch wenig beeindruckt. Rossi stuften sie als einen »amtsbekannten Agenten« ein, der sich mit allen Mitteln Geld verschaffen wolle.[747]

Nicht übermäßig glaubwürdig klang des Weiteren, was dem britischen Konsulat in Prag aufgetischt wurde. Diesem zufolge behauptete eine gewisse »Adele Stehlik-Merny«, die sich verdächtigerweise auch noch als Schriftstellerin ausgab, im Besitz »äußerst wichtiger Hinweise« zu sein. Es gehe dabei um eine gegen England gerichtete »Spionage-Kampagne«, über die sie allerdings nur mündlich genauer Auskunft erteilen könne. Man möge ihr daher die Reisekosten überweisen, damit sie in der Lage sei, nach London zu reisen und direkt mit den zuständigen Stellen zu sprechen.[748]

Für offizielle Stellen wirkten andere Schilderungen jedoch weniger suspekt. Bisweilen waren Fantasieprodukte und bewusste Irreführungen außerordentlich schwer von authentischen und bedeutsamen Meldungen zu trennen. Versprachen brisante Daten eine gute Bezahlung, lohnte sich der Aufwand, besonders gelungene Falsifikate in die Welt zu setzen. Da sich zudem auch leitende Nachrichtenoffiziere auf die »Kunst der Desinformation« stützten, wurde Europa von Lügengeschichten regelrecht überschwemmt. Unter solchen Bedingungen war es nur eine Frage der Zeit, bis raffiniertes »Spielmaterial« seinen Zweck erfüllte. Bei ihrem Kampf gegen »südslawische Agitationen und Umtriebe« bedienten sich schließlich maßgebliche Kräfte in Budapest und Wien einer Argumentationslinie, die inhaltlich großteils auf serbischen Fälschungen beruhte. Die für den Erwerb der Materialien verantwortlichen Diplomaten der Donaumonarchie hatten sich düpieren lassen, und vom Evidenzbüro waren – trotz Warnungen – weder Einwände zu hören gewesen noch Untersuchungen angestellt worden. Die Urteile eines in Agram abgehaltenen Hochverratsprozesses gegen »serbisch-kroatische Koalitionäre« mussten in weiterer Folge wegen Mangels an Beweisen aufgehoben werden. Ein bekannter Historiker, Heinrich Friedjung, der sich im März 1909 in der *Neuen Freien Presse* bei seinem gegen Belgrad gerichteten Artikel auf die fragwürdigen Unterlagen aus Serbien verließ, hatte sich schließlich selbst vor Gericht für seine Ausführungen zu verantworten. Die offiziellen Stellen, allen voran k.u.k. Außenminister Aehrenthal, ließen den von ihnen vorgeschickten

Friedjung völlig im Stich. Die Angelegenheit entwickelte sich zur schweren Rufschädigung für die Diplomatie des Habsburgerreiches. Aehrenthal und seine Mitarbeiter büßten an Glaubwürdigkeit ein. Ihre Opponenten benachrichtigten die Weltöffentlichkeit über »Fälscherpraktiken« der österreichischen Behörden, denen obendrein bisweilen eine gefährliche »Aggressionspolitik« angelastet wurde.[749]

Die Causa hatte inmitten der europäischen Spannungen zur weiteren Verschlechterung der Beziehungen zwischen Wien und Belgrad beigetragen, ein Sachverhalt, der sich auf die Haltung Russlands gegenüber der Donaumonarchie und letztlich auf deren internationale Reputation insgesamt negativ auswirkte. Für die Zeitzeugen trat unverkennbar zutage, welche Wirkung Spionageaffären und unheilvolle Konfidentenmeldungen entfalten konnten. Im Lichte der Ereignisse von 1909 fragten zum Beispiel die Westmächte Anfang 1914 nach grenzübergreifenden Konsequenzen jener Prozesse, die gegen vermeintliche oder tatsächliche Repräsentanten »russophiler« Gruppierungen in Ungarn und Galizien abgehalten wurden oder geplant waren.[750] Auch den noch immer gerichtsanhängigen »Verrat der Brüder Jandrić« wertete man demgemäß als weiteren Schritt zur Eskalation zwischen dem Habsburgerreich und dem Romanovimperium.[751]

Rund vier Jahre vorher, bei der Abreise des zarischen Militärattachés Mitrofan Marčenko aufgrund seiner Kompromittierung durch die »Spionage-Angelegenheit Kretschmar«, ging die Botschaft Frankreichs in Wien sogar noch einen Schritt weiter. Für sie galt es als wahrscheinlich, dass der deutsche Botschafter in der k.k. Haupt- und Residenzstadt, Heinrich Baron von Tschirschky und Bögendorff, die »Marčenko-Affäre zu benutzen wusste, um Schwierigkeiten zwischen Petersburg und Wien zu verursachen«. Wohl waren die französischen Abgesandten bestrebt, die Folgen des Verrates durch einen untergeordneten Beamten nicht zu überschätzen und demgemäß eher als »Moment der Irritation« in den russisch-österreichischen Beziehungen darzustellen. Nichtsdestoweniger habe sich aber auch durch solche Vorfälle der Charakter der Verständigung des Habsburgerreiches mit dem Romanovimperium geändert. Nun, so die weitere Einschätzung, gleiche das »Projekt der Annäherung« einer von Tschirschky angestrebten und von Paris abgelehnten »Dreimächte-Allianz unter der Aufsicht Berlins«.[752]

Unter solchen Umständen mangelte es weder an Vermutungen über etwaige Instrumentalisierungen der Agentengeschichten noch an der offen zur Schau gestellten Intention, eine omnipräsente »Spionitis« noch gezielter als üblicherweise für die eigenen politisch-weltanschaulichen Zwecke zu nutzen. Selbst unbedeutendere Ereignisse reflektierten folglich die Krisenatmosphäre vor 1914. Die *Novoe Vremja* griff zum Beispiel im Jänner 1913 einen Vorfall auf, der sowohl in Paris als auch in London Beachtung fand. Konkret handelte es sich um die in Wien erfolgte Festnahme des sibirischen Bahningenieurs Nikolaj Alechin. Dieser hatte sich auf der Durchreise nach Frankreich befunden, wurde aber von der österreichischen Exekutive unter dem Verdacht der Spionage zwei Monate lang »ins Gefängnis geworfen«. So weit sei es gekommen, erzählte Alechin später russischen Journalisten, weil sich ihm ein »Agent provocateur« als Übersetzer anbot, der ihn »gegen seinen Willen« zu »einem längeren Aufenthalt« und »zur Besichtigung des Arsenals« überredete. Nach der »Arretierung« habe man ihn einerseits »in Einzelhaft gehalten« und andererseits durch »körperliche Gewalt« zu »Geständnissen zwingen« wollen. Am 6. Jänner 1913, so seine abschließende Darstellung, wurde er freigelassen. In weiterer Folge sei ihm vom k.u.k. Außenministerium eine schriftliche »Bestätigung seiner vollen Unschuld« ausgehändigt worden. Mit Blick auf die Rivalitäten zwischen dem Zarenreich und Österreich-Ungarn wirkte der Pressebericht wie ein bewusster Versuch, Öl ins Feuer zu gießen. Mit entsprechenden Drohgebärden wartete die *Novoe Vremja* in einem Abschlusskommentar zur »Causa Alechin« auf: »Was man«, also die Habsburgermonarchie, »wollte, war, Russland herauszufordern. Und dieser Versuch hatte Erfolg.«[753]

In den nachfolgenden Tagen unternahmen die Gesandten des Zarenreiches »ernsthafte Schritte« zugunsten des sibirischen Ingenieurs, der für seine »unrechtmäßige Behandlung« eine »finanzielle Entschädigung« forderte. In den Medien aber dominierten längst andere Schilderungen über diverse »Zwischenfälle« im russisch-österreichischen Konflikt – bis dann der sensationelle Skandal um den »verräterischen k.u.k. Generalstabsobersten« alle anderen Geschehnisse wenigstens für einige Tage in den Schatten zu stellen schien. Da sich die »ungeheuerliche Begebenheit« in den Erwartungshorizont der Öffentlichkeit einfügte, musste auf die regelmäßigen Verstimmungen zwischen Wien und St. Petersburg gar nicht erst eingegangen werden. Bei der Auseinandersetzung mit Alfred Redl überwog daher die »allgemeine sittliche Empörung«.

»Ein moralisches Königgrätz«

»Armes Österreich«, betitelte *Danzer's Armee-Zeitung* am 5. Juni 1913 Ausführungen, die auf einen zentralen Befund, auf eine einprägsame Formel hinausliefen: Die Habsburgermonarchie habe ein »moralisches Königgrätz« erlitten. Die Gesamtsituation könne man lediglich mit einem Wort beschreiben: »Jämmerlich«. Und dann hieß es weiter: »Wir kennen Offiziere, die seit einer Woche nur mehr im Zivil die Straße betreten, und wir kennen Offiziere, die mit dem Gedanken umgehen, den Rock abzulegen. Denn es ist ein unerträglicher Gedanke, der Kamerad eines Redl gewesen zu sein. [...] Wie stehen wir vor dem Ausland da! Wir blickten auf Russland [...] herab und entdecken russische Zustände im eigenen Lande.«[754]

Das Ausmaß der Despektierlichkeit gegenüber dem Zarenreich manifestierte sich in der Abscheu vor dem »Auswürfling«, dem »Verräter in der Generalstabsuniform«. Und zugleich diente die einigermaßen heftig geäußerte Empörung nicht minder dem Bestreben, sich und den »Kameraden« eine »blütenweiße Weste« zu verschaffen. In grenzüberschreitender Standessolidarität bescheinigte unter anderem der französische Militärattaché, Oberstleutnant Hallier, speziell dem k.u.k. »Generalstabskorps«, zum »großen Teil aus ehrenhaften und tadellosen Offizieren zusammengesetzt« zu sein. Hallier vermied es daher aus »Taktgefühl«, von sich aus den »außerordentlichen Skandal« anzusprechen.[755] In seinen Korrespondenzen mit dem Kriegsministerium und dem *Deuxième Bureau* in Paris fand er dann aber doch andere Worte. »Die Affäre ist ein Zeichen der allgemeinen Entsittlichung!«, konstatierte er, um fortzusetzen: Die »Offiziere suchen Cafés, Theater und weitere Vergnügungsorte auf. Ihr Sold kann nicht genügen für alle diese Ausgaben. Viele wollen sich nicht mehr zufrieden geben mit einer bescheidenen, aber ehrenhaften Lebensführung.«[756]

Noch schärfer formulierten es die Sozialdemokraten anlässlich ihrer »Interpellation« zur »planmäßigen Vertuschung der Militärskandale« am 10. Juni 1913. Ihre Anfrage im Abgeordnetenhaus des cisleithanischen Reichsrates betraf keineswegs nur die »Verbrechen« einer »gemeinen Kreatur«. Über Redl hinaus gehe es um das »Schandsystem der Spionage und Gegenspionage«, das »sich hier wie dort« die »Generalstäbler« kaufe.[757]

Ausnahmsweise brachte die Linke damit Werthaltungen zahlreicher Offiziere zum Ausdruck, die sich mit dem »Beschnüffeln« und »Bespitzeln« nicht abgeben wollten. Solche Positionen fanden sich in allen Armeen und veranlassten die Gründer des MI6 in London beispielsweise dazu, über diesbezügliche Widerstände unter den Heeresangehörigen und einen möglichen Mangel an Personal speziell im Bereich des offensiven Kundschaftsdienstes nachzudenken.[758]

Während solcherart auch Angehörige des Habsburgerheeres das Klima des Argwohns, Bespitzelns und Auskundschaftens als Widerspruch zu den Idealen der »Ritterlichkeit« empfanden und als »widerliches, Charakter verderbendes Geschäft« brandmarkten[759], ging es für die »Repräsentanten der Arbeiterschaft« aber noch um etwas anderes. Es sei nämlich »verwerflich«, lautete der Vorwurf in der Interpellation vom 10. Juni, dass »für einen bestimmten Beruf, für eine bestimmte Menschenklasse, besondere Ehrfurcht« verlangt werde. Durch dieses Gefühl der Privilegiertheit entstünden »Sumpfblüten des Militarismus« und außerdem »bedenkliche Verbindungen zu Rüstungsfabrikanten«, die um sich herum ein weitverzweigtes Netz der »Bestechung im In- und Auslande« geschaffen hätten.[760]

Die Vorwürfe gingen über den engeren Bereich des Militärs hinaus, eine Ansicht, der auch Oberstleutnant Hallier zuneigte. »Diese ganze Serie von Verratshandlungen«, schrieb Hallier, »ist die fatale Folge vom Bedürfnis nach Lust und Zerstreuung, welches die ganze Wiener Gesellschaft durchdrungen hat. Wirtschaftliches Denken und Sparsamkeit sind hier unbekannt.«[761]

Der Redl-Skandal wurde unter derartigen Bedingungen zum Anlass genommen, ein Sittenbild der Monarchie im Allgemeinen zu skizzieren. Sensibel reagierten die Staatsspitzen daher auf Journalisten, die zu einem Rundumschlag ausholten. Im k.u.k. Kriegsministerium ärgerte man sich im Juni 1913 über die »völlig aus der Luft gegriffenen Sensationsmeldungen« nach Bekanntwerden der »Spionageaffäre«. Ins Visier der Heeresadministration gerieten insbesondere ungarische Blätter. »Was sie sich im Augenblick leisteten«, übersteige »jedes Maß«, erklärten hohe Militärs. Selbst »ausgesprochene Regierungsorgane« hätten sich im Ton vergriffen. Als Beispiel herangezogen wurde ein Artikel der *Budapesti Hirlap*, in dem am 3. Juni Folgendes zu lesen stand: »Vor einigen Tagen schrieb jemand, dass die Türkei gestorben und begraben ist und jetzt Österreich-Ungarn im Krankenbett liegt.« Eine »angesehene englische Zeitung schreibt heute über uns, dass Österreich-Ungarn kein Staat, sondern nur eine Verwaltung ist. Alldies ist nur der Widerschein jener Skandale, welche sowohl das österreichische wie das ungarische Leben produzieren.«[762]

Konkret bezog sich der Verfasser dieser Zeilen nicht nur auf die vielen Spionage-Affären und speziell den »Verrat Redls«. Das Image der Armee hatte auch unter dem aufsehenerregenden Gerichtsprozess gegen Oberleutnant Adolf Hofrichter gelitten, der 1910 verurteilt wurde, weil er durch Giftmorde schneller die Karriereleiter hinaufsteigen wollte.[763] Gleichzeitig stürzte sich die Presse ebenso auf zivile Amtsträger mit wesentlich mehr Einfluss. Die *Budapesti Hirlap* hoffte zum Beispiel, dass der Monarch einen »huldvollen Empfang« des ungarischen Ministerpräsidenten László Lukács ablehnen werde. Andernfalls, hieß es, sei auch die Herrscherdynastie, wenn sie gegenwärtig »zur Tagesordnung« übergehe, für das »furchtbare Bild« mitverantwortlich, welches ein »in Auflösung« befindliches Habsburgerreich dem »Ausland biete«.[764] Die beträchtliche Erregung bezog sich konkret auf ein Tribunal, das zeitgleich in Budapest abgehalten wurde und Beweise für eine Korruptionsaffäre größten Ausmaßes zutage förderte. Eine »einzige Bank«, schrieb dazu *Danzer's Armee-Zeitung* am 5. Juni 1913, »hat über vier Millionen Kronen für ›Parteizwecke‹, das heißt also für Wahlbestechungen, der Regierung bezahlt«, um im Gegenzug »durch komplizierte Verträge« mit »staatlichen Zuwendungen« rechnen zu dürfen.[765]

Obwohl positiv vermerkt wurde, dass sich die ungarische Rechtsprechung durch das Verfahren eine nicht mehr erwartete »Unabhängigkeit« zurückerobert hatte und letztlich damit den Rücktritt von Lukács erzwang, zogen die meisten Kommentatoren ein eher bedrückendes Resümee. Schließlich, so die vorherrschende Ansicht, »habe solche Geldmanipulationen in Ungarn noch jede Partei, die ans Ruder kommen wollte, unternommen«. Die »verflossene Koalition war notorisch ebenso korrupt« wie die »heutige« Regierung, stellte *Danzer's Armee-Zeitung* fest, die gleichzeitig auf nicht minder »peinliche« Bestechungsfälle im Zusammenhang mit Grundstückstransaktionen des »Honvédministeriums«, also des ungarischen Verteidigungsministeriums, hinwies.[766]

Durch verschiedene Skandale innerhalb weniger Jahre, zu denen unter anderem noch die Enthüllungen im Zuge des »Agramer Hochverrats-« und des »Friedjung-Prozesses« gehörten, standen sowohl die Repräsentanten der beiden Reichshälften Österreich-Ungarns als auch die Vertreter der gemeinsamen, also der k.u.k. Agenden am Pranger. Nach den Angriffen gegen Außenminister Aehrenthal und seine Diplomaten begannen sich die Medien nun für Moritz Ritter von Auffenberg zu interessieren. Der k.u.k. Kriegsminister war nach relativ kurzer Zeit zurückgetreten; die näheren Umstände seiner Demission befassten die Reporter noch einige Wochen vor der Entlarvung Alfred Redls. Die von den Sozialdemokraten im Gefolge der Redl-Affäre eingebrachte Reichsratsinterpellation nahm darauf

Bezug. In der Anfrage vom 10. Juni 1913 fanden sich deshalb folgende Worte: »Dann«, nach den bisherigen »Bestechungsgeschichten«, »erfuhr man von unserem glorreichen Kriegsminister Auffenberg, der Gewehre und Patronen nach Bulgarien verkauft hat, von seinen schönen ›Freundinnen‹, die Provisionen bis zu 100.000 Kronen bei diesem ›Geschäfte‹ erhielten.«[767]

Die Anklagepunkte reichten schließlich aus, um noch während des Ersten Weltkrieges Untersuchungen gegen den mittlerweile »siegreichen Feldherrn« durchzuführen. Die Ermittlungsbehörden – unter ihnen Oberstleutnant-Auditor Jaroslav Kunz – sahen sich dabei mit etlichen Anfeindungen und Diffamierungen konfrontiert. Eine Gerichtsverhandlung endete mit dem Freispruch des Beschuldigten, der jedoch durch Intervention des Thronfolgers revidiert wurde. Ein danach eingeleitetes ehrenrätliches Verfahren kam zu einem anderen Schluss: Auffenberg stand in Verbindung mit »Börsenspekulanten« und verriet in diesem Zusammenhang »militärische und politische Geheimnisse«. Die Erhebungen ergaben, schrieb Jaroslav Kunz in seinen Erinnerungen, dass die weitergegebenen Informationen eine »wesentliche Schädigung der Armee-Interessen« bedeuteten, zumal unter anderem die »vorbereitete und später auch angeordnete Mobilisierung in Galizien vorzeitig« mitgeteilt worden war.[768]

Obwohl sich kein Beleg fand, dass Auffenberg in unmittelbarem Auftrag einer »feindlichen Macht« gehandelt hatte, entpuppte sich angesichts derartiger Nachforschungen neben den unzähligen »Spionen und Verrätern« sogar der k.u.k. Kriegsminister als Sicherheitsrisiko ersten Ranges für die Donaumonarchie.[769]

Trotz der Missstände und persönlichen Verfehlungen stellten die Enthüllungen und die damit verbundenen Debatten aber auch Korrektive dar, die – wie von einigen Journalisten bemerkt – auf die Arbeit durchaus »vertrauenswürdiger Justizorgane« zurückzuführen waren. In vielerlei Hinsicht bildeten gesetzliche Grundlagen, aber auch parlamentarische Anfragen und »neugierige Reporter« überhaupt erst die Voraussetzung, um die Schattenseiten des Staatswesens zu beleuchten. Als Signum der Epoche musste folglich weniger die scheinbar unbegrenzte »Sittenlosigkeit« oder der erregt konstatierte »Werteverfall« gelten. Vielmehr zeichnete sich das Entstehen einer »Öffentlichkeit« ab, die sich über den »Sumpf des Verbrechens« und ein »moralisches Königgrätz« erst jetzt informieren und urteilen konnte.

Widersprüche

Pressefreiheit, Grund- und Wahlrechtsreformen standen als Fundamente einer schrittweisen Liberalisierung und Demokratisierung während des 19. Jahrhunderts für neue Verantwortungs- und Wissenshorizonte und damit in gewisser Weise auch für den Abschied von der »Naivität«. Ein veränderter Kenntnisstand, der überdies nicht selten populistischen Zielen diente, trug gleichzeitig zu widersprüchlichen Wahrnehmungen bei, welche das Fin de Siècle um 1900 in hohem Maß prägten. Die Veränderungen versprachen einer wachsenden Bevölkerung Vorteile und Mitsprache. Massenparteien weckten Hoffnungen unter den »Deklassierten«, versprachen die Beseitigung von Missständen und rüsteten sich für die Übernahme von verantwortlichen Positionen.[770] Arbeiterbewegung, bürgerlich-bäuerliche und nationale Vereinigungen verbreiteten in ihren Reihen eine erwartungsfrohe Zuversicht, während für Außenstehende die Parteien speziell im Wiener Parlament ein Bild der Uneinigkeit boten. Nationale Krawalle erreichten im Verlauf von heftigen Auseinandersetzungen über Sprachenverordnungen ihren Höhepunkt.[771]

Außerdem begünstigte die Wirtschaftskrise der 1870er Jahre antiliberale Strömungen. Die Kollektive der »Volks-, Klassen- und Ständegemeinschaften« standen bald höher im Kurs als individuelle Rechte. Hinzu kam, unter anderem durch Wehrpflicht und politische Partizipation, eine stärkere Integration des Einzelnen in das Staatswesen. »Andere« und »Fremde«, die »nicht dazugehörten«, sahen sich noch mehr als bisher ausgegrenzt. In diesem Klima grassierte die Angst vor dem »Verrat im Inneren«. Ganze Bevölkerungsgruppen und Gesellschaftsschichten gerieten unter Verdacht, speziell in der Donaumonarchie, der lediglich ein schwacher Reichspatriotismus bescheinigt wurde. Zusätzlich angeheizt durch internationale Krisen und die permanente Kriegsgefahr, wuchs der Argwohn gegenüber vermeintlichen und tatsächlichen Gegnern.[772]

Nationalismus, Xenophobie und Standesdünkel profitierten davon, wobei insbesondere Juden als »vaterlandslose Gesellen« und »kosmopolitische Geschäftemacher« verunglimpft wurden. Ihnen vor allem lasteten vorwiegend konservative Kräfte den »Verlust der Traditionen« an. Das Phänomen eines gesteigerten »Judenhasses« war dabei keineswegs auf das Habsburgerreich beschränkt. Pogrome und bizarre »Ritualmordprozesse« im Zarenreich lieferten dafür ebenso einen Beweis wie der Fall des »jüdischen Hauptmannes Alfred Dreyfus« in Frankreich. Dass Dreyfus fälschlicherweise der Spionage für den Erzfeind Deutschland beschuldigt und nach einem unfairen Prozess zu Verbannung und Einzelhaft verurteilt wurde, spaltete die »Grande Nation« ab 1894 auf Jahre hin.[773]

Hinter der antisemitischen Hetze verbarg sich dabei nicht zuletzt der »Kulturkampf« zwischen kirchlich-aristokratischen Kreisen und den säkular-liberalen Republiksanhängern. Im Streit um den Einfluss der Religion ging indes der preußische Staat besonders vehement gegen die Katholiken vor, während die Allianz zwischen Krone und Episkopat in Österreich-Ungarn eine ähnliche Entwicklung weitgehend verhinderte.[774] Den weltanschaulichen Streit mit der Priesterschaft trugen hier vor allem sozialistische, liberale und teilweise völkische Gruppierungen aus. Zahlreiche Angehörige der Eliten und speziell der Aristokratie konnten sich hingegen ganz allgemein schwer mit der »neuen Zeit« anfreunden. Herausgefordert von mächtigen Protest- und Emanzipationsbewegungen, verbreiteten sie nicht selten über die Sorge um ihre Privilegien und das Prestige ihrer Reiche hinaus eine »grüblerische Melancholie«. In den Oberschichten setzte sich die Idee des Niedergangs fest. Europa befasste sich mit dem »Selbstmord«, dessen Zunahme Statistiken zu bestätigen schienen. Der Diskurs über den Suizid erfasste Wissenschaft und Kunst gleichermaßen. Schriftsteller beschäftigten sich mit der »Orientierungslosigkeit des Bürgertums«, gaben sich »elegischen Stimmungen« hin, waren vom »Tod fasziniert« und kokettierten mit dem »unglücklichen Genie«.[775]

Zugleich trachtete man durch Operettenidyllen und nostalgische Verklärungen der Vergangenheit einer »anstrengenden Gegenwart« zu entfliehen, die – den Gegensätzen der Umbruchsära entsprechend – einige »Avantgardisten« wiederum mit Aufbruchsstimmungen verknüpften. Unter ihnen blieb das proklamierte »Morgenrot einer besseren Zukunft« kein leeres Gerede. Gerade die »Wiener Moderne« vertraute etwa im Bereich der »Volksaufklärung« und der Wissenschaft auf den »Fortschritt«. Evolutions- und Klassenkampftheorien trugen dazu ebenso bei wie medizinische Erfolge, etwa im Bereich der Bakteriologie. Darüber hinaus revolutionierten Kraftmaschinentechnik, Chemie und Elektrizität die immer wichtigere industrielle Produktion, während in den Labors mit den Hauptsätzen der Thermodynamik sowie den Kenntnissen der Quanten- und Relativitätstheorie die seit Isaac Newton geltenden Grundannahmen der Physik zur Disposition standen.[776]

Diese Entwicklung leitete auch den Abschied von bisherigen Kausalitätsvorstellungen und der herkömmlichen menschlichen Wahrnehmung ein. Der traditionelle Realitätsbegriff verlor an Bedeutung – und mit ihm Konzeptionen eines einheitlichen »Individuums«. In Wien wurden solche Ansichten besonders früh und programmatisch proklamiert: Durch Sigmund Freud bröckelte die »Fassade« des willensstarken rationalen »Ichs«. Freuds Überzeugung nach befand es sich in einem steten Kampf mit den Bedürfnissen seines »Unbewussten« und den Vorgaben seines »Über-Ichs«. Der Mensch war so gesehen nicht mehr »Herr im eigenen Haus« – und letztlich ohnehin nur ein »Notbehelf zur vorläufigen Orientierung«, ein »Konstrukt«, hinter dem sich eine »Vielzahl nur zufällig miteinander verbundener Empfindungselemente« verberge, wie der Wissenschaftstheoretiker, Philosoph und Physiker Ernst Mach verkündigte.[777]

Die Attacken auf traditionelle Vorstellungen und Weltentwürfe blieben indes nicht nur »graue Theorie« einer Minderheit der Denker und Forscher. Der Alltag änderte sich radikal. Städte, die sich rasch in Metropolen mit mehr als einer Million Einwohner verwandelten, wurden zum Inbegriff der Neuerungen. Die kommunale Infrastruktur – die Boulevards, Wasserleitungen und Kanalsysteme, Elektrizitätswerke, Telegraphen und Telephone, Eisen-, Straßen- und Stadtbahnen – verkörperte die Modernisierung schlechthin.[778] Für ihre Kritiker offenbarten sich in den urbanen Zentren daher die »Krankheiten« der Zeit. Die Verlockungen einer gesteigerten Warenproduktion, die vielfachen Ablenkungen der »Massenkultur«, die Irritation der Beschleunigungseffekte sowie die Kampfansagen gegen Prüderie und Zwänge aller Art riefen Sittenwächter auf den Plan. Sie fürchteten speziell um das »Seelenheil« der Jugend im städtischen »Moloch« mit seinen »unzähligen Stimulanzien«. Erziehungs- und Selbstmorddebatten beherrschten die Tagespresse. »Trommelnde Finger, zappelnde Beine, zuckende Augen und Muskeln« wiesen warnende Stimmen als »Haltlosigkeit« eines »nervösen Zeitalters« aus.[779]

Nachdem bisher diesbezüglich vor allem Frauen als Opfer des »Kampfplatzes der Moderne« betrachtet worden waren, trat nun neben dem »hysterischen Weib« der »feinsinnige Mann« in Erscheinung. Speziell die der Oberschicht zugehörigen Verfechter des Patriarchats benutzten im Zuge dessen den auch auf Redl angewandten medizinischen Allerweltsbegriff »Neurasthenie«. Durch den damit verbundenen Hinweis auf ihr angeblich »sensibleres Gemüt« glaubten sie letztlich, ihr elitäres Selbstverständnis stärken zu können.[780]

Die Diskussion über Kurzatmigkeit, Tempoerhöhung und Traditionsverlust richtete sich unter solchen Umständen weniger gegen die Arbeitswelt, die Technisierung und Urbanisierung. Schließlich galten diese männlichen Domänen – auch um den Preis einer »psychischen Beeinträchtigung« – als sakrosankt. Abgrenzungen erfolgten vielmehr gegenüber einer als »feminin« empfundenen »Masse« sowie gegenüber den Frauen im Allgemeinen, deren Gleichberechtigung in vielen europäischen Ländern bereits lautstark eingefordert wurde. Wahlrechtskämpferinnen, Friedensaktivistinnen und Sozialkritikerinnen stellten die maskuline Hegemonie infrage. Die institutionalisierte Männlichkeit reagierte empfindsam: Misogyne Schriften fanden beträchtliche Aufmerksamkeit, Potenzmittel galten als lukratives Geschäft. Der Gedanke, »dass sich Männer wie Frauen penetrieren ließen«, erregte die Gemüter – und ebenso das Prinzip, die »Ehre« im Duell zu verteidigen.[781]

»Der ritterliche Zweikampf«

Für die sozialdemokratischen »Interpellanten«, die sich am 10. Juni 1913 gegen die »Schandtaten des Militarismus« wandten, ergab sich durch die »Geschichte von Oberst Redl« auch die Gelegenheit, den »privilegierten Säbelhelden« ihre »zweifelhaften Tugenden« vorzuhalten. Gemeint war in erster Linie die »höhere Ehre«, welche die »Herren Offiziere im Falle einer Beleidigung« mit der Waffe »schützten«. Auf diese Weise habe man »einen Kutscher« auf »offener Straße in Wien« aus »nichtigem Anlass« niedergestreckt. Der Täter sei »straflos geblieben«, ergänzten die Abgeordneten, um anzumerken: »Wehe dem Manne, der vor wenigen Wochen dem Oberst Redl nicht mit dem ›schuldigen Respekt‹ begegnet wäre.« Die »braven Staatsbürger wissen«, dass der »Generalstäbler« sofort »dreingeschlagen« hätte. Gleiches gelte für den ehemaligen Kriegsminister Auffenberg. Auch vor ihm habe sich jeder »zu beugen«, sonst »kommt er, mit dem Säbel seine ›Ehre‹ zu verteidigen«.[782]

Die Darstellung knüpfte an viele nichtige Anlässe an, bei denen »insultierte« Offiziere mit Gewalt auf die Gefährdung ihrer »Reputation« reagierten. Selbst Zivilisten taten es ihnen darin gleich, da die geltenden militärischen Gepflogenheiten mit ihren Konsequenzen für die in der Gesellschaft verankerten Männlichkeitsrituale oft keine friedliche Aussöhnung zuließen. Die Strenge und nicht selten geheuchelte Idealisierung einer als »ritterlich« empfundenen Gedankenwelt hatte Arthur Schnitzler in seinem »Leutnant Gustl« gebrandmarkt, einer Novelle, die in der Weihnachtsbeilage der *Neuen Freien Presse* im Dezember 1900 erstmals veröffentlicht worden war und einen Skandal ausgelöst hatte. Die Geschichte des »feigen« Offiziers, der sich mit den »Anwürfen« eines Bäckermeisters »herumschlagen« musste, empörte Armeekreise, die mit deutlichen antisemitischen Untertönen gerade jene »soldatische Logik« auf Schnitzler anwandten, die er anprangern wollte: Dem Schriftsteller, der selbst Reservist war, wurde absurderweise in einem »ehrenrätlichen Verfahren« der Offiziersrang aberkannt.[783]

Der Epoche entsprechend, hatten sich in der Zwischenzeit aber auch die Kritiker des vermeintlich »tugendhaften Zweikampfes« formiert. Eine »Anti-Duell-Liga« entstand in Wien 1902. Sie nahm sich nun immer öfter jener Personen an, die zum »Waffengang« herausgefordert wurden.[784] Das k.k. Landesverteidigungsministerium beschwerte sich im Gegenzug über die »Verfallserscheinungen« im Umgang mit dem »Ehrenkodex«, bevor Kaiser Karl 1917 das Duellverbot aussprach.[785]

Bis dahin aber beleuchtete eine kontroversielle Debatte alle möglichen Formen und »Abarten« geltender Moralvorstellungen mit ihrer bisweilen offen zum Ausdruck gebrachten Lebensverachtung. In diesem Sinn geisterte auch das »sogenannte amerikanische Duell« durch die Presseberichte, eine dem »russischen Roulette« ähnelnde Suizidhandlung, die außerdem bei Juristen beträchtliches Aufsehen hervorrief. Für sie drängte sich nämlich die Frage auf, ob dabei eine Selbsttötung erpresst wurde. Die Diskussion über die Notwendigkeit, eine derartige »Nötigung« als neues Rechtsdelikt einzustufen, endete jedoch mit dem Hinweis auf die geringe Zahl der Fälle.[786]

Trotzdem stellten Zeitungen diesbezüglich immer wieder »Spekulationen« an, zum Beispiel im Zusammenhang mit dem Ableben eines 25-jährigen Privatbeamten in Wien-Favoriten. Der Mann »brachte«, notierte die *Illustrierte Kronen-Zeitung* Anfang Jänner 1914, »zwei geheimnisvolle Begleiter mit nach Hause«, die schließlich vor dem Gebäude »auf die Ausführung« des »Freitodes« warteten. Diese Schilderung beruhte auf Aussagen der Anrainer und erinnerte unverkennbar an verschiedene im Umlauf befindliche Versionen der »Selbstentleibung« Alfred Redls Ende Mai des Vorjahres. Bei genauerer Prüfung stellte sich jedoch heraus, dass der Todesfall auf eine Eifersuchtsaffäre zurückzuführen war und die beobachteten »Beglei-

(15) **Französische Karikatur über die Bekämpfung der Homosexualität in der deutschen Armee aus dem Jahr 1907**

ter« weder mit einer »Nötigung« noch mit einem »Zweikampf« in Verbindung gebracht werden konnten.[787]

Im Gedächtnis der Menschen blieben offensichtlich sowohl das »freiwillige« Ende des »verräterischen Meisterspions« als auch die ständigen Hinweise auf das weitverbreitete »Duellunwesen«. Letzteres erfasste immerhin ganz Europa, wobei nicht selten Prominente im Rahmen von spektakulären, medial ausgeschlachteten Affären »Genugtuung« forderten. Der zweimalige Premierminister Frankreichs, George Clemenceau, ging siebenmal mit Pistolen und fünfmal mit Säbeln auf seine Gegner los. Unter anderen magyarische und russische Politiker taten es dem »Tiger«, wie Clemenceau genannt wurde, gleich. Selbst pazifistisch gesonnene Sozialisten wie Jean Jaurès griffen zur Waffe, um ihren »guten Namen zu verteidigen«. Ein geringfügiger Streit, hielt weiters eine Kulturzeitschrift fest, habe zwei »Vertreter der jungen Literaturszene« in Budapest veranlasst, sich mit der Waffe »Satisfaktion« zu verschaffen. Die beiden Schriftsteller waren bei Weitem nicht die einzigen Künstler, die sich dem »archaischen Ritual der Ehrenrettung« unterzogen. Marcel Proust etwa war stolz, einen Kritiker gefordert zu haben, der öffentlich auf seine Homosexualität angespielt hatte.[788]

»Männerliebe«

Wenn auch das Mittel zu seiner »Ehrenrettung« gegen Ende des 19. Jahrhunderts schon durchaus umstritten war, so hatte Proust doch gute Gründe, um seinen Ruf zu fürchten. Schließlich reichte eine anonyme Aussage oft aus, um Menschen mit »gleichgeschlechtlichen Neigungen« sozial zu ruinieren oder ins Gefängnis zu bringen. Überall galten die »Betroffenen« und »Beschuldigten« als Verbrecher, wobei das österreichische Strafgesetz »widernatürliche« Sexualakte sowohl bei Frauen als auch bei Männern bis 1971 sanktionierte. Lediglich auf Letztere bezog sich hingegen etwa in Deutschland der entsprechende Paragraph. Die der »Unzucht mit Tieren« gleichgesetzte Homosexualität wurde von der k.k. Justiz zudem mit einem strengeren Strafrahmen von einem bis zu fünf Jahren Kerker geahndet.[789]

Konsequenz der Kriminalisierung war der Zwang zum »Leben im Verborgenen«. Im Wien des Fin de Siècle trafen sich die Ausgegrenzten daher in »einschlägigen« Cafés, etwa im »Scheidl« an der Kärntner Straße oder im »Clubzimmer« des »Café Museum«, während Angehörige weniger bemittelter Schichten zum Beispiel das »Reisnerstüberl« im dritten Bezirk aufsuchten. Des Weiteren gab es »Szenetreffs«, Varietébetriebe, in denen Damenimitatoren auftraten, sozial gestaffelte Badeanstalten, Parks, Lokalitäten am Spittelberg und die »Vergnügungsorte« des Wiener Praters. Um diese, hauptsächlich von Männern frequentierte Subkultur bildete sich ein zweifelhaftes Milieu, eine Stricherszene, die von der Gesetzeslage doppelt profitieren wollte. »Verkommene Burschen und Soldaten«, hieß es in Berichten, würden von »elegant gekleideten Herren aller Altersklassen« aufgesucht. Es komme zu »unglaublichen und schamlosesten Schweinereien«. Die »Puppenjungen«, die selbst nicht unbedingt homosexuell waren, kalkulierten die Angst der »Kunden« vor »gesellschaftlicher Acht und Verdammung« mit ein und zögerten nicht, ihre »Liebhaber« immer wieder zu »brandschatzen«.[790]

Das Titelblatt des *Prager Tagblatts* vom 30. Mai 1913 bezeichnete unter solchen Bedingungen den Selbstmord von Alfred Redl auch als »Tragödie« eines »Homosexuellen«. Unter anderem brachten die Redakteure ihren Lesern dabei folgende Ansichten zur Kenntnis: In »einem modernen Staat müsste es jedem Einzelnen überlassen sein, auf welche Art er sexuell lebt. Aber unser Gesetz […] hat das Verbrechen gezeugt, in dem es diesem Unglücklichen erst Erpresser und dann Erpresser und Spione auf den Hals hetzte. Er war von einer Schlinge gefangen, der er niemals entrinnen konnte und die schließlich auch die Kraft eines moralischen Genies hätte brechen müssen.«[791] Sogar *Danzer's Armee-Zeitung* gestand Redl aus diesem Blickwinkel einen gewissen »Opferstatus« zu. Den Verräter, konstatierte die Zeitung, konnten »widerliche Erpresserpraktiken jede Stunde anprangern«, eine ausweglose Situation, weil die »Bedauernswerten« für »gewöhnlich nicht normal zu machen sind«.[792]

Die Presse deutete damit eine wissenschaftliche Debatte an, die sich seit mehreren Dekaden mit der Thematik befasste und gerade in Wien, dem damaligen »Mekka der internationalen Medizin«, zu vielbeachteten Studien über die Homosexualität führte. Der 1869 geprägte Begriff erschien in diesem Zusammenhang meist als »souveräne, allerdings krankhafte Laune der Natur«. Dem daran »Leidenden«, für den unter anderem die Termini »Urning«, »Uranier«, »Tibade« und »Konträrsexueller« Verwendung fanden, attestierte der Psychiater Richard von Krafft-Ebing »vererbte, funktionelle Degenerationszeichen«, beispielsweise »Abweichungen des Gehirns«. Obwohl Krafft-Ebing in späteren Wortmeldungen »gleichgeschlechtliche Begierden« keineswegs ausschließlich auf eine »Entartung« zurückführen wollte, trug er damit zur biologischen Stigmatisierung der »Urninge« bei. Derartige Ansichten verleiteten wiederum einen anderen Fachmann in der k.k. Residenzstadt, Professor Eugen Steinach, zur Theorie, homosexuelle Neigungen durch »Hodentransplantationen behandeln zu können«.[793]

Spätestens an diesem Punkt setzte allerdings die Kritik von Sigmund Freud ein. Freud und seine Anhänger bevorzugten psychologische Erklärungsmuster gegenüber anatomischen, befassten sich mit einer ursprünglichen Bisexualität sowohl hetero- als auch homosexueller Menschen und konzentrierten sich vornehmlich auf sexuelle Orientierungsphasen in der Kindheit. Gerade dabei könne es aber zu »Obsessionen«, Herrschsucht, Feigheit oder zur »Flucht vor dem Weib« kommen. Die Psychoanalyse tendierte daher dazu, gleichgeschlechtliches Begehren als Neurose, Perversion oder »Abweichung von der Norm« zu beschreiben.[794]

Ungeachtet dessen stellte Freud fest, dass die Homosexualität weder, wie von manchen Experten behauptet, »ein drittes Geschlecht« sei noch überhaupt irgendeine »Besonderheit«, für die »man sich schämen« müsse. Seine liberale Überzeugung ließ ihn zudem entschieden gegen die unter anderem nach der »Entlarvung Redls« geäußerte Meinung Stellung beziehen, das häufige Auftreten der »Urninge« sei ein Begleitphänomen des »staatlichen Verfalls«. Ebenso unsinnig erschien unter diesen Gesichtspunkten die Fortsetzung der Strafverfolgung, ein Standpunkt, der ganz unterschiedliche Fachleute des beginnenden 20. Jahrhunderts vereinte. Richard von Krafft-Ebing kam zu einer solchen Schlussfolgerung ebenso wie der vehementeste Verfechter einer Entkriminalisierung, der Arzt und Sexualforscher Magnus Hirschfeld.[795]

Seine Überzeugungen gewannen an Einfluss durch die Ereignisse zwischen 1895 und 1902, durch die Prozesse gegen Oscar Wilde und Friedrich Alfred Krupp. Wildes Auftreten und das drakonische Urteil gegen ihn, aber auch der Selbstmord Krupps angesichts inkriminierender Artikel und drohender strafrechtlicher Verfolgung ließen viele an der herrschenden Gesetzeslage zweifeln. Die öffentliche Meinung änderte sich allerdings 1906 bis 1908 grundlegend, als die »Aufdeckung« eines »homosexuellen Männerkreises« im Umfeld des deutschen Kaisers zu Spekulationen über mögliche »Konspirationen« gegen die Aufrüstung des Hohenzollernreiches führte.[796]

Debatten über die Homosexualität berührten damit die Sphären der »hohen Politik« und begünstigten angesichts der Krisen und Kriegsgefahr Verschwörungstheorien. Analog zu den Geschehnissen in »Preußen« figurierte Alfred Redl in den Kommentaren des französischen Militärattachés Hallier bereits als Günstling eines mächtigen »Schwulenringes«. Nur »so habe er hohe Posten in Prag und Wien bekleiden können«, schrieb Hallier, um dann die Vermutung auszusprechen: »Wenn der Erzherzog Ludwig Viktor, der Bruder des Kaisers, der infolge des Widerhalls auf seine skandalöse Lebensweise aus Wien verbannt worden war, die Vorkehrungen und Diskretionen beachtet hätte, denen sich die Eingeweihten für gewöhnlich bedienen, hätte er seinen Platz in der Hauptstadt bewahrt – und Redl wäre leicht Minister geworden.«[797]

Die unbewiesene Verbindung zwischen dem ehemaligen Evidenzbüromitarbeiter und einem Angehörigen der Herrscherdynastie, den andere Aristokraten der Donaumonarchie wegen seiner »schamlos-perversen« Hinwendung zum »homosexuellen Massenkonsum« verteufelten[798], bewegte speziell Offiziere und ihnen nahestehende Kreise dazu, einen klaren Trennstrich zu ziehen. »Ob man nun in

Homosexuellen Verbrecher oder Kranke sieht, in jedem Fall gehören sie nicht in die Armee«, urteilte *Die Zeit* am 6. Juni 1913. Am Vortag bemerkte dazu *Danzer's Armee-Zeitung*: »Der Chef des Konfidentenwesens war ein Entarteter in seinem Liebesleben. Man munkelte, man wusste es. Und dieser Kranke [...] wurde zum Generalstabschef eines Korps ernannt.« Eine »humane Psychiatrie, die das Unentrinnbare des Trieblebens anerkennt, lässt die Urninge straflos im Dunkel ihrer Konventikel, so lange sie nicht gemeingefährlich werden. Keineswegs aber ist es Brauch, einen Unmann auf bevorzugten, militärischen Posten zu stellen, auf einen Platz, der im grellsten Licht des militärischen Tages liegt.«[799]

Gewünschte Erklärungen

Obwohl die »widernatürliche Unzucht« noch lange strafbar blieb und gerade das »Katastrophenzeitalter« der Weltkriege und totalitären Gewaltregime eine Enttabuisierung des Themas unmöglich machte, hatte die Epoche um 1900 einen bemerkenswerten Trend offengelegt. Bisher geltende Moralvorstellungen waren herausgefordert, aber keineswegs überwunden worden. Der »moderne Staat« als »institutionalisierte Vernunft« musste Lösungen finden für gesellschaftlich nicht oder noch nicht akzeptierte »Abweichungen«. Schon manche Aufklärer des 18. Jahrhunderts hatten solcherart versucht, schwer »Integrierbares« als »krankhaft« darzustellen. Was sich in den Diskussionen über die Homosexualität seit einigen Dekaden andeutete, fasste in anderen Bereichen seit Längerem Fuß: Das »Delikt« der »Selbsttötung« etwa verschwand – von einigen spezifischen Umständen abgesehen – bis zur Mitte des 19. Jahrhunderts aus den meisten Strafgesetzbüchern.[800]

Die Kirche kritisierte diese Entscheidungen zwar als Ausformung des säkular-liberalen Zeitgeistes, vermochte jedoch ihre Vorbehalte nur noch innerhalb ihres zurückgedrängten Zuständigkeitsbereiches, im kanonischen Recht und insbesondere bei den Bestattungsriten, aufrecht zu erhalten. Ansonsten überwog die Neigung zur Pathologisierung. In immer mehr ärztlichen und sanitätspolizeilichen

Befunden war bei jenen, die Hand an sich gelegt hatten, von »unfreien Willensstörungen«, »Unzurechnungsfähigkeit« oder »Irrsinn« die Rede. Das Episkopat wollte diese Ursachenbeschreibung prinzipiell nur in Ausnahmefällen gelten lassen, erkannte aber schließlich bei mehreren Gelegenheiten den gesellschaftlichen Nutzen der medizinischen Untersuchungsergebnisse. Die »Gefahr des Unverständlichen« schien mit dem Argument der »Krankhaftigkeit« für die öffentliche Verwaltung und die nach wie vor gesellschaftsprägende Religiosität gleichermaßen gebannt. Einer »tief katholischen Majestät«, wie es im Zusammenhang mit Kaiser Franz Joseph hieß, hätte man den Selbstmord seines Sohnes gar nicht anders beschreiben dürfen. Die verlautbarte »Geistesverwirrung« des Thronfolgers nahm zudem einigen klerikalen Protesten gegen eine reguläre kirchliche Totenfeier den Wind aus den Segeln, während breiten Bevölkerungskreisen damit gleichzeitig verständlich gemacht werden sollte, warum ausgerechnet der über »alle Privilegien« verfügende Kronprinz Rudolf aus dem Leben scheiden wollte.[801]

Das Argument der mangelnden Zurechnungsfähigkeit erhielt vor allem dann den Charakter einer »Staatsnotwendigkeit«, wenn »erschütternde Taten« die Grundlagen des Gemeinwesens infrage zu stellen drohten. Die »Tragödie von Mayerling« und das sicherheitspolitische Desaster des »Redl-Verrats« waren sich darin ähnlich. Mit dem Suizid und seiner »Abnormität« boten sich umgehend Erklärungen an, ohne auf komplizierte Fragen und noch unangenehmere Antworten gefasst sein zu müssen. In diesem Sinne entsprach es einem durchaus epochenspezifischen Verhalten, sich an der Leiche des ehemaligen Nachrichtendienstoffiziers zu schaffen zu machen. Die in vielen Zeitungsberichten kolportierte Abnormalität des homosexuellen »Meisterspions« sowie die ebenso oft entrüstet festgestellte Unbegreiflichkeit seiner »Vergehen« passte zum Sektionsbefund der Ärzte, die etwa eine auffallende Veränderung seines Gehirns festgestellt haben wollten.[802]

Der tote »Unredl« schien allen Erklärungsmustern seines Zeitalters zu dienen. Ein erboster Thronfolger Franz Ferdinand konnte seine katholische Entrüstung zum Ausdruck bringen, um dem Generalstab die Leviten zu lesen. Die christlichsoziale *Reichspost* fühlte sich gedrängt, den entlarvten Verräter als »Opfer der verdorbenen iberalen Weltanschauung« darzustellen. Durch die »modernen Ideen« sei er vom »Weg der Rechtstaatlichkeit abgebracht worden«, hieß es weiter, während zeitgleich das *Berliner Tageblatt* den »Frömmler Redl« präsentierte, der – wie andere Stabsoffiziere – »ostentativ jeden Sonntag mit dem Gebetsbuche in die Messe ging«.[803]

Vieles roch nach Inszenierung und gekünstelter Empörung. Mit den Fakten nahm man es nicht mehr so genau, wenn der »überführte Missetäter« als Beispiel für den Nationalitätenkonflikt im habsburgischen Vielvölkerreich herhalten musste. Ein weitgehend von Deutschsprachigen gebildetes Offizierskorps mochte mit Genugtuung aus der Presse von Redls slawischer Abstammung erfahren haben. »Entgegen den vielfach aufgetauchten Meldungen, dass Redl Deutscher« sei, »erfuhr« das *Neue Wiener Journal*, dass der »Sohn eines Eisenbahnbeamten in Lemberg« nie »verleugnet habe«, zu den »Polen zu gehören«. Deren Oberschicht dominierte das Kronland Galizien und hatte einen beträchtlichen Einfluss auf die wichtigsten Entscheidungen in »Cisleithanien«. Hier agierten die Zeitungen daher vorsichtiger, indem sie sich etwa bemühten festzuhalten, dass jene polnischen Eliten, die mit Redl bekannt waren, »natürlich keine Ahnung« von dessen »verbrecherischer Tätigkeit« hatten.[804]

Ganz anders argumentierten hingegen ungarische Journalisten. Für sie stand außer Zweifel, dass die »Untaten« des früheren Nachrichtendienstoffiziers in erster Linie »die Slawen treffe«, im Gegensatz zum »verlässlichen Ungarntum«.[805] In der Folge präzisierten mehrere Kommentatoren die Andeutungen, indem sie Alfred Redl als »Ruthenen« auswiesen, das heißt als österreichisch-ungarischen Staatsbürger ukrainischer Nationalität.[806] Letztere kämpften in Galizien erbittert gegen ihre polnischen Erzfeinde, wobei die regelmäßigen Spionageberichte und die Diskussionen über Einflüsse aus dem Zarenreich den Streit zusätzlich verschärften. Was als Kampf um Einflüsse im Bildungswesen, in der Verwaltung und in den politischen Repräsentationskörperschaften begann, trieb durch Verfolgungen von »Russophilen« und vereinzelte Attentate der Eskalation zu. Verständigungsversuche kamen zu spät, um einen Gegentrend einzuleiten. Schuld daran war hauptsächlich der Ausbruch des Ersten Weltkrieges, in dem es zu Geiselnahmen, systematischen Dörferzerstörungen, massenhaften Deportationen und Hinrichtungen kam. Die Gewalt war Resultat einer Verknotung traditioneller Waffengänge zwischen den alten Imperien und der »neuen Qualität« einer »ethnischen Säuberung«. Für manchen ruthenischen Parlamentsabgeordneten reichten die Maßnahmen gegen ihre Landsleute an einen Genozid heran – und tatsächlich erweckte die zivile und militärische Führung der Donaumonarchie bisweilen den Eindruck, als betrachte sie nahezu alle Ukrainer im eigenen Land als russische Kollaborateure. Die »Falken« im k.u.k. Generalstab entschieden sich jedenfalls für eine »strenge Vorgehensweise« – nicht selten aufgrund von Angaben der lokalen Behörden. Die Entwicklungen erwiesen sich als Fortsetzung der Rivalitäten in der Friedenszeit mit den ungleich brutaleren Mitteln der militärischen Kriegsjustiz.[807]

Rückblickend betrachtet, hatte die Debatte um Alfred Redl also 1913 die Hauptakteure der Übergriffe und Justifizierungen in den Jahren 1914 und 1915 benannt: 1917 klagten die Ruthenen im Wiener Reichsrat neben den Polen als »Übeltäter« im Rahmen der galizischen Landesadministration vor allem die Deutschen und Magyaren in den Reihen der Habsburgerarmee als »Henker« an.[808]

Redl schien alle Streitparteien in einer Person zu vereinen[809], und es überrascht nicht, dass die Zuschreibungslust der verschiedenen Presseorgane und weltanschaulichen Kräfte schließlich auch den anwachsenden Antisemitismus ins Spiel brachte. Als Ansatzpunkt für entsprechend stigmatisierende Gerüchte bot sich dabei die Mutter des »Hochverräters« an, deren Mädchenname angeblich Sternberg gewesen sein soll. Während die christlichsoziale *Reichspost* mit unverkennbar antijüdischen Untertönen aus »Frau Redl« regelrecht triumphierend nun eine »Israelitin« machte, gaben andere Blätter an, dass die Betreffende lediglich aus einem Ort namens Sternberg stammte. Rassistische Stimmen ließen sich freilich nicht davon abhalten, den »Verräter« mit »mosaischen Wurzeln« auszustatten. Es verwundert keineswegs, dass auch die »völkisch«-radikale *Ostdeutsche Rundschau* Redl als »Judenstämmling« zumindest in »dritter Generation« präsentierte.[810]

Das innerösterreichische Gemunkel zeigte bald auch »Außenwirkung«. K.u.k. Diplomaten führten in Rom Gespräche mit »Kirchenfürsten«, die sich im Besitz von »Beweisen« für die jüdische Herkunft des »Vaterlandsverräters« wähnten. Hohe Repräsentanten des Vatikans warnten vor den »kosmopolitisch« gesinnten »Elementen«, den »nicht vertrauenswürdigen Israeliten und Freimaurern«, die, wie hinzugefügt wurde, für jeden Staat eine große Gefahr darstellten.[811] Nirgendwo griff man solche Äußerungen indes bereitwilliger auf als im Zarenreich. Ein bezeichnendes Bild von der Bedeutung dortiger antisemitischer Strömungen bot die russische Presse. Nach Ansicht der wirkmächtigen *Novoe Vremja* musste man nicht erst lange um den »heißen Brei« reden. Sie stellte am 13. Juni 1913 fest: »Redl ist Jude.« Von diesen gebe es »in der österreichisch-ungarischen Armee sehr viele«. Und auch sonst sei in der Donaumonarchie »ihr Einfluss so gross, dass keine einzige Zeitung« die »Wahrheit auszusprechen wage«.[812]

Mythenbildung

Gleich zwei Feindbilder wurden schließlich verknüpft, als Zeitzeugen noch in den 1960er Jahren Egon Erwin Kisch einerseits seinen Sozialismus und andererseits sein Judentum vorwarfen. Als einer der Führer der Wiener »Roten Garden« 1918/19 konnte der »rasende Reporter« nach ihrem Dafürhalten gar nicht als Kronzeuge in der Redl-Affäre auftreten. Schließlich, so die Ansicht eines ehemaligen k.u.k. Offiziers 1964, habe Kisch nicht »im vaterländischen Geist« geschrieben. Vielmehr sei er von »einem so destruktiven Element, wie es der im geistigen Sold Moskaus stehende, von Prag nach Wien kommende, linksextreme jüdische Journalist […] eben war«.[813]

Halbwahrheiten und Lügen lagen bereit, um von einer in den Dekaden davor ideologisierten und gewaltbereiten Umwelt aufgenommen und »verwertet« zu werden. Fast erwartungsgemäß hatte der Skandal vom Mai 1913 der nationalsozialistischen Propaganda gedient: Im antisemitischen Hetzblatt *Der Stürmer* griff man 1938, nach dem Anschluss Österreichs an das »Dritte Reich«, Prager Pressemeldungen auf, denen zufolge Alfred Redl vor »seinem Übertritt zum Katholizismus« Redlich geheißen habe und folglich »Jude sein müsse«. Selbst als die Nachbetrachtungen zu zwei Weltkriegen und den Ursachen des »Holocausts« zögerlich genug ein Umdenken einleiteten, hielten sich dubiose Gerüchte. Feindbilder wurden nun allmählich hinterfragt, aber bei John Osbornes Stück *A Patriot for Me* ging es so sehr um die Frage multipler Identitäten, dass sein Oberst Redl nicht bloß durch seine Homosexualität, sondern auch gleich wieder durch sein angebliches »Judentum« die Feindseligkeit seiner Zeitgenossen hervorrief.[814]

Der Stoff entwickelte Eigendynamik. Jene, die ihn bearbeiteten, kümmerten sich für gewöhnlich kaum um historische Genauigkeit. Das galt ebenfalls für die Schilderung der Frauengestalten im Umfeld des »Meisterspions«. Mehrere Zeitungen hatten – wie schon im ersten Teil dieses Buches genauer ausgeführt – von geheimnisvollen Russinnen gesprochen, die mit einem Generalstabsobersten nächtliche Treffen abgehalten hätten.[815] Man sei, hieß es im *Neuen Wiener Journal* vom 31. Mai 1913, diesen Meldungen nachgegangen und soll im Zuge dessen »auf eine ganz eigenartige, romantische Geschichte gekommen sein. Danach stünde eine junge Frau im Spiel, eine gebürtige Russin, welche seit längerer Zeit in Österreich verheiratet war. Vor etwa sechs Jahren ließ sich ihr Gatte von ihr scheiden. Damals schon soll sie zu Redl in Beziehung getreten sein. Diese Frau spielt – scheint es – in der Spionageaffäre eine nicht unbedeutende Rolle.«[816] Bald brachte es die geheimnisvolle Dame in verschiedenen Veröffentlichungen zu beträchtlicher Prominenz. Emil Seeliger und Hans Otto Löwenstein sprachen um 1920 in ihrer »nach Original-Akten« verfassten »Redl-Schrift« von einem »bezaubernden« Wesen

»aus der Fremde«, das danach als »Tragödin« Triumphe gefeiert habe. Diese »entzückend schöne Frau« sei die »Künstlerin Sonja Tatischefska-Uraskow« gewesen, ein »weiblicher Dämon«, der »den ganz jungen Kadetten Redl in der Gestalt einer knospenden Mädchenblume berückt und dann später den Generalstäbler Redl willenlos gemacht« habe, »sodaß dieser sogar den geheimen Aufmarschplan Jahr um Jahr den Russen« auslieferte.[817] Die Männerängste schürende »Russin Sonja« ließ sich in der Folge aus den Agenten-Büchern nicht mehr wegdenken. Noch in Peter Gromas Roman *Spionage in Wien* waren es die *Razvedka*-Offiziere, die mit »Sonja« eine der »befähigtesten« russischen Agentinnen »herbeiriefen«. Als Sonja von Üsküb, deren »eigentlicher Name Sonja Gwosdjowa lautete«, umgarnte sie den wichtigen Evidenzbürooffizier allerdings vergeblich. Wutschnaubend zog sie bei Groma wieder ab. Eine Frau, heißt es weiter, könne man nämlich »nicht schlimmer beleidigen, als wenn man ihre Liebe verschmäht, auch wenn es nur fleischliche Liebe ist«. Bald fanden die Männer um den Warschauer *Razvedka*-Chef Nikolaj Batjušin allerdings heraus, warum sich das »Zielobjekt« wie ein »Eisklotz« verhalten hatte. Den k.u.k. Generalstäbler belauernd, erkannten sie bald, dass es sich bei dessen »Privatkontakten« nicht um »Mädchen«, sondern um »jungenhafte Leutnants« handelte.[818]

Nach dieser, 1955 publizierten Version arbeiteten die Russen mit allen Mitteln, um Redl erpressen und an Staatsgeheimnisse der Donaumonarchie herankommen zu können. Die vor dem Hintergrund des Zweiten Weltkrieges, des beginnenden Kalten Krieges und der Besatzungszeit ab 1945 übel beleumundeten »Feinde aus dem Osten« traten in westdeutschen und österreichischen Schilderungen solcherart als Hauptverantwortliche für besonders »schmutzige Geheimdienstpraktiken« in Erscheinung. Der »Warschauer Spionagezentrale« wurde daher entsprechende Aufmerksamkeit geschenkt. »Oberst Batjuschin« selbst verhandelte bei »Wodka und sentimentalen Liedern« mit dem »Brüderchen« aus Österreich, von dem er immer brisantere militärische Informationen bekommen wollte.[819]

Abgesehen von derartigen Darstellungen hielten sich zahlreiche Arbeiten zur Causa übrigens an die Ausführungen von Egon Erwin Kisch in seinem 1924 publizierten Buch *Der Fall des Generalstabschefs Redl*. Sachbücher und Romane, wie Heinz Rieders Roman *Oberst Redl. Tödliche Spiele* aus dem Jahr 1985, wiesen darauf explizit hin.[820] Viele Veröffentlichungen schwankten nun zwischen Fiktion und »Dokumentation«. S. E. Kelly betonte in seinem 1945 erschienenen Roman *Der Meisterspion*, dass er Geheimakten aus dem Kriegsarchiv in Wien verwendet habe und »das Werk« daher »dokumentarischen Wert gewinne«.[821]

Das Bemühen, die eigenen Schriften durch historische Quellen aufzuwerten, ging dann bei Robert Asprey besonders weit. Als US-Geheimdienstmann in Österreich nach 1945 hatte er sich für den Skandal des Jahres 1913 immer mehr zu interessieren begonnen, angloamerikanische Materialien ausgewertet, schließlich in der Alpenrepublik mit Zeitzeugen gesprochen und sogar Akten der Wiener Archive gründlicher studiert. Allerdings war die Niederschrift seiner Erkenntnisse und Untersuchungsresultate mit einigen Schwierigkeiten verbunden, wie Asprey selbst in einem Nachwort eingesteht. Der Roman, der 1959 unter dem Titel *The Panther's Feast* erschien, musste »mit Leben erfüllt« werden, ein Vorhaben, das sich nach Ansicht des Verfassers durch Recherchen alleine kaum bewerkstelligen ließ. Der Autor, der zwar ein Quellen- und Literaturverzeichnis im Anhang präsentierte, auf Fußnoten als Beleg für bestimmte Aussagen im Text aber verzichtete, orientierte sich daher an »künstlerischen Überlegungen«, führte Namensänderungen durch und ließ fiktive Gespräche in die Erzählung einfließen.[822]

Dennoch wurde das Wissen von Robert Asprey durchaus geschätzt. Der britische Rezensent Ian Armour bemerkte zwar, dass der »amerikanische Schriftsteller« eine »semifiktionale« Darstellung abgeliefert und ohne russische Dokumente nur die »halbe Geschichte« erzählt, Redls Karriere jedoch durchaus gewissenhaft rekonstruiert habe. Einigermaßen hart ging Armour bei dieser Gelegenheit aber mit Georg Markus ins Gericht. Dessen 1984 vorgelegtem Redl-Sachbuch fehle es nicht nur an exakten Quellenangaben; auch sei es versäumt worden, auf Aspreys »Pionierarbeit im Kriegsarchiv« angemessen hinzuweisen. Der »recherchierte Dokumentarbericht« von Markus missfiel Ian Armour aber noch aus anderen Gründen. Die angekündigten Quellen aus Russland entpuppten sich im Wesentlichen nämlich als sowjetische Veröffentlichungen, in denen man genaue Zitate und »Beschreibungen« vergeblich sucht.[823] Dennoch begrüßte Armour in seiner Buchkritik aus dem Jahr 1987 die Neuerscheinung. Georg Markus, ergänzte er, sei es immerhin unter anderem zu danken, zugängliche Materialien zusammengefasst und Ungenauigkeiten in den Darlegungen von Egon Erwin Kisch aufgezeigt zu haben.[824]

Kisch selbst allerdings war an einer exakteren Untersuchung nach seinen Ausführungen aus dem Jahre 1924 gar nicht mehr interessiert gewesen. Ihn drängte es zum Theater. Ein 1926 entstandenes Stück mit dem Titel *Die Hetzjagd* sollte als »Tragikomödie des k.u.k. Generalstabs in fünf Akten« zur Aufführung gelangen.[825] Die Handlung konzentrierte sich auf den »Abend des 24. Mai 1913« und musste nun, wie etwa auch bei Asprey, »ausgeschmückt werden«. Immer mehr belletristische Werke bauten um das hauptsächlich von Kisch stammende »Grundgerüst« des Stoffes Szenen mit ausladenden Detailschilderungen. Erfundene Nebendarsteller und historische Figuren, die in den Quellen des Jahres 1913 beiläufig Erwähnung fanden, hatten nun ihre großen Auftritte. Die Autoren entwarfen das Panorama einer Epoche und ließen scheinbar nichts aus. Subalternbeamte kochten und aßen genüsslich ihr Gulasch, brauchten mehrere Seiten, um von einem Ort zum anderen zu gelangen und drangen in mit allen Details geschilderte Milieus vor. Auch für den längst meilenweit vom Redl-Fall entfernten Originalton aristokratischer Erziehung oder das, was die Verfasser dafür hielten, musste Zeit sein. »Tuckeli, Schnuckeli, du mein Täubchen! Was haben sie dem Kind wieder getan! Aber bei der Mami passiert dem Rösilein nichts mehr! Ei, ei, ei!«, tönte es da aus dem Mund eines Barons, während dem Leser bald eröffnet wurde, dass das »Ross« des »Fiakers Stanislaus«

(16) **Der Fall Redl war Mitte der 1950er Jahre erneut ein beliebtes Thema bei Buchautoren und Filmemachern.**

die »Stute Kiki« war, »vormals Trompeterpferd bei den sechsten Dragonern«.[826]

Um die Affäre Redl nicht einfach aufzublasen und mit mehr oder minder Belanglosem auszustatten, ging der ungarische Autor Péter Dobai in seinem 1991 ins Deutsche übersetzten »Roman über die Donaumonarchie« einen anderen Weg. Seine Rekonstruktion einer Ära verabschiedete sich in nahezu allen Belangen von den bekannten Präsentationen des »Spionagefalls«. Inmitten eines dem »Untergang geweihten Vielvölkerreiches« konzentrierte sich Dobai auf das »Bild des Menschen Redl«, eines »gewissenlos-korrupten Emporkömmlings«, der aber auch als »fanatischer Verfechter und treuer Vasall« des Habsburgerstaates erschien. Aus dieser Perspektive trat der Roman-»Held« – ermöglicht auch durch die Undurchsichtigkeit des Spionagegeschäftes – als Opfer einer intriganten und zerrütteten Gesellschaft auf. Redl konstatierte hier, sein »Vaterland nicht verraten« zu haben. Vielmehr spielte er ausländischen Mächten »raffiniert« Fälschungen zu, um im Austausch dafür Geheimpläne der Gegenseite zu erhalten. In einem von ihm selbst organisierten Netz verdeckter Operationen, Konspirationen und Manipulationen musste sich der hohe Evidenzbürooffizier letztlich selbst verfangen.[827]

Diesen Eindruck vermittelte gleichfalls der preisgekrönte Film von István Szabó, an dem sich Péter Dobai als Drehbuchautor beteiligte. Im selben Atemzug wurde weiters das »gleichgeschlechtliche Begehren« des von Klaus Maria Brandauer verkörperten »Meisterspions« auf Andeutungen in einigen wenigen Szenen reduziert. Im Gegensatz dazu dominieren Bordell- und Bettszenen, in denen die Hauptfigur keineswegs darum bemüht ist, zu den Frauen auf Distanz zu gehen. Angesichts der gesellschaftlichen Ächtung war es nur zu verständlich, dass die »widernatürliche Unzucht« in den Kinoproduktionen zum »größten Verratsfall der Monarchie« ausgeblendet wurde. Bis in die 1960er Jahre auch durch Gesetze und Zensurmaßnahmen bedroht, gaben sich viele Künstler zurückhaltend. Noch John Osborne sah sich mit Schwierigkeiten konfrontiert, als er in seinem Redl-Stück *A Patriot for Me* die Vorurteile gegenüber »sexuellen

Abweichungen« behandelte und schließlich sogar über die Verfilmung des Stoffes nachgedacht wurde. Obwohl tolerantere Ansichten allmählich Oberhand gewannen, wollten diverse Hollywoodstars selbst jetzt noch keinesfalls mit Homosexualität in Verbindung gebracht werden.[828]

Vereinzelt war wohl bereits im Theater und im Kino des beginnenden 20. Jahrhunderts die Thematik angesprochen worden. Die »Spionage-Produktionen« blieben davon jedoch weitgehend unberührt – abgesehen von dezenten Andeutungen, wie später auch der Redl-Film *Spionage* von Franz Antel aus dem Jahr 1955 bewies. Schon in den Kinovorschauen stellte man klar, dass es Antel um eine über das Tatsachenmaterial hinausgehende Story gehe, um Spannungselemente abseits der, so die Illustrierte *Mein Film*, von »Egon Erwin Kisch enthüllten Affäre«.[829]

Einschlägige Werke erfreuten sich großer Beliebtheit, wobei in den entsprechenden Steifen nicht selten die »Sonjas« und ihre Nachfolgerinnen den Ton angaben. Mit der Etablierung des sogenannten »Sprechfilms« war es laut Kommentatoren zur regelrechten »Geburt eines Genres« gekommen. »Die Garbo, die Dietrich usw.« – »jeder weibliche Star muss mindestens einmal Spionin gewesen sein«, meinte etwa der Filmtheoretiker Siegfried Krakauer 1932.[830] In diesem Sinn pries etwa *Das Kino-Journal* vom 28. Februar 1931 den deutsch-tschechischen Streifen *Der Fall des Generalstabs-Oberst Redl* im Zuge seiner Uraufführung an. »Das unheimliche Spionagewesen, das«, so das Fachmagazin, »sich gleich dem Netz einer Riesenkreuzspinne über alle Staaten breitet, ist mit starker Wirkung gezeichnet«, und »mit der schönen und ergreifenden Figur Lil Dagovers, des ewig Weiblichen, das hier hinabzuziehen bestimmt ist, ist ein Lebensbild von packender Gewalt hineingebracht.«[831]

Profis der Nachrichtendienste vermerkten unter diesen Bedingungen missmutig die große Zahl von »phantasievollen Schriftstellern« in »fast allen Staaten«, für »die das Problem der Spionage eine Fundgrube nervenkitzelnder Sensationen« darstelle, »unbekümmert darum, dass die auf solcher Grundlage verfassten Romane, Sketches,

Filme mit der Wirklichkeit nicht das Geringste gemein« hätten. Es gehe bei »solchen Machwerken« nur ums »Geldgeschäft«, erklärte der ehemalige Evidenzbürochef August Urbański, der sich mit dem Kollegen Maximilian Ronge anschickte, den Journalisten, Buchautoren und Filmteams genauer auf die Finger zu schauen. In gewohnter Form »observierten« sie in Absprache mit der Polizei unter anderem den ab 1925 in den Kinos laufenden Streifen *Oberst Redl* unter der Regie von Hans Otto Löwenstein.[832] Dabei ging es weniger um die Details als vielmehr um die Frage, ob der Skandal überhaupt in Erinnerung gerufen werden sollte.[833] Einige Militärs urteilten in dieser Angelegenheit sehr entschieden. »Das selbstverständliche Gefühl des nationalen Anstandes und der österreichischen Würde müsste hier die fehlende Zensur ersetzen«, meinten Mitte der 1920er Jahre Militärs, die sich 1931 auch noch über die deutsch-tschechische »Redl-Produktion« erregten. In diesem Werk, empörten sie sich, würden »Kaiser Franz Joseph und Mitglieder des früheren Herrscherhauses in der unziemlichsten und hässlichsten Weise in den Kot gezerrt«. Der österreichische Offiziersverband sprach sich gegen die Aufführung von derlei »jedes Volksbewusstsein untergrabenden Machwerken« aus. Die Beschwerden hielten bis 1934 an, zumal die Exekutive sich außerstande sah, den Film nach »so langer Laufzeit ohne triftigen Grund zu verbieten«. Immerhin ergingen aber Aufforderungen an die Landesbehörden, die »Vorführungen« des Streifens genau zu beobachten, um aufgrund von Meldungen über mögliche »Vorfälle« ein polizeiliches »Einschreiten« zu gewährleisten.[834]

Unter solchen Umständen verbreitete sich in den Amtsstuben der Republik eine »retrospektive Staatsräson«, die auf Kritik an der »Kaiserzeit« äußerst empfindlich reagierte und Schattenseiten der Entwicklungen bis 1918 besser beschwieg. Redl-Akten wurden von zuständigen Beamten, wie auch Robert Asprey erfahren musste, unwillig herausgegeben.[835]

Es verwundert nicht, dass Franz Antel – trotz »rücksichtsvoller Behandlung« des Stoffes – gleichfalls Schwierigkeiten bekam. Gegen sein Filmprojekt soll Mitte der 1950er Jahre ein »regelrechter Sturm der Entrüstung« losgebrochen sein. Dass der Regisseur den »schmählichen Spionagefall« überhaupt aufgriff, wurde von »monarchistischen Kreisen« und »ältesten Exzellenzen der einstigen k.u.k. Armee« bereits zum Anlass genommen, eine »Protest-Offensive« zu starten, wie *Der Spiegel* am 23. Februar 1955 berichtete. Unter anderen Otto Wiesinger, früherer Stadtkommandant von Wien und enger Freund des mittlerweile verstorbenen Maximilian Ronge, sowie »General Dr. Oskar Regele«, der »Wiener Kriegsarchivleiter«, versammelten sich mit »anderen prominenten, zum Teil in hohem Alter stehenden ehemaligen Offizieren« der Habsburgerarmee, um ein »Scherbengericht über Antel« abzuhalten. In der Folge versuchte man die Verwirklichung des Vorhabens durch ein Gutachten bei den zuständigen Abteilungen des Unterrichtsministeriums zu sabotieren. Einer seiner Repräsentanten sprach sich daraufhin, so *Der Spiegel* weiter, in der Kommission für das »jährliche Deutschland-Exportkontingent« österreichischer Filme gegen den Streifen aus: Dieser erzeuge eine »schwüle Atmosphäre, weil er Redls unglückliche Veranlagung berühre«. Außerdem würde er das Ansehen Österreichs im Ausland »schädigen«. Der Ministeriumsvertreter, dessen Wortmeldungen durchaus in der Lage gewesen wären, dem geplanten Projekt »ohne die Einspielergebnisse auf dem deutschen Markt« den »Todesstoß« zu versetzen, fand letztlich aber kein Gehör. Franz Antel selbst überzeugte die Behörden, dass unter seiner Ägide gewiss kein »antiösterreichischer Film« entstehen würde.[836]

Die »Honoratioren« der untergegangenen Donaumonarchie hielten es indes für notwendig, speziell den Regierungsstellen noch einmal einzubläuen, wie der »Skandal« vom Mai beziehungsweise Juni 1913 zu beurteilen sei. In ihrer »Expertise« behaupteten sie demgemäß, die von Redl verratenen »Dienstbehelfe« hätten mit »konkreten Kriegsvorbereitungen nichts zu tun gehabt: Im Evidenzbüro oblag ihm die Aufklärung der ausländischen Heere, und er hatte daher weder Zugang noch Einblick bei den eigenen Kriegsvorbereitungen«.[837]

Wenn es zu einer Erwähnung des Falles kam, griff man aber ebenso auf andere vorgefertigte Meinungen zurück. Schon Hans

Otto Löwenstein schien solchen Erwartungshaltungen vorauseilend entsprochen zu haben, als er seinen *Oberst Redl* in den 1920er Jahren gleich noch mit dem Alternativtitel »Der Totengräber der Monarchie« versah.[838] Und auch der gescholtene Redl-Film des Jahres 1931 ließ zumindest laut Kinopresse nicht »gerade auf dem normalsten Gebiet« liegende »Liebesangelegenheiten« bloß »dezent und vornehm« andeuten, um sich »in der Hauptsache auf den Verrat der galizischen Aufmarschpläne« zu konzentrieren.[839] In diesem Zusammenhang aber wurden scharfe Urteile gefällt, selbst wenn sie sich mit den Tatsachen nur bedingt vertrugen – wie etwa in Bezug auf die folgenden Einschätzungen von Emil Seeliger und Hans Otto Löwenstein: »Die Russen wussten von uns und den Plänen unserer Heeresleitung alles, konnten somit jeder Absicht zuvorkommen, wir aber erfuhren über den östlichen Riesengegner und seine, auf Redl's Ratschläge schon im Jahre 1913 begonnene Mobilmachung nur irreführende Lügen. Auf Schritt und Tritt lauerte der Verrat und grub abertausenden ahnungslosen Soldaten das Grab, trotz unvergleichlicher Tapferkeit«.[840]

Nach dem Untergang der Donaumonarchie dienten solche Ausführungen mitunter als Erklärung für verlustreiche und verlorene Feldzüge. Der »Meisterspion« aus dem Evidenzbüro leistete folglich noch einen letzten, ungeplanten Dienst. Er verhalf manchem seiner Zeitgenossen dazu, einen oder wenigstens einen weiteren Schuldigen für die Niederlage zu benennen. Die Instrumentalisierung des »Feindbilds Redl« wurde Teil der »künstlerischen Kreativität«. »Wie groß der Verrat wirklich war, kam erst zutage, als der Krieg ausbrach. Und bis zum Ende dieses Ersten Weltkrieges waren immer wieder Fehlschläge auf das Konto des Oberst Redl zu verbuchen«, resümierte etwa Peter Groma in seinem Roman.[841]

Nicht zuletzt auch vor dem Hintergrund derartiger Interpretationen geriet der zwielichtige Nachrichtenoffizier niemals in Vergessenheit. Seine zeitweilige Prominenz verdankte er von Anfang an gleichermaßen der Vertuschung und Verharmlosung wie der übermäßigen Verteufelung. Die Vorstellung, dass, so Seeliger und Löwenstein, »die tiefste Ursache« des »ausschlaggebenden Vorteils« für »die Gesamtkriegführung« der Gegner Österreich-Ungarns in dem »geradezu ungeheuerlichen Verrate eines einzelnen Mannes zu suchen« sei, schmeichelte schließlich der Idee von der Macht des Individuums in der Geschichte.[842] Im Guten wie im Bösen musste sie die Fantasie beflügeln, ebenso wie die Anziehungskraft des Ereignisses, des »Skandals«, der »Affäre«. In ihnen vereinigen sich die Handlungsstränge und Entscheidungsfaktoren auf den »dramatischen Moment« hin, um zugleich mit der Frage nach den Konsequenzen auf die offene Zukunft zu verweisen. Hier konnte die Spekulation ansetzen – erst recht im Umfeld der geheimdienstlichen »Schattenwelten« mit ihren niemals ganz zu lösenden Rätseln.

Selbst wenn speziell jüngere Generationen bisweilen nicht mehr allzu viel über die Geschehnisse am Vorabend des Ersten Weltkrieges wissen sollten; angesichts der Attraktivität des Stoffes kehrt der »verräterische Generalstabsoberst« immer wieder in das öffentliche Gedächtnis zurück. Zuletzt etwa bei den Festspielen Reichenau, die 2011 ein eigenes Theaterstück über den »Jahrhundertskandal« präsentierten und dabei wenig Platz für den »Zauber der Montur« oder die Verklärung der Habsburgermonarchie ließen.[843] Mit Blick auf die Aneignung der Geschichte durch Kunst und Journalismus kann daher auch für die Zukunft festgehalten werden: Der Spion Redl wird kein zweites Mal sterben. Sein Überleben in den Erinnerungskulturen ist durch die Eigendynamik der gesellschaftlichen Interessen und medialen Inszenierungen garantiert.

III. ANHANG

ANMERKUNGEN

VORWORT

1 Zweig, Die Welt von Gestern, 242. **2** Ebd., 243. **3** Danzer's Armee-Zeitung, 5.6.1913, 1.

I. Ermittlungen und Erzählungen

SCHATTENWELTEN

4 Neue Freie Presse, 1.6.1913, 1. **5** Arbeiter-Zeitung, 30.5.1913, 1, und Reichspost, 31.5.1913, 3. **6** Vgl. Danzer's Armee-Zeitung, 5.6.1913, 5f. **7** Deutsches Volksblatt, 31.5.1913, 6. **8** ÖStA/KA/NL B/126: 1, Handschriftliche Notizen zum Aktenverlauf des Evidenzbüros 1913. **9** Zur Anzahl der Briefe siehe Ronge, Kriegs- und Industriespionage, 75. **10** Ebd. **11** Die Zeit, 5.6.1913. **12** ÖStA/KA/KM Präs. 1913: 2-4/40-9. **13** ÖStA/KA/KM 4. Abt. 1913: 30-261/714. **14** ÖStA/KA/Evidenzbüro 1905–1916: Kt. 1028. **15** HHSTA/PA XL, Kt. 186, K.u.k. Kriegsministerium an das k.u.k. Ministerium des Äußern, 17.5.1913. **16** Ebd., 9.6.1913. **17** Ronge, Kriegs- und Industriespionage, 68. **18** ÖStA/KA/Evidenzbüro 1913: Kt. 1082; ÖStA/KA/KM 4. Abt. 1914: 10-2/6. **19** Ronge verweist hier auf die in Kroatien-Slawonien geltenden speziellen Bestimmungen. – Ronge, Kriegs- und Industriespionage, 68. **20** ÖStA/KA/Evidenzbüro 1913: Kt. 1082. **21** ÖStA/KA/NL B/126: 1, Handschriftliche Notizen zum Aktenverlauf des Evidenzbüros 1913. **22** Ronge, Kriegs- und Industriespionage, 68; ÖStA/KA/Evidenzbüro 1913: Kt. 1082. **23** Hadtörténelmi Levéltar, Schreiben der Generalstabsabt. des k.u.k. 4. Korpskommandos an das Evidenzbüro des Generalstabs, 22.10.1913. **24** ÖStA/KA/Evidenzbüro 1913: Kt. 1082. **25** Altmann, Zur Psychologie des Spions, 47; Ronge, Kriegs- und Industriespionage, 72. **26** ÖStA/KA/NL B/126: 1, Handschriftliche Notizen zum Aktenverlauf des Evidenzbüros 1913. **27** Ebd. **28** HHSTA/PA I, Kt. 780 sowie KA/KM/4. Abt. 1914: 30-13. **29** Vgl. Altmann, Zur Psychologie des Spions, 46. **30** ÖStA/KA/Evidenzbüro 1913: Kt. 1082. **31** WStLA, LGSt, A11: Vr LG I 4142/1 (Julius Petrić und Florian Lindner) und WStLA, LGSt, A11: Vr LG I 3516/1.-2. Teil/1913 (Artur Itzkusch). **32** ÖStA/KA/Evidenzbüro 1913: Kt. 1082. **33** Ronge, Kriegs- und Industriespionage, 73, und Schmidt, Gegen Russland und Frankreich, 454f.; Pethö, Oberst Redl, 144. **34** Schmidt, Gegen Russland und Frankreich, 437–455. **35** Ronge, Kriegs- und Industriespionage, 73. **36** Moritz/Leidinger/Jagschitz, Im Zentrum der Macht, 218f. **37** Batjušin, U istokov, 469f. **38** Schmidt, Gegen Russland und Frankreich, 454f.; Pethö, Oberst Redl, 144. **39** Ronge, Kriegs- und Industriespionage, 73 f. **40** ÖStA/ KA/NL B/126: 1, Handschriftliche Notizen zum Aktenverlauf des Evidenzbüros 1913. **41** Moritz/Leidinger/Jagschitz, Im Zentrum der Macht, 95. **42** Ronge, Kriegs- und Industriespionage, 43. **43** HHSTA/PA I, Kt. 780 und 783. **44** Ronge, Kriegs- und Industriespionage, 72f. **45** ÖStA/KA/KM 1914: 30-90/5. **46** Ronge, Kriegs- und Industriespionage, 72f.

47 ÖStA/KA/NL B/126: 1, Handschriftliche Notizen zum Aktenverlauf des Evidenzbüros 1913; HHStA/PA XXVI, Kt. 31: Schweden, Berichte, Varia 1911–1913. **48** Alekseev, Voennaja Razvedka, 250. **49** ÖStA/KA/Evidenzbüro 1913: Kt. 1082. **50** Ronge, Kriegs- und Industriespionage, 73. **51** Ebd. und vgl. die Ausführungen in Brjuchanov, Učitel' i učenik. **52** ÖStA/KA/KM Präs. 1913: 40-12/1-4. **53** ÖStA/KA/Evidenzbüro: Kt. 1033. Firbas wurde zu acht Jahren Kerker verurteilt. **54** ÖStA/KA/Evidenzbüro: Kt. 3508. **55** ÖStA/KA/Generalstab 1913: 36-11. **56** ÖStA/KA/KM Präs. 1913: 18-31/1. **57** Arbeiter-Zeitung, 18.4.1913, 6. **58** ÖStA/KA/ KM Präs. 1913: 18-31/1. **59** Neues Wiener Journal, 18.4.1913, 1 und 19.4.1913, 4. **60** Sondhaus, Franz Conrad, 137. Vgl. auch Kunz, Da wir in Österreich dienten ..., 7. **61** RGVIA f. 2000, op. 1, d. 2979, l. 22. **62** RGVIA f. 2000, op. 15, d. 271, l.36–37. **63** Alekssev, Voennaja Razvedka, 82. **64** Ebd., 553. **65** ÖStA/KA/NL B/1041: 79, 3. **66** ÖStA/KA/NL B/58: 4b (Das Tornisterkind), 173. **67** Altmann, Zur Psychologie des Spions, 44. **68** Die Umrechnung erfolgte auf Grundlage einer Auskunft von der Statistik Austria (Verbraucherpreisindex) vom 6.6.2012. **69** ÖStA/KA/MGA/Landesgericht Wien 1914, Kt. 2998. **70** RGVIA, f. 2000, op. 1, d. 2836, l. 117-119. **71** ÖStA/KA/NL B/126: 1, 149. **72** ÖStA/KA/MGA/Landesgericht Wien 1914, Kt. 2998. **73** Ebd. **74** ÖStA/KA/AOK-Evidenzbüro, Kt. 3508. **75** ÖStA/KA/MGA/Landesgericht Wien 1914, Kt. 2998. **76** ÖStA/KA/KM 4. Abt. 1914: 30-35/4. **77** Sergeev/Ulunjan,Voennye agenty, 374. **78** RGVIA, f. 1859, op. 6, d. 139, l.186. **79** Neue Illustrierte Wochenschau, 20.10.1957, 15f. **80** Vgl. Sondhaus, Franz Conrad, 137.

WEGE ZUM HOCHVERRAT

81 ÖStA/KA/KM Präs. 1913: 2-4/40. **82** ÖStA/KA/Qualifikationslisten Alfred Redl, Kt. 2695. **83** Ebd. **84** Zit. nach Pethö, Agenten, 225. **85** Kronenbitter, Krieg im Frieden, 265. **86** ÖStA/KA/NL B/126: 1, Besprechung der Hauptkundschaftsstellen mit diversen weiteren Instanzen am 6., 7. und 8. 2. 1913. **87** Vgl. Pethö, Und nochmals der Fall Redl, 253. **88** RGVIA f. 2000, op. 15, d. 271, l. 184. Während in dem von Georg Markus zitierten Artikel von General Mil'štejn über die Affäre Redl das Zitat mit Marčenkos Beschreibung ohne Beleg blieb, konnte die betreffende Stelle im RGVIA gefunden werden. Sie ist auch zitiert bei: Lebedev, Delo polkovnika Redlja, 13. Vgl. außerdem Mil'štejn, Delo polkovnika Redlja, 48. **89** RGVIA f. 1859, op. 6, d. 13, l.358. **90** ÖStA, KA/MKSM 1906: 13-2/2-2. **91** Batjušin, U istokov, 167f. **92** RGVIA f. 1859 op. 6 d. 13 l. 104–106. **3** ÖStA/KA/NL B/58: 4b (Das Tornisterkind), 169. **94** RGVIA f. 2000, op. 1, d. 2836, l. 420–422. **95** HHStA/PA I, Kt. 780. Ronge behauptet, es seien 51.000 Kronen gewesen. – Ronge, Kriegs- und Industriespionage, 42. **96** Alekseev, Voennaja razvedka, 314. **97** Vgl. dazu das Kapitel »Dunkle Geschäfte«, S. 126 ff. **98** Moritz/Leidinger/Jagschitz, Im Zentrum der Macht, 87. **99** Ronge, Kriegs- und Industriespionage, 42. **100** ÖStA/KA/NL B/58: 4b (Das Tornisterkind), 171. **101** HHStA/PA XL, Kt. 242. Reichskriegsministerium an

Aehrenthal, 6.5.1910. **102** Alekseev, Voennaja Razvedka, 266f. **103** ÖStA/KA/KM Präs. 1913: 2-4/40. **104** ÖStA/KA/NL B/760: 7, 163. **105** Ebd., 165. **106** Kronenbitter, Krieg im Frieden, 267. **107** Ebd., 267; Markus, Der Fall Redl, 127–145. **108** ÖStA/KA/Evidenzbüro 1914: Erhebungsakten Oberst Redl, Kt. 3509. **109** Vgl. die Ausführungen in ÖStA/KA/NL B/760: 7, 167. **110** Alekseev, Voennaja razvedka, 52. **111** Vasil'ev/Zdanovič, Voennoj kontrrazvedke byt', 14–26. **112** ÖStA/KA/NL B/126: 11. **113** Degreif, Operative Planungen, 161. **114** Anonymus, Kaiser Franz Joseph, 160. **115** Vgl. Margutti, Vom alten Kaiser, 304. **116** ÖStA/KA/Militärschulen/Qualifikationslisten der Kriegsschule, Kt. 33. **117** ÖStA/KA/NL B/126: 11; Alexander Kuchinka war 1913 dem sogenannten General-Genie-Inspektorat zugeteilt gewesen. – Hof- und Staats-Handbuch der österreichisch-ungarischen Monarchie, 324. **118** Den Aufzeichnungen von Max Ronge gemäß erfolgte jedoch die Auslieferung Hekajlos seitens Uruguay. – ÖStA/KA/NL B/126: 1, 196. **119** Neues Wiener Journal, 25.5.1933, 9. **120** Seeliger, Hotel Sacher, 74. **121** Vgl. Seeliger/Otto, Oberst Redl. Hans Otto ist ident mit dem Regisseur Hans Otto Löwenstein. **122** Büttner/Dewald, Das tägliche Brennen, 449. **123** Kisch, Der Fall, 59. **124** ÖStA/KA/Evidenzbüro 1905–1916: Kt. 1028. **125** Privatnachlass Ronge, Zeitungsausschnitte-Sammlung. **126** Danzer's Armee-Zeitung, 5.6.1913, 1. **127** Neue Illustrierte Wochenschau, 8.12.1957, 25. **128** Ronge, Kriegs- und Industriespionage, 47. **129** ÖStA/KA/NL B/126: 1, 196 und ÖStA/KA/KM Präs. 1903: 40-3/8. **130** Neues Wiener Tagblatt, 31.5.1913, 20. **131** Illustrierte Kronen-Zeitung, 1.6.1913, 5. **132** HHStA/PA I, Kt. 477. **133** Vasil'ev/Zdanovič, Voennoj kontrrazvedke byt', 12. **134** Ronge, Kriegs- und Industriespionage, 20. **135** ÖStA/KA/NL B/126: 11. **136** Starkov, Ochotniki na špionov, 41; Derevjanko, Ščupal'ca spruta, 89. **137** RGVIA f. 400, op. 4, d. 267, l. 1. **138** ÖStA/KA/NL B/58: 4b (Das Tornisterkind), 168. **139** RGVIA f. 1859, op. 6, d. 13, l. 357 ob. **140** Ebd. **141** Markus, Der Fall Redl, 123. **142** ÖStA/KA/NL B 198: 1, 811 und Eder, Der General, 184. **143** ÖStA/KA/NL B/198:1, 812. **144** Ronge, Kriegs- und Industriespionage, 25, und ÖStA/KA/KM Präs. 1902: 40-18/1; 40-18/6; 40-18/9.

FAKTEN UND FIKTIONEN

145 Die Beichte des Spions, 77. **146** Vorwort des Buches »Die Beichte des Spions«. **147** Dass der Roman bereits kurz nach Redls Tod erschien, ist den Notizen Maximilian Ronges über die Aktenein- und -ausgänge des Jahres 1913 zu entnehmen. – ÖStA/KA/NL B/126: 1, Handschriftliche Notizen zum Aktenverlauf des Evidenzbüros 1913. **148** Ivanov, Negromkij vystrel (1977); ders., Vmeste s Rossiej (Moskva 1981); ders., Čest' i dolg (1987). **149** Kisch, Der Fall, 44f. **150** Kisch, Wie ich erfuhr, 21. **151** Kisch, Der Fall, 45. **152** Bohemia, 27.5.1913. Abend-Ausgabe, 2. **153** Die Zeit, 27.5.1913, 5. **154** Neues Wiener Tagblatt, 26.5.1913, 5. **155** Das Neue Wiener Tagblatt bestätigte am 30.5. in einem weiteren Artikel über Redl, dass bereits am 26. Zweifel an den offiziellen Meldungen zum Tod Redls kursierten und daher eigene Recherchen angestellt wurden. **156** Neues Wiener Tagblatt, 30.5.1913, 12. **157** ÖStA/KA/NL B/58: 4b (Das Tornisterkind), 178f. **158** Asprey, The Panther's Feast, 304–308. **159** Vgl. Rowan, Spy and Counter-Spy, und Rowan, Der Erzverräter. **160** Vgl. Leitner, Hühnerstall und Nobelball, 151–162. **161** Busch, Major Kwaplitschka, 27. **162** Vgl. Moritz/Leidinger/Jagschitz, Im Zentrum der Macht, 92f., und ÖStA/KA/NL B 58: 4b (Das Tornisterkind), 183. **163** ÖStA/KA/Evidenzbüro 1914: Erhebungsakten Oberst Redl, Kt. 3509. **164** Asprey, The Panther's Feast, 306. **165** Vgl. Pethö, Agenten, 387 (Fn. 959). **166** Asprey, The Panther's Feast, 305f. **167** Vgl. Busch, Entlarvter Geheimdienst, 41f. **168** Arbeiter-Zeitung, 30.5.1913, 1. **169** Zit. nach Eder, Der General, 237. **170** Sternberg, Warum Österreich zugrunde gehen musste, 121. **171** ÖStA/MKFF 1913: 14-24/1-16. **172** Illustrierte Kronen-Zeitung, 4.6.1913, 7. **173** Moritz/Leidinger/Jagschitz, Im Zentrum der Macht, 115. **174** Illustrierte Kronen-Zeitung, 4.6.1913, 7. **175** OstA/Evidenzbüro: Kt. 3508. **176** ÖStA/KA/Evidenzbüro 1914: Erhebungsakten Oberst Redl, Kt. 3509. **177** ÖStA/KA/KM Präs 1913: 2-4/40-4. **178** Illustrierte Kronen-Zeitung, 6.6.1913, 4; Prager Tagblatt, 6.6.1913, 2; Bohemia, 6.6.1913, 5; Arbeiter-Zeitung, 11.6.1913, 6. **179** Vgl. Schreyer-Hartmann, Körner, 118. **180** Urbański, Der Fall Redl, 89. **181** Danzer's Armee-Zeitung, 5.6.1913, 1. **182** Moritz/Leidinger/Jagschitz, Im Zentrum der Macht, 171f. **183** Ebd. **184** ÖStA/KA/Präs./Militärliquidierungsamt 1923, Nr. 4495, Kt. 2561. **185** ÖStA/KA/KM Präs. 1913: 2-4/40. **186** Pethö, Agenten, 383. **187** Kronenbitter, Krieg im Frieden, 236f. **188** ÖStA/KA/KM Präs. 1915: 40-20/1 und ÖStA/KA/NL B/126:1, 588. **189** Vgl. ÖStA/KA/KM/1. Abt. 1913: 67-78/1; 67-78/2; 67-83. **190** ÖStA/KA/Evidenzbüro 1914: Erhebungsakten Oberst Redl, Kt. 3509. **191** Ebd. **192** Moritz/Leidinger/Jagschitz, Im Zentrum der Macht, 114. **193** Vgl. Schreyer-Hartmann, Körner, 117–135.

INFORMATIONSBEDÜRFNIS

194 Fremden-Blatt, 30.5.1913, 3. **195** Ebd. **196** Fremden-Blatt, 30.5.1913, 3. **197** Ebd. **198** Zit. nach Neues Wiener Abendblatt, 30.5.1913, 2. **199** Zit. nach Reichspost, 31.5.1913, 3. **200** Die Zeit, 26.5.1913, 8. **201** Illustrierte Kronen-Zeitung, 29.5.1913, 6. **202** Neues Wiener Tagblatt, 30.5.1913, 12. **203** Die Zeit, 6.6.1913, 2. **204** ÖStA/KA/KM Präs. 1913: 2-4/40. **205** Vgl. ÖStA/KA/Qualifikationslisten Oskar Redl, Kt. 2695. **206** ÖStA/KA/KM Präs. 1913: 2-4/40-3. **207** Illustrierte Kronen-Zeitung, 31.5.1913, 7. **208** Prager Tagblatt, 30.5.1913, 3. **209** Arbeiter-Zeitung, 29. Mai 1913, 3. **210** Conrad, Aus meiner Dienstzeit, 329. **211** ÖStA/KA/MKFF 1913: 14-24/6. **212** Ebd. **213** ÖStA/KA/NL B/58: 4b (Das Tornisterkind), 179. **214** Pester Lloyd, 1.6.1913, 5. **215** Die Zeit, 6.6.1913, 2. **216** Reichspost, 31.5.1913, 2. **217** Prager Tagblatt, 2.6.1913, 1. **218** Die Zeit, 4.6.1913, 3. **219** Arbeiter-Zeitung, 31.5.1913, 1. **220** Neue Illustrierte Wochenschau, 3.11.1957, 16. **221** Vgl. die Berichterstattung in der Illustrierten Kronen-Zeitung, 30.5.1913, 7. **222** Stenographische Protokolle, Haus der Abgeordneten, 153. Sitzung der XXI. Session am 5. Juni 1913, 7569. **223** Die Zeit, 6.6.1913, 4.

SAMSTAG, 24. MAI 1913

224 Illustriertes Wiener Extrablatt, 31.5.1913, 2. **225** Illustrierte Kronen-Zeitung, 20.6.1913, 4. **226** Markus, Der Fall Redl, 71f., 75f., 90, 93. **227** Neues Wiener Journal, 20.4.1929, 5. **228** ÖStA/KA/NL B/126: 1, Handschriftliche Notizen zum Aktenverlauf des Evidenzbüros 1913. **229** Nicolai, Geheime Mächte, 31f. **230** Zerzawy, Verräter und Spione, 15. **231** Ronge, Kriegs- und Industriespionage, 74, und Zerzawy, Der nicht behobene Spionagebrief, 16. **232** ÖStA/KA/NL B/126: 11. **233** Urbański, Der Fall Redl, 92. Es ist nicht ausgeschlossen, dass die genannten Briefe, die geöffnet werden mussten, um die Geldscheine auffinden zu können, vom k.u.k. Evidenzbüro in weiterer Folge manipuliert wurden. Möglicherweise ist das erwähnte »Post Scriptum« mit der darin angeführten Adressatin eine »Nachbearbeitung« Ronges und seiner Mitarbeiter. Auf einer vom österreichisch-ungarischen Nachrichtendienst angefertigten Liste mit Spionage-Deckadressen der Gegenseite fehlen jedenfalls Name und Anschrift von »Elise Kjernlie«. **234** Stenographische Protokolle, Haus der Abgeordneten, 153. Sitzung der XXI. Session am 5. Juni 1913, 7569. **235** Arbeiter-Zeitung, 6.6.1913, 1f. **236** Deutsch, Sidelights, 827. **237** In der Schilderung Hanolds ist von einem Brief die Rede, obwohl dem Evidenzbüro beziehungsweise den Post- und Polizeibeamten drei »Köder« zur Verfügung standen. **238** Hanold, »Ich gab Redl …, 5. **239** In den einschlägigen Quellen ist mal von »Macher«, dann von »Macha« die Rede. »Macher« heißt der Detektiv in jedem Fall in den Darstellungen von Emil Bader, der sich angeblich an authentische Polizeiberichte hält.- Bader, Wie Oberst Redl entlarvt wurde, 22. **240** Hanold, »Ich gab Redl…«, 5, und Bader, Wie Oberst Redl entlarvt wurde, 22. **241** ÖStA/KA/NL B/58: 4b (Das Tornisterkind), 176. **242** Ronge, Kriegs- und Industriespionage, 75. **243** Ebd., 76. **244** ÖStA/KA/NL B/58: 4b (Das Tornisterkind), 177. **245** Vgl. ÖStA/KA/ NL B 58: 4b (Das Tornisterkind), 176; Ronge, Kriegs- und Industriespionage, 75, Bader, Wie Oberst Redl entlarvt wurde, und Hanold, »Ich gab Redl …«. **246** Bader, Wie Oberst Redl entlarvt wurde. **247** Arbeiter-Zeitung, 6.6.1913, 1 und 7.6.1913, 1f. **248** Neue Freie Presse, 30.5.1913, 10. **249** Bader, Wie Oberst Redl entlarvt wurde. **250** Ronge, Kriegs- und Industriespionage, 75. **251** Ebd. **252** ÖStA/KA/NL B/1450: 100. **253** ÖStA/KA/NL B 58: 4b (Das Tornisterkind), 177. **254** ÖStA/KA/MKSM 1914: 59-1/3. **255** ÖStA/KA/MKSM 1913: 28-2/25. **256** Stenographische Protokolle, Haus der Abgeordneten, 153. Sitzung der XXI. Session am 5. Juni 1913, 7596. **257** ÖStA/KA/NL B/58: 4b (Das Tornisterkind), 180. **258** ÖStA/KA/MKFF 1913: 14-24/1-16. **259** ÖStA/KA/NL B/58: 4b (Das Tornisterkind), 180. **260** Ebd. **261** ÖStA/KA/MKFF 1913: 14-24/1-16. **262** Neuigkeits-Welt-Blatt, 7.6.1913, 3. **263** Arbeiter-Zeitung, 6.6.1913, 2, und 7.6.1913, 1. **264** ÖStA/KA/KM Präs. 1913: 2-4/14-16. **265** Arbeiter-Zeitung, 6.6.1913, 6; Illustrierte Kronen-Zeitung, 7.6.1913, 6; Prager Tagblatt, 6.6.1913, 1. **266** ÖStA/KA/Evidenzbüro 1914: Erhebungsakten Oberst Redl, Kt. 3509. **267** Ebd. **268** Z. B.: Arbeiter-Zeitung, 1.6.1913, 10. **269** Deutsches Volksblatt, 31.5.1913, 7. **270** Neues Wiener Journal,

1.6.1913, 2. **271** Z. B.: Arbeiter-Zeitung, 31.5.1913, 1. **272** Neuigkeits-Welt-Blatt, 7.6.1913, 3. **273** Arbeiter-Zeitung, 7.6.1913. **274** ÖSTA/KA/MKSM 1914: 59-1/3, Kt. 1137. **275** Arbeiter-Zeitung 31.5.1913, 3; Neue Freie Presse, 30.5.1913, 11; Prager Tagblatt, 30.5.1913, 2; Neues Wiener Journal, 31.5.1913, 4. **276** ÖStA/KA/KM Präs. 1913: 2-4/40-67. **277** ÖStA/KA/NL B 58: 4b (Das Tornisterkind), 176. **278** Ronge, Kriegs- und Industriespionage, 76. **279** ÖStA/KA/NL B 58: 4b (Das Tornisterkind), 177. **280** Conrad, Aus meiner Dienstzeit, 345. **281** ÖStA/KA/MKSM 1914: 28-2/25. **282** Zit. nach Moritz/Leidinger/Jagschitz, Im Zentrum der Macht, 108. **283** Arbeiter-Zeitung, 2.6.1913, 3. **284** Zit. nach Margutti, Vom alten Kaiser, 304. **285** Ebd. **286** Vgl. Conrad, Aus meiner Dienstzeit, 425f. **287** HHStA/PA XL, Kt. 187, Einsichtsstück vom 5.6.1913 mit Bericht des Militärattachés in Berlin betr. Kaiser Wilhelm zur Spionageaffäre Redl. **288** Volksblatt für Stadt und Land, 8.6.1913, 1. **289** Vgl. Broucek, General im Zwielicht, 265. **290** Walzel, Kundschaftsdienst oder Spionage?, 28. **291** Broucek, General im Zwielicht, 265 und Conrad, Aus meiner Dienstzeit, 345f. **292** Ebd., 441. **293** Moritz/Leidinger/Jagschitz, Im Zentrum der Macht, 112. **294** ÖStA/KA/NL B/1450:421, Zeitungsausschnitt vom 30.8.1925 ohne weitere Kennzeichnung.

SONNTAG, 25. MAI 1913

295 Ronge, Kriegs- und Industriespionage, 76. **296** Ebd. **297** ÖStA/KA/NL B/58: 4b (Das Tornisterkind), 178. In einer weiteren, leicht abgewandelten Variante zitiert Urbański die ersten Worte gegenüber den Offizieren, die vor der Tür des Obersten standen, auch in einem 1931 veröffentlichten Aufsatz. – Urbański, Der Fall Redl, 93. **298** Stenographische Protokolle, Haus der Abgeordneten, 153. Sitzung der XXI. Session am 5. Juni 1913, 7569. **299** ÖStA/KA/MKFF 1913: 14-24/1-16. **300** Ronge, Kriegs- und Industriespionage, 77. **301** Stenographische Protokolle, Haus der Abgeordneten, 153. Sitzung der XXI. Session am 5. Juni 1913, 7569. **302** Siehe Arbeiter-Zeitung, 6.6.1913, 2. **303** Neue Freie Presse, 31.5.1913, 10. **304** Bohemia, 7.6.1913, 5. **305** Stenographische Protokolle, Haus der Abgeordneten, 153. Sitzung der XXI. Session am 5. Juni 1913, 7569. **306** ÖStA/KA/MKFF 1913: 14-24/1-16. **307** Ronge, Kriegs- und Industriespionage, 77. **308** ÖStA/KA/MKFF 1913: 14-24/1-16. **309** Ebd. **310** ÖStA/KA/Evidenzbüro 1914: Erhebungsakten Oberst Redl, Kt. 3509. – Moritz/Leidinger/Jagschitz, Im Zentrum der Macht, 110. Möglicherweise betreffen diese Hinweise aber auch die bei Redl gefundenen Pillen. – ÖStA/KA/KM Präs. 1913: 2-4/40-11. **311** Ronge, Kriegs- und Industriespionage, 77. **312** ÖStA/KA/MKFF 1913: 14-24/1-16. **313** Stenographische Protokolle, Haus der Abgeordneten, 153. Sitzung der XXI. Session am 5. Juni 1913, 7569. **314** ÖStA/KA/MKFF 1913: 14-24/1-16. **315** Ebd. **316** ÖStA/KA/NL B/58: 4b (Das Tornisterkind), 178. **317** Kisch, Der Fall, 36f. **318** Neue Freie Presse, 30.5.1913, 3. **319** Dokumentation lebensgeschichtlicher Aufzeichnungen, Erinnerungen von Michael Macher, 310–330. **320** Vgl. Pethö, Und nochmals der Fall Redl, 249. **321** Stenographische Protokolle, Haus der Abgeordneten, 153. Sitzung der XXI. Session am 5. Juni 1913, 7569f. **322** ÖStA/KA/KM Präs 1913: 2-4/40. **323** ÖStA/KA/NL B/58: 4b (Das Tornisterkind), 178f. **324** Ebd. **325** Kisch, Der Fall, 43. **326** Ebd., 44. **327** Ebd., 42f. **328** ÖStA/KA/MKFF 1913: 14-24/1-16. **329** Horowitz, Ein Leben für die Zeitung, 35. **330** ÖStA/KA/MKSM 1914: 59-1/3. **331** ÖStA/KA/NL B/58: 4b (Das Tornisterkind), 179. **332** ÖStA/KA/MKFF 1913: 14-24/1-16. **333** ÖStA/KA/NL B/58: 4b (Das Tornisterkind), 179. **334** ÖStA/KA/MKFF 1913: 14-24/1-16. **335** Prager Tagblatt, 1.6.1913, 1. **336** ÖStA/KA/MKFF 1913: 14-24/1-16. **337** Arbeiter-Zeitung, 31.5.1913, 3. **338** ÖStA/KA/MKFF 1913: 14-24/1-16. **339** Fellner/Corradini, Schicksalsjahre, 548. **340** ÖStA/KA/NL B/1450: 100. **341** ÖStA/KA/NL B/58: 4b (Das Tornisterkind), 179. **342** Moritz/Leidinger/Jagschitz, Im Zentrum der Macht, 113. **343** ÖStA/KA/MKFF 1913: 14-24/1-16. **344** Ebd. **345** Ebd. **346** ÖStA/KA/NL B/1450:100. **347** ÖStA/KA/MKSM 1914: 59-1/3. **348** ÖStA/KA/Generalstab 1913: 18-14/4. **349** ÖStA/KA/MKFF 1913: 14-24/1-16. **350** ÖStA/KA/MKSM 1914:59-1/3. **351** Ebd. sowie ÖStA/KA/MKSM 1913: 28-2/25. **352** ÖStA/KA/MKSM 1914: 59-1/1. **353** Vgl. die Angaben in Lehmann's Allgemeinem Wohnungsanzeiger.

DUNKLE GESCHÄFTE

354 RGVIA, f. 1759, op.3, d.1393, l.422. **355** Ebd. **356** ÖStA/KA/NL B/126: 1, Handschriftliche Notizen zum Aktenverlauf des Evidenzbüros 1913. **357** RGVIA f. 2000, op. 1, d. 2975, l.2-7. **358** ÖStA/KA/Evidenzbüro: Kt. 3508. **359** Vgl. Pethö, Agenten, 383 (Fn. 941). **360** ÖStA/KA/NL B/126: 11. **361** HHStA/PA XXVII, Kt. 52: Weisungen Bern 1913; Bern Varia 1913; Bern Berichte 1913. **362** ÖStA/KA/KM 4. Abt. 1914: 30-168. **363** HHStA/PA XXVII, Kt. 52: Weisungen Bern 1913. **364** ÖStA/KA/Evidenzbüro: Kt. 3508. **365** Ebd. und HHStA/PA XXVII, Kt. 52: Weisungen Bern 1913. **366** ÖStA/KA/KM Präs. 1913: 40-25/1. Vgl. Nicolai, Geheime Mächte, 32f., und Schmidt, Gegen Russland und Frankreich, 377f. **367** ÖStA/KA/KM 4. Abt. 1914: 30-63. **368** Deutsch, Sidelights, 827f. **369** ÖStA/KA/Evidenzbüro 1914: Erhebungsakten Oberst Redl, Kt. 3509. **370** ÖStA/KA/Evidenzbüro: Kt. 3508. **371** Vasil'ev/Zdanovič, Voennoj kontrrazvedke byt'!, 26. **372** Schmidt, Gegen Russland und Frankreich, 379. **373** ÖStA/KA/NL B/126: 1, Liste von Deckadressen. **374** ÖStA/KA/NL B/126: 11. **375** HHStA/AR/F7, Kt. 41: Brief der Légation d'Autriche-Hongrie nach Wien, 1.9.1910. **376** Deutsch, Sidelights, 827. **377** ÖStA/KA/NL B/126: 1, Handschriftliche Notizen zum Aktenverlauf des Evidenzbüros 1913. **378** Ebd. und ÖStA/KA/NL B/126: 1, Liste von Deckadressen. **379** Pethö, Und nochmals der Fall Redl, 252. **380** RGVIA, f. 2000, op. 1, d. 2979, l.21-24. **381** Samojlo, Dve žizni, 128f. **382** Ebd., 101. **383** Alekssev, Voennaja razvedka, 189. **384** Samojlo, Dve žizni, 103. **385** Vgl. RGVIA, f. 400, op. 4 d. 693, l.3-5. **386** Ebd., 104f. **387** Samojlo, Dve žizni, 129. **388** Zalesskij, Kto byl kto, 526. **389** Alekseev, Voennaja razvedka, 553, und vgl. den in Moskau eingesehenen betreffenden Akt in: RGVIA f. 2000, op. 1, d.2979, l.22. **390** Prager Tagblatt, 26.6.1913, 3. **391** ÖStA/KA/KM Präs. 1913: 2-4/40-11 und ÖStA/KA/MKSM

1914: 59-1/3. **392** ÖStA/KA/KM Präs. 1913: 2-4/14-16. **393** Die Zeit, 4.6.1913, 3. **394** Neuigkeits-Welt-Blatt, 5.6.1913, 9. **395** Die Zeit, 4.6.1913, 3. **396** ÖStA/KA/KM Präs. 1913: 2-4/14-16. **397** ÖStA/KA/Evidenzbüro 1914: Erhebungsakten Oberst Redl, Kt. 3509. **398** Arbeiter-Zeitung, 31.5.1913, 3f. **399** Alekseev, Voennaja razvedka, 269. **400** Alekseev, Voennaja razvedka, 270. **401** ÖStA/KA/KM Präs. 1913: 2-4/14-16. **402** ÖStA/KA/Evidenzbüro 1914: Erhebungsakten Oberst Redl, Kt. 3509. **403** ÖStA/KA/MKFF 1913: 14-24/2. **404** ÖStA/KA/Qualifikationslisten Alfred Redl, Kt. 2695. **405** Moritz/Leidinger/Jagschitz, Im Zentrum der Macht, 115. **406** Alekseev, Voennaja razvedka, 190. **407** Ebd., 270. **408** ÖStA/KA/KM Präs 1913: 2-4/14-16.

UNTER VERDACHT

409 Höfler, Hermann Zerzawy, 54. **410** Die Neue Zeitung, 3.6.1913, 2 und 7. **411** Die Neue Zeitung, 4.6.1913, 3. **412** ÖStA/KA/Evidenzbüro 1914: Erhebungsakten Oberst Redl, Kt. 3509. **413** Die Neue Zeitung, 1.6.1913, 2. **414** Vgl. ÖStA/KA/NL B/1041: 79. **415** Kisch, Der Fall, 71. **416** ÖStA/KA/Evidenzbüro 1914: Erhebungsakten Oberst Redl, Kt. 3509. **417** Ebd. **418** Ebd. **419** Arbeiter-Zeitung, 31.5.1913, 4. **420** Die Zeit, 2.6.1913, 3. **421** ÖStA/KA/MKFF 1913: 14-24/1-16. **422** Ebd. **423** Deutsches Volksblatt, 4.6.1913, 6. **424** Floiger, Zur Berichterstattung, 97. **425** Arbeiter-Zeitung, 1.6.1913, 9. **426** Ebd., 5.6.1913, 7. **427** ÖStA/KA/Evidenzbüro 1914: Erhebungsakten Oberst Redl, Kt. 3509. **428** Die Neue Zeitung, 7.6.1913, 3. **429** Arbeiter-Zeitung, 5.6.1913, 7. **430** ÖStA/KA/Qualifikationslisten Oskar Redl, Heinrich Redl und Marian, Kt. 2695. Dass Marian Redl ein Bruder des »Meisterspions« war, behauptete auch die Arbeiter-Zeitung, 5.6.1913, 7. **431** Ebd. **432** Markus, Der Fall Redl, 267. **433** ÖStA/KA/NL B/126: 11. **434** Asprey, The Panther's Feast, 289. **435** ÖStA/KA/KM 4. Abt. 1914: 44-2/2. **436** Kopien von Akten des 8. Korps-Kommandos (Prag) betreffend Oberst Redl, den Autoren zur Verfügung gestellt vom Militärhistorischen Archiv in Prag, sowie diesbezügliche Kopien, erliegend bei ÖStA/KA/Qualifikationslisten Alfred Redl, Kt. 2695. **437** Höfler, Hermann Zerzawy, 55. **438** ÖStA/KA/MKFF 1913: 14-24/1-16. **439** E-Mail-Auskunft vom 9.7.2012 durch das »Kundenservice der Friedhöfe Wien GmbH«. **440** ÖStA/KA/KM Präs. 1913: 2-4/40-14. **441** Neuigkeits-Welt-Blatt, 7.6.1913, 3. **442** Bohemia, 3.12.1913, 6. **443** Neuigkeits-Welt-Blatt, 7.6.1913, 3. **444** ÖStA/KA/Evidenzbüro 1914: Erhebungsakten Oberst Redl, Kt. 3509. **445** Ebd. **446** ÖStA/KA/KM Präs. 1913: 2-4/40-14. **447** Prager Tagblatt, 5.6.1913, 2. **448** Kopien von Akten des 8. Korps-Kommandos (Prag) betreffend Oberst Redl, den Autoren zur Verfügung gestellt vom Militärhistorischen Archiv in Prag, sowie diesbezügliche Kopien, erliegend bei ÖStA/KA/Qualifikationslisten Alfred Redl, Kt. 2695. **449** Ebd. **450** ÖStA/GBBl. Wien, Geburtsjahr 1866, Kt. 173. **451** Kopien aus Prag. **452** Kisch, Der Fall, 68. **453** Vgl. die Berichterstattung der Bohemia in ihren Morgen- und Abendausgaben vom 3.12.1913, 2 und 6; 4.12.1913, 2; 6.12.1913, 2 und 5. **454** Arbeiter-Zeitung, 1.6.1913, 10. **455** Kopien von Akten des 8.

Korps-Kommandos (Prag) betreffend Oberst Redl, den Autoren zur Verfügung gestellt vom Militärhistorischen Archiv in Prag, sowie diesbezügliche Kopien, erliegend bei ÖStA/KA/Qualifikationslisten Alfred Redl, Kt. 2695. **456** Bohemia in ihren Morgen- und Abendausgaben vom 3.12.1913, 2 und 6; 4.12.1913, 2; 6.12.1913, 2 und 5. **457** ÖStA/KA/KM Präs. 1913: 2-4/40-14. **458** Kopien aus Prag. **459** Arbeiter-Zeitung, 31.5.1913, 3f. **460** Ebd., 4. **461** Ebd., 1.6.1913, 10. **462** Ebd., 31.5.1913, 3. **463** Ebd., 1.6.1913, 9. **464** ÖStA/KA/MGA-Sonderreihe, Kt. 17. **465** Ebd. **466** ÖStA/KA/KM Präs. 1913: 2-4/40-16. **467** Bohemia, 2.6.1913, 7. **468** ÖStA/KA/KM Präs. 1913: 2-4/40-10. **469** ÖStA/KA/Evidenzbüro 1914: Erhebungsakten Oberst Redl, Kt. 3509. **470** Höfler, Hermann Zerzawy, 55. **471** ÖStA/KA/Evidenzbüro 1914: Erhebungsakten Oberst Redl, Kt. 3509. **472** ÖStA/KA/MGA-Sonderreihe, Kt. 17. **473** Moritz/Leidinger/Jagschitz, Im Zentrum der Macht, 114f. **474** Pethö, Agenten, 386 (Fn. 949), ÖStA/KA/MAG-Sonderreihe, Kt. 17. **475** Z.B.: Arbeiter-Zeitung, 1.6.1913, 8. **476** ÖStA/KA/Evidenzbüro 1914: Erhebungsakten Oberst Redl, Kt. 3509. **477** ÖStA/KA/MGA-Sonderreihe, Kt. 17. **478** Vgl. Urbańskis Angaben über Kovačević in: ÖStA/KA/NL B 58: 4 (Das Tornisterkind), 80. **479** ÖStA/KA/MGA-Sonderreihe, Kt. 17. **480** Als Beispiel: Prager Tagblatt, 30.5.1913, 1; Arbeiter-Zeitung, 31.5.1913, 2. **481** ÖStA/KA/MGA-Sonderreihe, Kt. 17. **482** Ebd. **483** Vgl. die diesbezüglichen Eintragungen zum Jahr 1891 in: ÖStA/KA/Qualifikationslisten Alfred Redl, Kt. 2695. **484** ÖStA/KA/Militärschulen/Qualifikationslisten der Kriegsschule, Kt. 33. **485** ÖStA/KA/MGA-Sonderreihe, Kt. 17. **486** Ebd. **487** Kisch, Der Fall, 48. **488** ÖStA/KA/MGA-Sonderreihe, Kt. 17. **489** Ebd. **490** Ebd. **491** Vgl. auch Pethö, Agenten, 386 (Fn. 949). **492** ÖStA/KA/NL B/58: 4b (Das Tornisterkind), 183. **493** Samojlo, Dve žizni, 108f. **494** Deutsch, Sidelights, 827. **495** ÖStA/KA/MGA-Sonderreihe, Kt. 17. **496** ÖStA/KA/KM Präs. 1913: 2-4/40. **497** Broucek, General im Zwielicht, 298. **498** Asprey, The Panther's Feast, 306. **499** Ebd., 290. **500** Ebd., 240–243. **501** Ebd., 290.

GEHEIMNISSE

502 RGVIA f. 2000, op. 15, d. 271, l. 28. **503** Ebd., l. 36 ob. **504** Ebd., l. 37. **505** Ebd., 27 ob. **506** Ebd., 27, 28. **507** Samojlo, Dve žizni, 119f. **508** RGVIA f. 2000, op. 15, d. 271, l. 27 ob. **509** Deutsches Volksblatt, 3.6.1913, 1. **510** Bohemia, 1.6.1913, 3. **511** Die Zeit, 2.6.1913, 3. **512** Ebd. **513** ÖStA/KA/Generalstab 1913: 18-14/2. **514** Deutsches Volksblatt, 4.6.1913, 6. **515** ÖStA/KA/Generalstab 1913: 18-14/2. **516** Kronenbitter, Krieg im Frieden, 296. **517** Die Zeit, 2.6.1913, 4f. **518** ÖStA/KA/Generalstab 1913: 18-14/2. **519** ÖStA/KA/Generalstab 1913: 4-14/2. **520** Zit. nach Conrad, Aus meiner Dienstzeit, 425. **521** Kronenbitter, Krieg im Frieden, 305. **522** ÖStA/KA/NL B/58: 4b (Das Tornisterkind), 181. **523** Ebd. **524** Schmidt, Gegen Russland und Frankreich, 377f. **525** RGVIA f. 2000, op. 1, d. 2979, l. 21. **526** RGVIA f. 1393, op.3, d. 1393, l. 5. **527** Stenographische Protokolle, Haus der Abgeordneten, 153. Sitzung der XXI. Session am 5. Juni 1913, 7570. **528** Zit. nach Pester Lloyd, 31.5.1913, 4; vgl. auch Bukowinaer Post, 1.6.1913, 1. **529** Arbeiter-Zeitung, 31.5.1913, 2. **530** Neuigkeits-Welt-Blatt, 31.5.1913, 4. **531** Die Zeit, 2.6.1913, 4. **532** Deutsches Volksblatt, 4.6.1913, 6. **533** Prager Tagblatt, 3.6.1913, 1. **534** Die Zeit, 2. 6.1913, 4. **535** Lebedev, Delo polkovnika Redlja, 12. **536** Neuigkeits-Welt-Blatt, 3.6.1913, 10; Illustrierte Kronen-Zeitung, 3.6.1913, 6. **537** Zit. nach Illustrierte Kronen-Zeitung, 17.6.1913, 6. **538** ÖStA/KA/Evidenzbüro 1914: Erhebungsakten Oberst Redl, Kt. 3509. **539** ÖStA/KA/KM Präs. 1913: 2-4/40. **540** ÖStA/KA/NL B/126: 1, Handschriftliche Notizen zum Aktenverlauf des Evidenzbüros 1913. **541** ÖStA/KA/Evidenzbüro 1914: Erhebungsakten Oberst Redl, Kt. 3509. **542** Alekseev, Voennaja razvedka, 552. **543** ÖStA/KA/Evidenzbüro 1914: Erhebungsakten Oberst Redl, Kt. 3509. **544** RGVIA f.2000, op.1, d.2979, l.22 und Alekseev, Voennaja razvedka, 553. **545** Alekseev, Voennaja razvedka, 243. **546** ÖStA/KA/MKFF 1913: 14-24/2. **547** ÖStA/KA/MKFF 1913: 14-24/1-16. **548** ÖStA/KA/MSKM 1914: 59-1/3. **549** Vgl. die Kopien von Akten des 8. Korps-Kommandos (Prag) betreffend Oberst Redl, den Autoren zur Verfügung gestellt vom Militärhistorischen Archiv in Prag, sowie diesbezügliche Kopien, erliegend bei ÖStA/KA/Qualifikationslisten Alfred Redl, Kt. 2695. **550** ÖStA/KA/MKSM 1914: 59-1/3; ÖStA/KA/KM Präs. 40-20/1 und vgl. die Berichterstattung in der Bohemia, 17.1.1914, 2. Dort ist ebenso wie in den ersten diesbezüglichen Berichten seitens der Militärbehörden vom »Prager Mittelschüler« als Besitzer des betreffenden Fotoapparats bzw. Films die Rede. **551** ÖStA/KA/NL B/126: 11. **552** ÖStA/KA/KM Präs. 1914: 40-20/2. **553** ÖStA/KA/MKSM 1914: 59-1/3. **554** ÖStA/KA/MKSM 1914: 59-1/3. **555** ÖStA/KA/NL B/1450: 100 und ÖStA/KA/MKFF 1914: 60-6/2. **556** ÖStA/KA/NL B/58: 4b (Das Tornisterkind), 201–203. **557** ÖStA/KA/Evidenzbüro 1914: Erhebungsakten Oberst Redl, Kt. 3509. **558** Sondhaus, Franz Conrad, 135. **559** ÖStA/KA/NL B/58: 4b (Das Tornisterkind), 203.

II. Kontext und Konsequenzen

FOLGEWIRKUNGEN

560 Armour, Colonel Redl, 186. **561** The China Times, 11.6.1913, 4. **562** Le Figaro, 7.6.1913, 2. **563** Berliner Tageblatt, 2.6.1913, 2. **564** L'Humanité, 31.5.1913, 1. **565** Ebd., 1.6.1913, 3. **566** Le Figaro, 5.6.1913, 1. **567** Ebd., 8.6.1913, 3. **568** Deutsches Volksblatt, 5.6.1913, 1. **569** Sankt Peterburgskija Vedomosti, 29.6.1913, 4. **570** Novoe Vremja, 2.6.1913, 4, und 13.6.1913, 3. **571** Lebedev, Delo polkovnika Redlja, 8f. **572** Service Historique de la Défense/Archives de l'armée de terre (SHD/AAT), Etat-major de l'armée de terre. Attaché militaire, Autriche-Hongrie 1911–1913, 7 N 1131, Hallier, 12.6.1913. **573** Ebd., Hallier, 29.5.1913. **574** The National Archives (TNA), Foreign Office (FO) 120/906, Cuninghame, 4.6.1913, 174f. **575** Ebd. **576** SHD/AAT, Etat-major de l'armée de terre. Attaché militaire, Autriche-Hongrie 1911–1913, 7 N 1131, Hallier, 12.6.1913. **577** Ebd., Hallier, 29.5.1913. **578** Ebd., Hallier, 10.6.1913. **579** Prager Tagblatt, 13.6.1913, 1. **580** Ebd., 9.6.1913, 2. **581** Vgl. Sternberg, Warum Österreich zugrunde gehen musste, 117f.; Kisch, Der Fall, 60f.; Markus, Der Fall, 122 und 244. **582** Die Neue Zeitung, 7.6.1913, 3; Illustrierte Kronen-Zeitung, 2.6.1913, 2f. **583** Fremden-Blatt, 2.6.1913, 5. **584** Prager Tagblatt, 2.6.1913, 2. **585** Fremden-Blatt, 2.6.1913, 5. **586** L'Humanité, 3.6.1913, 3. **587** Prager Tagblatt, 2.6.1913, 2. **588** Ebd., 9.6.1913, 2. **589** SHD/AAT, Etat-major de l'armée de terre. Attaché militaire, Autriche-Hongrie 1913–1914, 7 N 1132, Hallier, 3., 4. und 11.3.1914. **590** Die Zeit, 30.5.1913, 2. **591** Novoe vremja, 5.6.1913, 3. **592** Le Figaro, 6.6.1913, 2. **593** Die Zeit, 5.6.1913, 4. **594** TNA, FO 371/1576, Austria-Hungary No. 29217, 26.7.1913 und No. 30968, 7.7.1913. **595** Ebd., Austria-Hungary No. 34181, 24.7.1913 und No. 36861, 9.8.1913. **596** Ebd. **597** Ebd. **598** Ebd., Austria-Hungary No. 29217, 26.7.1913. **599** Ebd., Austria-Hungary No. 29339, 26.7.1913, No. 29673, 28.7.1913 und No. 29876, 30.6.1913. **600** Ebd., Austria-Hungary No. 37126, 11.8.1913. **601** Ebd. **602** SHD/AAT, Etat-major de l'armée de terre. Attaché militaire, Autriche-Hongrie 1911–1913, 7 N 1131, Hallier, 12.6.1913. **603** Kronenbitter, Krieg im Frieden, 237. **604** Ebd., 235. **605** ÖSTA/KA/KM/Präs. 1914 40-20/6. **606** ÖSTA/KA/NL Ronge, B 126:1a, 496-500; vgl. ÖSTA/KA/KM/Präs. 1914 40-20/6. **607** SHD/AAT, Etat-major de l'armée de terre. Attaché militaire, Autriche-Hongrie 1911–1913, 7 N 1131, Hallier, 4.7.1913. **608** Ebd. **609** Danzer's Armee-Zeitung, 5.6.1913, 7. **610** Ebd. **611** Zit. nach ebd. **612** Krieger, Geschichte der Geheimdienste, 162f. **613** Kronenbitter, Krieg im Frieden, 240. **614** ÖSTA/KA/NL Ronge, B 126:1a, 519. **615** Kronenbitter, Krieg im Frieden, 241. **616** SHD/AAT, Etat-major de l'armée de terre. Attaché militaire, Autriche-Hongrie 1911–1913, 7 N 1131, Hallier, 12.6.1913. **617** TNA, FO 120/906, Cuninghame, 5.6.1913. **618** Zit. nach Neues Wiener Journal, 31.5.1913, 5. Redl selbst wurde übrigens bis zu seiner Entlarvung von den Vorgesetzten eine »große Personal- und Menschenkenntnis« bescheinigt. – ÖSTA/KA/Qualifikationslisten Alfred Redl, Kt. 2695. **619** SHD/AAT, Etat-major de l'armée de terre. Attaché militaire, Autriche-Hongrie 1911–1913, 7 N 1131, Hallier, 23.9.1913. **620** Arbeiter-Zeitung, 2.6.1913, 3. **621** Archives des Affaires étrangères (AAÈ), Archives de l'administration centrale (à Paris)/Affaires politiques 1914–1944 (AAC/AP), Correspondance politique et commerciale, 1896–1918 (CPC), Autriche-Hongrie, Défense Nationale, Vol. IV, 1912–1914, Ambassade de la République Française à Vienne, 1.10.1913. **622** Kronenbitter, Krieg im Frieden, 236 und 239f. **623** Wandruszka/Urbanitsch, Die Bewaffnete Macht, 386f. **624** Danzer's Armee-Zeitung, 12.6.1913, 5. **625** Degreif, Operative Planungen, 164f. **626** Danzer's Armee-Zeitung, 12.6.1913, 5. **627** Sked, A Patriot for Whom?, 2. **628** Wandruszka/Urbanitsch, Die Bewaffnete Macht, 101f. **629** Die Zeit, 3.6.1913, 5. **630** ÖSTA/KA/Generalstab 1913: 29-11/3. **631** Neues Wiener Journal, 21.4.1928, 11f.; vgl. ÖSTA/KA/NL Ronge, B 126:81. **632** Mil'štejn, Delo polkovnika Redlja, 48. **633** Urbański, Aufmarschpläne, 85. **634** SHD/AAT, Etat-major de l'armée de terre. Attaché militaire, Autriche-Hongrie 1911–1913, 7 N 1131, Hallier, 12.6.1913. **635** Pethö, Agenten, 234. **636** Urbański, Aufmarschpläne, 87. **637** Kronenbitter, Krieg im Frieden, 387.

638 Pethö, Agenten, 388, Anm. 969. **639** Ebd., 304. **640** Ebd., 235. **641** Ebd. **642** Alekseev, Voennaja razvedka, 553; ÖSTA/KA/Evidenzbüro 1914: Erhebungsakten Oberst Redl, Kt. 3509. **643** Meynert, Neues Militär-Conversations-Lexikon, 17; Niemann, Militär-Handlexikon, 634f. und 685. **644** Vgl. SHD/AAT, Etat-major de l'armée de terre. Attaché militaire, Autriche-Hongrie 1911–1913, 7 N 1131, Hallier, 12.6.1913. **645** Urbański, Aufmarschpläne, 87f. **646** RGVIA, f. 2000, op. 1, d. 2831, l. 72 und 164. **647** Ebd., l. 62. **648** Ebd., l. 60 und l. **649** Ebd., d. 2869, l. 279-283. **650** Degreif, Operative Planungen, 163. **651** Alekseev, Voennaja razvedka, 553; ÖSTA/KA/Evidenzbüro 1914: Erhebungsakten Oberst Redl, Kt. 3509. **652** RGVIA, f. 2000, op. 1, d. 2869, l. 279-285. **653** Höhne, Der Krieg im Dunkeln, 68. **654** Ebd., 69. **655** Ebd., 105. **656** Ronge, Kriegs- und Industrie-Spionage, 68. **657** SHD/AAT, Etat-major de l'armée de terre. Attaché militaire, Autriche-Hongrie 1907–1910, 7 N 1130, Le baron de Sternberg, espion autrichien, 2.7.1910. **658** Jeffery, MI6, 32. **659** TNA, FO 120/903, Grey, 25.1.1913. **660** SHD/AAT, Etat-major de l'armée de terre. Attaché militaire, Autriche-Hongrie 1891–1902, 7 N 1128, Laguiche, 21.3.1902. **661** Ebd., Autriche-Hongrie 1907–1910, 7 N 1130, Procès de l'espion Jeczes, 12./13.4.1910. **662** Pethö, Agenten, 25. **663** SHD/AAT, Etat-major de l'armée de terre. Attaché militaire, Autriche-Hongrie 1907–1910, 7 N 1130, Le baron de Sternberg, espion autrichien, 2.7.1910. **664** Ebd., Autriche-Hongrie 1891–1902, 7 N 1128, Laguiche, 21.3.1902 sowie Autriche-Hongrie 1907–1910, 7 N 1130, Procès de l'espion Jeczes, 12./13.4.1910. **665** Ebd., Autriche-Hongrie 1891–1902, 7 N 1128, Berckheim, 15.3.1898. **666** Ebd., E.M.A. 2ème Bureau, Section Russe 1910–1914, 7 N 843 sowie E.M.A. 2ème Bureau, Section Russe 1887–1916, 7 N 844. **667** Benachrichtigung seitens der Tschechischen Akademie der Wissenschaften. **668** AAÈ, AAC/AP, Correspondance politique et commerciale, 1896–1918, Autriche-Hongrie, Défense Nationale, Vol. IV, 1912–1914, Télégramme déchiffré 1912. **669** TNA; FO 120/906, Cuninghame, 1.1.1913. **670** Ebd. **671** Ebd., Cuninghame, 5.6.1913. **672** Ebd., Cuninghame, 1.1.1913. **673** Jeffery, MI6, 32f. **674** SHD/AAT, Etat-major de l'armée de terre. Attaché militaire, Autriche-Hongrie 1911–1913, 7 N 1131, Hallier, 12.6.1913. **675** Degreif, Operative Planungen, 158, 210 und 214. **676** SHD/AAT, Etat-major de l'armée de terre. Attaché militaire, Autriche-Hongrie 1907–1910, 7 N 1130, L'Autriche-Hongrie en cas de guerre franco-allemande, 6.5.1909. **677** TNA, FO 371/1744, Military Attaché France, 9.3.1913. **678** RGVIA, f. 2000, op. 1, d. 2869, l. 283-285. **679** SHD/AAT, Etat-major de l'armée de terre. Attaché militaire, Autriche-Hongrie 1911–1913, 7 N 1131, Hallier, 24.1.1913; vgl. Degreif, Operative Planungen, 157. **680** Degreif, Operative Planungen, 159f. **681** Ebd., 209f. und 212. **682** Unklar ist, ob sich diese Ansicht auch auf die »Rekognoszierungsergebnisse« zur »strategischen Situation Russlands« aus dem Jahr 1911 bezog. Jedenfalls sollen die »auf vertraulichem Wege« den Berichten des englischen Militärattachés in St. Petersburg entnommenen Informationen angeblich Grundlagen für die Überarbeitung sowohl einer »Ordre de bataille« als auch eines

Aufmarschplanes der Habsburgerarmee gewesen sein. – ÖSTA/KA/Generalstab, Kt. 751. **683** Degreif, Operative Planungen, 207 und 213. **684** SHD/AAT, Etat-major de l'armée de terre. Attaché militaire, Autriche-Hongrie 1911–1913, 7 N 1131, Hallier, 12.6.1913. **685** Degreif, Operative Planungen, 214f. **686** RGVIA, f. 2000, op. 1, d. 2869, l. 283-285; vgl. ÖSTA/KA, Generalstab/Operationsbüro, Karton 687, Aufmarsch »R« 1914/15. **687** ÖSTA/KA, Generalstab/Operationsbüro, Karton 687, Aufmarsch »R« 1914/15. **688** Degreif, Operative Planungen, 183–186 und 209. **689** Österreich-Ungarns letzter Krieg, 14. Bezüglich der Rückverlegung des Aufmarsches sei auch auf die Einschätzung von Lothar Höbelt verwiesen. Seiner Ansicht nach war diese Maßnahme, die im Übrigen – so Höbelt – für das »Gros der Truppen« angesichts der »Eisenbahnverhältnisse« ohne Belang war, auf den »Wegfall der Bundesgenossenschaft Rumäniens« und weniger – wie des Öfteren behauptet – auf die »Spionage-Affäre Redl« zurückzuführen. – Höbelt, Österreich-Ungarns Nordostfront 1914/15, 89f. **690** Degreif, Operative Planungen, 205. **691** Rauchensteiner, Der Tod des Doppeladlers, 114; Österreich-Ungarns letzter Krieg, 6f. **692** Dazu sowohl aus militärischer als auch aus politischer Sicht: Höbelt, Österreich-Ungarns Nordostfront 1914/15, 88f. **693** Rauchensteiner, Der Tod des Doppeladlers, 114–121 und 130; Leidinger/Moritz, Der Erste Weltkrieg, 36f. Vor allem hinsichtlich der Operationen der 3. k.u.k. Armee sind negative Konsequenzen von »Gewaltmärschen und Frontalangriffen gegen einen überlegenen Gegner« zu konstatieren. »Das Angriffsfieber war zum Angriffswahn geworden«, heißt es bei Anton Pitreichs Darlegungen aus dem Jahr 1930. – Pitreich, Der österreichisch-ungarische Bundesgenosse, 118; vgl. Höbelt, Österreich-Ungarns Nordostfront 1914/15, 90. **694** Schmitz, Verrat am Waffenbruder?, 385f. **695** Moritz/Leidinger/Jagschitz, Im Zentrum der Macht, 112. **696** Rauchensteiner, Der Tod des Doppeladlers, 130. **697** AAÈ, AAC/AP, Correspondance politique et commerciale, 1896–1918, Autriche-Hongrie, Défense Nationale, Vol. IV, 1912–1914, Télégramme déchiffré 1912. **698** Alekseev, Voennaja razvedka 552. **699** RGVIA, f. 2000, op. 1, d. 2829, l. 42. **700** ÖSTA/KA/NL Bornemann, B 1041:79. **701** Leidinger/Moritz, Der Erste Weltkrieg, 36 und 39.

SKIZZEN EINER EPOCHE

702 Ropponen, Die Kraft Russlands, 41; Krieger, Geschichte der Geheimdienste, 146f.; Leidinger/Moritz, Der Erste Weltkrieg, 24f. **703** Leidinger/Moritz, Der Erste Weltkrieg, 25. **704** Ebd., 25f. **705** Ebd., 25f. **706** Afflerbach, Der Dreibund, 772. **707** TNA, FO 371/1898, No. 6952, 16.2.1914 und No. 11682, 16.3.1914. **708** Schmidt, Graf Julius Andrássy, 3f. und 38f. **709** Canis, Der Zweibund, 41 und 189; Rauscher, Bündnisproblematik, 125. **710** Sutter, Goluchowski's Versuche, 181 und 189. **711** Höhne, Der Krieg im Dunkeln, 84. **712** Pethö, Agenten, 17f. und 237. **713** Ebd., 199. **714** Kronenbitter, Krieg im Frieden, 233; Afflerbach, Der Dreibund, 788f.; Pethö,

Agenten, 17 und 174. **715** Krieger, Geschichte der Geheimdienste, 147. **716** Rauchensteiner, Die k.u.k. Armee im Zweibund, 245f.; Deist, Militärische Aspekte des Zweibundes, 274f. **717** Afflerbach, Der Dreibund, 769. **718** Kronenbitter, Krieg im Frieden, 291. **719** Pethö, Agenten, 17; Krieger, Geschichte der Geheimdienste, 137. **720** SHD/AAT, Etat-major de l'armée de terre. Attaché militaire, Russie 1900–1911, 7 N 1485, Mission Mondesir, 1.1.1910, und Communication au Gouvernement Russe, 5.3.1910. **721** Kronenbitter, Krieg im Frieden, 291. **722** Moritz, »Wir sind also noch fähig zu wollen!«, 75. **723** SHD/AAT, Etat-major de l'armée de terre. Attaché militaire, Autriche-Hongrie 1911–1913, 7 N 1131, L'affaire de Trieste, 10.9.1913. **724** TNA, FO 371/1899, No. 10399, 9.3.1914. **725** Kronenbitter, Krieg im Frieden, 417 und 426–428. **726** Rauchensteiner, Der Tod des Doppeladlers, 21–25. **727** Ebd. **728** Leidinger/Moritz, Der Erste Weltkrieg, 28. **729** Ronge, Kriegs- und Industriespionage, 36, 66 und 394f.; Pethö, Agenten, 224. **730** Kronenbitter, Krieg im Frieden, 233. **731** TNA, FO 371/1898, No. 6952, 16.2.1914, No. 11682, 16.3.1914 und FO 371/1899, No. 10399, 9.3.1914. **732** SHD/AAT, Etat-major de l'armée de terre. Attaché militaire, Autriche-Hongrie 1911–1913, 7 N 1131, Nouvelles politiques, 18.12.1913. **733** TNA, FO 120/906, Military Attache Vienna, 5.6.1913. **734** Die Zeit, 1.6.1913, 1. **735** Neues Wiener Journal, 3.6.1913, 2. **736** Sankt Peterburgskija Vedomosti, 7.6.1913, 8. **737** TNA, FO 371/1747, No. 50103, 4.11.1913. **738** Jeffery, MI6, 4f.; Krieger, Geschichte der Geheimdienste, 157f. **739** Zit. nach Krieger, Geschichte der Geheimdienste, 159. **740** TNA, FO 1093/27, Secret Papers: Suggestions by the General Staff regarding a Secret Service Bureau (1909); Krieger, Geschichte der Geheimdienste, 160. **741** Höhne, Der Krieg im Dunkeln, 48–53. **742** Ebd., 59–62; Roewer/Schäfer/Uhl, Lexikon der Geheimdienste, 368. **743** Pethö, Agenten, 19f. **744** Krieger, Geschichte der Geheimdienste, 132. **745** Höhne, Der Krieg im Dunkeln, 62; Pethö, Agenten, 30. **746** SHD/AAT, Etat-major de l'armée de terre. Attaché militaire, Autriche-Hongrie 1907–1910, 7 N 1130, P. Girodon, 12.4.1910. **747** Ebd., Capitaine Levesque, 30.11.1909. **748** TNA, FO 371/1899, Prague, No. 6220, 11.2.1914. **749** Rauchensteiner, Der Tod des Doppeladlers, 77; Pethö, Agenten, 242–246. **750** TNA, FO 371/1898, No. 6952, 16.2.1914 und No. 11682, 16.3.1914. **751** Ebd., FO 371/1899, No. 10399, 9.3.1914. **752** SHD/AAT, Etat-major de l'armée de terre. Attaché militaire, Autriche-Hongrie 1907–1910, 7 N 1130, Observations sur le rapprochement austrorusse, 15.2.1910. **753** AAÈ, AAC/AP, Correspondance politique et commerciale, 1896-1918, Nouvelle série, Russie 23, Ambassade de la Republique Francaise en Russie, Revue de la presse, 24.1.1913 und 27.1.1913; TNA, FO 371/1743, Russia, No. 4373, 29.1.1913. **754** Danzer's Armee-Zeitung, 5.6.1913, 5. **755** SHD/AAT, Etat-major de l'armée de terre. Attaché militaire, Autriche-Hongrie 1911–1913, 7 N 1131, Hallier, 12.6.1913. **756** Ebd. **757** ÖSTA/KA/KM Präs. 1913: 18-37/2. **758** TNA, FO 1093/27, Secret Papers: Suggestions by the General Staff regarding a Secret Service Bureau (1909). **759** Moritz/Leidinger/Jagschitz, Im Zentrum der Macht, 368f. **760** ÖSTA/KA/KM

Präs. 1913: 18-37/2. **761** SHD/AAT, Etat-major de l'armée de terre. Attaché militaire, Autriche-Hongrie 1911–1913, 7 N 1131, Hallier, 12.6.1913. **762** ÖSTA/KA/MKFF 1913: 14-24/1-16. **763** Kunz, Da wir in Österreich dienten, 6f. **764** ÖSTA/KA/MKFF 1913: 14-24/1-16. **765** Danzer's Armee-Zeitung, 5.6.1913, 8. **766** Ebd. **767** ÖSTA/KA/KM 1913 Präs. 18-37/2. **768** Kunz, Da wir in Österreich dienten, 24–27, 31–39, 49–55 und 57–60. **769** Ebd., 25f., 31, 34, 39, 47 und 53 und 55. **770** Leidinger, Die BeDeutung der SelbstAuslöschung, 179f.; Maderthaner/Musner, Die Anarchie der Vorstadt, 176–181. **71** Hamann, Hitlers Wien, 183–187. **772** Ebd., 147f.; Maderthaner/Musner, Die Anarchie der Vorstadt, 182–191. **773** Blom, Der taumelnde Kontinent, 27. **774** Ebd., 49; Leidinger, Die BeDeutung der SelbstAuslöschung, 144. **775** Leidinger, Die BeDeutung der SelbstAuslöschung, 164–168; Blom, Der taumelnde Kontinent, 34. **776** Ash, Die Wissenschaften in der Geschichte der Moderne, 114f. **777** Le Rider, Der Fall Otto Weininger, 62. **778** Schlögel, Petersburg, 147. **779** Hofer, Nervenschwäche und Krieg, 120. **780** Ebd., 164f. und 180f.; Rieder, Oberst Redl, 203. **781** Blom, Der taumelnde Kontinent, 205. **782** ÖSTA/KA/KM 1913 Präs. 18-37/2. **783** Moritz, »Entweder ein ungeheurer Blödsinn oder eine unerbittliche Notwendigkeit«, 138–140. **784** ÖSTA/KA/Archiv d. k.k. Min. f. LV, Fasz. 5/JW 1908-1918, Karton 540, Präs. Nr. 6834/1913. **785** Ebd., 151 und 164. **786** Rost, Bibliographie des Selbstmords, 208. **787** Illustrierte Kronen-Zeitung, 6.1.1914, 4. **788** Blom, Der taumelnde Kontinent, 190f.; Neues Wiener Tagblatt, 8.1.1912, 15. **789** Eder, Homosexualitäten, 26; Blazek, Rosa Zeiten für rosa Liebe, 124. **790** Zit. nach Eder, Homosexualitäten, 41f. und 44f. **791** Prager Tagblatt, 30.5.1913, 1. **792** Danzer's Armee-Zeitung, 5.6.1913, 1. **793** Eder, Homosexualitäten, 28f., 31 und 36. **794** Blazek, Rosa Zeiten für rosa Liebe, 138–145. **795** Eder, Homosexualitäten, 33f. **796** Ebd., 46–49. **797** SHD/AAT, Etat-major de l'armée de terre. Attaché militaire, Autriche-Hongrie 1911–1913, 7 N 1131, Hallier, 29.5.1913. **798** Sternberg, Warum Österreich zugrunde gehen musste, 122. **799** Danzer's Armee-Zeitung, 5.6.1913, 1. **800** Leidinger, Die BeDeutung der SelbstAuslöschung, 63–65 und 134. **801** Ebd., 145–152 und 158f. **802** Vojenský ústřední archiv, Praha, K.u.k. 8. Korpskommando, Todesfall Redl, Ex-offo-Sterbregisterextrakt. **803** Prager Tagblatt, 2.6.1913, 1. **804** Neues Wiener Journal, 1.6.1913, 2. **805** ÖSTA/KA, MKFF 1913: 14-24/1-16. **806** Dazu: Neues Wiener Journal, 25.5.1933, 9. **807** Leidinger, »Der Einzug des Galgens und des Mordes«, 241–249. **808** Ebd., 254f. **809** In den Qualifikationslisten bescheinigte man Alfred Redl übrigens schon vor 1900 die gleichwertige Beherrschung des Deutschen, Polnischen und »Ruthenischen«. – ÖSTA/KA/Qualifikationslisten Alfred Redl, Kt. 2695. **810** Floiger, Zur Berichterstattung, 97. **811** Zit. nach Asprey, The Panther's Feast, 291. **812** Novoe Vremja, 13.6.1913, 3. **813** ÖSTA/KA NL B/1041:79. **814** Heilpern, John Osborne, 303. **815** Dazu auch: Fremden-Blatt, 2.6.1913, 5. **816** Neues Wiener Journal, 31.5.1913, 4. **817** Seeliger/Otto [= Löwenstein], Oberst Redl – der Spion, 15–17 und 30f. **818** Groma, Spionage in Wien, 33–55 und 65. **819** Ebd., 29f., 106f., 149 und 175. **820** Rieder, Oberst Redl, 219. **821** Kelly,

Der Meisterspion, Vorbemerkung. **822** Asprey, The Panther's Feast, 295–308. **823** Armour, Georg Markus, Der Fall Redl, 188. **824** Ebd., 189. **825** Kisch, Hetzjagd durch die Zeit, 33–76. **826** Haensel, Carl: Kennwort Opernball 13. Die letzten 12 Stunden des Obersten Redl. Roman. Lengerich 1955. **827** Dobai, Péter: Oberst Redl. Roman über die Donaumonarchie. Berlin/Weimar 1991. **828** Heilpern, Osborne, 310f. **829** Mein Film. Die österreichische Filmillustrierte, 6, 1955. Dass »die Vorgänge des historischen Falles« im »Filmskript« des Antel-Streifens »nur geringfügig retuschiert« wurden, wie *Der Spiegel* in einem Bericht meinte, kann nicht nachvollzogen werden. – Der Spiegel, 23.2.1955. **830** Moritz/Leidinger/Jagschitz, Im Zentrum der Macht, 215. **831** Das Kino-Journal, 28.2.1931, 14. **832** Moritz/Leidinger/Jagschitz, Im Zentrum der Macht, 215f. **833** Siehe dazu auch: Der Spiegel, 23.2.1955. **834** Moritz/Moser/Leidinger, Kampfzone Kino, 382f. **835** Moritz/Leidinger/Jagschitz, Im Zentrum der Macht, 216. **836** Der Spiegel, 23.2.1955. **837** Zit. nach Der Spiegel, 23.2.1955. **838** Moritz/Moser/Leidinger, Kampfzone Kino, 160. **839** Kinematograph, 28.2.1931. **840** Seeliger/Otto [= Löwenstein], Oberst Redl – der Spion, 30. **841** Groma, Spionage in Wien, 314. **842** Seeliger/Otto [= Löwenstein], Oberst Redl – der Spion, 7; vgl. Sternberg, Warum Österreich zugrunde gehen musste, 127. **843** Die Presse, 8.7.2011.

ARCHIVQUELLEN

ÖSTERREICH

ÖStA (Österreichisches Staatsarchiv)/KA (Kriegsarchiv)

Akten des Evidenzbüros bzw. AOK-Evidenzbüro 1902–1915 ▪ Akten des Generalstabs 1913–1914 ▪ Akten des k.k. Min. (Ministeriums) f. (für) LV (Landesverteidigung) 1908–1918 ▪ Akten des MKFF (Militärkanzlei Franz Ferdinand) 1913 und 1914 ▪ Akten des MKSM (Militärkanzlei Seiner Majestät) 1913 und 1914 ▪ Akten des KM (Kriegsministerium)/Präs. (Präsidium) und der 1. sowie 4. Abt. (Abteilung) 1900–1915 bzw. des Militärliquidierungsamtes 1923 ▪ Akten des k.k. Ministeriums für Landesverteidigung/Sonderreihe ▪ Akten des MGA (Militärgerichtsarchiv) 1913 und 1914 ▪ Akten der GASM (General-Adjutantur Seiner Majestät) ▪ Akten der Militär-Schulen ▪ Qualifikationslisten ▪ Grundbuchblätter ▪ NL (Nachlässe): B/15 (Kundmann); B/58 (Urbański); B/75 (Bolfras); B/82 (Metzger); B/96 (Brudermann); B/126 (Ronge); B/198 (Csicserics von Bácsany); B/207 (Bardolff); B/741 (Giesl von Gieslingen); B/760 (Spannocchi); B/962 (Zerzawy); B/994 (Seeliger); B/1041 (Bornemann); B/1053 (Langer); B/1450 (Conrad)

ÖStA/HHStA (Haus-, Hof- und Staatsarchiv)

AR (Administrative Registratur)/ F (Fach) 6, Kt. (Karton) 68 ▪ AR/ F7, Kt. 51 ▪ PA (Politisches Archiv) I, Kt. 477, 780, 781, 783 ▪ PA X, Kt. 139 ▪ PA XII, Kt. 440 ▪ PA XXVI, Kt. 31, 42 ▪ PA XXVII, Kt. 52 ▪ PA XL, Kt. 184, 185, 186, 187, 242 ▪ PA/Gesandtschaftsarchiv St. Petersburg, Kt. 126

WStLA (Wiener Stadt- und Landesarchiv)

LGSt, A11: Vr LG I 4142/1 (Julius Petric und Florian Lindner) ▪ LGSt, A11: Vr LG I 3516/1.-2. Teil/1913 (Artur Itzkusch)

Privatnachlass Ronge (Gerhard Jagschitz, Wien)

Sammlung von Zeitungsausschnitten

Dokumentation lebensgeschichtlicher Aufzeichnungen (Universität Wien)

Erinnerungen von Michael Macher

DEUTSCHLAND

PAAA (Politisches Archiv Auswärtiges Amt)

Akten der Botschaft Wien ▪ Akten des Militärattachés Wien

FRANKREICH

AAÈ (Archives des Affaires étrangères/Archives de l'administration centrale à Paris)

Affaires politiques 1914–1944, Correspondance politique et commerciale, 1896–1918, Autriche-Hongrie, Nouvelle série (NS) 21–22, Questions dynastiques et cour 1896–1914 ▪ Affaires politiques 1914–1944, Correspondance politique et commerciale, 1896–1918, Autriche-Hongrie, NS 29, Politique étrangère, Relations avec l'Angleterre et la Russie 1896–1914 ▬ Affaires politiques 1914–1944, Correspondance politique et commerciale, 1896–1918, Autriche-Hongrie, NS 55, Défense nationale, 1912–1914 ▬ Affaires politiques 1914–1944, Correspondance politique et commerciale, 1896–1918, Russie, NS 22, Politique étrangère, Dossier général 1912 ▬ Affaires politiques 1914–1944, Correspondance politique et commerciale, 1896–1918, Russie, NS 23, Politique étrangère, Dossier général 1913–1916 ▬ Affaires politiques 1914–1944, Correspondance politique et commerciale, 1896–1918, Russie, NS 41, Politique étrangère, Alliance franco-russe 1912 ▬ Affaires politiques 1914–1944, Correspondance politique et commerciale, 1896–1918, Russie, NS 42, Politique étrangère, Alliance franco-russe 1913–1918 ▬ Affaires politiques 1914–1944, Correspondance politique et commerciale, 1896–1918, Russie, NS 47, Politique étrangère, Relations avec l'Autriche 1903–1912

SHD/AAT (Service Historique de la Défense/Archives des l'armée de terre, Paris)

Etat-major de l'armée de terre. Attaché militaire, Autriche-Hongrie, Rapports 1891–1902, 7 N 1128 ▬ Etat-major de l'armée de terre. Attaché militaire, Autriche-Hongrie, Rapports 1903–1906, 7 N 1129 ▬ Etat-major de l'armée de terre. Attaché militaire, Autriche-Hongrie, Rapports 1907–1910, 7 N 1130 ▬ Etat-major de l'armée de terre. Attaché militaire, Autriche-Hongrie, Rapports 1911–1913, 7 N 1131 ▬ Etat-major de l'armée de terre. Attaché militaire, Autriche-Hongrie, Rapports 1913–1914, 7 N 1132 ▬ Etat-major de l'armée de terre. Attaché militaire, Autriche-Hongrie, Renseignements divers: Ordre de bataille des armées austro-hongroises est et sud 1889–1914, 7 N 1139–1140 ▬ Etat-major de l'armée de terre. Attaché militaire, Autriche-Hongrie, Renseignements divers: Armes et services: artillerie 1877–1914, 7 N 1142–1143 ▬ Etat-major de l'armée de terre. Attaché militaire, Autriche-Hongrie, Renseignements divers: Fortifications 1878–1914, 7 N 1144–1145 ▬ Etat-major de l'armée de terre. Attaché militaire, Russie 1910–1914, 7 N 1478 ▬ Etat-major de l'armée de terre. Attaché militaire, Russie 1900–1911, 7 N 1485 ▬ Etat-major de l'armée de terre. Attaché militaire, Russie 1912–1914, 7 N 1486 ▬ Etat-major de l'armée de terre, 2ème Bureau, Avant-Guerre 1912–1914, 7 N 672 ▬ Etat-major de l'armée de terre, 2ème Bureau, Section Russe 1910–1914, 7 N 843 ▬ Etat-major de l'armée de terre, 2ème Bureau, Section Russe 1887–1916, 7 N 844

ENGLAND

TNA (The National Archives, London)

Foreign Office (FO) 120/903 ▬ FO 120/904 ▬ FO 120/905 ▬ FO 120/906 ▬ FO 368/787 ▬ FO 368/788 ▬ FO 368/789 ▬ FO 369/121 ▬ FO 369/546 ▬ FO 369/547 ▬ FO 369/662 ▬ FO 371/1743 ▬ FO 371/1744 ▬ FO 371/1745 ▬ FO 371/1746 ▬ FO 371/1747 ▬ FO 371/1575 ▬ FO 371/1576 ▬ FO 371/1898 ▬ FO 371/1899 ▬ FO 371/1900 ▬ FO 372/417 ▬ FO 372/418 ▬ FO 372/488 ▬ FO 566/1058 ▬

FO 1093/27 ▪ FO 1093/31 ▪ War Office (WO) ▪ WO 106/292 ▪ WO 106/746 ▪ WO 106/747 ▪ WO 106/748 ▪ WO 106/6186 ▪ WO 106/6283

RUSSLAND

RGVIA (Voenno-istoričeskij Archiv, Moskva)

f. 400 Glavnyj Štab ▪ f. 428 Avstro-Vengrija ▪ f. 1342 Voenno-Okružnyj Sovet Peterburgskogo Voennogo Okruga ▪ f. 1343 Štab Peterburgskogo Voennogo Okruga ▪ f. 1758 Voenno-Okružnyj Sovet Kievskogo Voennogo Okruga ▪ f. 1759 Štab Kievskogo Voennogo Okruga ▪ f. 1859 Štab Varšavskogo Voennogo Okruga ▪ f. 2000 Glavnoe Upravlenie General'nogo Štaba ▪ f. 2067 Štab Glavnokomandujuščego Armijami Jugo-Zapadnogo Fronta

TSCHECHIEN

Vojenský ústřední archiv, Praha

Kopien von Akten des k.u.k. 8. Korps-Kommandos (Prag) betreffend Todesfall Oberst Redl.

UNGARN

Hadtörténelmi Levéltar

Schreiben der Generalstabsabteilung des k.u.k. 4. Korpskommandos an das Evidenzbüro des Generalstabs, 22.10.1913

ZEITUNGEN

Arbeiter-Zeitung ▪ Berliner Tageblatt ▪ Bohemia ▪ Bukowinaer Post ▪ Čech ▪ Danzer's Armee-Zeitung ▪ Das Kino-Journal ▪ Der Spiegel ▪ Deutsches Volksblatt ▪ Die Neue Zeitung ▪ Die Presse ▪ Die Zeit ▪ Fremden-Blatt ▪ Illustrierte Kronen-Zeitung ▪ Illustriertes Wiener Extrablatt ▪ Kikeriki. Wiener humoristisches Volksblatt ▪ Kinematograph ▪ Kurjer Lwowski ▪ L'Humanité ▪ Le Figaro ▪ Linzer Volksblatt ▪ Marburger Zeitung ▪ Mein Film. Die österreichische Filmillustrierte ▪ Neue Freie Presse ▪ Neue Illustrierte Wochenschau ▪ Neues Wiener Abendblatt ▪ Neues Wiener Journal ▪ Neues Wiener Tagblatt ▪ Neuigkeits-Welt-Blatt ▪ Novoe Vremja ▪ Pester Lloyd ▪ Pilsner Tagblatt ▪ Prager Tagblatt ▪ Reichspost ▪ Sankt Peterburgskija Vedomosti ▪ The China Times ▪ Volksblatt für Stadt und Land

LITERATUR

Anonymus: Kaiser Franz Joseph I. und sein Hof. Erinnerungen und Schilderungen aus den nachgelassenen Papieren eines persönlichen Ratgebers. Wien/Hamburg 1984.

Afflerbach, Holger: Der Dreibund. Europäische Großmacht- und Allianzpolitik vor dem Ersten Weltkrieg. Wien/Köln/Weimar 2002.

Alekseev, Michail: Voennaja razvedka Rossii. Ot Rjurika do Nikolaja. Kniga II. Moskva 1998.

Altmann, Ludwig: Zur Psychologie des Spions, in: Die Weltkriegsspionage. München 1931, 37–52.

Armour, Ian: Review: Georg Markus, Der Fall Redl, in: Intelligence and National Security, 2, 1987, 186–189.

Ash, Mitchell G.: Die Wissenschaften in der Geschichte der Moderne. In: Österreichische Zeitschrift für Geschichtswissenschaft, 1999, 105–129.

Asprey, Robert: The Panther's Feast. New York 1986.

Bader, Emil: Wie Oberst Redl entlarvt wurde. Authentische Mitteilungen aus Polizeiakten, in: Neues Wiener Tagblatt, 20.7.1931.

Batjušin, N. S.: U istokov russkoj kontrrazvedki: Sbornik dokumentov i materialov. Moskva 2007.

Blazek, Helmut: Rosa Zeiten für rosa Liebe. Geschichte der Homosexualität. Frankfurt am Main 1996.

Blom, Philipp: Der taumelnde Kontinent. Europa 1900–1914. München 2009.

Braumandl, Wolfgang: Intelligence Studies. Eine politikwissenschaftliche Konzeptualisierung von Strategic Intelligence. Diss. Wien 2007.

Brjuchanov, Vladimir: Učitel' i učenik: superagenty Al'fred Redl' I Adol'f Gitler. Moskva 2010.

Broucek, Peter (Hg.): Ein General im Zwielicht. Die Erinnerungen Edmund Glaises von Horstenau, Bd. 1. Wien/Köln/Graz 1980.

Busch, Tristan (= Schütz, Arthur): Entlarvter Geheimdienst. Secretinismus. Zürich 1946.

Busch, Tristan (= Schütz, Arthur): Major Kwaplitschka. Entlarvter Geheimdienst. Wien 1950

Büttner, Elisabeth/Dewald, Christian: Das tägliche Brennen. Eine Geschichte des österreichischen Films von den Anfängen bis 1945. Salzburg/Wien 2002.

Canis, Konrad: Der Zweibund in der Bismarckschen Außenpolitik, in: Rumpler, Helmut/Niederkorn, Jan Paul (Hg.): Der »Zweibund« 1879. Das deutsch-österreichisch-ungarische Bündnis und die europäische Diplomatie. Wien 1996, 41–67.

Cikov, A.: Dva vzgljada na polkovnika Redlja, in: Očerki rossijskoj vnešnej razvedki. Moskva 1996, 214–219.

Colonel Allison: A short history of espionage. New York 1963.

Conrad, Feldmarschall: Aus meiner Dienstzeit 1906–1913, Bd. 3: Der Ausgang des Balkankrieges und die Zeit bis zum Fürstenmord in Sarajevo. Wien/Leipzig/München 1922.

Deák, István: Der k.(u.)k. Offizier 1848–1918. Wien/Köln/Weimar 1995.

Degreif, Diether: Operative Planungen des k.u.k. Generalstabes für einen Krieg in der Zeit vor 1914. Wiesbaden 1985.

Deist, Wilhelm: Militärische Aspekte des Zweibundes, in: Rumpler, Helmut/Niederkorn, Jan Paul (Hg.): Der »Zweibund« 1879. Das deutsch-österreichisch-ungarische Bündnis und die europäische Diplomatie. Wien 1996, 261–275.

Derevjanko, Il'ja: Ščupal'ca spruta. Specoperacii razvedki i kontrrazvedki Rossijskoj Imperii, Moskva 2004.

Deutsch, Harold D.: Sidelights on the Redl Case – Russian Intelligence on the Eve of the Great War, in: Intelligence and National Security, 4, 1989, 827f.

Die Beichte des Spions. Aus den hinterlassenen Papieren des Obersten R. Berlin/Leipzig 1913.

Dobai, Peter: Oberst Redl. Roman über die Donaumonarchie. Berlin/Weimar 1991.

Eder, Franz X.: Homosexualitäten. Diskurse und Lebenswelten 1870–1970, Weitra 2011.

Eder, Hans: Der General der k.u.k. Armee und Geheime Rat Maximilian Csicserics von Bácsany. Diss. Wien 2012.

Fellner, Fritz/Corradini, Doris A.: Schicksalsjahre Österreichs. Die Erinnerungen und Tagebücher Josef Redlichs 1869–1936. Bd. 1: Erinnerungen und Tagebücher 1869–1914. Wien/Köln/Weimar 2011.

Floiger, Nicole: Zur Berichterstattung des Falles Redl in der Presse. Diplomarbeit Wien 2009.

Frantz, Gunther: Russlands Eintritt in den Weltkrieg. Berlin 1924.

Galvazin, S.N.: Ochrannye struktury Rossijskoj Imperii. Moskva 2001.

Grekov, N. V.: Russkaja kontrrazvedka v 1905–1917 gg.: špionomanija i real'nye problemy. Moskva 2000.

Groma, Peter: Spionage in Wien. Der Fall des Generalstabschefs Redl. Roman. Hamburg 1955.

Haensel, Carl: Kennwort Opernball 13. Die letzten 12 Stunden des Obersten Redl. Roman. Lengerich 1955.

Hamann, Brigitte: Hitlers Wien. Lehrjahre eines Diktators. 10. Aufl. München/Zürich 2008.

Hanold, Betty: »Ich gab Redl den verhängnisvollen Brief!«, in: Neue Illustrierte Wochenschau, 24.5.1953, 5.

Heilpern, John: John Osborne. A Patriot for Us. London 2006.

Höbelt, Lothar: »So wie wir haben nicht einmal die Japaner angegriffen«. Österreich-Ungarns Nordfront 1914/15. In: Groß, Gerhard P. (Hg.): Die vergessene Front. Der Osten 1914/15. Ereignis, Wirkung, Nachwirkung. Paderborn/München/Wien/Zürich 2006, 87–120.

Höfler, Ida Olga (Hg.): Hermann Zerzawy: Eine Welt ging unter, Erinnerungen, Erlebnisse, Augenzeugenbericht aus dem Ersten Weltkrieg. Gänserndorf 1997.

Hof- und Staats-Handbuch der österreichisch-ungarischen Monarchie für das Jahr 1913, XXXIX Jahrgang. Wien 1913.

Hofer, Hans-Georg: Nervenschwäche und Krieg. Modernitätskritik und Krisenbewältigung in der österreichischen Psychiatrie (1880–1920). Wien/Köln/Weimar 2004.

Horowitz, Michael: Ein Leben für die Zeitung. Der rasende Reporter Egon Erwin Kisch. Wien 1985.

Ignatjew, A. A.: Fünfzig Jahre in Reih und Glied. Berlin 1963.

Ivanov, Egor: Negromkij vystrel. Roman-chronika. Moskva 1977.

Ivanov, Egor: Čest' i dolg. Roman-chronika. Moskva 1987.

Ivanov, Egor: Vmeste s Rossiej. Roman-chronika. Moskva 1981.

Jeffery, Keith: MI6. The History of the Secret Intelligence Service 1909–1949. London/Berlin/New York/Sydney 2011.

Kelly, S.E.: Der Meisterspion. Roman. Buenos Aires 1945.

Kisch, Egon Erwin: Der Fall des Generalstabschefs Redl. Berlin 1924.

Kisch, Egon Erwin: Hetzjagd durch die Zeit. Berlin 1926.

Kisch, Egon Erwin: Wie ich erfuhr, dass Redl ein Spion war. Zwölf Reportagen. Berlin 1961.

Kisch, Egon Erwin: Der Fall des Generalstabschefs Redl, in: Prager Pitaval. Späte Reportagen. Berlin/Weimar 1969, 132–176.

Knightely, Phillip: Geschichte der Spionage im 20. Jahrhundert – Aufbau und Organisation, Erfolge und Niederlagen der großen Geheimdienste. Berlin 1990.

Krieger, Wolfgang: Geschichte der Geheimdienste. Von den Pharaonen bis zur CIA. München 2009.

Kronenbitter, Günther: Krieg im Frieden. Die Führung der k.u.k. Armee und die Großmachtpolitik Österreich-Ungarns 1906–1914. München 2003.

Kunz, Jaroslav: Da wir in Österreich dienten. Erinnerungen. Prag 1921.

Le Rider, Jacques: Der Fall Otto Weininger. Wien/München 1985.

Lebedev, V. A.: Delo polkovnika Redlja, in: Istoričeskie čtenija na Lubjanke 1997–2007. Moskva 2008, 5–16.

Lehmann's Allgemeiner Wohnungsanzeiger nebst Handels- und Gewerbe-Adressbuch 1868–1922. Wien.

Leidinger, Hannes/Moritz, Verena: Der Erste Weltkrieg. Wien/Köln/Weimar 2011.

Leidinger, Hannes: »Der Einzug des Galgens und des Mordes«. Die parlamentarischen Stellungnahmen polnischer und ruthenischer Reichsratsabgeordneter zu den Massenhinrichtungen in Galizien 1914/15. In: Zeitgeschichte, 5, 2006, 235–260.

Leidinger, Hannes: Die BeDeutung der SelbstAuslöschung. Aspekte der Suizidproblematik in Österreich von der Mitte des 19. Jahrhunderts bis zur Zweiten Republik. Innsbruck/Wien/Bozen 2012.

Leitner, Thea: Hühnerstall und Nobelball. 1938–1955: Leben in Krieg und Frieden. Wien 2004.

Maderthaner, Wolfgang/Musner, Lutz: Die Anarchie der Vorstadt – Das andere Wien um 1900. Frankfurt/New York 1999.

Margutti, Vom alten Kaiser. Persönliche Erinnerungen an Franz Joseph I. Leipzig/Wien 1921.

Markus, Georg: Der Fall Redl. Mit unveröffentlichten Geheimdokumenten zur folgenschwersten Spionage-Affäre des Jahrhunderts. Frankfurt/M./Berlin 1986 (Ungekürzte Taschenbuchausgabe des 1984 erstmals im Verlag »Amalthea« erschienenen Bandes).

May, Ernest R. (Hg.): Knowing One's Enemies. Intelligence Assessment before the two World Wars. Princeton 1984.

Meynert, Hermann: Neues Militär-Conversations-Lexikon für das kaiserliche und königliche Heer. Wien 1870.

Mil'štejn, M.: Delo polkovnika Redlja, in: Voenno-istoričeskij žurnal, Nr. 1, 1966, 45–56.

Moritz, Verena/Leidinger, Hannes/Jagschitz, Gerhard: Im Zentrum der Macht. Die vielen Gesichter des Geheimdienstchefs Maximilian Ronge. St. Pölten/Salzburg 2007.

Moritz, Verena/Moser, Karin/Leidinger, Hannes: Kampfzone Kino. Film in Österreich 1918–1938. Wien 2008.

Moritz, Verena: »Entweder ein ungeheurer Blödsinn oder eine unerbittliche Notwendigkeit«. Überlegungen zum Ehrbegriff im Werk von Arthur Schnitzler zwischen historischem Kontext und filmischer Adaption, in: Ballhausen, Thomas/Eichinger, Barbara/Moser, Karin/Stern, Frank (Hg.): Die Tatsachen der Seele. Arthur Schnitzler und der Film. Wien 2006, 137–169.

Moritz, Verena: »Wir sind also noch fähig zu wollen!« Alexander Hoyos und die Entfesselung des Ersten Weltkriegs, in: Moritz, Verena/Leidinger, Hannes: Die Nacht des Kirpitschnikow. Eine andere Geschichte des Ersten Weltkrieges. München 2008, 66–96.

Nicolai, Oberst W.: Geheime Mächte. Internationale Spionage und ihre Bekämpfung im Weltkrieg und heute. Leipzig 1923.

Niemann, August (Hg.): Militär-Handlexikon unter Mitwirkung von Offizieren

der kais. Deutschen und der k.u.k. österrreichisch-ungarischen Armee. Stuttgart 1878.
Österreich-Ungarns letzter Krieg 1914–1918. Das Kriegsjahr 1914. Wien 1930.
Patka, Marcus G.: Egon Erwin Kisch – Stationen im Leben eines streitbaren Autors. Wien 1997.
Pethö, Albert: Agenten für den Doppeladler. Österreich-Ungarns Geheimer Dienst im Weltkrieg. Graz/Stuttgart 1998.
Pethö, Albert: Oberst Redl, in: Krieger, Wolfgang (Hg.): Geheimdienste in der Weltgeschichte. Spionage und verdeckte Aktionen von der Antike bis zur Gegenwart. München 2003, 138–150.
Pethö, Albert: Und nochmals der Fall Redl, in: Von Ferdinand III. bis Jörg Haider. Eckpunkte einer wissenschaftlichen Karriere. Festschrift für Lothar Höbelt zum 50. Geburtstag. Wien 2006, 247–257.
Piekalkiewicz, Janusz: Weltgeschichte der Spionage. Agenten – Systeme – Aktionen. München 1988.
Pitreich, Anton: Der österreichisch-ungarische Bundesgenosse im Sperrfeuer. Klagenfurt 1930.
Pölöksei, Ferenc: István Tisza. Ein ungarischer Staatsmann in Krisenzeiten. Budapest 1994.
Proctor, Tammy M.: Female Intelligence. Women and Espionage in the First World War. New York/London 2003.
Rauchensteiner, Manfried: Der Tod des Doppeladlers. Österreich-Ungarn und der Erste Weltkrieg. Graz/Wien/Köln 1993.
Rauchensteiner, Manfried: Die k.u.k. Armee im Zweibund, in: Rumpler, Helmut/Niederkorn, Jan Paul (Hg.): Der »Zweibund« 1879. Das deutsch-österreichisch-ungarische Bündnis und die europäische Diplomatie. Wien 1996, 245–260.
Rauscher, Walter: Bündnisproblematik und österreichisch-ungarische Innenpolitik unter Kálnoky (1881–1895), in: Rumpler, Helmut/Niederkorn, Jan Paul (Hg.): Der »Zweibund« 1879. Das deutsch-österreichisch-ungarische Bündnis und die europäische Diplomatie. Wien 1996, 123–143.
Reifberger, Josef: Die Entwicklung des militärischen Nachrichtenwesens in der k.u.k. Armee, in: Österreichische Militärische Zeitschrift, Heft 3/1976, 213–223.
Rieder, Heinz: Oberst Redl. Tödliche Spiele. München 1985.
Roewer, Helmut/Schäfer, Stefan/Uhl, Matthias: Lexikon der Geheimdienste im 20. Jahrhundert. München 2003.
Roewer, Helmut: Skrupellos. Die Machenschaften der Geheimdienste in Russland und Deutschland 1914–1941. Leipzig 2004.
Ronge, Max: Kriegs- und Industriespionage. Zwölf Jahre Kundschaftsdienst. Wien/Leipzig 1930.
Ronge, Max: Meister der Spionage. Leipzig/Wien 1935.

Ropponen, Risto: Die Kraft Russlands. Helsinki 1968.

Ropponen, Risto: Die russische Gefahr. Helsinki 1976.

Rost, Hans: Bibliographie des Selbstmords. Augsburg 1927.

Rowan, Richard Wilmer: Der Erzverräter, in: Dulles, Allen W.: Der lautlose Krieg. 39 berühmte Spionagefälle. München 1968, 460–474.

Rowan, Richard Wilmer: Spy and Counter-Spy. The Development of Modern Espionage. New York 1928.

Salvator, R.: Die Verschuldung unseres Offizierskorps. Die Ursachen und Konsequenzen. Wien 1910.

Samojlo, A.: Dve žizni. Leningrad 1963.

Šapošnikov, B.M.: Vospominanija. Moskva 1982.

Schlögel, Karl: Petersburg. Das Laboratorium der Moderne 1909–1921. Frankfurt am Main 2009.

Schmidt, Jürgen W.: Gegen Frankreich und Russland. Der deutsche militärische Geheimdienst 1890–1914. Ludwigsfelder Verlagshaus 2007.

Schmidt, Rainer F.: Graf Julius Andrássy und der Zweibund, in: Rumpler, Helmut/Niederkorn, Jan Paul (Hg.): Der »Zweibund« 1879. Das deutsch-österreichisch-ungarische Bündnis und die europäische Diplomatie. Wien 1996, 3–39.

Schmitz, Martin: Verrat am Waffenbruder? Die Siedlice-Kontroverse im Spannungsfeld von Kriegsgeschichte und Geschichtspolitik. In: Militärgeschichtliche Zeitschrift 67, 2008, 385–407.

Schneider, Elfriede: Die britische Balkanpolitik vom Mürzsteger Programm bis zum Vorabend des Weltkrieges und ihre Bedeutung für Österreich-Ungarn. Diss. Wien 1950.

Schreyer-Hartmann, Cherica: Der rote Kaiser und die Nachtigallen. Theodor Körner. Mythos und Wahrheit. Wien 2009.

Schubert, Peter: Die Tätigkeit des k.u.k. Militärattachés in Bern während des Ersten Weltkriegs. Osnabrück 1980.

Seeliger, Emil/Otto, Hans [= Löwenstein]: Oberst Redl – der Spion. Ein Hauptschuldiger unseres Unglücks. Wien ca. 1920.

Seeliger, Emil: Hotel Sacher. Weltgeschichte beim Souper. Berlin 1939.

Segel, Harold B.: Egon Erwin Kisch, The Raging Reporter. A Bio-Anthology. West Lafayette 1997.

Sejdametov, D./Šljapnikov, N.: Germano-avstrijskaja razvedka v carskoj Rossii. Moskva 1939.

Sergeev, E. Ju./Ulunjan, Ar. A.: Voennye agenty Rossijskoj Imperii v Evropa. 1900–1914 gg. Moskva 1999.

Sked, Alan: A Patriot for Whom? Colonel Redl and a question of Identity. In: History Today, Vol. 36, No. 7, 2012.

Sondhaus, Lawrence: Franz Conrad von Hötzendorf. Architekt der Apokalypse. Wien/Graz 2003, 137.

Starkov, Boris: Ochotniki na špionov. Kontrrazvedka Rossijskoj imperiii 1903–1914, Moskva 2006, 41.

Stenographische Protokolle, Haus der Abgeordneten, 153. Sitzung der XXI. Session am 5. Juni 1913.

Sternberg, Adalbert, Graf von: Warum Österreich zugrunde gehen musste. I. Die österreichischen Hofwürdenträger. Giesshübel bei Solmus 1927.

Stöckelle, Eugenie: Die Beziehungen von Österreich-Ungarn und Russland im Spiegel der Reichspost 1908–1914. Diss. Wien 1995.

Sutter, Berthold: Goluchowski's Versuche einer Alternativpolitik zum Zweibund, in: Rumpler, Helmut/Niederkorn, Jan Paul (Hg.): Der »Zweibund« 1879. Das deutsch-österreichisch-ungarische Bündnis und die europäische Diplomatie. Wien 1996, 145–194.

Urbański, August: Der Fall Redl, in: Weltkriegsspionage. München 1931, 89–98.

Urbański, August: Aufmarschpläne, in: Weltkriegsspionage. München 1931, 87f.

Vasil'ev, I.I./Zdanovič, A.A.: Voennoj kontrrazvedke byt', in: Trudy Obščestva izučenija istorii otečestvennych specslužb, tom IV. Moskva 2008, 7–40.

Walzel, Clemens von: Kundschaftsdienst oder Spionage? Erinnerungen eines alten Nachrichtenoffiziers. Leipzig/Wien 1934.

Wandruszka, Adam/Urbanitsch, Peter (Hg.): Die Habsburgermonarchie 1848–1918, Bd. VI, 2: Die Habsburgermonarchie im System der internationalen Beziehungen. Wien 1993.

Wandruszka, Adam/Urbanitsch, Peter (Hg.): Die Habsburgermonarchie 1848–1918. Band V: Die Bewaffnete Macht. Wien 1987.

Wighton, Charles. The world's greatest spies. London 1962.

Zalesskij, K.A.: Kto byl kto v Pervoj Mirovoj Vojne. Moskva 2003.

Zdanovič, A.A.: Otečestvennaja kontrrazvedka 1914–1920. Organizacionnoe stroitel'stvo. Moskva 2004.

Zerzawy, Hermann: Vor 40 Jahren: Eine Welt ging unter: 2) Verräter und Spione im Dienste Russlands, in: Neue Illustrierte Wochenschau, 20. 10.1957, 15.

Zerzawy, Hermann: Vor 40 Jahren: Eine Welt ging unter: 4) Der nicht behobene Spionagebrief, in: Neue Illustrierte Wochenschau, 3.11.1957, 16.

Zvonarev, K.K.: Agenturnaja razvedka. Russkaja agenturnaja razvedka do i vo vremja vojny 1914–1918 gg. Kniga pervaja. Moskva 2003.

Zweig, Stefan: Die Welt von Gestern. Erinnerungen eines Europäers. Frankfurt am Main 1970.

STATIONEN IM LEBEN DES ALFRED REDL

1864	Geboren am 14. März in Lemberg
1879-1883	Infanteriekadettenschule
1882	Titularfeldwebel
1883	Kadett
1887	Leutnant
1890	Oberleutnant
1892-1894	Frequentant der Kriegsschule, die er mit »sehr gutem Erfolg« absolviert
1894/95	Im Eisenbahnbüro (Wien)
1895-1897	Generalstabsoffizier der 61. Infanteriebrigade (Budapest)
1897	Hauptmann 2. Klasse
1898	Kommandant der 12. Feldkompanie (Lemberg)
1897-1899	Beim Infanterieregiment Nr. 30 (Lemberg)
1899	Hauptmann im Generalstabskorps
1899/1900	Als Hauptmann des Generalstabskorps zwecks Erlernung der russischen Sprache in Kazan' (Russland)
1900/01	Im Evidenzbüro (Russische Gruppe)
1901-1905	Im Evidenzbüro (Kundschaftsgruppe)
1905	Major
1905-1907	Generalstabschef der 13. Landwehr-Infanteriedivision (Wien)
1907-1911	Stellvertreter des Chefs des Evidenzbüros
1909	Oberstleutnant, bekommt das »Militär-Verdienst-Kreuz«
1911-1912	Bataillonskommandant des Infanterieregiments Nr. 99 (Wien)
1912	Oberst mit 1. Mai
1912-1913	Ab Oktober 1912 bis Mai 1913 Generalstabschef des 8. Korps (Prag)
1913	Gestorben am 25. Mai

RANGSTUFEN IM K.U.K. OFFIZIERSKORPS

I. Feldmarschall
II. Generaloberst
III. General der Infanterie/Kavallerie, Feldzeugmeister
IV. Feldmarschall-Leutnant
V. Generalmajor
VI. Oberst
VII. Oberstleutnant
VIII. Major
IX. Hauptmann/Rittmeister
X. Oberleutnant
XI. Leutnant
XII. Fähnrich

ZUR SCHREIBWEISE UND AUSSPRACHE RUSSISCHER NAMEN UND BEGRIFFE

Russische Namen und Begriffe wurden transliteriert, für die Aussprache gelten folgende Entsprechungen:

š stimmloses sch
č tsch
s stimmloses s
c z
y dumpfes i
ž stimmhaftes sch
z stimmhaftes s
šč schtsch

WIR DANKEN ...

... den Mitarbeitern der Archive in Budapest, London, Paris, Prag und Wien sowie Dr. Massimo Dissaderi (Fusine), Dr. Richard Hufschmied (Wien), Dr. Julia Köstenberger (Wien), Dr. Peter Lieb (Sandhurst), Mag. Karin Moser (Wien), Mag. DI Vlasta Vales (Wien/Znaim) ...

... Prof. Dr. Gerhard Jagschitz. Die Arbeit an der Biografie seines Großvaters Max Ronge stand am Beginn unseres Interesses an der Redl-Affäre.

... im Speziellen Sylvia Moritz, ohne deren großzügige, selbstlose und liebevolle Hilfe wir dieses Buch nicht hätten schreiben können, aber auch unserer kleinen Tochter Lena, deren Frohnatur uns über schwierige Phasen der Arbeit hinweggeholfen hat.

BILDNACHWEIS

Nrn. 1, 2, 5, 9, 12, 13, 15
Aus: *Die Weltkriegsspionage (Original-Spionage-Werk). Authentische Enthüllungen über Entstehung, Art, Arbeit, Technik, Schliche, Handlungen, Wirkungen und Geheimnisse der Spionage vor, während und nach dem Kriege auf Grund amtlichen Materials aus Kriegs-, Militär-, Gerichts- und Reichs-Archiven. Vom Leben und Sterben, von den Taten und Abenteuern der bedeutendsten Agenten bei Freund und Feind.* Herausgegeben und mit einem Vorwort von Generalmajor von Lettow-Vorbeck unter Mitwirkung von Ludwig Altmann u. v. a. München, Verlag Justin Moser, 1931.
Nrn. 3, 6, 7, 8, 10, 11
Aus: bildarchivaustria.at
Nr. 4
Aus: *Kriegs- und Industriespionage. Zwölf Jahre Kundschaftsdienst.* Von Generalmajor Max Ronge. Wien, Amalthea Verlag, 1930.
Nr. 14
Aus: *Aus Österreich-Ungarns Teilnahme am Weltkriege.* Von Auffenberg-Komarów. Minister a.D., Führer der 4. Armee. Berlin und Wien, Ullstein & Co., 1920.
Der Verlag konnte in einzelnen Fällen die Inhaber der Rechte nicht zweifelsfrei ausfindig machen. Er bittet, ihm bestehende Ansprüche mitzuteilen.

PERSONENREGISTER

HANNES LEIDINGER · VERENA MORITZ · GERHARD JAGSCHITZ

Im Zentrum der Macht

Die vielen Gesichter des Geheimdienstchefs Maximilian Ronge

ISBN 978 3 7017 3038 4

Maximilian Ronge war der letzte k.u.k. Geheimdienstchef. In der Monarchie und in der Republik bis 1938 nutzte er seine Agentennetzwerke gegen »Verräter aller Art«, gegen »abtrünnige« Nationen, gegen Sozialisten und Bolschewiken. Auch nach seiner Haft im KZ Dachau machte Ronge weiter und baute gemeinsam mit den Amerikanern einen neuen Geheimdienst im besetzten Österreich auf.

Dank akribischer Archivforschung decken die Autoren Ronges Arbeit hinter den Kulissen auf: Denn Ronge war nicht nur ein Meister der Spionage und der Intrige, er war auch ein Verwandlungskünstler, der es verstand, seine Spuren zu verwischen. Gerhard Jagschitz, Enkel Maximilian Ronges, liefert einen privaten Einblick. Eine packende Biografie des wichtigsten österreichischen Geheimdienstmannes, von der Redl-Affäre bis zum Kalten Krieg.

In diesem jungen Forschungsgebiet bezeichnen die Autoren ihre Auseinandersetzung mit der Karriere des Maximilian Ronge bescheiden als einen »Anfang« – man könnte getrost von einem Meilenstein sprechen. **Die Presse**

Ein zeitgeschichtlicher Thriller. **Kronen-Zeitung**

Jetzt auch als e-Book

www.residenzverlag.at